Markteintritt in Emerging Market Economies

Hermann Sebastian Dehnen

Markteintritt in Emerging Market Economies

Entwicklung eines Internationalisierungsprozessmodells

 Springer Gabler

RESEARCH

Hermann Sebastian Dehnen
Filderstadt, Deutschland

Dissertation Bergische Universität Wuppertal, 2012

ISBN 978-3-8349-4217-3   ISBN 978-3-8349-4218-0 (eBook)
DOI 10.1007/978-3-8349-4218-0

Die Deutsche Nationalbibliothek verzeichnet diese Publikation in der Deutschen National-
bibliografie; detaillierte bibliografische Daten sind im Internet über http://dnb.d-nb.de
abrufbar.

Springer Gabler
© Gabler Verlag | Springer Fachmedien Wiesbaden 2012

Einbandentwurf: KünkelLopka GmbH, Heidelberg

Springer Gabler ist eine Marke von Springer DE. Springer DE ist Teil der Fachverlagsgruppe
Springer Science+Business Media
www.springer-gabler.de

Vorwort

An dieser Stelle möchte ich all denjenigen Personen danken, die zur Entstehung dieser Arbeit maßgeblich beigetragen haben.

An erster Stelle gilt der Dank meinem Doktorvater, Herrn Professor Dr. Norbert Koubek, der durch seine vielen hilfreichen Anregungen wesentlich zum guten Gelingen dieser Arbeit beigetragen hat. Des Weiteren danke ich Frau Professor Dr. Grit Walther als Zweitprüferin dieser Arbeit. Darüber hinaus danke ich Herrn Jan van Dinther für die Zusammenarbeit während der gemeinsamen Lehrstuhltätigkeit und die interessanten, fachbezogenen Gespräche. Zudem gilt mein Dank Herrn Oliver Haakshorst aus dem Strategiebereich der Daimler AG, durch dessen unermüdlichen Einsatz während der Wirtschaftskrise die Einstellung als Doktorand bei der Daimler AG überhaupt erst ermöglicht wurde. Ferner danke ich Herrn Dr. Frank Zimmermann, der mit seinem Wissen und Anmerkungen sowie der Knüpfung von Kontakten zu Mitarbeitern aller beteiligten Bereiche maßgeblich zu der Entstehung dieser Arbeit beigetragen hat. Weiter möchte ich allen Mitarbeitern der Abteilung 'Strategic Planning Daimler Trucks, Buses and Vans' sowie der Abteilung 'Daimler India Commercial Vehicles' danken. Sie alle standen mir bei Rückfragen rund um meine Doktorarbeit jederzeit zur Verfügung und ermöglichten mir sehr interessante Einblicke.

Ein besonderer Dank gilt den Gesprächspartnern der Experteninterviews für die investierte Zeit, die intensiven Diskussionen und die daraus resultierenden interessanten Ergebnisse für diese Arbeit. Des Weiteren danke ich der Vielzahl an Korrekturlesern, die durch zahlreiche, hilfreiche und kritische Anmerkungen zu dieser Doktorarbeit beigetragen haben.

Ein ganz besonderer Dank gilt Herrn Werner Kramer für seine vielen konstruktiven Anregungen und seine Geduld nicht nur im Hinblick auf diese Dissertation.

Abschließend möchte ich mich an dieser Stelle ganz herzlich bei meiner Mutter, meiner Schwester und Katja für das stets offene Ohr und die uneingeschränkte Unterstützung bedanken. Ohne diesen Rückhalt wäre die Erstellung dieser Arbeit nicht möglich gewesen.

Filderstadt, den 10. Oktober 2011   Hermann Sebastian Dehnen

Abstract

The objective of this thesis is the development and testing of a new internationalization process model for market entry strategies in emerging market economies. As a basis for this new model, five common and established theories have been chosen: the product life cycle theory of Vernon, the lead-country concept, the Uppsala internationalization process theory, the theory of the Helsinki school and the GAINS approach by Macharzina and Engelhard. These theories are analyzed and evaluated to identify their main strengths and weaknesses, some of which are modified and introduced beside new elements in the new eclectical and practical internationalization process model. Finally, this process model is evaluated empiri-cally using the commercial vehicle industry as an example.

Additionally, based on this dissertation, the relevant regions of this analysis - Africa, South America and South East Asia - will represent a wholly new structural approach called the 'Emerging Triad'; however, due to their increasing industrialization a similar development like the one of the BRIC countries can be anticipated for these regions in the upcoming years. Apart from the industrialization, the increasing integration and interdependence of specific countries or even regions is going to be a relevant factor with respect to future market entry decisions.

With regard to the developed internationalization process model, the IBSA-states are used as lead countries to enter specific countries of the regions mentioned above with an appropriate market entry strategy. Given the already established free trade agreements between regions and/or countries, commercial vehicles can be delivered almost customs-free to different states. Additionally the further implementation of new free trade agreements and the integration of new states, especially within and between South East Asia, South America and Southern Africa can be anticipated.

Following the development of an internationalization process model for market entry strategies into emerging market economies, recommendations for a multinational commercial vehicle manufacturer regarding market entry strategies into countries of the regions mentioned above are presented.

Inhaltsverzeichnis

Abbildungsverzeichnis

Tabellenverzeichnis

Abkürzungsverzeichnis

AANZFTA	ASEAN-Australia-New Zealand Free Trade Agreement
ADB	Asian Development Bank
AEC	ASEAN Economic Community
AFTA	ASEAN Free Trade Area
AIA	ASEAN Investment Area
AIFTA	ASEAN-India Free Trade Agreement
ALADI	Asociación Latinoamericana de Integración
ALALC	Asociación Latinoamericana de Libre Comercio
ANZCERTA	Australia New Zealand Closer Economic Relations Trade Agreement
ASEAN	Association of South East Asian Nations
BIP	Bruttoinlandsprodukt
BP	Bargaining-Power
BRIC	Brasilien, Russland, Indien, China
bspw.	beispielsweise
CAN	Andean Community of Nations
CBU	Completely Built Up
CEO	Chief Executive Officer
CEPT	Common Effective Preferential Tariff
CER	Closer Economic Relations
CIA	Central Intelligence Agency
CIVETS	Kolumbien, Indonesien, Vietnam, Ägypten, Türkei, Südafrika
CKD	Completely Knocked Down
CLMV	Kambodscha, Laos, Myanmar und Vietnam
CMI	Chian Mai Initiative
COMESA	Common Market for Eastern and Southern Africa
DICV	Daimler India Commercial Vehicles
DR	Demokratische Republik
Dr.	Doktor
DRC	Democratic Republic of the Congo
ECOWAS	Economic Community of West African States
EAC	East African Community
EIU	Economist Intelligence Unit
ET	Ersatzteile
et al.	et alii (lat.: und andere)
EU	Europäische Union
FDI	Foreign Direct Investment
F&E	Forschung und Entwicklung
GAINS	Gestalt Approach of International Business Strategies
GDP	Gross Domestic Product
ggf.	gegebenenfalls
HDT	Heavy-Duty-Truck
HSBC	Hongkong and Shanghai Banking Corporation
IBSA	Indien, Brasilien, Südafrika

i. d. R.	in der Regel
IFC	International Finance Corporation
insb.	insbesondere
IP	Internationalisierungsprozess
IPF	Internationalisierungsprozessforschung
IPM	Internationalisierungsprozessmodell
IPT	Internationalisierungsprozesstheorie
KKP	Kaufkraftparität
km	Kilometer
km²	Quadratkilometer
LA	Lateinamerika
LDT	Light-Duty-Truck
LKW	Lastkraftwagen
MDG	Millennium Development Goal
MDT	Medium-Duty-Truck
Mercosur	Mercado Común del Sur (Gemeinsamer Markt des Südens)
Mio.	Millionen
Mrd.	Milliarden
M/HDT	Medium/Heavy-Duty-Trucks
NAFTA	North American Free Trade Area
NEM	New Emerging Markets
N-11	Next Eleven
OECD	Organisation for Economic Cooperation and Development
OEEC	Organization for European Economic Cooperation
OEM	Original Equipment Manufacturer
OLI	Ownership, Location, Internalization
o. Ä.	oder Ähnliches
PKW	Personenkraftwagen
POM	Produktdimesion, Operationsmodus, Marktabfolge
PPP	Purchasing Power Parity
PTA	Preferential Trade Agreement
RIC	Russland, Indien, China
RISDP	Regional Indicative Strategic Development Plan
SAARC	South Asian Association for Regional Cooperation
SACU	South African Customs Union
SADC	South African Development Community
SADCC	South African Development Cooperation Conference
SAFTA	South American Free Trade Area
SIPO	Strategic Indicative Plan for the Organ
t	Tonnen
Unasur	União das Nações Sul-Americanas (Union südamerikanischer Nationen)
UNCTAD	United Nations Conference on Trade and Development
US$	US-Dollar
u. a.	unter anderem
z. B.	zum Beispiel

1. Einleitung

„Low-income markets in emerging economies present both tremendous opportunities and unique challenges. There can be little doubt that the four billion customers in these base-of-the-pyramid markets represent a vast potential untapped market opportunity."[1]

1.1 Fragestellung und Zielsetzung der Arbeit

Die zunehmende Globalisierung und Internationalisierung hat in den letzten Jahren zu einer interessanten Entwicklung von hoher Relevanz geführt. Abseits der viel betrachteten und von Wissenschaftlern intensiv analysierten BRIC-Staaten[2] haben sich einzelne Länder von dem niederen Status eines 'less developed country'[3] zu interessanten 'emerging market economies'[4] - die auch zum 'bottom of the pyramid'[5] gezählt werden - entwickelt. Es sind jedoch nicht allein einzelne Staaten, die sich im Schatten der BRIC-Staaten zu ernst zu nehmenden Konkurrenten im weltweiten Wettbewerb entwickelt haben. Vielmehr noch sind es mittlerweile einzelne Regionen, die sich aufgrund von Zusammenschlüssen, ähnlich dem der EU, zu interessanten Absatz- und Gewinnpotenzialträgern entwickelt haben. Unternehmen haben diesen Regionen aufgrund der derzeitigen geringen Relevanz und dem wesentlich größeren Interesse an den BRIC-Staaten noch keine Beachtung geschenkt. Aus diesem Grund wird der Fokus insbesondere auf die aufstrebenden Regionen des Südens gelegt, die unter einem, in dieser Dissertation erarbeiteten, neuen strukturellen Ansatz mit dem Namen 'Emerging Triad'[6] firmieren. Bestandteil dieser Emerging Triad sind die Regionen Mercosur[7], SADC[8] und ASEAN[9], von denen der Autor in den kommenden Jahren erhebliche Wachstumsschübe - bedingt durch die starke Verflechtung der Regionen untereinander - erwartet. Ein Beleg hierfür ist nicht zuletzt die erhebliche Zunahme von Direktinvestitionsströ-

---

[1]   London / Hart (2004), S. 351.
[2]   BRIC ist ein Akronym und steht für die stark wirtschaftlich wachsenden Schwellenländer Brasilien, Russland, Indien und China.
[3]   'less developed country' ist ein Synonym für den Begriff Entwicklungsland.
[4]   Vgl. Kapitel 2.3.
[5]   Vgl. Hart / Milstein (1999), vgl. Hart / Christensen (2002), vgl. Prahalad / Hart (2002).
[6]   Der Begriff der 'Emerging Triad' ist während der Untersuchungen für diese Arbeit entstanden. 'Emerging Triad' umfasst die Regionen Südamerika, Afrika und Südostasien. Eine nähere Erläuterung zu diesem Ansatz erfolgt im Kapitel 2.3.2 sowie im Kapitel 2.3.3 dieser Ausarbeitung.
[7]   'Mercosur' steht für den gemeinsamen südamerikanischen Markt und bildet somit den wesentlichen Staatenbund in Südamerika (vgl. Kapitel 2.3.2.1).
[8]   Hierbei handelt es sich um den südafrikanischen Staatenbund (vgl. Kapitel 2.3.2.3).
[9]   'ASEAN' steht für den südostasiatischen Staatenbund (vgl. Kapitel 2.3.2.2).

men in Emerging Markets. So flossen im Jahr 2010 erstmals mehr Direktinvestitionen in die Länder der südlichen Hemisphäre als in die Industriestaaten des Nordens.[10]
Diese Territorien sind insbesondere für multinationale Unternehmen von Bedeutung, um neue Wachstumsfelder neben den gesättigten Heimatmärkten zu erschließen und somit die Wettbewerbsfähigkeit zu stärken sowie das Absatzpotenzial zu steigern.[11]
In der vorliegenden Arbeit werden infolge der Fokussierung auf diesen neuen strukturellen Ansatz die BRIC-Staaten nicht wie bisher als Zielmarkt im Mittelpunkt stehen, sondern die Funktion eines Brückenkopfes übernehmen, von dem aus der Markteintritt in weitere Regionen ermöglicht wird.

Ein Markteintritt, welcher nicht nur einzelne Länder, sondern mitunter ganze Regionen umfasst, gestaltet sich jedoch ohne eine vorherige intensive Analyse mit dem damit verbundenen geeigneten Instrument als sehr riskant und vor allem kostenintensiv. So ist zwar bereits eine Vielzahl an Internationalisierungstheorien existent und gleichermaßen weitverbreitet, jedoch ist keine dieser auch in der vorliegenden Arbeit genannten und dargestellten Theorien in der Lage, einen gleichzeitigen Markteintritt in mehrere Emerging Markets oder gar in ganze aufstrebende Regionen darzustellen. Aufgrund dessen werden in der vorliegenden Arbeit vier etablierte, weitverbreitete Internationalisierungstheorien mit einer dynamischen Komponente - die Produktlebenszyklustheorie von Vernon, die Ansätze der skandinavischen Schule[12] und der GAINS-Ansatz - zunächst analysiert, um anschließend, basierend auf den jeweiligen Anforderungen und Schwachstellen, ein neues Internationalisierungsprozessmodell zu entwickeln, welches erstmalig die Analyse und den Ablauf eines Markteintritts in Emerging Markets ermöglicht und somit einen neuen Ansatz innerhalb der Internationalisierungsprozessforschung darstellt.

1.2 Abgrenzung des Themengebietes

Bereits eine Vielzahl von Wissenschaftlern hat in den vergangenen Jahren auf die Notwendigkeit einer Revolution respektive einer Evolution in der Internationalisierungsprozessforschung hingewiesen.[13] Dies wurde vor allem damit begründet, dass bisherige Ansätze mittlerweile nur noch sehr eingeschränkt anwendbar sind, da sich im Zeitablauf vermehrt Schwächen an den etablierten Prozessmodellen offenbarten. Jene Schwächen basieren zum einen auf der Theorie selbst oder auch verstärkt auf der mangelnden praktischen Umsetzung dieser Modelle. Aufgrund dessen erfolgt in der vorliegenden Arbeit zunächst eine genaue Analyse unterschiedlicher Ansätze der Internationalisierungsprozessforschung, um daran anknüpfend einen eigenen, neuen

---

[10]   Vgl. Bárcena et al. (2010), S. 74.
[11]   Vgl. Becker (2007), S. 90-93, vgl. Garcia Sanz (2007), S. 3.
[12]   Hierunter werden der Uppsala-Ansatz als auch das Modell der Helsinki-Schule zusammengefasst.
[13]   Vgl. Höffken / Heuwing-Eckerland (2009), S. 129.

Ansatz für Internationalisierungsprozesse zu generieren. Dieser Ansatz bietet vollkommen neue Möglichkeiten innerhalb der Internationalisierungsprozessforschung, da er sich vordergründig auf den Markteintritt in Schwellenländer fokussiert. Darüber hinaus soll hierbei nicht alleine der Markteintritt in ein einziges Schwellenland erörtert werden, vielmehr ermöglicht dieses Modell eine sinnvolle Darstellung potenzieller gleichzeitiger oder zeitlich versetzter Markteintritte. Der Ansatz macht sich Anforderungen und Schwachstellen der bereits existierenden Prozessmodelle zunutze, um darauf basierend ein neues Internationalisierungsprozessmodell mit einer größtmöglichen Allgemeingültigkeit zu erzeugen. Es wird hierbei jedoch der Fokus auf vier wesentliche, bereits existierende Internationalisierungsprozessmodelle gelegt, nämlich die Ansätze der skandinavischen Schule, den GAINS-Ansatz und den Produktlebenszyklus. Der Grund für die Auswahl dieser Prozessmodelle liegt insbesondere an der dynamischen Komponente dieser Theorien, die auch eine grundlegende Anforderung des neuen Internationalisierungsprozessmodells bildet. Weitere dynamische Ansätze wurden vom Autor angesichts der geringen wissenschaftlichen Relevanz und bisher noch fehlender empirischer Überprüfung nicht weiter gewürdigt.

Darüber hinaus wird der Fokus nicht mehr auf die Industrieländer, sondern verstärkt auf aktuelle und zukünftige Schwellenländer gerichtet, die aufgrund ihres starken Wachstums und den häufig zur Verfügung stehenden Rohstoffen und kostengünstigen Arbeitskräften für multinationale Unternehmen äußerst attraktiv sind[14]. Diese Länder haben vor allem in der Krisenphase der Jahre 2008 und 2009 die globale Rezession maßgeblich abgefedert. So wiesen die Volkswirtschaften der Europäischen Union (-2,8 %), der USA (-4 %) und Lateinamerikas (-1,5 %) im Krisenjahr 2009 negative Wachstumsraten auf,[15] wohingegen bspw. der afrikanische Kontinent ein Wachstum in Höhe von 3 % verwirklichte[16].

Die Unternehmenspraxis, welche derzeit noch unter den Nachwehen der Wirtschaftskrise leidet, befindet sich noch größtenteils erst in der Ausarbeitung oder Implementierung eines sinnvollen Markteintritts in die BRIC-Staaten, dabei müsste bereits jetzt eine Ausrichtung auch auf neue Schwellenländer und hier in besonderem Maße auf die Emerging Triad erfolgen.

Abschließend wird in dieser Arbeit eine empirische Überprüfung des neuen Internationalisierungsprozessmodells anhand der Nutzfahrzeugindustrie durchgeführt. Die Wahl für diesen Industriezweig hat zwei wesentliche Gründe: So ist die Nutzfahrzeugindustrie grundsätzlich einer der ersten Industriezweige, der von einem Wirtschaftsaufschwung profitiert und demzufolge auch von dem Anstieg der Wirtschaftsleistung in

---

[14] Vgl. Meyer / Estrin (2004), S. 3.
[15] Vgl. Aré et al. (2010), S. 1.
[16] Vgl. o. V. (2009), S. V.

Schwellenländern. Dies ist der Tatsache geschuldet, dass sich die Nutzfahrzeugindustrie stets in dem gleichen Zyklus wie die jeweilige Volkswirtschaft bewegt.[17] Zwar ist diese Branche demzufolge sehr stark von Schwankungen und hier insbesondere Krisen betroffen, dafür ist sie aber auch eine der ersten Industrien, die sich wieder aus einer Krise heraus bewegt. Der zweite Aspekt liegt in der Industriestruktur der meisten Schwellenländer begründet, da sie ihr Wirtschaftswachstum zumeist aus den transportintensiven primären oder sekundären Sektoren generieren.

1.3   Gang der Untersuchung

Die vorliegende Arbeit beginnt im ersten Kapitel mit der Einleitung in drei Unterkapiteln und staffelt sich nachfolgend in zwei Hauptteile: die theoretischen Grundlagen auf der einen Seite und die empirische Analyse des entwickelten Modells anhand der Nutzfahrzeugindustrie auf der anderen Seite. Die theoretischen Grundlagen sind in vier Kapitel unterteilt, von denen das zweite Kapitel zunächst einen allgemeinen Überblick in Bezug auf die Internationalisierung gibt. Hierzu erfolgen zunächst eine Begriffsdefinition sowie eine Analyse der treibenden Motive der Internationalisierung, um im weiteren Verlauf den in dieser Arbeit wesentlichen Begriff 'Emerging Market Economies' zu erläutern und dessen Kerntreiber herauszuarbeiten. Ebenfalls wird in diesem Kapitel abschließend der dieser Arbeit zugrunde liegende, neue strukturelle Ansatz der 'Emerging Triad' detailliert erläutert und deren zukünftige Relevanz aufgezeigt.

Das dritte Kapitel 'Grundlagen der Internationalisierungsprozessforschung' stellt die Grundlage für den in dieser Arbeit evaluierten Prozessansatz dar. Zunächst wird die Historie der Internationalisierungsprozessforschung kurz dargestellt, um im weiteren Verlauf den derzeitigen Forschungsstand der Internationalisierungstheorien zu beleuchten sowie Kriterien zur kritischen Beurteilung der etablierten Theorien zu definieren. Schließlich erfolgt in Kapitel 3.4 eine Theorieselektion im Rahmen der Internationalisierungsprozessforschung, bei der die Produktlebenszyklustheorie von Vernon, das Internationalisierungsprozessmodell der Uppsala-Schule sowie der Ansatz der Helsinki-Schule und abschließend der GAINS-Ansatz einer genaueren Untersuchung unterzogen werden.

Das vierte Kapitel beschäftigt sich mit dem allgemeinen Ablauf eines Markteintritts, welcher sich in die Bereiche Markteintrittsformen, Zielmarktstrategien und Timingstrategien unterteilen lässt. Als weitere Unterkapitel werden die Modifikation des Ablaufs eines Markteintritts für den Zugang zu Emerging Market Economies sowie

---

[17]   Vgl. Diez / Krauss (2006), S. 12.

die Homologation näher dargestellt. Abschließend erfolgt die Erläuterung des Lead-Country-Konzepts.

Das fünfte Kapitel bildet eines der Kernelemente dieser Arbeit. In diesem Kapitel erfolgt die Entwicklung des Internationalisierungsprozessmodells zur Marktbearbeitung insbesondere aufstrebender Schwellenländer. Zunächst erfolgt erneut eine kurze Analyse bereits existierender Modelle, um deren Stärken und Schwächen in dem neuen Ansatz zu berücksichtigen. Die theoretischen Grundlagen enden mit einem kurzen Überblick der im theoretischen Teil herausgearbeiteten Ergebnisse. Generell endet jedes einzelne Kapitel mit der kurzen Darstellung der in jedem Abschnitt relevanten Zwischenergebnisse.

Die empirische Analyse beginnt im sechsten Kapitel zunächst mit dem methodischen Vorgehen zur Modellfundierung. In diesem Kapitel wird die Vorgehensweise zur Erstellung eines Experteninterviews, die daran anknüpfende Befragung und Auswertung näher beschrieben sowie die durchgeführten Experteninterviews analysiert und ausgewertet.

Schließlich erfolgt im siebten und achten Kapitel die empirische Fundierung des entwickelten Internationalisierungsprozessmodells, indem die entscheidenden Elemente des Internationalisierungsprozessmodells analysiert, empirisch überprüft und anhand der in Kapitel 3.3 definierten Kriterien kritisch beurteilt werden. Innerhalb der empirischen Analyse erfolgt die Evaluierung einer Markteintrittsstrategie in die Emerging-Triad für das Nutzfahrzeuggeschäft der Daimler AG, welche abschließend im neunten Kapitel in eine Handlungsempfehlung für die Daimler AG mündet.

Die Arbeit endet mit einer Zusammenfassung der erzielten Ergebnisse, einer damit verbundenen kritischen Würdigung des entwickelten Modells und einem abschließenden Ausblick sowie der Erläuterung weiterer Ansatzpunkte für anschließende Forschungsprojekte.

Abbildung 1: Gliederung der Arbeit

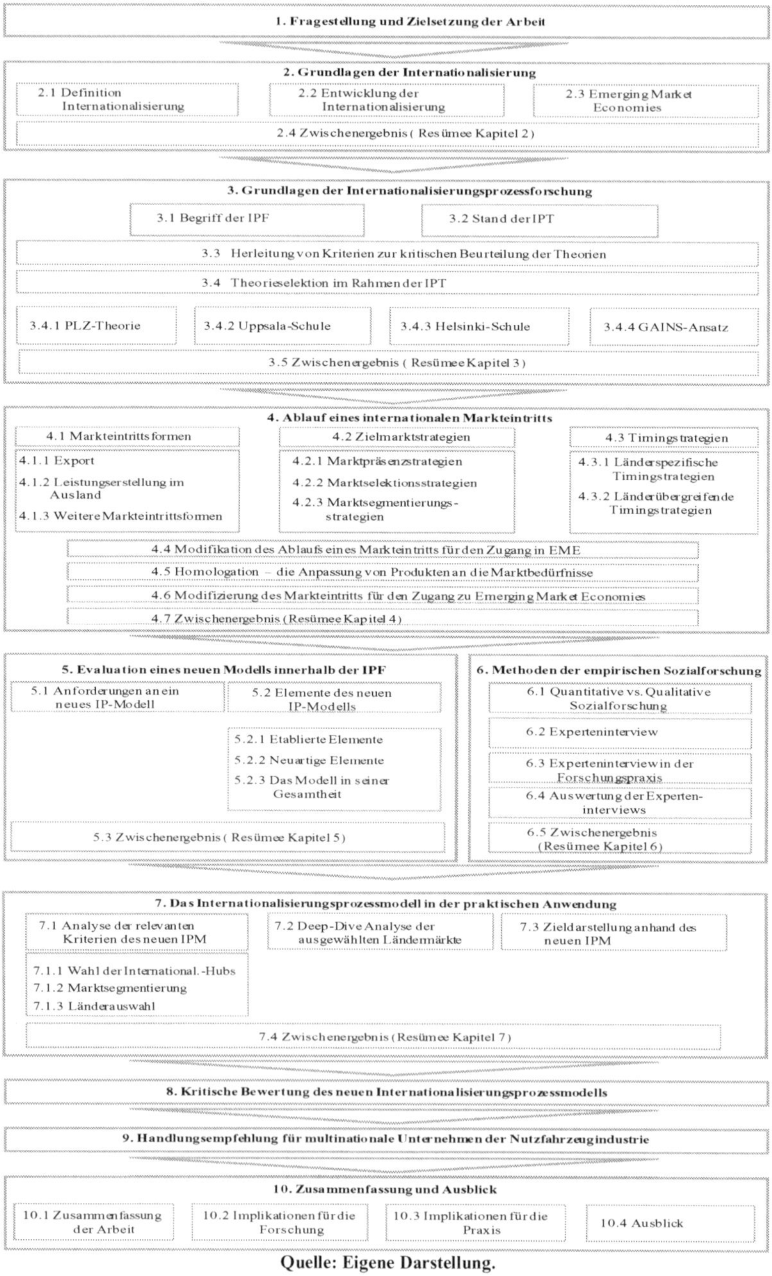

1. Fragestellung und Zielsetzung der Arbeit

2. Grundlagen der Internationalisierung

2.1 Definition Internationalisierung	2.2 Entwicklung der Internationalisierung	2.3 Emerging Market Economies

2.4 Zwischenergebnis (Resümee Kapitel 2)

3. Grundlagen der Internationalisierungsprozessforschung

3.1 Begriff der IPF	3.2 Stand der IPT

3.3 Herleitung von Kriterien zur kritischen Beurteilung der Theorien

3.4 Theorieselektion im Rahmen der IPT

3.4.1 PLZ-Theorie	3.4.2 Uppsala-Schule	3.4.3 Helsinki-Schule	3.4.4 GAINS-Ansatz

3.5 Zwischenergebnis (Resümee Kapitel 3)

4. Ablauf eines internationalen Markteintritts

4.1 Markteintrittsformen	4.2 Zielmarktstrategien	4.3 Timingstrategien
4.1.1 Export 4.1.2 Leistungserstellung im Ausland 4.1.3 Weitere Markteintrittsformen	4.2.1 Marktpräsenzstrategien 4.2.2 Marktselektionsstrategien 4.2.3 Marktsegmentierungsstrategien	4.3.1 Länderspezifische Timingstrategien 4.3.2 Länderübergreifende Timingstrategien

4.4 Modifikation des Ablaufs eines Markteintritts für den Zugang in EME

4.5 Homologation – die Anpassung von Produkten an die Marktbedürfnisse

4.6 Modifizierung des Markteintritts für den Zugang zu Emerging Market Economies

4.7 Zwischenergebnis (Resümee Kapitel 4)

5. Evaluation eines neuen Modells innerhalb der IPF

5.1 Anforderungen an ein neues IP-Modell	5.2 Elemente des neuen IP-Modells
	5.2.1 Etablierte Elemente 5.2.2 Neuartige Elemente 5.2.3 Das Modell in seiner Gesamtheit

5.3 Zwischenergebnis (Resümee Kapitel 5)

6. Methoden der empirischen Sozialforschung

6.1 Quantitative vs. Qualitative Sozialforschung

6.2 Experteninterview

6.3 Experteninterview in der Forschungspraxis

6.4 Auswertung der Experteninterviews

6.5 Zwischenergebnis (Resümee Kapitel 6)

7. Das Internationalisierungsprozessmodell in der praktischen Anwendung

7.1 Analyse der relevanten Kriterien des neuen IPM	7.2 Deep-Dive Analyse der ausgewählten Ländermärkte	7.3 Zieldarstellung anhand des neuen IPM
7.1.1 Wahl der International.-Hubs 7.1.2 Marktsegmentierung 7.1.3 Länderauswahl		

7.4 Zwischenergebnis (Resümee Kapitel 7)

8. Kritische Bewertung des neuen Internationalisierungsprozessmodells

9. Handlungsempfehlung für multinationale Unternehmen der Nutzfahrzeugindustrie

10. Zusammenfassung und Ausblick

10.1 Zusammenfassung der Arbeit	10.2 Implikationen für die Forschung	10.3 Implikationen für die Praxis	10.4 Ausblick

Quelle: Eigene Darstellung.

2.   Internationalisierung von Unternehmen

Internationalisierung ist der Grundbegriff, auf dem alle weiteren Forschungsrichtungen des Internationalen Managements aufbauen. Aufgrund dessen erfolgt zunächst eine genaue Definition und Umstandsbeschreibung des Begriffs „Internationalisierung", bevor im weiteren Verlauf dieser Arbeit die Internationalisierungsprozesse und maßgeblich die Internationalisierungsprozessforschung als Kernelement dieser Arbeit vertiefend analysiert werden.

2.1   Definition Internationalisierung

Keine anderen Begriffe werden derzeit so häufig zitiert wie „Internationalisierung" und „Globalisierung". Beide Termini werden mittlerweile gleichermaßen als Zustand wie auch als Prozess verstanden.[18] Sie sind aus der aktuellen Wirtschaftsentwicklung nicht mehr wegzudenken. Grund hierfür ist die zunehmende globale Öffnung der Märkte, die die Unternehmen mit neuen Herausforderungen bezüglich Ressourcennutzung, Wertschöpfungskettenoptimierung und Produktionsstandortauswahl konfrontiert.[19] Hauptunterschied zwischen den beiden Begriffen ist, dass bei der Internationalisierung die jeweiligen kulturellen und wirtschaftlichen länderspezifischen Besonderheiten berücksichtigt werden, wohingegen bei der Globalisierung eine Gleichbehandlung aller Länder und Märkte erfolgt.[20]

Sowohl für Global Player[21] als auch für kleine und mittelständische Unternehmen gehört die Internationalisierung der Geschäftstätigkeit seit den 1980er Jahren zu den Eckpunkten der strategischen und operativen Unternehmensplanung.[22] Dabei ist zu beachten, dass in der Planung unternehmerischer Tätigkeit stets Handlungsalternativen konzipiert werden sollten, um sich flexibel verändernden Umwelt- und Rahmenbedingungen anpassen zu können.[23] Vielen Unternehmen mangelt es an einem ausgearbeiteten strategischen Konzept. Deutlich wird dies an einigen Unternehmen, die an einer anfangs gewählten Markteintrittsform selbst dann festhalten, wenn sich diese als ungeeignet erweist.[24]

---

[18]   Vgl. Germann et al. (1996), S. 23 f.
[19]   Vgl. Jung et al. (2008), S. 531.
[20]   Vgl. Wiesner (2004), S. 11.
[21]   Global Player sind Unternehmen, die nicht nur am internationalen Wettbewerb durch Außenhandel partizipieren, sondern auch durch internationale Investitionen und aufgrund ihrer Marktstellung diese Märkte beeinflussen.
[22]   Vgl. Meffert / Bolz (1998), S. 15 f.
[23]   Vgl. Macharzina / Oesterle (1997), S. 104.
[24]   Vgl. ebenda.

Der Begriff „Internationalisierung" wird in der Literatur unterschiedlich definiert. Nach Pausenberger liegt Internationalisierung dann vor, wenn sich eine Unternehmung dauerhaft in einem Auslandsmarkt integriert, was hauptsächlich durch Investitionen und die Aufnahme einer Produktionstätigkeit geschieht.[25] Unter Internationalisierung eines Unternehmens versteht Dülfer die Aufnahme des Auslandsgeschäfts durch Export von Erzeugnissen, Management-Know-how sowie Technologie oder durch Direktinvestitionen im Vertriebs- oder Fertigungsbereich.[26] Scherm und Süß, wie auch schon Welch und Luostarinen[27], hingegen definieren Internationalisierung als die Aufnahme bzw. Verstärkung grenzüberschreitender Unternehmenstätigkeit.[28] Schließlich sieht Perlitz Internationalisierung als Aufnahme oder Verstärkung von Auslandsaktivitäten und unterscheidet hier zwischen aktiver und passiver Internationalisierung[29].[30]

Die oben angeführten Definitionen sind zwar alle zutreffend, jedoch werden sie dieser Arbeit nicht gerecht, da sie zu eng formuliert sind. Aufgrund dessen werden im weiteren Verlauf dieser Arbeit unter Berücksichtigung vorgenannter Definitionen unter Internationalisierung allgemein alle grenzüberschreitenden Aktivitäten eines Unternehmens verstanden.

2.2   Entwicklung der Internationalisierung

In diesem Unterkapitel sollen unterschiedliche Faktoren der Entwicklung zur Internationalisierung betrachtet werden. Demzufolge beginnt dieses Kapitel mit der historischen Darstellung der Internationalisierung, um daran anknüpfend den Begriff des multinationalen Unternehmens abzugrenzen. Abschließend erfolgt die Charakterisierung der wesentlichen Internationalisierungsmotive, um auf diese im weiteren Verlauf der Arbeit aufbauen zu können.

2.2.1   Historische Entwicklung[31]

Internationale Geschäftstätigkeit weist eine sehr lange Tradition auf.[32] So können die Ursprünge der Internationalisierung bereits auf den Alten Orient zurückgeführt wer-

---

[25]   Vgl. Pausenberger (1992), S. 200.
[26]   Vgl. Dülfer (1996), S. 87.
[27]   Vgl. Welch / Luostarinen (1988), S. 36.
[28]   Vgl. Scherm / Süß (2001), S. 6.
[29]   Aktive Internationalisierung dient der Erreichung höherer Ziele, wohingegen passive Internationalisierung zur Schließung einer strategischen Lücke eingesetzt wird bzw. aufgrund unerreichter Unternehmensziele erforderlich wird.
[30]   Vgl. Perlitz (2004), S. 63.
[31]   Zur weiteren Vertiefung siehe: Chandler (1962, 1980, 1990), Jones (1993, 1996), Jones / Schröter (1993), Wilkins (1970, 1974, 1989, 1993), Dunning (1983, 1998).
[32]   Vgl. Dülfer (2002).

den. Schon damals dienten die Stützpunkte außerhalb des eigentlichen Stadtgebiets als Basis für den Fernhandel.[33] In den weiteren Jahrhunderten und Jahrtausenden bis hin zur Gegenwart lassen sich weitere wesentliche Kernpunkte der Internationalisierung wiederfinden. Im Mittelalter waren es zunächst die Hansestädte, die für eine erhebliche Expansion des Außenhandels verantwortlich waren. Die abnehmende Bedeutung dieser Städte wurde im weiteren Verlauf durch die Fugger, Welser und Höchstetter aufgefangen, deren Handel auf Leinen, Tüchern, Kupfer, Silber, Diamanten und Juwelen basierte.[34] Weitere wichtige Epochen der Internationalisierung stellen die Kolonialzeit[35] sowie die Phasen der industriellen Revolution[36] dar. Im weiteren Verlauf dieses Kapitels soll der Fokus jedoch auf die Entwicklung des Außenhandels im 20. Jahrhundert gelegt werden.

Der Außenhandel und die damit korrelierende Internationalisierung haben in der Zeit seit 1938 permanent zugenommen. Wird als Indikator für die Messung der Außenhandelsaktivität der Export in Milliarden US-Dollar verwendet, so wird diese explosionsartige Entwicklung besonders deutlich. Demzufolge ist der weltweite Außenhandel von 22,7 Milliarden US-Dollar im Jahr 1938 über 108,6 Milliarden US-Dollar 1958 auf 8.872,0 Milliarden US-Dollar im Jahr 2004 angestiegen.[37] Im Jahr 2007 konnte eine weitere Steigerung auf mehr als 16 Billionen US-Dollar erzielt werden.[38] Die Phase nach dem zweiten Weltkrieg wird auch häufig als 'Take-Off'-Phase der internationalen Geschäftstätigkeit bezeichnet.[39] Speziell die 1970er Jahre waren von einem nahezu galoppierenden Wachstum gekennzeichnet. In dieser Dekade stieg die Summe der Weltexporte um das Sechsfache von 290,0 auf 1.910,6 Milliarden US-Dollar.[40] Der allgemeine Anstieg des Außenhandels ist unterschiedlich auf die einzelnen Regionen der Welt verteilt. Während sich der Welthandel zwischen 1958 und 2004 mehr als verachtzigfacht hat, erreichte der Außenhandel Lateinamerikas 2004 lediglich ein Vierzigfaches des Niveaus von 1958. Eine ähnliche Entwicklung lässt sich auch auf der Länderebene erkennen. So weist das verhältnismäßig kleine Japan mit 560,3 Milliarden US-Dollar eine stärkere Exportaktivität als der gesamte Kontinent Afrika mit 159,6 Milliarden US-Dollar und Lateinamerika mit 427,3 Milliarden US-Dollar auf.[41] Ebenfalls unterstreichen diese Zahlen sehr deutlich, dass die Industrienationen den Welthandel und die Internationalisierung maßgeblich vorangetrieben haben. Dieser

---

[33]   Vgl. Moore / Lewis (1998, 1999).
[34]   Vgl. Pölnitz (1981).
[35]   Zur weiteren Vertiefung siehe: Perridon / Rössler (1980), Dunning (1998).
[36]   Zur weiteren Vertiefung siehe: Jones (1996), Kitson / Michie (1997), Dunning (1998), Kutschker / Schmid (2008).
[37]   Vgl. Siebert / Lorz (2006), S. 5
[38]   Vgl. Krugman / Obstfeld (2009), S. 38.
[39]   Vgl. Borghoff / Welge (2001), S. 1.
[40]   Vgl. Zweifel / Heller (1997), S. 1.
[41]   Vgl. Siebert / Lorz (2006), S. 5 f.

Trend hat sich aber, insbesondere bedingt durch die weltweite Wirtschaftskrise, maßgeblich verlagert. Eben diese Wirtschaftskrise mit weltweitem Ausmaß der Jahre 2008
und 2009 hat deutlich gemacht, wie stark die Internationalisierung und die damit verbundene enge Verknüpfung der einzelnen Länder und Regionen mittlerweile vorangeschritten sind.[42] So waren neben den stark verflochtenen Triaderegionen auch die Regionen der südlichen Hemisphäre - wenngleich längst nicht so stark - von dieser Rezession erfasst. Belegt wird diese Tatsache auch durch die zunehmenden Internationalisierungstendenzen der Schwellenländer, die primär in einem starken Wirtschaftswachstum gründen. Als Beispiel sei hier auf Angola hingewiesen, welches in den vergangenen Jahren stets ein höheres als das durchschnittliche weltweite Wirtschaftswachstum aufwies.[43] Gerade die Länder Afrikas sind bedingt durch ihre koloniale
Vergangenheit vergleichsweise stark exportorientiert. Aus diesem Grund lag deren
Exportquote am Bruttoinlandsprodukt (BIP) bereits 1960 mit 23 % weit über dem
Weltdurchschnitt. Eine ähnliche Entwicklung zeigten die Schwellenländer Asiens, die
ein Drittel ihres BIPs aus den Ausfuhren schöpften. Eine gegensätzliche Tendenz wird
bei den südamerikanischen Staaten Argentinien und Brasilien deutlich, die durch die
Substitution von Importen aus den Industrieländern eine starke Entwicklung der Industrialisierung anstrebten. Dieser Protektionismus hatte allerdings den Verlust der
internationalen Wettbewerbsfähigkeit zur Folge.[44] Mittlerweile jedoch stellen die
Schwellenländer nicht allein hinsichtlich ihres erheblichen Binnenwachstums einen
bedeutenden und nicht zu verachtenden Konkurrenten im weltwirtschaftlichen Wettbewerb dar. Gerade wegen der immens fortschreitenden Entwicklung dieser Länder
und Regionen wird auf diese im weiteren Verlauf der Arbeit noch ausführlich eingegangen. Auch infolge der beschriebenen Entwicklung dieser Länder wird eine internationale Ausrichtung für Unternehmen - speziell aus der Triade - immer wichtiger, was
nicht zuletzt mit der wachsenden Konkurrenz auf dem Heimatmarkt und der schwachen Binnenkonjunktur zusammenhängt.[45] Demzufolge entwickelt sich die Sicherung
von internationalen Wettbewerbsvorteilen zur zentralen Aufgabe des Managements.
Unternehmen, die dies bereits erfolgreich praktizieren, werden häufig auch als Global
Player oder als multinationale Unternehmen bezeichnet. Auf diesen Unternehmensty-
pus soll im nachfolgenden Abschnitt kurz eingegangen werden, da dieser im Fokus der
vorliegenden Arbeit sein wird. Hierdurch soll auch der bislang nur geringen Bedeutung multinationaler Unternehmen innerhalb der Internationalisierungsprozessforschung begegnet werden.

---

[42]   Vgl. Campo (2010), S. 6.
[43]   Vgl. o. V. (2010d).
[44]   Vgl. Zweifel / Heller (1997), S. 19.
[45]   Vgl. Jung et al. (2008), S. 532.

2.2.2 Relevanz der Internationalen Unternehmung

Im vorigen Kapitel wurde bereits auf die lange Tradition der Außenhandelsaktivitäten hingewiesen. International tätige Unternehmen hingegen entstanden nach einhelliger Meinung erst gegen Ende des 19. Jahrhunderts. Als Pioniere in diesem Bereich können Unternehmen aus England, den Niederlanden und Belgien angesehen werden. Diese Firmen waren insbesondere im Bergbau sowie in der Textil- und Erdölindustrie tätig. Im Laufe der Zeit weiteten auch deutsche und französische Unternehmen ihre Aktivitäten auf das Ausland aus.

Mittlerweile soll es nach Schätzungen der UNCTAD[46] weltweit mehr als 78.000 international tätige Unternehmungen mit mehr als 770.000 Tochtergesellschaften geben.[47]

Tendenziell ist mit einer deutlichen Zunahme zu rechnen, da zukünftig mehr Schwellen- und Entwicklungsländer und deren Unternehmen am weltweiten Wettbewerb partizipieren werden. Die Beweggründe für die Entstehung multinationaler Unternehmen können vielfältiger Natur sein. Etabliert hat sich jedoch in diesem Zusammenhang die Fokussierung auf drei Arten von Vorteilen:[48] Eigentumsvorteile, Standortvorteile und Internalisierungsvorteile.[49] Eigentumsvorteile gründen auf der Tatsache, dass Unternehmen firmenspezifische Vorteile gegenüber dem Markt oder den Wettbewerbern besitzen. Als Standortvorteile können allgemein die komparativen Kostenvorteile durch eine Auslandsverlagerung, die Nähe zum Absatzmarkt und die Umgehung von Handelshemmnissen genannt werden.[50] Internalisierungsvorteile entstehen dadurch, dass ein Unternehmen eine bestimmte Leistung innerhalb des Unternehmens besser, schneller oder eben auch kostengünstiger erbringt als über die Märkte in Form von Zukauf oder Kooperationen.[51]

Nicht zuletzt aufgrund der wachsenden Bedeutung hat sich eine Vielzahl von Wissenschaftlern im Laufe der Jahre mit der Thematik der multinationalen Unternehmen beschäftigt. Lilienthal hat als einer der ersten versucht, internationale Unternehmungen genau zu definieren. Demnach zeichnet sich eine internationale Unternehmung dadurch aus, dass sie neben dem Heimatmarkt auf mindestens einem Auslandsmarkt tätig ist.[52] Diese Begriffsbeschreibung greift jedoch zu kurz, da hierbei die Form der Auslandstätigkeit nicht spezifiziert wird. Dunning hingegen bezeichnet multinationale Unternehmungen als Unternehmen, die sich im Besitz von einkommensrelevanten Anlagen in mehr als einem Land auszeichnen.[53] Andere Autoren bezeichnen eine Unter-

---

[46]   UNCTAD steht für 'United Nations Conference on Trade and Development'. Wichtigstes Ziel der im Jahr 1964 gegründeten UNCTAD ist die Förderung des Handels zwischen Industrie- und Entwicklungsländern.
[47]   Vgl. UNCTAD (2007).
[48]   Dieser Ansatz wird in der Literatur auch als OLI-Ansatz oder OLI-Paradigma bezeichnet. Dabei steht 'O' für „Ownership", 'L' für „Location" und 'I' für „Internalization".
[49]   Vgl. Dunning (1977).
[50]   Vgl. Siebert / Lorz (2006), S. 124.
[51]   Vgl. Coase (1937), S. 368 ff.
[52]   Vgl. Lilienthal (1960), S. 119.
[53]   Vgl. Dunning (1974), S. 13.

nehmung erst dann als international, wenn sie auch Produktionsaktivitäten im Ausland aufweist.[54] Für wieder andere Wissenschaftler ist hingegen auch eine Vertriebsgesellschaft im Sinne internationaler Aktivität durchaus ausreichend.[55] Diese Definitionen erscheinen jedoch alle als zu eng, da die Praxis zeigt, dass Unternehmen nicht nur über Auslandsgesellschaften, sondern auch durch unterschiedliche Kooperationsformen Märkte erfolgreich bearbeiten.[56] Darüber hinaus müssen Unternehmungen nicht zwingend Produktion oder Vertrieb ins Ausland verlagern. Zahlreiche Studien weisen darauf hin, dass Unternehmungen auch andere Bereiche der Wertschöpfungskette wie Forschung und Entwicklung outsourcen.[57] Darüber hinaus widersprechen die so genannten 'Born Internationals'[58] oder 'Born Globals'[59] der vielfach getroffenen Annahme, dass Unternehmen zunächst ihre Heimatmärkte bearbeiten und danach erst langsam in Auslandsmärkte expandieren.[60]

Aufgrund der hier bereits angedeuteten vielfachen Kriterien, durch die eine internationale Unternehmung gleichermaßen beeinflusst und charakterisiert wird, wird im weiteren Verlauf dieser Arbeit unter einer multinationalen Unternehmung ein Unternehmen verstanden, bei dem in mindestens einem ausländischen Markt eine Niederlassung besteht, es innerhalb des Konzerns zu ständigen grenzüberschreitenden Aktivitäten kommt und die einzelnen Konzernbereiche unter einheitlicher Zielsetzung und Leitung stehen.[61] Ob diese Niederlassung in Form einer 100 %-igen Tochtergesellschaft oder in einer Kooperationsform existiert, wird an dieser Stelle bewusst nicht eingeschränkt.

Im nachfolgenden Kapitel werden nun die Kernmotive für die Internationalisierung eines Unternehmens charakterisiert.

2.2.3 Motive der Internationalisierung eines Unternehmens

Die heutigen Motive für internationalen Handel haben sich im Vergleich zu früheren Jahren drastisch verändert. Erklärte die klassische Theorie von Smith[62] und Ricardo[63] Internationalisierung allein aus Sicht der Kostenreduktion, reicht dieser Erklärungsansatz heutzutage bei Weitem nicht mehr aus. Die Gründe für die Internationalisierung

---

[54]   Vgl. Sieber (1970), S. 415-419, vgl. Pausenberger (1982), S. 119, vgl. Glaum (1996), S. 10.
[55]   Vgl. Borrmann (1970), S. 21, vgl. Kormann (1970), S. 8, vgl. Vernon et al. (1996), S. 28.
[56]   Vgl. Meckl (1993), vgl. Oesterle (1993), vgl. Kutschker (1994), vgl. Bäurle / Krebs (1997).
[57]   Vgl. Boehmer (1995), vgl. Beckmann (1997), vgl. Gerybadze / Reger (1999), vgl. Fisch (2001).
[58]   Vgl. Holtbrügge / Enßlinger (2005), S. 4 f.
[59]   Hierunter versteht man Unternehmen, die zum einen in mehreren Ländern, kulturellen Clustern oder geografischen Regionen aktiv sind, und zum anderen Unternehmen, die nach ihrer Unternehmensgründung sehr schnell ein Auslandsengagement begonnen haben.
[60]   Vgl. Schmidt-Bucholz et al. (2001), vgl. Schmid / Schmidt-Buchholz (2002), vgl. Gassmann / Keupp (2007).
[61]   Vgl. Koubek (2010), S. 252.
[62]   Vgl. Smith (1776), zitiert nach Czinkota et al. (2002), S. 140.
[63]   Vgl. Ricardo (1817), zitiert nach Czinkota et al. (2002), S. 140.

eines Unternehmens sind wesentlich weitreichender und vielfältiger geworden und dienen nicht mehr allein der Kostenreduzierung, sondern vor allem den Kernzielen der Sicherung von Wettbewerbsvorteilen und des inländischen Unternehmensbestandes.[64]

In Anbetracht des hohen Wettbewerbsdrucks auf den stagnierenden Märkten können Unternehmen auf diesen nur noch wachsen, indem sie Mitbewerber verdrängen.[65] Neben der Möglichkeit, den Druck auf die vorgelagerte Zuliefererebene zu verlagern, bietet sich auch die Gelegenheit einer zunehmenden Produktdifferenzierung, die sich in der Automobilindustrie vor allem in der Einführung neuer Modelle und einer steigenden Produktlinienerweiterung äußert.[66]

Die einzige Möglichkeit, dem Verdrängungswettbewerb zu begegnen, besteht in der Erschließung neuer Märkte.[67] Neben dem Faktor 'Sättigung der Kernmärkte' gibt es noch eine Vielzahl weiterer Einflussfaktoren, welche die Internationalisierung eines Unternehmens begründen. Demnach lassen sich Motive internationaler Unternehmenstätigkeit grundsätzlich unter-gliedern nach:

- ökonomischen / nicht-ökonomischen,
- offensiven / defensiven sowie
- ressourcenorientierten, produktionsorientierten und absatzorientierten Motiven.[68]

2.2.3.1   Ökonomische und nicht-ökonomische Motive

Typische ökonomische Motive bestehen in dem Streben sowohl nach Gewinnerzielung sowie Umsatz- und Marktanteilszielen als auch nach dem Ausgleich negativer inländischer Konjunkturentwicklungen.[69] Nicht-ökonomische Motive sind bspw. Imageziele.

2.2.3.2   Offensive und defensive Motive

„(...) proactive firms go international because they want to, while reactive ones go international because they have to."[70]

Dieses Zitat von Czinkota und Ronkainen zeigt den wesentlichen Unterschied zwischen offensiven und defensiven Internationalisierungsbestrebungen. Demnach liegen offensive Bestrebungen dann vor, wenn Wettbewerbsvorteile - bspw. Technologie-

---

[64]   Vgl. Welge (1990), S. 94 f.
[65]   Vgl. Gollwitzer / Karl (1998), S. 13.
[66]   Vgl. Schonert (2008), S. 56.
[67]   Vgl. Woods (1995), S. 89.
[68]   Vgl. Macharzina / Wolf (2005), S. 927 f.
[69]   Vgl. Berndt et al. (2005), S. 7 f.
[70]   Czinkota / Ronkainen (2002), S. 227.

oder Qualitätsvorteile - auf internationalen Märkten bestehen.[71] Eine Markterschließung dient in diesem Fall der mittel- und langfristigen Abschöpfung von Gewinnpo-
tenzialen in den fokussierten Auslandsmärkten.[72] Um defensive Motive handelt es
sich, wenn lediglich eine Folgerstrategie[73] angewandt wird, und wenn die Auslandsproduktion der Stabilisierung einer gefährdeten Inlandsposition dient.[74] Tabelle 1 gibt
einen Überblick über die offensiven und defensiven Internationalisierungsmotive.

Tabelle 1: Gegenüberstellung der offensiven und defensiven
Internationalisierungsmotive

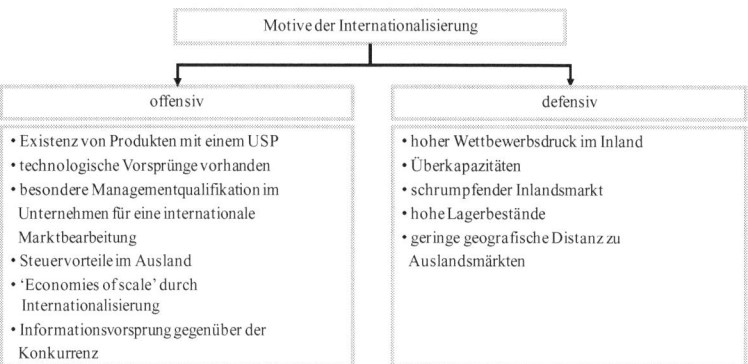

Quelle: Eigene Darstellung in Anlehnung an Czinkota / Ronkainen (2002), S. 226.

2.2.3.3   Ressourcenorientierte, produktionsorientierte und beschaffungs-
orientierte Motive

Nach der letzten Unterteilung der Motive internationaler Unternehmenstätigkeit impli-
zieren ressourcenorientierte Beweggründe die nachhaltige Versorgungssicherung mit
bestimmten Ressourcen durch die Internationalisierung,[75] wohingegen die absatz-
marktorientierten Motive allgemein in der Sicherung und Steigerung des Absatzes
gründen. Produktionsorientierte Motive[76] liegen hingegen vor, wenn als Folge der
Produktionsverlagerung ins Ausland ein komparativer Kostenvorteil gegenüber dem
Inland erzielt werden kann.[77] Die folgende Tabelle zeigt eine Auflistung relevanter
Motive aus beschaffungs-, absatz- und produktionsorientierter Sicht.

---

[71]   Vgl. Berndt et al. (2005), S. 8.
[72]   Vgl. Lingenfelder (2006), S. 324.
[73]   Vgl. Kapitel 4.3.1.2.
[74]   Vgl. Bogner / Brunner (2007), S. 70.
[75]   Vgl. Arnold (1989), S. 14 ff.
[76]   In der Literatur wird häufig die Formulierung kosten- und ertragsorientierte Motive als Synonym für die
produktionsorientierten Motive verwendet.
[77]   Vgl. Ellis / Williams (1995), S. 48.

Tabelle 2: Aufteilung der Internationalisierungsmotive nach Produktion, Absatz und Beschaffung

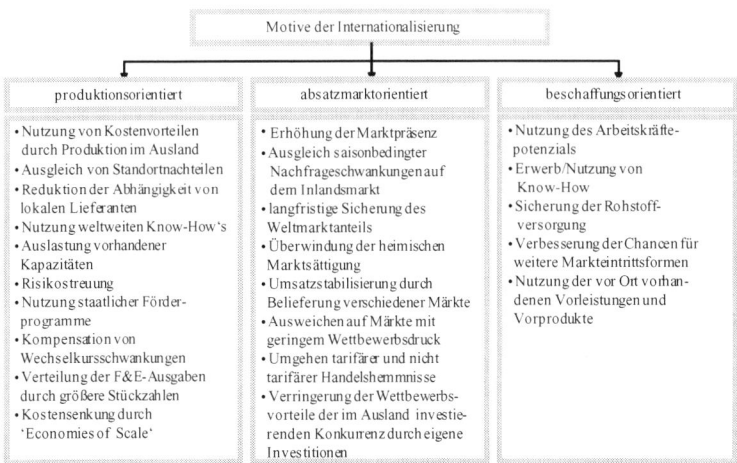

Motive der Internationalisierung		
produktionsorientiert	**absatzmarktorientiert**	**beschaffungsorientiert**
• Nutzung von Kostenvorteilen durch Produktion im Ausland • Ausgleich von Standortnachteilen • Reduktion der Abhängigkeit von lokalen Lieferanten • Nutzung weltweiten Know-How's • Auslastung vorhandener Kapazitäten • Risikostreuung • Nutzung staatlicher Förderprogramme • Kompensation von Wechselkursschwankungen • Verteilung der F&E-Ausgaben durch größere Stückzahlen • Kostensenkung durch 'Economies of Scale'	• Erhöhung der Marktpräsenz • Ausgleich saisonbedingter Nachfrageschwankungen auf dem Inlandsmarkt • langfristige Sicherung des Weltmarktanteils • Überwindung der heimischen Marktsättigung • Umsatzstabilisierung durch Belieferung verschiedener Märkte • Ausweichen auf Märkte mit geringem Wettbewerbsdruck • Umgehen tarifärer und nicht tarifärer Handelshemmnisse • Verringerung der Wettbewerbsvorteile der im Ausland investierenden Konkurrenz durch eigene Investitionen	• Nutzung des Arbeitskräftepotenzials • Erwerb/Nutzung von Know-How • Sicherung der Rohstoffversorgung • Verbesserung der Chancen für weitere Markteintrittsformen • Nutzung der vor Ort vorhandenen Vorleistungen und Vorprodukte

Quelle: Eigene Darstellung in Anlehnung an Macharzina / Oesterle (1997), S. 110.

Bei der hier vorgenommenen Aufteilung wird die besondere Problematik der Systematisierung von Internationalisierungsmotiven ersichtlich. Demnach sind die Ansätze weder überschneidungsfrei, noch ist es möglich die einzelnen Internationalisierungsgründe einem bestimmten Typ zuzuordnen.[78] Zudem wird durch diese Typisierung längst nicht die Gesamtheit der Gründe erfasst. Denn der Zugang zu neuen Märkten dient neben den oben genannten Gründen auch den verbesserten Zugangsoptionen zu benachbarten Ländern, um durch die größere Marktnähe besser auf die Bedürfnisse und Wünsche dieser Kunden eingehen zu können.

Ein Vorteil der hier gewählten Systematisierung der Internationalisierungsmotive liegt in der markteintrittsunspezifischen Anwendbarkeit und Bedeutung; so sind die hier aufgelisteten Internationalisierungsgründe sowohl für eine Exportstrategie als auch für die Gründung einer Tochtergesellschaft relevant.[79]

---

[78] Vgl. Macharzina / Wolf (2005), S. 928.
[79] Eine Vielzahl an Wissenschaftlern hat sich insbesondere auf die Motive für den Export als Markteintrittsform fokussiert und hierbei durchaus von der in dieser Arbeit gewählten Systematisierung abweichende Motive herausgearbeitet. Hierzu werden insbesondere die Arbeiten von Dichtl et al. (1984), Sullivan / Bauerschmidt (1990) und Farhang (1993) sowie zur weiteren Vertiefung Simmonds / Smith (1968), Bilkey / Tesar (1977), Lee / Brasch (1978), Cavusgil (1980) als auch Czinkota / Johnston (1981) empfohlen.

2.3   Emerging Market Economies

Der Begriff der Emerging Market Economies stellt eine Bezeichnung für die aufstrebenden Ökonomien der unterschiedlichen Regionen dar. Neben diesem Begriff ist in
der Literatur eine Vielzahl weiterer Termini für die Bedeutung und Erklärung der aufstrebenden Länder eingeführt worden, unter ihnen bspw. Newly Industrializing Countries, Länder der zweiten und dritten Welt, Schwellenländer, Transformationsländer,
Next Eleven[80], Tiger-Staaten oder aber BRIC-Region. Zwar werden diese Bezeichnungen in den Medien und in der Fachliteratur häufig synonym verwendet, jedoch bestehen in diesen Begrifflichkeiten zum Teil erhebliche Unterschiede, auf die nachfolgend näher eingegangen wird.

2.3.1 Begriff der Emerging Market Economies und seiner sinnverwandten Ter-
mini

Emerging Markets leitet sich von dem lateinischen Wort „emergere" ab und bedeutet
„auftauchen" bzw. „hervorkommen".[81] Dieser Begriff erschien erstmalig zu Beginn
der 1980er Jahre in der Länderklassifizierung der Weltbank.[82] Ursprünglich waren
hiermit die Finanzmärkte in Schwellenländern und in einigen osteuropäischen Staaten
gemeint. Heutzutage umfasst der Begriff nicht mehr nur die Finanzmärkte, sondern
das jeweilige Land als Ganzes und wird daher in der Literatur häufig als Synonym
bzw. Hyperonym für die Begriffe 'Newly Industrialized Countries' oder auch Schwellenländer verwendet.[83]
Im Zeitablauf entwickeln Schwellenländer eine wirtschaftliche Eigendynamik, durch
die sie die typischen Strukturmerkmale eines Entwicklungslandes überwinden und sich
zu einem Industrieland entwickeln und diesen Entwicklungsstand auch halten können.[84] Tran und Meyer definieren Schwellenländer als Ökonomien mit einem hohen
Wachstum bzw. hohem Wachstumspotenzial, jedoch ohne den institutionellen Rahmen
der Wirtschaften in Nordamerika oder auch Europa.[85] Eine derartige Erläuterung greift
jedoch zu kurz, wie bereits Kohlert in seiner Abgrenzung vom Entwicklungs- zum
Schwellenland verdeutlicht. Demnach zeichnen sich im Gegensatz zu Entwicklungsländern Schwellenländer hauptsächlich durch hohe Wachstumsraten, ein großes
Marktvolumen, ein überdurchschnittlich wachsendes Pro-Kopf-Einkommen sowie ei-

[80] Unter den ‚Next Eleven' werden die im Dezember 2005 von Goldman-Sachs benannten elf Länder verstan-
      den, denen ein wirtschaftlicher Aufschwung, ähnlich dem der BRIC-Staaten, zugetraut wird (vgl. Kapitel
      2.3.1.2).
[81] Vgl. o. V. (2007), S. 272.
[82] Vgl. Arouri et al. (2010), S. 1.
[83] Vgl. Strietzel (2005), S. 14 f.
[84] Vgl. Krumnow (2002), S. 1152.
[85] Vgl. Meyer / Tran (2006), S. 5.

ne gezielte Industrialisierungspolitik der Regierungen aus.[86] Eine genauere Differenzierung wurde von der International Finance Corporation (IFC)[87] bereits im Jahr 1981 vorgenommen. Neben den üblichen Kriterien wie Einkommenshöhe, Größe des Kapitalmarktes, Entwicklungs- sowie Öffnungsgrad der Volkswirtschaft wurden von der IFC noch weitere wesentliche Eigenschaften definiert, u. a. politische und makroökonomische Stabilität, fließende wirtschaftliche und finanzwissenschaftliche Reformen und ein hohes Wachstumspotenzial der Wirtschaft.[88]

Wie die unterschiedlichen Kriterien von Kohlert und IFC verdeutlichen, gibt es weder eine eindeutige Definition eines Schwellenlandes, noch eine eindeutige Liste von Schwellenländern, da jede Organisation in ihren Ausdifferenzierungen unterschiedliche Kriterien zugrunde legt, was folglich auch die Abgrenzung der einzelnen Begriffe und die damit einhergehende synonyme Verwendung der benannten Begrifflichkeiten erklärt.[89]

Nachfolgend werden unter Emerging Markets jene Staaten verstanden, die hohe Wachstumsraten, ein großes Marktvolumen, ein überdurchschnittlich wachsendes Pro-Kopf-Einkommen sowie eine gezielte Industrialisierungs- und Öffnungspolitik der Regierung aufweisen. Insbesondere auf die internationale Öffnungspolitik wird aufgrund ihrer Bedeutung für den Außenhandel in dieser Arbeit ein gesteigertes Interesse gelegt.

Zunächst können Emerging Markets in zwei Hauptgruppen, und zwar in die reifen und die neuen aufstrebenden Länder, unterteilt werden.

2.3.1.1   Reife Emerging Markets

Zu den reifen Emerging Markets werden all jene Schwellenländer gezählt, die bereits seit einer gewissen Zeit einen Transformationsprozess von einem Entwicklungs- zu einem Schwellenland durchlaufen und somit in der Entwicklung hin zu einem Industrieland schon weiter vorangeschritten sind. Zu dieser Ländergruppe lassen sich die bereits oben erläuterten Tiger-Staaten hinzuzählen, die sich insbesondere im Laufe der 1980er Jahre enorm entwickelten und somit als frühere Entwicklungsländer nahezu den Status eines Industriestaates erreicht haben.[90] Den Namen verdanken die Staaten

---

[86]   Vgl. Kohlert (2006), S. 57 f.
[87]   Die IFC (engl. International Finance Corporation), gegründet 1956, ist eine Gesellschaft der Weltbankgruppe mit Sitz in Washington, D.C. Hauptaufgabe der IFC liegt in dem Beitrag zur Verringerung der Armut in den weniger entwickelten Ländern und zwar durch Förderung des Wachstums des privaten Sektors und der Mobilisierung von Inlands- und Auslandskapital.
[88]   Vgl. Arouri et al. (2010), S. 2.
[89]   Vgl. Strube-Edelmann (2006), S. 3.
[90]   Vgl. Castells (2003), S. 176 ff.

der bei der Entwicklung gezeigten hohen Dynamik, welche an die kraftvolle Energie des Tigers erinnert, der in den benannten Staaten beheimatet ist.[91] Zu diesen Tigerstaaten zählen Südkorea, Taiwan, Singapur und die Sonderwirtschaftszone Hongkong. Eine weitere Gruppe, die zu den reifen Emerging Markets zu zählen ist, ist die von Goldman Sachs im Jahre 2003 eingeführte BRIC-Ländergruppe.[92] Nach wie vor sind es diese Länder, die unter den Emerging Markets das höchste Wachstum aufweisen[93] und maßgeblich daran beteiligt waren, dass im Jahre 2006 das BIP der Schwellenländer erstmalig das Niveau der Industrieländer erreichte[94]. So zeigten die BRIC-Staaten in den Jahren 2001-2006 ein durchschnittliches BIP-Wachstum von 9,5 %, wohingegen das durchschnittliche Weltwirtschaftswachstum lediglich bei 4,2 % lag.[95] Insbesondere während der Wirtschaftskrise der Jahre 2008-2009 wiesen die BRIC-Staaten ein deutlich stärkeres Wachstum auf als die entwickelten Länder der Triade-Region. Zwar wurden die Regierungen der BRIC-Staaten häufig für Ihre speziellen Entwicklungsprogramme kritisiert, jedoch zeigte sich in den vergangenen Jahren der Erfolg jener Politik.[96] Die BRIC-Staaten, von Goldman Sachs als Wachstumsmotoren tituliert, zeichnen sich nicht allein durch unterschiedliche Entwicklungsprogramme aus, vielmehr sind die vier Staaten in ihrer politischen, kulturellen und wirtschaftlichen Ausrichtung von Grund auf verschieden, und doch eint sie der wirtschaftliche Erfolg der vergangenen 20 Jahre.[97] Diese Unterschiedlichkeit zeigt insbesondere, dass es letztlich nicht nur einen erfolgreichen Wachstumspfad zur Entwicklung einer Volkswirtschaft gibt, sondern jeder Staat in Abhängigkeit von den vorhandenen Ressourcen einen individuellen Weg beschreiten muss. Aufgrund des erfolgreichen Wachstumspfads wird Brasilien wohl bis zum Jahr 2040 die westlichen Großmächte in Bezug auf deren Produktivität überholen und langfristig, angesichts der deutlich höheren Wirtschaftsexpansion im Vergleich zu den gesättigten Märkten der Triade,[98] zu den sechs größten Volkswirtschaften der Welt gehören[99]. Trotz dieser positiven Aussichten steht nicht nur Brasilien, sondern auch den restlichen BRIC-Staaten noch ein langer Weg bevor, um schließlich die benannten Prognosen auch tatsächlich zu erreichen. Für eine solche Entwicklung ist nicht alleine der Fortschritt der Binnenwirtschaft, sondern insbesondere auch die wirtschaftliche Kooperation mit neuen Emerging Markets entscheidend.

---

[91]   Vgl. Kirchberg (2007).
[92]   Vgl. Koubek (2010a), S. 324.
[93]   Vgl. Schilbe / Esser (2009), S. 4, vgl. Koubek (2010a), S. 325.
[94]   Vgl. Bloch et al. (2007), S. 1.
[95]   Vgl. Karagiannis et al. (2009), S. 2.
[96]   Vgl. Boeing (2010), S. 2.
[97]   Vgl. Armijo (2007), S. 2.
[98]   Vgl. Wilson / Purushothaman (2003).
[99]   Vgl. Sotero / Armijo (2007), S. 3.

2.3.1.2   Neue Emerging Markets

Bei der Gruppe der neuen Emerging Markets (NEM) handelt es sich um Länder, die den Grad der wirtschaftlichen Entwicklung der reifen Emerging Markets noch nicht erreicht haben, jedoch über ausreichend wirtschaftliches Potenzial und politische Willenskraft verfügen, um langfristig die Lücke zu den reifen Schwellenländern zu schließen. Die Gruppe der NEM-Länder wird noch in zwei weitere Kategorien unterteilt, wobei jede dieser Subkategorien jeweils aus 14 Ländern besteht. Während die Länder der 1. Kategorie sich potenziell für ein Investitionsvorhaben eignen und folglich keine realwirtschaftlichen oder politischen Hemmnisse aufweisen, existiert bei den Ländern der 2. Kategorie noch mindestens ein Ausschlussrisiko.

Wie Tabelle 3 verdeutlicht, ist die Auswahl der NEM14-Staaten der des Next-Eleven-Ansatzes von Goldman Sachs sehr ähnlich. Diese Übereinstimmung der Länder liegt insbesondere in den transparenten Auswahlkriterien, welche bei beiden Untersuchungen angelegt wurden, begründet.[100] Da auch der Fokus der Emerging Triad auf den aktuellen und zukünftigen Schwellenländern liegt, wurde dieser neue strukturelle Ansatz hier bereits angedeutet.[101] Allerdings wird im nachfolgenden Unterkapitel ausführlich auf diesen Ansatz eingegangen, sodass an dieser Stelle von einer weiteren Erläuterung abgesehen wird.

Tabelle 3: Differenzierte Einteilung der Emerging Market Economies

Next Eleven	NEM-14	Emerging Triad	
		SADC	
Ägypten	Ägypten		
Bangladesch	Chile	Mercosur	ASEAN
Indonesien	Indonesien		
Iran	Kasachstan	Argentinien	Brunei
Südkorea	Mexiko	Brasilien	Indonesien
Mexiko	Nigeria	Bolivien	Kambodscha
Nigeria	Pakistan	Chile	Laos
Pakistan	Polen	Ecuador	Malaysia
Philippinen	Südafrika	Kolumbien	Myanmar
Türkei	Rumänien	Peru	Philippinen
Vietnam	Tschechien	Paraguay	Singapur
	Türkei	Uruguay	Thailand
	Ukraine	Venezuela	Vietnam
	Vietnam		

Quelle: Eigene Darstellung.

---

[100]   Vgl. Heese (2009), S. 12.
[101]   Da in diesem Unterkapitel der Fokus noch auf den Next Eleven und den NEM-14 liegt, ist der Ansatz der Emerging Triad in dieser Abbildung im Vergleich zu den anderen bewusst blasser und somit nicht sehr präsent dargestellt.

Die so genannten Next Eleven (N-11) wurden von Goldman Sachs im Jahr 2005 mit
dem Ziel eingeführt, eine weitere Ländergruppe aufzuzeigen, die potenziell einen
BRIC-ähnlichen Einfluss auf den weltweiten Wettbewerb ausüben kann. Als Selekti-
onskriterium wurden dieselben Kriterien herangezogen wie schon bei der Analyse der
BRIC-Staaten zwei Jahre zuvor. Somit erfolgte die Auswahl nach den Kriterien der
makroökonomischen und politischen Stabilität, der Offenheit der Handels- und Inves-
titionspolitik, der Qualität der Bildung und der Bevölkerungsgröße.[102] Schließlich umfasst die Gruppe der Next Eleven nach den BRIC-Staaten die bevölkerungsreichsten
Länder der Erde. Goldman Sachs erwarten zwar für einige der N-11 Staaten eine ähnliche Entwicklung wie die der BRIC-Staaten - verbunden mit einem erheblichen weltwirtschaftlichen Einfluss -, jedoch werden die N-11 Länder als Ganzes womöglich nie
eine derartige weltweite Bedeutung besitzen, wie sie die BRIC-Staaten bereits heute
aufweisen.[103] Wenngleich zudem viele Wissenschaftler an der globalen Bedeutung der
N-11 zweifeln, so ist ihre regionale Präsenz und Relevanz doch unbestritten.[104]

Diese Entwicklung soll nachfolgend in einem dieser Arbeit zugrunde liegenden, vollkommen neuen, regionenspezifischen Ansatz verdeutlicht werden, welcher einen
Großteil der bereits im NEM-14 sowie im Next-Eleven Ansatz benannten Länder umfasst.

2.3.2 Definition und Bedeutung der Emerging Triad

Dieser Ansatz beschäftigt sich mit den aufstrebenden Regionen Südamerikas, Afrikas
und Südostasiens und wird angesichts der ähnlichen Aufteilung wie das nördliche
Vorbild 'Emerging Triad' benannt. Mit dieser Bezeichnung soll insbesondere die zukünftige Bedeutung dieser Regionen hervorgehoben werden und zwar als Gegenpol zu
der Triade mit den Wirtschaftsräumen NAFTA, Westeuropa und Ostasien. Es handelt
sich somit bei der Triade um eine gebräuchliche Bezeichnung für die drei zur Zeit der
Einführung des Begriffes stärksten Wirtschaftsregionen der Welt. International tätige
Triade-Unternehmungen legen den Fokus häufig zunächst auf die Regionen der Tria-
de, um im weiteren Verlauf die internationalen Strategien zunehmend auf aufstrebende
Länder auszurichten,[105] womit die Regionen und ihre jeweiligen Länder der Emerging
Triad verstärkt in den Vordergrund treten.

Der Ausgangspunkt für die Entwicklung eines derartigen Ansatzes liegt insbesondere
in den in der Literatur vielfach dargestellten Süd-Süd-Kooperationen sowie einem der-

---

[102] Bereits bei den BRIC-Staaten war dies eines der Hauptauswahlkriterien, sodass hier eine Vergleichbarkeit
       zwischen der Auswahl der BRIC-Staaten und nachfolgend der N-11 Staaten vorliegt.
[103] Vgl. Wilson / Stupnytska (2007), S. 147.
[104] Vgl. ebenda.
[105] Vgl. Ohmae (1985).

zeit noch mangelnden Geflecht der Wirtschaftsregionen der südlichen Hemisphäre begründet. Jene Süd-Süd-Koopera-tionen dienen in der nachfolgenden, detaillierteren Analyse der einzelnen Wirtschaftsregionen als Basis für deren zunehmende Verflechtung und der damit verbundenen Entwicklung zu der aufstrebenden Triade (Emerging Triad).

Zwar umfasst diese Emerging Triad die Regionen Südamerikas, Afrikas und Südostasiens, jedoch werden längst nicht alle Länder dieser Regionen in diesem Ansatz eingebunden. Es handelt sich vielmehr um eine Bündelung der stärksten Wirtschaftsräume der südlichen Hemisphäre, welche zunächst durch die Staatenbünde Mercosur, ASEAN und den afrikanischen SADC-Staatenbund dargestellt werden soll. Gleichsam ist eine nachträgliche Erweiterung dieses Modells um weitere Länder sowie Staatenverbände möglich.

Nachfolgend werden die drei Kernregionen näher erläutert, um abschließend auf das Entwicklungspotenzial der einzelnen Regionen und deren Zusammenspiel in der Emerging Triad einzugehen.

2.3.2.1 Mercosur[106]

Mit der Gründung des gemeinsamen Marktes des Südens[107] folgte Lateinamerika der weltweiten regionalen und interregionalen Verflechtung,[108] die sich insbesondere in der deutlichen Zunahme der regionalen Handelsabkommen in den 1990er Jahren zeigte.[109] So nahm die Anzahl dieser regionalen Abkommen von 34 im Jahr 1990 auf 168 im Jahr 2001 zu.[110] Der Mercosur Staatenbund wurde durch den Vertrag von Asunción im März 1991 zwischen Argentinien, Brasilien, Paraguay und Uruguay gegründet.[111] Dieser Treaty of Asunción stellte zunächst nur einen 25-seitigen und 24 Artikel umfassenden Rahmenvertrag dar, welcher im Laufe der Jahre durch zusätzliche Vertragsprotokolle[112] erweitert wurde.[113] Das gemeinsame Interesse der Mitglieder lag insbesondere in der Umsetzung des freien Handels von Gütern, Dienstleistungen und Produktionsfaktoren zwischen den Mitgliedsstaaten und einer damit verbundenen stärkeren südamerikanischen wirtschaftlichen Integration,[114] welche speziell durch die Einfüh-

---

[106] Zur weiteren Vertiefung siehe: Sangmeister (2002), Jaguaribe / de Vasconcelos (2003), Phillips (2004) sowie Guedes / Dominguez (2004).
[107] Mercosur steht für 'Mercado Común del Sur' in Spanisch oder 'Mercado Comum do Sul' in Portugiesisch.
[108] Vgl. Urata (2002), S. 21.
[109] Vgl. Behrens / Janusch (2009), S. 1.
[110] Vgl. Duina (2006), S. 3.
[111] Vgl. Connolly / Gunther (1999), S. 1.
[112] Hierunter fällt u. a. das 'Ouro Preto Protocol', welches die Implementierung neuer Organe und eine detailliertere Regelung der Verantwortlichkeiten der jeweiligen Organe umfasste.
[113] Vgl. Bouzas / Soltz (2010), S. 1.
[114] Vgl. Coffey (1998), S. 1 ff., vgl. Klonsky (2009), S. 1, vgl. Franzoi (2009), S. 1.

rung eines gemeinsamen Außenzolls noch gestärkt werden sollte[115]. Als Vorläufer dieses Handelsverbundes sind die lateinamerikanische Integrationsassoziation ALALC[116],
die lateinamerikanische Integrationsassoziation ALADI[117] sowie der bilaterale Integrationsprozess zwischen Brasilien und Argentinien zu nennen.[118] Das Ziel der ALALC
bestand bereits damals in der Entwicklung einer Freihandelszone innerhalb von zwölf
Jahren durch den schrittweisen Abbau von Handelsbeschränkungen und der anschließenden Errichtung eines gemeinsamen lateinamerikanischen Marktes.[119] Das vorgegebene Verhandlungssystem zur schrittweisen Handelsliberalisierung erwies sich allerdings letztlich als zu schwerfällig,[120] sodass die ALALC das Ziel eines einheitlichen
gemeinsamen lateinamerikanischen Marktes nicht verwirklichen konnte[121].
Folglich wurde im Jahr 1980 die Nachfolgeorganisation ALADI von den elf ALALC-
Mitgliedsstaaten gegründet. Erneut bestand das Hauptziel in der Schaffung eines gemeinsamen Marktes, jedoch ohne die Vereinbarung spezifischer Maßnahmen oder eines Zeitplans.[122] Vielmehr wollte man das Ziel eines gemeinsamen Marktes durch das
Prinzip des offenen Regionalismus[123] erreichen. Ausschlaggebend für die Gründung
des Mercosur waren dabei letztlich vor allem die Annäherung Brasiliens und Argentiniens Mitte der 1980er Jahre durch verschiedene bilaterale Abkommen und die gleichzeitige Furcht vor der weltwirtschaftlichen Marginalisierung durch die damals bevor-
stehende Einführung des Europäischen Binnenmarktes sowie der Gründung der NAF-
TA und die sich dadurch immer stärker abzeichnende Bildung regionaler Blöcke.[124]

Der gemeinsame Markt des Südens ist der viertgrößte Handelsverbund weltweit nach
NAFTA, EU und ASEAN.[125] Der südamerikanische Staatenbund umfasst eine Fläche
von 12,8 Millionen Quadratkilometern und beheimatet mehr als 270 Millionen Menschen. Mit mehr als 2,4 Billionen US-Dollar erwirtschaftet der Mercosur rund 75 %
des gesamten BIPs des lateinamerikanischen Kontinents. Zudem erwirtschaftete der
Staatenverbund in den vergangenen Jahren stets einen Außenhandelsüberschuss; so

---

[115] Vgl. Duina / Buxbaum (2008), S. 200 ff.
[116] Die 'Asociación Latinoamericana de Libre Comercio' wurde im Jahre 1960 von Argentinien, Brasilien,
       Chile, Mexiko, Paraguay, Peru und Uruguay durch die Unterzeichnung des Vertrages von Montevideo ge-
       gründet. Im weiteren Verlauf traten noch Kolumbien, Ecuador (beide 1961), Venezuela (1966) und Bolivien
       (1967) bei.
[117] ALADI ist ein Akronym und steht für 'Asociación Latinoamericana de Integración'.
[118] Vgl. Mattli (1999), S. 140, vgl. Mesa (2009), S. 14.
[119] Vgl. o. V. (1960), Art. 2.
[120] Vgl. Wehner (1999), S. 30.
[121] Vgl. Greiner (2004), S. 10.
[122] Vgl. o. V. (1980), Art. 1.
[123] Die Bezeichnung 'Open Regionalism' stand in seiner ursprünglichen Form für eine bestimmte Art des Re-
       gionalismus, welche sich durch eine extreme Liberalisierung sowie die tarifäre Gleichbehandlung von Mit-
       glieds- und Nichtmitgliedsstaaten auszeichnete (vgl. Drysdale / Garanut (1993), S. 187 f.). Mittlerweile wird
       diese Begrifflichkeit in allgemeinerem Zusammenhang gesetzt, sodass sie die Handlungsweise einer
       Region repräsentiert, um erfolgreich am Weltmarkt zu partizipieren (vgl. Gamble / Payne (1996), S. 251).
[124] Vgl. Bompadre (2002), S. 8, vgl. Mesa (2009), S. 15.
[125] Vgl. Klonsky (2009), S. 2.

2. Internationalisierung von Unternehmen 23

auch im Jahr 2008 mit einem Exportwert von 200 Mrd. US-Dollar und einem Import-wert von 130 Mrd. US-Dollar. Den Hauptanteil an dieser Entwicklung trägt Brasilien, welches allein im Jahr 2008 1,6 Billionen US-Dollar zu der Wirtschaftsleistung des Mercosurs beitrug.[126] Brasilianische Unternehmen als Mischung aus Staatskonzernen, privaten Großunternehmen und leistungsstarken Familienunternehmen in allen Berei-chen der Wirtschaft zeigen nicht alleine in Lateinamerika, sondern auch international eine beachtliche Wettbewerbsfähigkeit u. a. Petrobras als weltweit neuntgrößter bör-senkapitalmäßiger Ölkonzern, VALE als weltweit zweitgrößter Bergbaukonzern, Bra-sil Foods als weltweit größter Produzent von Geflügel und einer der größten Nah-rungsmittelkonzerne, WEG als einer der drei Weltmarktführer für Elektromotoren und Embraer als weltweit drittgrößter Flugzeugbaukonzern.[127]

Nicht umsonst wird häufig von den beiden Zwergen Paraguay und Uruguay sowie den ökonomischen Riesen Brasilien und Argentinien gesprochen.[128] Speziell Brasilien gilt als der Motor des lateinamerikanischen Wirtschaftsraums.[129]

Kurz nach der Gründung des gemeinsamen Marktes im Juni 1991 begannen die Mit-gliedsstaaten mit der in der Charta festgesetzten Zollsenkung und der einheitlichen An-passung des gemeinsamen Außenzolls. Im Jahr 1997 waren schon mehr als 90 % des intraregionalen Handels zollfrei und lediglich einige jeweils von den Mitgliedsländern ausgewählte Produkte[130] unterstanden noch einer separaten Zollregelung, welche zu Beginn des neuen Jahrtausends abgeschafft wurde.[131] Bereits in den ersten Jahren die-ser Entwicklung konnten deutliche Anstiege in dem Intra-Mercosur-Handel festgestellt werden,[132] u. a. von 12 % im Jahr 1991 auf 19 % im Jahr 1994.[133] Die voranschreiten-de Liberalisierung und Deregulierung Lateinamerikas führte nicht nur intraregional zu deutlichen Veränderungen, sondern auch zu erheblichen weltweiten Investitionsver-schiebungen,[134] sodass bereits in den frühen 1990er Jahren 50 % mehr ausländische Direktinvestitionen nach Lateinamerika als nach Asien flossen[135].

Hierbei soll jedoch nicht der deutliche wirtschaftliche Abschwung Ende der 1990er Jahre außer Acht gelassen werden, welcher maßgeblich in der mexikanischen Tequi-lakrise seinen Ursprung fand.[136] Schließlich nahm der Mercosur jenen Vorfall als Aus-gangspunkt zur Einführung makroökonomischer Maßnahmen, um den Staatenbund

---

[126] Vgl. ebenda.
[127] Vgl. Koubek (2010a), S. 331 f.
[128] Vgl. Sangmeister (1994), S. 197.
[129] Vgl. Sangmeister (2011), S. 5.
[130] Das so genannte 'Régimen de Adecuación al Mercosur' erlaubte den einzelnen Mitgliedsstaaten eine ge-wisse Anzahl von Produkten auszuwählen, welche von der intraregionalen 0 %-Verzollung ausgeschlossen werden konnten.
[131] Vgl. Moncarz / Vaillant (2006), S. 4.
[132] Vgl. Caceres (2011), S. 47.
[133] Vgl. Connolly / Gunther (1999), S. 2.
[134] Vgl. Gereffi / Hempel (1996). S. 18 ff.
[135] Vgl. Calvo et al. (1996), S. 123 ff.
[136] Zur weiteren Vertiefung siehe: de Souza (1999), Montero (1999), Ablin / Bouzas (2004) und de Andrade et al. (2005).

gegen eine derartige Krisenanfälligkeit besser zu schützen.[137] Als Beleg für die erfolgreiche Implementierung kann nicht zuletzt der vergleichsweise harmlose Verlauf der
weltweiten Wirtschafts- und Finanzkrise der Jahre 2008-2009 in dieser Region herangezogen werden.[138]
Neben den vier Vollmitgliedern haben sich in den Jahren nach der Gründung die sechs
Assoziationsstaaten Chile (1996), Bolivien (1997), Peru (2003) Kolumbien (2004),
Ecuador (2004) und Venezuela (2005) herausgebildet, deren Entwicklung zur Voll-
mitgliedschaft derzeit unterschiedlich weit fortgeschritten ist.[139] Voraussetzung, um
den Status eines Assoziationsmitglieds zu erhalten, ist die Einwilligung zur schrittweisen Entwicklung einer Freihandelszone mit den Mercosur-Staaten.[140] Dies hängt sehr
eng mit den seit 1999 geführten Verhandlungen zwischen dem Mercosur-Staatenbund
und der Andean Community of Nations (CAN) zusammen, deren damaliges Ziel eine
vollständige Integration des südamerikanischen Marktes unter dem Namen SAFTA[141]
war. Bereits im Jahr 2004 wurde ein Kooperationsvertrag zwischen dem Staatenbund
Mercosur und der Andean Community of Nations geschlossen,[142] welcher durch die
Gründung der Union of South American Nations (Unasur) am 23. Mai 2008[143] und der
Unterzeichnung des Gründungsvertrags am 11. März 2011 seinen erfolgreichen Höhe-
punkt fand[144]. Dieser Handelsbund beheimatet nicht nur mehr als 382 Millionen Menschen, sondern erwirtschaftet auch mehr als 3 Billionen US-Dollar pro Jahr (PPP) und
macht die Unasur somit zum fünftgrößten Wirtschaftsraum und zum viertgrößten
Handelsverbund weltweit.[145] Neben der Errichtung einer südamerikanischen Freihandelszone verfolgt die Unasur - ähnlich dem Vorbild der EU - noch die Ziele der stärkeren Integration durch gemeinsame Projekte, u. a. im Bereich der Infrastruktur, der
Verbesserung der Sicherheit sowie der Einführung einer zunehmend einheitlichen Ge-
setzgebung.[146] Den einzigen Unsicherheitsfaktor stellt nach wie vor die Möglichkeit
eines Mercosur-Austritts Uruguays sowie Paraguays aufgrund eines bilateralen Abkommens zwischen Uruguay bzw. Paraguay und den USA dar. Gemäß der gemeinsamen Charta zur Stärkung der gemeinsamen Außenpolitik und dem damit verbundenen
gemeinsamen Außenzoll ist den Mitgliedsstaaten der Abschluss eines bilateralen Abkommens ohne Einwilligung des Mercosur prinzipiell untersagt.[147] Dies führt nicht nur

---

[137] Vgl. Bulmer-Thomas (1999).
[138] Vgl. OECD (2010), S. 47.
[139] Vgl. Arieti (2006), S. 761 f.
[140] Vgl. o. V. (2007a), S. 7.
[141] SAFTA steht für 'South American Free Trade Area'.
[142] Vgl. Davison (2004).
[143] Vgl. Vigevani et al. (2009), S. 3.
[144] Vgl. Bechle (2011), S. 7.
[145] Vgl. Klonsky (2009), S. 4.
[146] Vgl. O'Keefe (2003), S. 3, vgl. Schelhase (2008), S. 96.
[147] Vgl. Aggarwal / Espach (2004), S. 21.

zu Spannungen innerhalb Mercosurs infolge der Untergrabung des gemeinsamen Außenzolls, sondern auch zu Spannungen in den Ländern selbst.[148]

Neben der voranschreitenden Integration des südamerikanischen Raumes ist Mercosur und hier insbesondere Brasilien um weitere Handelsabkommen bemüht. Bereits im Jahr 2000 erfolgte die Unterzeichnung eines Rahmenvertrages über weitere Verhandlungen mit dem Ziel des freien Handels zwischen Mercosur und Südafrika, dem sich im Jahr 2003 die weiteren SACU-Mitglieder[149] anschlossen.[150] Noch im selben Jahr gründeten Brasilien, Indien und Südafrika das India-Brazil-South Africa Forum (IB-SA), um weitere Kooperationen und Handelsabkommen des Südens zu intensivieren. Dies führte letztendlich zu einem Freihandelsabkommen[151] zwischen Indien und dem Mercosur,[152] welches am 01. Januar 2010 erfolgreich implementiert wurde. Neben Indien besteht nun auch zwischen China als wichtigem Handelspartner und Mercosur seit dem 01. Januar 2010 ein Freihandelsabkommen,[153] welches die weitere südliche Vernetzung und deren zunehmende Bedeutung als Gegenpol zur Triade unterstreicht. Bereits vor diesen Freihandelsabkommen erreichte der Handel zwischen Indien und dem Mercosur ein Volumen in Höhe von 20 Milliarden US-Dollar und zwischen dem Mercosur und China von 140 Milliarden US-Dollar im Jahr 2009.[154] Noch liegt Indien als Handelspartner deutlich hinter China zurück, jedoch wird langfristig mit einer Angleichung Indiens an das Mercosur-China-Handelsvolumen gerechnet.

Bereits 1998 führten Vertreter des Mercosur und des SADC[155] Gespräche über eine Trans-Südatlantik Freihandelszone, jedoch sind die Gespräche seitdem nicht signifikant vorangeschritten.[156] Zum einen liegt dies in der geringeren Priorisierung begründet, da die Staatenverbände zunächst die eigene regionale Integration vorantreiben wollen, und zum anderen an den bereits existierenden bilateralen Abkommen zwischen den Nationen Angola, Brasilien, Südafrika und Argentinien. In den kommenden Jahren wird jedoch ein erhebliches Expansionspotenzial für den transatlantischen Handel vorhergesagt, sodass die derzeitige Basis der bilateralen Handelsabkommen schon sehr bald zu einer südatlantischen Freihandelszone ausgebaut werden könnte.[157]

---

[148] Vgl. Klonsky (2009), S. 2.
[149] SACU steht für 'South African Customs Union' und setzt sich aus den Ländern Botswana, Lesotho, Namibia und Swasiland zusammen.
[150] Vgl. Maag (2005), S. 6.
[151] Häufig unterliegen bei Freihandelsabkommen verschiedene, besonders schutzwürdige Produkte der jeweiligen Länder gesonderten Zollregelungen.
[152] Vgl. Nayyar (2008).
[153] Vgl. Landivar / Scholvin (2011).
[154] Vgl. Heine / Viswanathan (2010).
[155] SADC steht für 'South African Development Community' und beheimatet die Länder Angola, Botswana, Demokratische Republik Kongo, Lesotho, Madagaskar, Malawi, Mauritius, Mosambik, Namibia, Seychellen, Südafrika, Swasiland, Tansania, Sambia und Simbabwe.
[156] Vgl. Stahl (2005), S. 90 f.
[157] Vgl. Macedo (2005), S. 95, vgl. Mbeki (2005), S. 97, vgl. Young (2005), S. 105 f.

An dieser Stelle muss unterstrichen werden, dass sowohl dem interregionalen Handel als auch dem intraregionalen Handel innerhalb des Mercosur auch 20 Jahre nach dessen Gründung bzw. des Unasur noch ein langer Weg bis zur endgültigen Integration und Umsetzung bevorsteht.[158] So ist eine erhebliche Asymmetrie innerhalb der Mercosur sowie Unasur-Staaten ersichtlich, welche sich auch in den Jahren nach der Gründung nicht erheblich verringert hat.[159] Darüber hinaus können die Unterschiede in den Produktionsstrukturen als eine der wesentlichen Hemmschwellen für einen erfolgreichen Integrationsprozess genannt werden,[160] sodass auch einige Jahre nach der Gründung noch immer die großen Volkswirtschaften Argentinien und Brasilien am stärksten von der vorangetriebenen Integration profitieren[161]. Letzten Endes jedoch führt die zunehmende Integration und Verflechtung des Südens vor allem zu einer abnehmenden Abhängigkeit von den nördlichen Triade-Ländern, was insbesondere an dem zunehmenden Anteil an der Weltproduktion sowie am internationalen Handel ersichtlich wird.[162] Die Integration für einen gemeinsamen Markt des Südens ist noch nicht vollständig abgeschlossen, und doch zeigen sich bereits heute wesentliche Veränderungen, die die Bedeutung des Mercosur- bzw. Unasur-Staatenbundes in der Weltwirtschaft erheblich anheben. Abschließend bleibt somit festzuhalten, dass der gemeinsame Markt des Südens trotz teils gegensätzlicher Tendenzen in den vergangenen 20 Jahren einen hohen regionalen Integrationsgrad erzielt hat.[163]

2.3.2.2   ASEAN

Ein weiterer großer Emerging Market ist der Staatenbund der ASEAN-Gemeinschaft, der sich vor allem seit Mitte der 1980er Jahre durch ein sehr hohes, nachhaltiges Wirtschaftswachstum auszeichnet.[164] ASEAN steht für 'Association of South East Asian Nations' und wurde im Jahr 1967 von Indonesien, Malaysia, den Philippinen, Singapur und Thailand gegründet.[165] Die Gründung der ASEAN in der Hochphase des Vietnam-Krieges ist kein Zufall, diente sie doch vor allem zur Abgrenzung vom Kalten Krieg.[166] Damit eng in Verbindung stand das damalige offizielle Ziel der ASEAN, welches sich in der Schaffung einer Zone der Freiheit, des Friedens sowie der Neutralität widerspiegelte.[167] Im Laufe der Zeit haben sich noch Brunei (1984), Kambodscha (1999), Laos (1997), Myanmar (1997) und Vietnam (1995) der nunmehr über 575 Mil-

---

[158]   Vgl. de Oliveira (2005), S. 9, vgl. Arza (2011), S. 162, vgl. Botto (2011), S. 17 ff.
[159]   Vgl. Bekerman et al. (1995), vgl. Carrera (2005).
[160]   Vgl. Rios (2003, 2003a).
[161]   Vgl. Bekerman / Rikap (2010), S. 183.
[162]   Vgl. o. V. (2009a), S. 68.
[163]   Vgl. Mukhametdinov (2009), S. 211.
[164]   Vgl. Kretzberg (2008), S. 81.
[165]   Vgl. Hakim (2004), S. 5, vgl. Koubek (2010b), S. 315.
[166]   Vgl. Rüland (2003), S. 58.
[167]   Vgl. Bogner / Brunner (2007), S. 62, vgl. Kivimäki (2007), S. 2.

lionen Menschen fassenden ASEAN-Gemeinschaft angeschlossen.[168] Die einzelnen Mitgliedsstaaten zeichnen sich nicht nur durch erhebliche wirtschaftliche Unterschiede, sondern vor allem auch durch verschiedene Staatsformen sowie Kulturen aus,[169] was zugleich auch eine Schwierigkeit der ASEAN-Region in Bezug auf diversifizierende Interessen darstellt.[170] Allumfassend besteht die Region aus einer kompakten Halbinsel und einem insularen Teil mit ca. 20.000 kleineren und 6.000 größeren Inseln.[171]

Das bereits erwähnte erhebliche Wachstum liegt hauptsächlich in der verstärkten wirtschaftlichen Öffnungspolitik der vergangenen Jahrzehnte begründet.[172] Diese Öffnungspolitik der Gemeinschaft wird häufig auch mit dem Begriff des 'offenen Regionalismus'[173] gleichgesetzt, wodurch insbesondere das Ziel der Steigerung der ausländischen Direktinvestitionen verfolgt wurde.[174] Somit ist es nicht verwunderlich, dass die ASEAN-Region seit Mitte der 1970er Jahre eines der attraktivsten Investitionsziele in den Entwicklungsregionen darstellt.[175] Diese Entwicklung wurde maßgeblich durch den Abschluss des Preferential Free Trade Arrangements im Jahre 1977 unterstützt, welches einen Rahmen zur Stärkung des Intra-ASEAN-Handels insbesondere durch gesonderte Zolltarife bildete.[176] Jedoch war erst Mitte der 1980er Jahre die wirtschaftspolitische Angleichung der einzelnen Staaten soweit fortgeschritten, dass Gespräche über die weitere ökonomische Kooperation wieder aufgenommen wurden.[177] Diese Verhandlungen endeten im Januar 1992 während des ASEAN-Gipfels mit der Implementierung der 'ASEAN Free Trade Area' (AFTA),[178] die auch aufgrund der Sorge ähnlich dem Mercosur, durch die zunehmenden Blockbildungen der Industrieländer, u. a. NAFTA und EU, in der weltwirtschaftlichen Bedeutungslosigkeit zu enden, gegründet wurde.[179]

Wichtigstes Instrument zur Erreichung der AFTA stellte das 'Common Effective Preferential Tariff' (CEPT) dar. Dieses Dokument bildete den Gestaltungsrahmen zur Bildung einer Freihandelszone, wonach bis zum Jahr 2010 die Zölle auf Güter in den ASEAN-6-Staaten[180] vollständig abgeschafft wurden. Die Zollreduktion geschah letz-

---

[168]   Vgl. Cuyvers et al. (2005), S. 3.
[169]   Vgl. Coulmas (2007), S. 8, vgl. Siah et al. (2009), S. 117.
[170]   Vgl. Krome (2010), S. 144.
[171]   Vgl. Fechner (2000), S. 48.
[172]   Vgl. Chirathivat (1996), vgl. Mun-Heng (1996).
[173]   Siehe: Fußnote 119.
[174]   Vgl. Ravenhill (1995), vgl. Bowles / MacLean (1996), Hay (1996), vgl. Baldwin (1997).
[175]   Vgl. Athukorala / Menon (1996).
[176]   Vgl. Cuyvers / Pupphavesa (1996), S. 4.
[177]   Vgl. Akrasanee / Stifel (1992), S. 29 ff., vgl. Imada / Naya (1992), S. 55 ff.
[178]   Vgl. Katsumata (2010), S. 3.
[179]   Vgl. Tongzon (2002).
[180]   Bei den ASEAN-6 handelt es sich um die Staaten: Indonesien, Malaysia, die Philippinen, Singapur, Thailand und Brunei.

tlich durch einen schrittweisen Abbau der Zollschranken sowie die Abschaffung von nicht-tarifären Hindernissen. Für diese Zielerreichung wurde ein Zeitraum von 15 Jahren ausgegeben, in dem die Zölle innerhalb der ASEAN-5[181]-Regionen zunächst auf 0-5 % reduziert wurden.[182] Diese Regelung galt für all jene Güter, die in der 'Inclusion List', die für alle Mitgliedsländer als Grundlage dienten, enthalten waren. Neben dieser Liste erhielt jedes Mitgliedsland zu Beginn der AFTA die Möglichkeit einer landesspezifischen 'Exclusion List', um gewisse Produkte von den allgemein gültigen Zollregularien auszuschließen.[183] Das Zeitfenster zur Umsetzung der 0-5 %-Zollregelung wurde im Laufe der Jahre immer weiter verkürzt, sodass der ursprünglich angestrebte Status bereits im Jahr 2002 erreicht wurde und mit der Abschaffung sämtlicher Zölle, eingeschlossen der landesspezifischen 'Exclusion Lists', im Jahr 2010 erfolgreich endete.[184] Nicht zuletzt aufgrund dieses Beschlusses wird eine erneute Zunahme der ausländischen Direktinvestitionen in die ASEAN-Region erwartet,[185] jedoch existierte zu Beginn der AFTA noch keine Regelung zur Liberalisierung der Intra-ASEAN-Investitionen.[186] Infolgedessen wurde im weiteren Verlauf ein Abkommen verabschiedet, demzufolge ebenso bis zum Jahr 2010 eine ASEAN Investment Area[187] geschaffen werden sollte.[188]

Einige Studien der vergangenen Jahre belegen bereits, dass durch die Gründung der AFTA erhebliche langfristige dynamische Effekte auf das Wirtschaftswachstum in der Region einwirken werden.[189] So zeigten Sudsawasd und Mongsawad in ihrer Analyse, dass insbesondere die ASEAN-5-Staaten durch eine vollständige Handelsliberalisierung einen erheblichen Handelszuwachs untereinander und einen deutlichen Wirtschaftswachstumsanstieg aufweisen könnten.[190] Diese Zunahme läge insbesondere in der besseren Ressourcenallokation, einer Verbesserung der 'terms of trade' sowie einer Verringerung der Handelsverlagerung begründet.[191] In den Jahren nach der Gründung zeigten diese Maßnahmen erste Wirkung, sodass die ASEAN-Region einen jährlichen Anstieg des Intra-ASEAN-Handels in Höhe von 11,6 % zwischen 1993 mit 44,2 Milliarden US-Dollar auf 92,5 Mrd. US-Dollar im Jahr 2000 aufweisen konnte.[192] Bis

---

[181] ASEAN-5 dient als Akronym und ist gleichbedeutend mit den fünf Gründungsmitgliedern Indonesien, Malaysia, Thailand, Philippinen und Singapur.
[182] Vgl. Pangestu (2005).
[183] Vgl. Hakim (2004), S. 13.
[184] Vgl. Austria (2003), S. 1.
[185] Vgl. Ariff (1994), S. 5.
[186] Vgl. Alburo (1994), S. 18, vgl. Chia (1994), S. 4, vgl. Pangestu (1994), S. 11.
[187] Die 'ASEAN Investment Area' (AIA) zur Aufhebung von Investitionsschranken dient der Förderung gegenseitiger Direktinvestitionen. Die AIA und die AFTA sind Abkommen, die der Gründung der 'ASEAN Economic Community' (ASEAN Wirtschaftsgemeinschaft) dienen.
[188] Vgl. Bogner / Brunner (2007), S. 62, vgl. Stärk (2004), S. 7.
[189] Vgl. Yap / Edillon (1993), vgl. Imada (1993), vgl. Ramasamy (1994, 1995), vgl. Hapsari / Mangunsong (2006), vgl. Siah et al. (2009).
[190] Vgl. Sudsawasd / Mongsawad (2005), vgl. Zaini / Othman (2005), S. 53.
[191] Vgl. Pholphirul (2010), S. 53.
[192] Vgl. Hapsari / Mangunsong (2006), S. 6.

2015 sollen auch die Zölle der restlichen Mitgliedsstaaten abgeschafft werden,[193] um den Güteraustausch in der gesamten Region weiter zu intensivieren und somit einen auf geografischer Nähe basierenden 'natural trading block'[194] zu generieren mit dem Ziel, die weltweite Wettbewerbsfähigkeit zu steigern.[195] Langfristig ist demzufolge davon auszugehen, dass der Intra-ASEAN-Handel weiter zunehmen wird, insbesondere durch die Verschiebung des Handels weg von externen Nationen und hin zur Ressourcenversorgung durch ASEAN-Mitgliedsstaaten. Diese Entwicklung wird letztendlich zu einer Wohlfahrtssteigerung aller Mitglieder des Staatenbundes führen.[196] Zwar erscheint durch die Gründung der AFTA die Steigerung des Handels zunächst als oberste Prämisse, jedoch gilt die eigentliche Ausrichtung der Vergrößerung des Marktes, um im weltwirtschaftlichen Wettbewerb - insbesondere im Zufluss von Direktinvestitionen - verstärkt in den Fokus der Investoren zu rücken.[197]

Weiter spezifiziert wurde das Ziel des Staatenbundes in der ASEAN-Vision 2020, dessen Implementierung primär durch die Asienkrise und die damit verbundene erkannte Notwendigkeit eines stärkeren Zusammenhalts beschlossen wurde.[198] Dieses Abkommen hat das Ziel der Bildung eines stabilen, wachsenden und wettbewerbsfähigen ASEAN-Wirtschaftsraumes mit freiem Güter-, Dienstleistungs- und Finanzverkehr, verringerter Armut sowie geringeren sozioökonomischen Disparitäten bis zum Jahr 2020.[199] Durch die Neuausrichtung des Bündnisses sollen vor allem auch die CLMV[200]-Staaten profitieren, da diese Nationen derzeit kaum an der Wirtschaftsleistung der Gemeinschaft partizipieren; dabei traten sie dem Bündnis in der Hoffnung bei, durch verbesserte Umweltbedingungen eine schnellere ökonomische und soziale Entwicklung zu erzielen. Die Säulen der ASEAN-Vision 2020 bilden seit der Zusammenkunft im November 2003 die 'ASEAN Economic Community', die 'ASEAN Security Community' sowie die 'ASEAN Socio-Cultural Community', die fortan in den jeweiligen Bereichen die Entwicklung dieses Staatenbundes erfolgreich vorgeben.[201] Kerninstitution bleibt zwar zunächst das 'ASEAN Regional Forum', welches sich einmal jährlich aus Vertretern der Mitgliedsstaaten zusammensetzt,[202] jedoch zeigt die Bildung neuer Institutionen durchaus die erkannte Notwendigkeit, wichtige Themen schneller und zugleich effizienter bearbeiten und durchsetzen zu können.[203] Die

---

[193]   Vgl. Benny / Kamarulnizam (2011), S. 50.
[194]   Vgl. Krugman (1991).
[195]   Vgl. Mahmood (2003), S. 8.
[196]   Vgl. Cernat (2001), vgl. Hapsari / Mangunsong (2006), S. 19.
[197]   Vgl. Herbig (1995), S. 2, vgl. Kahler (2000).
[198]   Vgl. Soesastro (2003), S. 4, vgl. Hew (2005), S. 2.
[199]   Vgl. Aggarwal / Chow (2008), S. 9.
[200]   CLMV steht für die Staaten: Kambodscha, Laos, Myanmar und Vietnam.
[201]   Vgl. Stubbs (2004), S. 13.
[202]   Vgl. Jones (2010), S. 96.
[203]   Vgl. Ba (2010), S. 120.

ASEAN-Vision sieht eine Entwicklung vor, wie sie im Kern der Entwicklung der Europäischen Gemeinschaft gleicht.

Nach der Asienkrise im Jahr 1997, die mit einem extremen Einbruch der Wirtschaft im südostasiatischen Raum einherging, erholten sich die ASEAN-Staaten in den letzten Jahren und weisen mittlerweile wieder ein starkes und stabiles Wachstum auf.[204] Diese Entwicklung wurde maßgeblich durch die Gründung der Chian Mai Initiative (CMI) im Jahr 2000 beeinflusst, welche als Folge der asiatischen Währungskrise eingeführt wurde und die Stärkung der regionalen Finanzpolitik als Ziel hatte.[205] Darüber hinaus stellte sich jene Finanzkrise als Kerntreiber für die Gründung der ASEAN+3[206] heraus.[207] Somit begann die Kooperation im Dezember 1997, die offizielle Institutionalisierung erfolgte jedoch erst am 28. November 1999.[208]

Dieses Bündnis dient als Basis zur Fortschreitung des ostasiatischen Regionalismus und dem damit verbundenen Bestreben einer ostasiatischen Wirtschaftsgemeinschaft, die im Jahr 2015 erfolgreich eingeführt werden soll.[209] Der erste Schritt erfolgte bereits Anfang 2010 durch das Freihandelsabkommen zwischen ASEAN und China sowie Indien[210], dem im Jahr 2012 weitere FTAs mit Südkorea und Japan folgen sollen. Seit dem Abschluss des bilateralen Abkommens im August 2007 zwischen Japan und ASEAN sind 90 % der Importgüter Japans aus der ASEAN-Gemeinschaft zollfrei. Die sechs größten Volkswirtschaften - Brunei, Indonesien, Malaysia, die Philippinnen, Singapur und Thailand - haben sich darauf verständigt, bis zum Jahr 2017 auf 90 % aller japanischen Importe die Zölle zu entfernen.[211] Durch den Beginn des Freihandelsabkommens im Jahr 2012 dürfte sich der Prozess der gegenseitigen Zollsenkungen noch weiter beschleunigen. Eine ähnliche Zollregelung ist auch bei den Abkommen mit Indien und China vertraglich festgehalten; so wird Indiens Durchschnittszoll bis 2013 von 12,9 % auf 2 % für den Handel mit den ASEAN-Staaten sinken.[212] Der Zusammenschluss von China - nach Kaufkraftparität die zweitgrößte Volkswirtschaft der Welt[213] - und ASEAN stellt gleichzeitig die weltweit drittgrößte Freihandelszone dar, womit erhebliche Entwicklungs- und Handelsanreize für Südostasien verbunden werden.[214] Jedoch sollte beachtet werden, dass denjenigen Mitgliedsstaaten, die sich auf den Intra-ASEAN-Handel spezialisiert haben, durch die chinesische Konkurrenz zunächst ein Einbruch drohen könnte, welcher sich aber im Laufe der Zeit und durch ei-

---

[204]   Vgl. Kotler et al. (2007), S. 42 ff.
[205]   Vgl. Ogawa (2010), S. 13.
[206]   ASEAN+3 bildet ein Staatenbündnis aus den Ländern der ASEAN-Gemeinschaft und den Nationen China, Japan und Südkorea.
[207]   Vgl. Stubbs (2002), S. 440 ff.
[208]   Vgl. Hew (2005), S. 20.
[209]   Vgl. Katsumata (2009), S. 3.
[210]   Es handelt sich hierbei um das erste abgeschlossene multilaterale Abkommen Indiens (Asher / Srivastava (2003), siehe auch: Sinha (2009)).
[211]   Vgl. Corning (2008), S. 21 f.
[212]   Vgl. Harilal (2010), S. 57.
[213]   Vgl. Prime (2009), S. 622.
[214]   Vgl. Tong / Chong (2010), S. 1.

ne gewisse Neuausrichtung der ASEAN-Staaten relativieren dürfte.[215] Das Streben Japans und Indiens nach einem Freihandelsabkommen mit dem südostasiatischen Staatenbund lag hauptsächlich in dem Bemühen Chinas um selbiges begründet und der damit befürchteten zu starken Machtentfaltung Chinas im ostasiatischen Raum.[216]

Neben den ASEAN+1[217], ASEAN+3 und den ASEAN+5 Abkommen hat sich die ASEAN-Region auch als Brückenkopf für weitere regionale Handelsabkommen, u. a. AANZFTA[218] sowie AIFTA[219], herausgebildet.[220] Am 30. September 2004 beschlossen die Regierungschefs von ASEAN, Neuseeland und Australien die Implementierung einer Freihandelszone (AANZFTA) innerhalb von zehn Jahren.[221] Bereits seit vielen Jahren bestehen enge Handelsverbindungen zwischen der AFTA und CER[222], so ist die Region ASEAN für 11 % der australischen Exporte und 16 % der Importe verantwortlich.[223] Die bilateralen Abkommen bilden letztlich den Rahmen der ASEAN+6, die als Kerntreiber für die weitere regionale Integration Ostasiens im 'East Asian Summit' (EAS) gelten.[224] Jene Gemeinschaft wird jedoch insbesondere von China nur sehr widerwillig akzeptiert, da nach Meinung der chinesischen Führung die Entscheidungen in Bezug auf Ostasien alleine die dort ansässigen Staaten zu fällen hätten.[225] Neben den bereits benannten bilateralen Abkommen der ASEAN-Gemeinschaft verfügen noch die einzelnen Mitglieder über eigenständige bilaterale Abkommen innerhalb der Asien-Pazifik Region.[226] Ein weiteres bedeutendes Freihandelsabkommen besteht zwischen der ASEAN und der EU,[227] welches aber aufgrund der geringen Relevanz in Bezug auf Süd-Süd-Kooperationen und der Emerging Triad in diesem Zusammenhang nicht weiter beachtet werden soll. Um zu verhindern, dass sich die einzelnen bilateralen Abkommen als Hemmschuh für die weitere Außenhandelsentwicklung der ASEAN-Region herausstellen, sollte schnellstmöglich ein gemeinsamer, allgemein gültiger Rahmen für bereits abgeschlossene und zukünftige Abkommen evaluiert werden,[228] da eben ein solcher bis dato noch nicht existiert.

---

[215]   Vgl. Wong (2006), S. 17 ff.
[216]   Vgl. Shiino (2005), vgl. Zhao (2007), S. 24, vgl. Hamanaka (2008), S. 77 f.
[217]   Bezeichnung für ein bilaterales Abkommen zwischen den zehn ASEAN-Staaten von Südostasien mit der Volksrepublik China.
[218]   AANZFTA steht für 'ASEAN-Australia-New Zealand Free Trade Agreement'
[219]   AIFTA steht für 'ASEAN-India Free Trade Agreement'.
[220]   Vgl. Rist (2007), S. 12, vgl. Palabyab (2009), S. 6.
[221]   Vgl. o. V. (2005), S. 3.
[222]   CER steht für 'Closer Economic Relations' und entstammt der Abkürzung ANZCERTA für 'Australia New Zealand Closer Economic Relations Trade Agreement'.
[223]   Vgl. o. V. (2005), S. 5.
[224]   Vgl. Terada (2003), vgl. Loewen (2006), S. 5.
[225]   Vgl. Prasirtsuk (2006).
[226]   Vgl. Yue (2004), S. 1.
[227]   Vgl. Botezatu (2007).
[228]   Vgl. Bhagwati / Panagariya (1996).

Abschließend muss darauf hingewiesen werden, dass viele Kritiker bezweifeln, dass der tatsächliche Fortschritt einiger Regionen auf vorgenannte Freihandelsabkommen zurückzuführen sei,[229] jedoch stehen dieser These eine Vielzahl an tiefgreifenden Analysen gegenüber, die sehr wohl positive Effekte durch derartige Abkommen aufzeigen[230]. Diese Entwicklung liegt nicht zuletzt in dem singulären Interesse jedes einzelnen Mitgliedsstaates begründet, seine Wettbewerbsfähigkeit - genauso die der gesamten Gemeinschaft - zu steigern.[231] Die geplante Weiterentwicklung zu einer Währungsunion - ähnlich dem Vorbild der EU - scheint jedoch noch sehr weit. So verfügen die ASEAN-Mitgliedsstaaten noch nicht über eine entsprechende Einheitlichkeit - vergleichbar mit den europäischen Mitgliedsstaaten vor dem Zusammenschluss als Währungsunion.[232] Dies liegt nach Meinung einiger Kritiker insbesondere an der schwachen und nur langsam agierenden ASEAN-Organisation, die nur einen geringen politischen Einfluss auf die Mitgliedsländer habe[233]. Auf der anderen Seite verfügt die ASEAN-Region nicht zuletzt aufgrund der bereits vielfach geschlossenen bilateralen Handelsabkommen über eine zunehmende weltwirtschaftliche Bedeutung,[234] bei der sich vor allem Singapur infolge der zentralen geografischen Lage innerhalb der ASEAN-Region als Profiteur herausstellt.[235] Singapurs Ausnahmestellung wird bei der Betrachtung der Direktinvestitionsflüsse besonders deutlich; so gelangten Ende der 1990er Jahre mehr als die Hälfte aller in den südostasiatischen Raum fließenden Investitionen aus Japan und den USA nach Singapur.[236] Darüber hinaus werden von dem ASEAN-Japan-Pakt insbesondere Malaysia und die Philippinen durch ein erhöhtes Exportvolumen profitieren.[237] Aber auch die kleineren Mitgliedsstaaten (CLMV) gewinnen stetig an Bedeutung innerhalb der ASEAN-Region und werden langfristig deutlich zur weiteren wirtschaftlichen Entwicklung der Region beitragen.[238] Schließlich bildet die Komplementarität der Mitgliedsländer erhebliche Potenziale durch das erfolgreiche Zusammenspiel von Güter- und Faktormärkten.[239] Kerntreiber für die ostasiatische Entwicklung hin zu einer Wirtschaftsgemeinschaft bildet das ASEAN+3 Bündnis mit den asiatischen Treibern Indien und China sowie Südkorea.[240] Dennoch bleibt gleichzeitig abzuwarten, wie sich die ASEAN im zunehmenden regionalen Wettbewerb gegen die Staaten Indien und China durchsetzen wird.[241]

---

[229]   Vgl. Bhagwati (1991).
[230]   Vgl. Summers (1991), vgl. Lawrence (1991), vgl. Ethier (1998), vgl. Fernandez / Portes (1998), vgl. Borraz et al. (2011).
[231]   Vgl. Abbott / Snidal (1998).
[232]   Vgl. Bayoumi / Mauro (1999), vgl. Ng (2002).
[233]   Vgl. Chatterjee (1990), vgl. Ravenhill (1995), vgl. Narine (2002).
[234]   Vgl. Widodo (2008), S. 29, vgl. Koubek (2010b), S. 318.
[235]   Vgl. Arunsmith et al. (2002), S. 3.
[236]   Vgl. Rajan et al. (2001), S. 10.
[237]   Vgl. Tan / Yong (2007), S. 8.
[238]   Vgl. Areethamsirikul (2006), S. 39 ff., vgl. Botezatu (2007), S. 3.
[239]   Vgl. Sharma / Chua (2000).
[240]   Vgl. Katsumata (2009), S. 3.
[241]   Vgl. Egberink / van der Putten (2010), S. 93.

Abschließend bleibt festzuhalten, dass sich die ASEAN-Gemeinschaft seit ihrer Gründung im Jahr 1967 einem erstaunlichen Transformationsprozess unterzogen hat. Lag der damalige Schwerpunkt vor allem auf den Themen Sicherheit und Politik, stellt sich die ASEAN-Gemeinschaft nun viel breiter auf, sodass mittlerweile auch wirtschaftliche, ökologische und soziale Angelegenheiten in den regionalen Gremien berücksichtigt werden.[242]

2.3.2.3   SADC

Neben den beiden bereits erläuterten Staatenbünden Mercosur und ASEAN bildet die 'South African Development Community' (SADC) die dritte wesentliche Säule der Emerging Triad. Zudem existieren in Subsahara-Afrika, dessen Fläche mehr als die Hälfte des gesamten afrikanischen Kontinents einnimmt,[243] gleichsam ein westafrikanisches (ECOWAS[244]) sowie ein ostafrikanisches Staatenbündnis (EAC[245]), die jedoch auch hinsichtlich ihrer geringeren Relevanz im weltwirtschaftlichen Zusammenhang in dieser Arbeit nur eine untergeordnete Rolle einnehmen werden. Die Region Subsahara-Afrika zeigte zwar zwischen 1960 und 1990 erhebliche Wachstumsschübe,[246] konnte jedoch bis heute nicht den deutlich negativen Einfluss der Kolonialzeit aufwiegen, welcher neben den strukturellen Missständen einen weiteren Hauptgrund für die Unterentwicklung der afrikanischen Nationen darstellt[247]. Damit einhergehend führten die damals von den Kolonialmächten eingeführten Grenzverläufe zu erheblichen Konflikten; so akzeptierten u. a. Somalia, Sudan, Äthiopien und Nigeria die festgelegten Grenzverläufe nicht, was wohl auch darin gründet, dass Länder ohne direkten Meerzugang ein um ein halbes Prozent schwächeres Wirtschaftswachstum aufweisen[248]. Dennoch sehen die afrikanischen Staaten vermehrt die Notwendigkeit von strukturellen Anpassungen und regionaler Angleichung sowie Integration, um langfristig an der Weltwirtschaft zu partizipieren.

Die SADC als dritter Treiber der Emerging Triad besteht aus 14 Mitgliedern[249] mit einer Bevölkerung von mehr als 258 Millionen Menschen und einer Wirtschaftsleis-

---

[242] Vgl. Areethamsirikul (2006), S. 38, vgl. Aggarwal / Chow (2008), S. 1.

[243] Vgl. OEEC (1951), S. 7.

[244] Die ECOWAS wurde 1975 gegründet und steht für 'Economic Community of West African States'. Dieser Staatenbund besteht aus den Mitgliedern Benin, Burkina Faso, Kapverdische Inseln, Elfenbeinküste, Gambia, Ghana, Neuguinea, Guinea Bissau, Liberia, Mali, Niger, Nigeria, Senegal, Sierra Leone und Togo. Zur weiteren Vertiefung siehe: Talentino (2005), Thiam (2009).

[245] EAC steht für 'East African Community' und wurde erstmalig im Jahr 1967 gegründet, doch 10 Jahre später bereits wieder aufgelöst. Im Jahr 2000 erfolgte die erfolgreiche Neugründung. Seitdem besteht die EAC aus folgenden Mitgliedern: Burundi, Kenia, Ruanda, Tansania und Uganda.

[246] Vgl. Frankel (1969), vgl. Due / Due (1982), S. 77 f., vgl. Arrighi (2002), S. 13.

[247] Vgl. Andem (1978), S. 15.

[248] Vgl. Collier (2008).

[249] Angola, Botswana, DR Kongo, Lesotho, Madagaskar, Malawi, Mauritius, Mosambik, Namibia, Sambia, Simbabwe, Südafrika, Swasiland, Tansania.

tung von 471 Milliarden US-Dollar.[250] Die südafrikanische Entwicklungsgemeinschaft wurde ursprünglich als südafrikanische Entwicklungskonferenz (SADCC) im April 1980 als Gegenpol zum Apartheidsstaat Südafrika[251] gegründet und erst durch die Unterzeichnung der 'Declaration and Treaty of SADC' 1992 in die SADC transformiert.[252] Vor allem von dem Beitritt Südafrikas in die SADC im Jahr 1994 erhoffte man sich einen deutlichen Fortschritt im Integrationsprozess.[253] Durch die bereits benannte Reformation wurden die Ziele der Entwicklungsgemeinschaft neu definiert. Standen zu Zeiten der SADCC insbesondere die infrastrukturellen Defizite im Fokus, wandelte sich dies zu einem breiteren Spektrum, indem nun vorrangig das Ziel einer stärkeren Kooperation sowie Integration der Mitgliedsstaaten verfolgt wird, was letztlich in einen gemeinsamen Markt münden soll.[254] Dieses Ziel dient vor allem dazu, um sowohl die nationale als auch die regionale Entwicklung voranzutreiben und damit gleichzeitig den zunehmenden Dynamiken sowie Komplexitäten begegnen zu können.[255] Ein bedeutendes Element, welches zu dieser Zielerreichung maßgeblich beitragen wird, sind die im 'Regional Indicative Strategic Development Plan' (RISDP) aus dem Jahr 2003 beschlossene Freihandelszone und Zollunion innerhalb der SADC, die bis zum Jahr 2008 respektive 2012 erfolgreich umgesetzt werden sollen.[256] Ein erster Schritt zur vertiefenden Integration stellt die im Januar 2008 von 12 der 14 SADC-Staaten erfolgreich errichtete Freihandelszone dar, welche bereits erste Erfolge verzeichnet. Wie Abbildung 2 verdeutlicht, wird mehr als 50 % des afrikanischen intraregionalen Handels in der SADC abgewickelt, wohingegen in der COMESA lediglich 12 % und in der ECOWAS 28 % des intraregionalen Handels umgesetzt werden.[257] Angola und die Demokratische Republik Kongo sollen zeitnah dem Freihandelsbündnis ebenfalls beitreten.[258] Demnach wurden bis 2008 auf 85 % der innerhalb der SADC gehandelten Waren die gegenseitigen Zölle aufgehoben, für die übrigen 15 % sollen die Zölle vier Jahre später fallen.[259] Als nächster Schritt ist das Szenario der variablen Geometrie denkbar, bei dem zunächst einige Mitgliedsstaaten den Kern einer Union mit gemeinsamen Außenzöllen bilden und anderen SADC-Mitgliedsländern die Möglichkeit zum Beitritt geben.[260] Da viele Mitgliedsländer nur über äußerst kleine Binnenmärkte verfügen, sind der Abbau von Zollschranken und der Aufbau eines gemein-

---

[250] Vgl. o. V. (2010).
[251] Zur weiteren Vertiefung siehe: Borer / Mills (2009).
[252] Vgl. Nyirenda (2000), S. 27.
[253] Vgl. Dieter / Melber (2000), S. 4.
[254] Vgl. Soest / Scheller (2006), S. 2.
[255] Vgl. Nyirenda (2000), S. 27.
[256] Vgl. o. V. (2003).
[257] Vgl. Roxburgh et al. (2010), S. 44.
[258] Vgl. ebenda.
[259] Vgl. o. V. (2008).
[260] Vgl. Jakobeit et al. (2005).

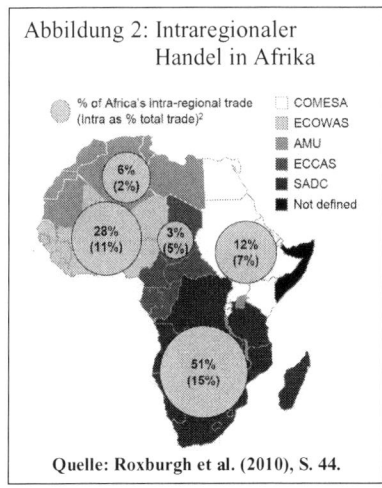

Abbildung 2: Intraregionaler
Handel in Afrika

Quelle: Roxburgh et al. (2010), S. 44.

samen Marktes der 14 Länder von immenser Bedeutung.[261] Neben dem RISDP wurden mit dem 'Strategic Indicative Plan for the Organ' (SIPO) aus dem Jahr 2004 sicherheitspolitische Ziele, u. a. Zusammenarbeit bei der gemeinsamen Kriminalitätsbekämpfung, Lösung regionaler Konflikte, Stärkung gemeinsamer Werte sowie eine abgestimmte Außen- und Sicherheitspolitik, definiert.[262] Seit nunmehr zehn Jahren steht die wirtschaftliche Integration im Fokus der SADC. Getan hat sich jedoch bis dato wenig, was zum Teil auch auf die bestehenden Doppelmitgliedschaften einiger Staaten in Regionalverbänden zurückzuführen ist. Ein damit einhergehender Faktor ist die Verfehlung des wohl bedeutendsten Millennium-Ziels[263], nämlich der Halbierung der Armut bis zum Jahr 2015.[264]

Im internationalen Vergleich, insbesondere gegenüber den Entwicklungs- und Schwellenländern Südamerikas und Südostasiens, sind die Staaten nach einer zweiten verlorenen Dekade weiter zurückgefallen. Diesen Trend konnte auch der existierende Ressourcenreichtum in Subsahara Afrika nicht abwenden, da es den Staaten in der Vergangenheit nicht gelungen ist, durch den Export von Primärgütern dauerhafte Industrialisierungs-, Wachstums- und Entwicklungsprozesse zu initiieren.[265] So ist es nicht verwunderlich, dass Afrika häufig als der Verlierer der Globalisierung gesehen wird,[266] jedoch sollte im Gegenzug beachtet werden, dass Afrika zukünftig als Lieferant strategisch wichtiger Rohstoffe (Erdöl, Uran, Mangan, Coltan etc.) von zunehmender Relevanz für die westliche Welt sein wird. So soll der Anteil der Öllieferungen aus Afrika in die USA - diese streben nach dem 11. September 2001 eine größere Unabhängigkeit von dem arabischen Öl an - von derzeit 16 Prozent auf 25 Prozent bis zum Jahr 2015 gesteigert werden.[267] Darüber hinaus gibt es einige Erfolgsfälle in der SADC-Region, die zeigen, dass ökonomisches Wachstum und partielle Entwicklung auch unter schwierigen Bedingungen möglich sind. Dafür stehen exemplarisch Staaten

---

[261]   Vgl. Gibb (1998), S. 303.
[262]   Vgl. o. V. (2004).
[263]   Die Millennium-Entwicklungsziele der Vereinten Nationen bestehen aus acht Entwicklungszielen (engl. Millennium Development Goals, MDGs) für das Jahr 2015, die im Jahr 2000 formuliert wurden. Übergeordnetes Ziel hierbei ist die Halbierung der Armut in der Welt bis zum Jahr 2015. Zur weiteren Vertiefung siehe: Khumato (2004), Meissner (2004, 2004a), Naidu / Roberts (2004).
[264]   Vgl. Tetzlaff / Jakobeit (2005), S. 245.
[265]   Vgl. Ross (1999), vgl. Robinson et al. (2002), vgl. Olivier de Sardan (1999).
[266]   Vgl. Ziegler (1994), S. 14, vgl. Aderinwale (2000), vgl. Castells (2003a).
[267]   Vgl. Ellis (2003), S. 135 ff.

wie Botswana und Mauritius, die über Jahrzehnte erfolgreich waren, aber auch in jüngster Zeit Staaten wie Angola und Mosambik, die nach teilweise gravierenden militärischen und/oder politischen Turbulenzen beachtliche Wachstumsraten aufweisen konnten.[268] Vor allem Angola und in ähnlicher Weise auch Mosambik mit immensen Rohstoff- und Ölvorkommen werden sich - sofern die Länder die positive Entwicklung der vergangenen Jahre fortführen können - verstärkt aus der Agrarwirtschaft zurückziehen und sich zunehmend auf die Minen- und Ölindustrie konzentrieren. Die erhebliche Bedeutung der Minenindustrie zeigt sich bei der Veränderung des Exportvolumens, das zwischen 2004 und 2006 auf 36 Milliarden US-Dollar anstieg, womit es sich mehr als verdoppelte und damit ein Element der Steigerung der Wirtschaftsleistung der SADC-Region darstellte.[269] Diese positive Entwicklung war zumindest Ende der 1990er Jahre trotz bereits eingeführter Reformen noch nicht erkennbar.[270]

Ein Großteil der SADC-Mitgliedsstaaten verfügt über ähnliche wirtschaftliche Strukturen, die primär auf den Export von Primärgütern ausgerichtet sind.[271] Um jedoch wirtschaftliche Fortschritte zu erzielen, ist eine Diversifikation der SADC-Mitgliedsländer in ökonomischer Hinsicht unausweichlich, um einerseits den Handel innerhalb der südafrikanischen Entwicklungsgemeinschaft anzuregen und gleichzeitig den weltweiten Handel auszuweiten.[272] Neben der notwendigen Diversifikation ist die horizontale und vertikale Integration ertragreicher Produktionssektoren von erheblicher Bedeutung.[273] Eine ähnliche diversifizierende Entwicklung konnte bereits in anderen Regionen - u. a. Mercosur und ASEAN - nachgewiesen werden und hat erwiesenermaßen zu einem erheblichen Entwicklungsschub geführt. Eine derartige wirtschaftliche Expansion ist jedoch nur mithilfe einer geeigneten Infrastruktur umsetzbar, die durch unterschiedliche Projekte in den folgenden Jahren, u. a. das Projekt 'Maputo Korridor' zwischen Mosambik und Südafrika, deutlich verbessert werden soll.[274]

Die südafrikanische Entwicklungsgemeinschaft wies gegenüber den Regionen Mercosur und ASEAN in der Vergangenheit einen erheblichen Investitionsabfall auf, welcher sich jedoch vor allem aufgrund der zunehmenden Süd-Süd-Kooperationen und der im Jahr 2000 eingeführten Investitionsanreizprogramme[275] schrittweise angleichen wird.[276] Die mit den Kooperationen einhergehende Öffnung der Märkte führte durch den damit verbundenen Anstieg des Außenhandels und einer Investitionszunahme prozyklisch zu einer deutlichen ökonomischen Expansion,[277] insbesondere in den letzten

---

[268]   Vgl. Ferdowsi (2004).
[269]   Vgl. Breckenridge (2008), S. 4.
[270]   Vgl. Helleiner (2002), vgl. Mwega (2002), vgl. Mkandawire (2005), S. 4.
[271]   Vgl. Adongo (2005), S. 4.
[272]   Vgl. o. V. (1998), S. 8.
[273]   Vgl. Goldstein et al. (2006).
[274]   Vgl. Juma (2006), S. 15.
[275]   Vgl. Buehrer et al. (2000), S. 31.
[276]   Vgl. Nyirenda (2000), S. 33.
[277]   Vgl. Sachs / Warner (1995), vgl. Sachs / Warner (1997), S. 24.

zehn bis fünfzehn Jahren.[278] So verdoppelte sich das Investitionsvolumen zwischen den Jahren 2004 und 2006 auf mehr als 35 Milliarden US-Dollar.[279] Der Kerntreiber dieses Investitionszuwachses liegt in der zunehmenden Präsenz der 'Asian Drivers', namentlich China und Indien[280], in Subsahara-Afrika bzw. primär der SADC begründet.[281] Zwar entfällt ein Großteil der chinesischen Investitionen auf die Ölindustrie, jedoch profitieren auch die restlichen Sektoren erheblich von den chinesischen Direktinvestitionen.[282] Gleichwohl oder gerade deswegen wird speziell der Einfluss Chinas[283] auf Subsahara-Afrika unterschiedlich beurteilt. So sehen einige Wissenschaftler China als die neue Kolonialmacht in Afrika,[284] andere hingegen beurteilen Chinas Engagement als den möglichen Hauptwirtschaftstreiber für die südafrikanische Region.[285] Derzeit scheint sich eher letzteres zu bewahrheiten: So führt die immense Nachfrage nach Agrarprodukten und Rohstoffen der asiatischen Treiber schließlich zu steigenden Preisen dieser Güter und einem nachhaltigen Wohlfahrtseffekt für die afrikanischen Staaten.[286] Dennoch bleibt eine der größten Herausforderungen - auch 'paradox of plenty' genannt - für die südafrikanischen Nationen, aus dem vorhandenen Ressourcenreichtum langfristiges Wachstum durch eine sich entwickelnde Industrie zu generieren.[287] Gelingt es der südafrikanischen Entwicklungsgemeinschaft diese Herausforderung zu meistern, rückt auch die Erfüllung der Millennium-Goals wieder in Reichweite, für deren Erreichung ein langfristiges, stetiges Wachstum Grundvoraussetzung ist.[288] Die Regierungschefs der einzelnen Staaten Subsahara-Afrikas haben in diesem Zusammenhang die Brisanz und Notwendigkeit einer weiteren regionalen Integration erkannt; so überrascht es nicht, dass bereits Gespräche über den Zusammenschluss der SADC, EAC und COMESA[289]stattgefunden haben.[290]

Neben den asiatischen Treibern sorgt auch Brasilien, bzw. hier speziell das IBSA-Bündnis, maßgeblich für den fortschreitenden Öffnungs- und Internationalisierungsprozess nicht bloß Südafrikas, sondern der gesamten SADC-Region.[291] Dieses IBSA-Dialogforum existiert - wie bereits erläutert - seit 2003 und verfolgt das Ziel einer engeren Kooperation in unterschiedlichen Gebieten von gemeinsamem Interesse, u. a. Frieden, Handel, Sicherheit sowie Forschung und Entwicklung und der Stärkung der

---

[278]   Vgl. de Lange (2010), S. 389.
[279]   Vgl. Kragelund (2009), S. 481.
[280]   Vgl. Pradhan (2008), S. 7, vgl. Katti et al. (2009), S. 1.
[281]   Vgl. Bamou / Adenikinju (2006), S. 1.
[282]   Vgl. Klare / Volman (2006), S. 297 ff.
[283]   Zur weiteren Vertiefung siehe: Jenkins / Edwards (2005), Wild / Mepham (2006), Barnes / Morris (2006), Broadman (2007).
[284]   Vgl. Eisenman / Kurlantzick (2006), vgl. Gaye (2007).
[285]   Vgl. Sautman / Hairong (2007).
[286]   Vgl. Kaplinsky (2005).
[287]   Vgl. Mayorga Alba (2001).
[288]   Vgl. Sachs et al. (2004).
[289]   COMESA steht für 'Common Market for Eastern and Southern Africa'.
[290]   Vgl. Briggs (2009), S. 6.
[291]   Vgl. Cooper et al. (2007).

Position im internationalen System.[292] Bereits im Jahr 1918 wurden erste engere Beziehungen zwischen Brasilien und Südafrika geknüpft, deren weitere Vertiefung erfolgte allerdings erst in den 1970er Jahren und erlangte in den 1990er Jahren durch
eine Vielzahl von Abkommen den Status einer engen strategischen Partnerschaft. Neben Südafrika bemühte sich Brasilien gleichermaßen um vertiefende Gespräche zu
Indien, welche bereits im Jahr 1948 erstmalig aufgenommen wurden. Nach weiteren
40 Jahren der Annäherung wurden schließlich Anfang der 1990er Jahre die gegenseitigen Importzölle deutlich reduziert und somit der erste Schritt für eine erfolgreiche
Süd-Süd-Freihandelszone geebnet.[293]

Eines der Hauptziele des IBSA-Forums ist die weitere Stärkung der Süd-Süd-
Kooperationen, um gleichsam den internationalen Warenverkehr zu intensivieren und
durch die Stellung der IBSA-Staaten als so genannte Middle Powers[294] gleichzeitig die
angrenzenden Regionen Mercosur, ASEAN und SADC deutlich zu stärken und langfristig in die Kooperation mit einzubeziehen.[295] Eine derartige Entwicklung ist in Form
des Africa-South America-Bündnisses bereits erheblich vorangeschritten.[296] Des Weiteren stieg der Handel zwischen Indien und der Mercosur-Region in den Jahren 2001-
2005 um mehr als das Doppelte auf ein Handelsvolumen von 2,3 Milliarden US-Dollar
an. Eine ähnliche Entwicklung zeigt sich im Handel zwischen Indien und Südafrika:
So stieg das Handelsvolumen von 1,3 Milliarden im Jahr 2001 auf 3,1 Milliarden US-
Dollar im Jahr 2005.[297] Insgesamt stieg das Handelsvolumen der drei Staaten Indien,
Brasilien und Südafrika untereinander von 3,9 Milliarden in 2003-2004 auf mehr als
10 Milliarden US-Dollar in 2007-2008.[298]

Generell zeigt sich recht deutlich, dass die SADC - abgesehen von bilateralen Handelsabkommen mit weiteren afrikanischen regionalen Bündnissen, unter ihnen ECO-
WAS und SACU - derzeit noch relativ wenig transregionale Gespräche, geschweige
denn verbindliche Abkommen erzielen konnte. So dient derzeit Südafrika als Mitglied
der SADC-Region als Hauptanlaufpunkt und Vermittler für weitere Freihandelsabkommen, insbesondere mit dem Mercosur- und dem südostasiatischen Staatenbund. Es
ist jedoch bereits heute ein zunehmendes Interesse zur weiteren Integration und Bildung von Handelsabkommen sowohl der Mitgliedsstaaten der südafrikanischen Entwicklungsgemeinschaft als auch anderer Schwellenländer, die weiteren Staatenverbänden entstammen, erkennbar. Vor diesem Hintergrund wird die zunehmende Bedeutung der südafrikanischen Gemeinschaft deutlich, jedoch sollte hierbei auch beachtet

---

[292] Vgl. Alden / Vieira (2005), S. 1083 ff.
[293] Vgl. Nassif (2009).
[294] 'Middle Power' ist eine Bezeichnung für Staaten, die noch nicht den Status einer Groß- oder gar Super-
       macht erreicht haben, jedoch einen großen Einfluss auf angrenzende Staaten und Verbände ausüben. Zur
       weiteren Vertiefung siehe: Cooper (1997), Bélanger / Mace (2007).
[295] Vgl. Flemes (2007).
[296] Vgl. o. V. (2010a), S. 22.
[297] Vgl. Thakurta (2006).
[298] Vgl. Sotero (2009), S. 5.

werden, dass die SADC noch einen weiten Weg vor sich hat, um die zweifellos vorhandenen Potenziale auszuschöpfen und zukünftig eine bedeutende Rolle in der Weltwirtschaft einzunehmen.[299]

2.3.3 Entwicklung zur Emerging Triad

Vor allem für die Emerging Triad stellt das IBSA-Bündnis mit den intraregionalen Abkommen einerseits und den ebenso bedeutsamen transregionalen Übereinkünften andererseits einen maßgeblichen Faktor zur fortschreitenden Entwicklung des Südens und der damit verbundenen wirtschaftlichen Annäherung an den Norden dar.[300] Hierbei ist jedoch zu beachten, dass jenes trilaterale Bündnis als Symbol bzw. Vorbild für die weitere Integration der Emerging Triad herangezogen werden sollte,[301] sodass am Ende eine intensivere Kooperation der südlichen Hemisphäre und ein damit verbundenes stimulierendes Wachstum Subsahara-Afrikas und im Speziellen der SADC steht.[302]

Die Analyse der drei ausgewählten Staatenabkommen hat jedoch ein deutliches Ungleichgewicht insbesondere zwischen der SADC und den beiden anderen Verbänden aufgezeigt. Diese Disparität dürfte aber - wie es auch schon die derzeitige Entwicklung aufzeigt - zu einer schrittweisen Annäherung der SADC an die beiden anderen Gemeinschaften führen. Diese Harmonisierung liegt insbesondere in dem verstärkten Süd-Süd-Handel begründet, welcher durch die zollfreien Abkommen insbesondere mit den asiatischen Treibern - Indien und China - noch weiter verstärkt werden wird. So liegt eine große Chance des Aufholprozesses primär in dem Export von Rohstoffen und dem daraus resultierenden Aufbau einer wettbewerbsfähigen Industriestruktur.[303] Um jedoch diese Fortschritte vor allem in der Industriekultur zu erzielen, erscheint zuerst eine weitere intraregionale Integration notwendig.[304] Durch zahlreiche Doppelmitgliedschaften in den unterschiedlichen Staatenbünden - u. a. COMESA, SADC, SACU, EAC - schreitet die ökonomische Entwicklung Subsahara-Afrikas derzeit nur äußerst schleppend voran,[305] sodass mittlerweile schon - ähnlich dem Vorbild Unasur - von einem subsaharischen Bündnis gesprochen wird, um die Problematik der Doppelmitgliedschaften sowie weitere intraregionale Konflikte deutlich einzudämmen.[306] Südafrika wird als 'middle power' bei dieser inter- sowie intraregionalen Entwicklung

---

[299]   Vgl. Hastings (2000), S. 195 f., vgl. Thompson (2000), S. 55.
[300]   Vgl. Cooper et al. (2007), S. 686.
[301]   Vgl. de Oliveira et al. (2008), S. 21.
[302]   Vgl. Ajakaiye (2006), vgl. Jobelius (2007), vgl. Kaplinsky / Messner (2008), vgl. Wang / Bio-Tchane (2008), vgl. Kaplinsky / Farooki (2009).
[303]   Vgl. Briggs (2009), S. 5.
[304]   Vgl. Behar / Edward (2011).
[305]   Vgl. Krueger (1997), vgl. Lee et al. (2008), vgl. Chacha (2009), S. 2.
[306]   Vgl. Briggs (2009), S. 6.

der SADC und auch Subsahara-Afrikas die Führungsrolle zukommen, um insbesondere das derzeitige Ungleichgewicht zu nivellieren.[307]

Ein weiterer wichtiger Aspekt, der die wachsende weltweite Bedeutung und gleichzeitig eine große Chance des Südens und seiner Schwellenländer aufzeigt, ist die zunehmende Einbindung in multilaterale Konferenzen[308], u. a. in die WTO.[309] Damit einher
geht die zunehmende Öffnung der SADC und weiterer Staatenbünde für den internationalen Warenverkehr - verbunden mit einem erheblichen Wachstumsschub - der sich
in den ärmeren Ländern des Bündnisses noch deutlicher niederschlagen wird.[310] Hieran wird die Bedeutung von regionalen Handelsabkommen für kleine Schwellenländer
deutlich, denn im Unterschied zu bilateralen Abkommen, bei denen sie in ein extremes
Abhängigkeitsverhältnis gegenüber dem größeren bzw. entwickelteren Staat geraten,[311] ist dies bei intra- sowie interregionalen Abkommen nicht der Fall.[312] Erste Erfolge dieser Öffnungspolitik sind bereits ersichtlich, so flossen im Jahr 2010 erstmals
mehr Direktinvestitionen in die Länder der südlichen Hemisphäre als in die Industriestaaten des Nordens.[313]

Zuletzt führt die weitere Integration des Südens in Form von regionalen, bilateralen,
begünstigten[314] oder freien Handelsabkommen zu einem deutlichen Anstieg des Han-
delsvolumens untereinander,[315] wodurch sich die Emerging Triad zunehmend aus der
Abhängigkeit der nördlichen Industriestaaten löst und einen Gegenpol zu der eigentlichen Triaderegion bilden wird. Wie bereits erläutert, führen regionale Zusammenschlüsse nicht nur zu einem schnelleren und günstigeren Marktzugang,[316] sondern haben zudem maßgeblich eine gestiegene Verhandlungsmacht in globalen Konferenzen
zur Folge.[317] Darüber hinaus wird die weitere intraregionale Integration in Subsahara-
Afrika hin zu einer Zollunion mit einer deutlichen Abnahme der afrikanischen Konflikte einhergehen.[318] Eine vergleichbare Entwicklung zeigte Europa nach dem 1.[319]
und speziell nach dem 2. Weltkrieg.

Abschließend bleibt festzuhalten, dass sich langfristig durch die zunehmende intraregionale Integration in Südamerika hin zur Unasur-Gemeinschaft und in Subsahara-

---

[307]   Vgl. Nel et al. (2001), vgl. Taylor (2001), vgl. Lee (2006).
[308]   Zur weiteren Vertiefung siehe: Martin / Winters (1996), Krueger (1999), Akyüz (2003), Narlikar (2003,
        2004), Jawara / Kwa (2004), Kapoor (2004), Kufour (2004), Narlikar / Odell (2004).
[309]   Vgl. Walker (2004), S. 39.
[310]   Vgl. Sachs / Warner (1995), S. 345 ff.
[311]   Vgl. Hirschman (1980), vgl. Yarbrough / Yarbrough (1987), vgl. Keohane / Nye (2001).
[312]   Vgl. Hirschman (1945), vgl. Mansfield / Milner (1999), vgl. Abdelal / Kirshner (2000).
[313]   Vgl. Bárcena et al. (2010), S. 74.
[314]   Zur weiteren Vertiefung in Bezug auf 'Preferential Trade Agreements' siehe: Krugman (1991a), Frankel et
        al. (1995), Baier / Bergstrand (2004).
[315]   Vgl. Yeung et al. (1999).
[316]   Vgl. Mansfield (1998), vgl. Perroni / Whalley (2000).
[317]   Vgl. Fernandez / Portes (1998), vgl. Mansfield / Reinhardt (2003).
[318]   Vgl. Mansfield / Pevehouse (2000), S. 789 f., vgl. Bearce (2003), vgl. Bearce / Omori (2005).
[319]   Vgl. Keynes (1920), S. 249.

Afrika hin zu einem allumfassenden Regionalverband der südlichen Staaten sowie in der ASEAN-Region mit den beiden angrenzenden asiatischen Treibern, China und Indien, wirtschaftliche Regionalverbände von erheblicher globaler Bedeutung entwickeln werden.[320] Alle drei Regionen weisen in einzelnen Bereichen noch einige Risiken auf, die, sofern sie nicht beseitigt werden, durchaus die langfristige Entwicklung beeinträchtigen können. So ist dies in Südamerika die derzeit ungewisse Haltung Paraguays und Uruguays sowie des CAN-Abkommens gegenüber einem allumfassenden südamerikanischen Regionalzusammenschluss. In der Region Subsahara-Afrika treten wiederholt Störfeuer aufgrund bilateraler Konflikte und Doppelmitgliedschaften in unterschiedlichen Regionalverbänden auf. Darüber hinaus ist ein wesentlicher Treiber für die weitere wirtschaftliche Entwicklung die erfolgreiche Diversifikation sowie der Aufbau einer wettbewerbsfähigen Industriestruktur. Dahingegen muss die ASEAN-Region die erfolgreich abgeschlossenen Abkommen mit China und Indien zum weiteren wirtschaftlichen Ausbau der Region nutzen und sich vor allem gegenüber diesen beiden Kerntreibern Asiens behaupten. Generell wird ein Aufschieben der Lösung dieser Konflikte nur zu einer zeitlichen Verschiebung, nicht jedoch zu einem Abbruch der intraregionalen Integration führen.

Neben der weiteren intraregionalen Annäherung ist der transregionale Zusammenschluss der drei Regionen in Form der Emerging Triad von großer Bedeutung. Zwar stehen die einzelnen Staatenverbände hier ebenfalls vor einigen Herausforderungen, jedoch zeigt bereits das Interesse, welches die Mitglieder der Verbände einer südlichen Kooperationsachse entgegenbringen, dass sich eine derartige südliche Kooperationsform, wie sie die Emerging Triad darstellt, sicherlich entwickeln wird. Hierbei sei jedoch berücksichtigt, dass es gewiss noch einige Jahre benötigt, bis von einer erfolgreichen Integration des Südens als Emerging Triad gesprochen wird, da zuallererst die erfolgreiche Integration der Regionen selbst erfolgen muss. Dennoch müssen Unternehmen bereits heute das jeweilige Produktportfolio auch auf diese Märkte ausrichten und möglichst frühzeitig auf diesen Märkten aktiv werden, um durch den First-Mover-Advantage von dem ansteigenden Wachstum und der zunehmenden Nachfrage zu profitieren.

2.4   Resümee Kapitel 2

Zu Beginn dieses Kapitels wurde die historische Entwicklung der Internationalisierung betrachtet und auf deren heutige Relevanz hingewiesen. Anschließend erfolgte eine detaillierte Darstellung der aus unterschiedlichen Sichtweisen geprägten Internationalisierungsmotive, deren Anwendbarkeit unabhängig von der jeweiligen Markteintritts-

---

[320]   Vgl. Dobbs et al. (2011), S. 1.

strategie ist. Im weiteren Verlauf wurde der Fokus auf die Begriffsdefinition der Emerging Market Economies gelegt und dabei eine Unterteilung zwischen den reifen und neuen Schwellenländern gewählt. Aus der Gruppe der neuen Schwellenländer kristallisierte sich der Ansatz der Emerging Triad heraus, welcher die drei wirtschaftlich bedeutendsten Staatenverbände der südlichen Hemisphäre, namentlich Mercosur, SADC und ASEAN, in einem neuen Strukturmodell zusammenfasst. Nach einer detaillierten Darstellung der drei einzelnen Verbände und deren Kooperationen erfolgte noch ein Ausblick auf die weitere Entwicklung der Emerging Triad. Hierbei sei darauf hingewiesen, dass Länder ihren Wohlstand erheblich steigern können, wenn sie beginnen, untereinander Handel zu betreiben.[321] Eben dieses Prinzip dient als Grundlage der Emerging Triad und der damit verbundenen Süd-Süd-Kooperationen, die langfristig erheblich an Bedeutung gewinnen werden. Zwar ist deren heutige weltweite Relevanz noch vergleichsweise unbedeutend, jedoch werden sich langfristig Unternehmen der Triaderegion bedingt durch ihre gesättigten Heimatmärkte auf jene Märkte des Südens, gebündelt in der Emerging Triad, ausrichten müssen, um weiterhin profitabel und erfolgreich wirtschaften zu können. Deutlich wird dies an der Entwicklung der ausländischen Direktinvestitionen: So flossen im Jahr 2004 bereits mehr als 30 % der weltweiten FDIs[322] von entwickelten zu aufstrebenden Ländermärkten.[323] Vor diesem Hintergrund werden die bereits ausführlich erläuterten Freihandelsabkommen ein Kernelement des im weiteren Verlauf zu entwickelnden Internationalisierungsansatzes darstellen.

Im nachfolgenden Kapitel wird jedoch zunächst die theoretische Grundlage für die Ausarbeitung des eigenen Modells explizit erläutert. So erfolgt die Einleitung in das Thema der Internationalisierungsprozessforschung anhand der Entwicklung der Internationalisierungsprozesstheorien, um darüber hinaus den derzeitigen Stand der internationalen Prozessforschung zu beleuchten. Daran anknüpfend werden die Kriterien zur kritischen Beurteilung der Internationalisierungsprozessmodelle definiert. Abschließend erfolgt die Theorieselektion mit der Fokussierung auf die dynamischen Internationalisierungsprozessmodelle.

---

[321]   Vgl. Dieckheuer (2001), S. 49 ff.
[322]   Foreign Direct Investments (dt.: ausländische Direktinvestitionen).
[323]   Vgl. Ramamurti (2009), S. 6.

3.   Internationalisierungsprozesstheorien

Die Internationalisierungsprozesstheorien bilden die Grundlage dieser Arbeit, sodass diesem Kapitel und den einzelnen hier vorgestellten Ansätzen eine besondere Bedeutung zukommt. So fließen einzelne Module der nachfolgend vorgestellten Ansätze zum Teil in das neue Internationalisierungsprozessmodell ein.

3.1   Begriff der Internationalisierungsprozessforschung

Der Begriff „Prozess" ist einer der meistverwendeten Begriffe in der betriebswirtschaftlichen Theorie und Praxis.[324] So definieren Kutschker und Schmid diesen Begriff „als eine Folge zusammenhängender Aktivitäten oder Ereignisse [...], in denen die Transformation von Inputs in Outputs vorgenommen wird [...]"[325]. Die erwähnten zu transformierenden Inputs können sowohl materieller als auch immaterieller Art sein.[326] Prozesse sind demnach relational. Im Allgemeinen werden Prozesse[327] durch den mit ihnen verbundenen Zeitbedarf, ihre Struktur und deren innewohnende Prozesslogik bestimmt.[328] Die zeitliche Komponente unterstreicht somit die Tatsache, dass Prozesse und damit auch Internationalisierungsprozesse eine gewisse Dynamik besitzen. Demzufolge benötigen Prozesse einen bestimmten Zeitrahmen bis zur erfolgreichen Transformation des jeweiligen Inputs. Die Prozessstruktur als zweites Element hingegen gibt die Ordnung von Ereignissen und Aktivitäten bezüglich ihrer zeitlichen Abfolge an.[329] In diesem Zusammenhang werden Reihungen, Überlappungen und simultan ablaufende Aktivitäten voneinander unterschieden.

Darüber hinaus stehen die Teilprozesse untereinander in kausaler Input-Output-Beziehung.[330] Sie können nach ihrer Prozesslogik entweder gebündelt, sequenziell oder reziprok bzw. wechselseitig interdependent sein.[331] Während gebündelte Teilprozesse auf die gleiche Ressourcenbasis zurückgreifen, die demzufolge limitiert ist, geben Teilprozesse bei der sequenziellen Interdependenz ihren Output an andere Teilprozesse als Input weiter.

Reziprok interdependente Teilprozesse sind letztlich jeweils wechselseitig vom Output der anderen Prozesse als Input abhängig.[332]

---

[324]   Vgl. Bea / Schnaitmann (1995), S. 278.
[325]   Kutschker / Schmid (2005), S. 641 f.
[326]   Vgl. Simon (2007), S. 33.
[327]   Zur weiteren Vertiefung zu dem Thema Prozesse und Prozessmanagement siehe: Gaitanides (1983, 1995, 1998), Ven (1992), Perich (1993), Gaitanides et al. (1994), Hinings (1997).
[328]   Vgl. Perich (1993), S. 264 ff., vgl. Kutschker / Schmid (2005), S. 1067 ff.
[329]   Vgl. Simon (2007), S. 33.
[330]   Vgl. Kutschker / Schmid (2005), S. 994 f.
[331]   Vgl. Thompson (1967), S. 54 f., vgl. Kutschker / Schmid (2005), S. 1072.
[332]   Vgl. Simon (2007), S. 34.

Im Gegensatz zur allgemeinen Erklärung des Prozessbegriffs erweist sich die definito-
rische Abgrenzung des Begriffs der Internationalisierungsprozessforschung (IPF) als
schwieriger. So versteht Glaum unter dem Internationalisierungsprozess einzig die
Veränderung der geografischen Wertschöpfungsverteilung eines Unternehmens im
Zeitablauf und verzichtet damit vollends auf die Dimension der Integration.[333] Bei
Kutschker und Schmid hingegen versteht sich der Internationalisierungsprozess als
Veränderung der Topographie des Internationalisierungsgebirges in einer oder mehreren Dimensionen.[334] In der vorliegenden Arbeit wird der Internationalisierungsprozess
als Veränderung der Internationalität eines Unternehmens im Zeitablauf verstanden.
Hierbei kann die Internationalität sowohl zu- als auch abnehmen, wie es auch im Ansatz der Helsinki-Schule deutlich wird.[335] Derartige Internationalisierungsprozesse
können anhand von einer Vielzahl unterschiedlicher Dimensionen der Internationalität
betrachtet werden. Dies ist stets abhängig von dem jeweiligen Untersuchungsfokus.
Die relevanten Dimensionen für diese Arbeit sind die bearbeiteten Ländermärkte, die
genutzte Markteintritts- bzw. Marktbearbeitungsform sowie die vermarktete Produktart in den jeweiligen Ländermärkten.

Abschließend wird unter Internationalisierungsprozessforschung in diesem Zusammenhang allgemein der Zweig der Internationalisierungsforschung verstanden, der
sich mit der Beschreibung, Erklärung, Prognose und Gestaltung der internationalen
Aktivitäten von Unternehmen im Zeitablauf befasst.[336] Gerade diese dynamische Perspektive wird in der Internationalisierungsforschung bisher immer nur am Rande betrachtet,[337] wie auch das nachfolgende Kapitel 'Stand der Internationalisierungsprozessforschung' verdeutlicht.

3.2   Stand der Internationalisierungsprozessforschung

Auch wenn die Internationalisierungsprozessforschung im Bereich des Internationalen
Managements bisher etwas vernachlässigt wurde,[338] so lassen sich dennoch unterschiedliche Strömungen prozessualer Modelle finden. Bäurle nimmt hierbei eine Unterteilung in Ansätze aus der Theorie des Internationalen Managements einerseits und
denen aus der Theorie der Direktinvestitionen andererseits vor.[339] Zu den Ansätzen des
Internationalen Managements zählen die Ansätze der skandinavischen Schule und deren Weiterentwicklungen, der Ansatz der Wisconsin-Schule sowie der GAINS-Ansatz.
Demgegenüber stehen die Ansätze aus der Theorie der Direktinvestitionen, wozu der

---

[333]   Vgl. Glaum (1996), S. 11.
[334]   Vgl. Simon (2007), S. 34.
[335]   Vgl. Kapitel 3.4.3.
[336]   Vgl. Schelhowe (2010), S. 18.
[337]   Vgl. Braun (1988), S. 165, vgl. Perlitz (2004), S. 118.
[338]   Vgl. Kutschker / Schmid (2008), S. 1081.
[339]   Vgl. Bäurle (1996), S. 40.

Produktlebenszyklus nach Vernon, die behavioristische Theorie der Direktinvestitionen nach Aharoni[340] und die Theorien des oligopolistischen Parallelverhaltens[341] gehören. Jene von Bäurle vorgenommene Unterteilung erscheint jedoch in zweierlei Hinsicht problematisch. So treffen das Produktlebenszyklusmodell von Vernon sowie die Verhaltenstheorie nach Aharoni nicht nur Aussagen zu Direktinvestitionen, sondern auch zum Exportverhalten von Unternehmen. Auch der Begriff des Internationalen Managements wird in der Regel für die gesamte Bandbreite der Internationalisierungsforschung und nicht bloß für den Ausschnitt der Internationalisierungsprozessforschung verwendet.[342] Als weiterer Kritikpunkt dieser Unterteilung kann die fehlende Benennung des Drei-E-Konzeptes nach Kutschker[343] sowie des Ebenenmodells nach Swoboda[344] angeführt werden. Das Drei-E-Konzept von Kutschker ordnet Bäurle einer weiteren Klassifikationsmöglichkeit, den grundsätzlichen Arten von Internationalisierungsprozessmodellen nach Melin[345], zu, was zumindest diskutiert werden kann. Das letztgenannte Verfahren ist erst deutlich nach der Dissertation Bäurles entstanden und konnte somit in der vorgenommenen Differenzierung noch nicht berücksichtigt werden.

Eine weitere Unterteilung wurde jüngst von den Wissenschaftlern Zentes, Swoboda und Morschett vorgenommen.[346] Demzufolge lassen sich die Ansätze der Internationalisierungsprozessforschung in die traditionellen Konzepte einerseits und die neueren bzw. moderneren Konzepte andererseits unterteilen.[347] Unter den traditionellen Konzepten werden jene Prozessmodelle verstanden, die sich mit den ersten Schritten der Internationalisierung bzw. mit den Exportaktivitäten mittelständischer Unternehmen beschäftigen. Hierunter fallen demzufolge das Uppsala-Modell und seine Weiterentwicklungen, der Ansatz der Helsinki-Schule sowie die Exportstufenmodelle. Unter den neueren bzw. moderneren Konzepten werden die Ansätze zusammengefasst, die sich mit dem Wandel internationaler Unternehmen bzw. den unterschiedlichen Stufen der Dynamik sowie den damit verbundenen Konsequenzen für das Unternehmensmanagement auseinandersetzen. Hierin enthalten sind demnach der GAINS-Ansatz, das Drei-E-Konzept von Kutschker, das Ebenenmodell nach Swoboda und der so genannte Born-Global-Ansatz.[348]

Zwar ist die von den Wissenschaftlern vorgenommene Unterteilung inhaltlich korrekt, jedoch stellt sich die Frage, warum im Gegensatz zu Bäurles Unterteilung der Produkt-

---

[340]   Vgl. Aharoni (1966).
[341]   Zur weiteren Vertiefung siehe: Knickerbocker (1973), Graham (1975, 1978), Flowers (1976).
[342]   Vgl. Perlitz (2004), S. 19 ff.
[343]   Zur weiteren Vertiefung siehe: Kutschker (1994a, 1996, 1997), Kutschker et al. (1997), Kutschker / Schmid (2008).
[344]   Zur weiteren Vertiefung siehe: Swoboda (2002, 2002a), Zentes et al. (2004), Swoboda / Foscht (2005).
[345]   Vgl. Melin (1992).
[346]   Vgl. Simon (2007), S. 46.
[347]   Vgl. Zentes et al. (2004), S. 997.
[348]   Vgl. Zentes et al. (2004), S. 1011 f.

lebenszyklusansatz von Vernon, die Theorie der Direktinvestitionen nach Aharoni sowie die Theorien des oligopolistischen Parallelverhaltens nach Knickerbocker, Graham und Flowers nicht aufgenommen wurden. Darüber hinaus sollte die Beachtung
des Born-Global-Ansatzes[349] in Bezug auf Ansätze der Internationalisierungsprozessforschung zumindest kritisch hinterfragt werden, da es sich hierbei um ein Realphänomen handelt, bei dem Unternehmen bereits kurz nach ihrer Gründung oder sogar
bereits zum Zeitpunkt ihrer Gründung internationale Tätigkeiten aufnehmen. Born
Globals stellen damit einen Ausschnitt aus der Realität, ein Erfahrungsobjekt, dar und
keinen theoretischen Zugang zur Realität, ein Erkenntnisobjekt.[350] Der Born-Global-
Ansatz führte zu erheblichen wissenschaftlichen Diskussionen innerhalb der Internationalisierungsprozessforschung, dennoch vertritt der Autor dieser Arbeit die Meinung,
dass eben dieses Realphänomen auch durch die bereits existierenden Ansätze abgebildet werden kann.

Auf Grundlage der beiden erwähnten Differenzierungsversuche und den damit in Verbindung stehenden Stärken und Schwächen wird nachfolgend eine modifizierte Unterteilung der Ansätze eingeführt. Diese Unterteilung orientiert sich sehr nah an der bereits vorgestellten Einteilung von Zentes, Swoboda und Morschett sowie an der Kategorisierung nach Simon. Demnach werden die Konzepte - wie in Tabelle 4 aufgezeigt
- in Ansätze mit bzw. ohne dynamisches Erklärungsziel unterteilt.[351] Demzufolge treten erstere mit der Zielsetzung an, den Internationalisierungsprozess von Unternehmen
als abhängige Variable zu erklären. Weitere Größen stellen lediglich unabhängige oder
moderierende[352] Variablen dar. Bei den Ansätzen ohne ein dynamisches Element ist
der Internationalisierungsprozess nicht das Erklärungsziel. Zeit spielt hierbei nur eine
untergeordnete Rolle und dennoch sind diese Ansätze von den statischen Ansätzen zu
differenzieren, bei denen die Zeit in keiner Form berücksichtigt wird.[353] So zeigt sich
im Zeitablauf auch, dass Theorien von der statischen Betrachtung der Internationalisierung, die ausschließlich Direktinvestitionen oder Internationalisierungsstrategien analysiert, tendenziell abrücken.[354] Zudem treten verstärkt Ansätze auf, die entgegen der
in der Vergangenheit vorherrschenden Meinung die Umwelt als beeinflussbaren und
somit interdependenten Faktor ansehen und nicht etwa als exogen gegeben.[355] Neben
jener Berücksichtigung von veränderten Bedingungen in der internationalen Prozess-

---

[349] Zur weiteren Vertiefung siehe: Alahuhta (1993), Rennie (1993), Bell (1995), Knight / Cavusgil (1996,
         2005), Madsen / Servais (1997), Oviatt / McDougall (1997), Kirpalani / Luostarinen (1999), Rugman /
         Wright (1999), Autio et al. (2000), Sasi et al. (2000), Dana (2001), Knight et al. (2001), Schmidt-Buchholz
         (2002), Zahra (2005), Zhou et al. (2007).
[350] Vgl. Schelhowe (2010), S. 24.
[351] Vgl. Simon (2007), S. 48.
[352] Vgl. Hambrick / Lei (1985).
[353] Vgl. Welge / Holtbrügge (2003), S. 51 ff., vgl. Perlitz (2004), S. 65 ff.
[354] Vgl. Simon et al. (2006), S. 151.
[355] Vgl. Prashantham (2005), S. 38 f.

forschung und dem damit einhergehenden Aufkommen internationaler innovativer Unternehmen rückt die Beziehung zwischen Internationalisierung und Unternehmensleistung zunehmend in den Vordergrund. Dabei soll die Betrachtung dieser Verbindung insbesondere das Risiko des Scheiterns eines Internationalisierungsvorhabens maßgeblich verringern.[356]

Tabelle 4: Ansätze der Internationalisierung von Unternehmen mit und ohne dynamische Komponente

Ansätze der Internationalisierung ohne explizite dynamische Komponente	Ansätze der Internationalisierung mit expliziter dynamischer Komponente	
	Traditionelle Ansätze	Modernere Ansätze

• Theorien des oligopolistischen Parallelverhaltens nach Knickerbocker, Graham und Flowers
• Behavioristische Theorie der Direktinvestitionen nach Aharoni
	• Produktlebenszyklusmodell nach Vernon
	• Internationalisierungsprozess-modelle der skandinavischen Schule
	  • Modell der Uppsala-Schule nach Johanson und Vahlne inkl. der Weiterentwicklungen
	  • Modell der Helsinki-Schule nach Welch und Luostarinen
	• Internationalisierungsprozess-modelle der Wisconsin-Schule (Exportstufenmodelle)
		• GAINS-Ansatz nach Macharzina und Engelhard
		• Drei-E-Konzept nach Kutschker
		• Ebenenmodell nach Swoboda

Quelle: Eigene Darstellung in Anlehnung an Simon (2007), S. 48.

Bei diesen neuartigen Entwicklungen handelt es sich, basierend auf empirischen Studien der jüngsten Vergangenheit, primär um „s-förmige" Internationalisierungsmodelle[357] anstatt der traditionellen linearen oder auch quadratischen Modelle zur Erklärung der Internationalisierung.[358] Jedoch existieren zurzeit noch keine neuen Ansätze der Internationalisierungsprozessforschung, die diese Modifikationen mit einbeziehen. Die Relevanz dieser Aspekte ist unbestritten, sodass diese im nachfolgenden eigenen Ansatz wieder aufgegriffen werden. Die Theorieselektion, welche im Anschluss an die Herleitung der Kriterien zur kritischen Beurteilung durchgeführt wird, erfolgt jedoch - auch aufgrund des Fehlens eines neuartigen Ansatzes - im Rahmen der bereits angedeuteten traditionellen und modernen Internationalisierungsprozesstheorien.

3.3 Herleitung von Kriterien zur kritischen Beurteilung der Theorien

In diesem Kapitel erfolgt nun die Herleitung der Kriterien zur kritischen Beurteilung der Theorien um diese anschließend auf die in der Theorieselektion ausgewählten und vorgestellten Modelle anzuwenden. Mit den im Folgenden hergeleiteten Kriterien wird

---

[356] Vgl. Hennart (2007), S. 445.
[357] Hierbei handelt es sich um unterschiedliche Drei-Ebenen-Modelle der Internationalisierung.
[358] Vgl. Glaum / Oesterle (2007), S. 308.

kein Anspruch auf Vollständigkeit erhoben, sondern vielmehr der Fokus auf die zugrunde liegende Untersuchung gelegt.

3.3.1 Allgemeingültigkeit

Das erste relevante Kriterium zur Analyse der Internationalisierungsprozesstheorien bildet die Allgemeingültigkeit. So sollte ein Ansatz, der die internationale Unternehmensentwicklung abbildet, grundsätzlich keine großen Einschränkungen in der Allgemeingültigkeit aufweisen. In diesem Zusammenhang sollte folglich ein Ansatz nicht bloß auf Produktionsunternehmen, sondern gleichzeitig auf Unternehmen des Dienstleistungsgewerbes anwendbar sein. Zudem sollte der Ansatz sich nicht alleine auf Großunternehmen fokussieren, die aus stark internationalisierten Heimatmärkten stammen.[359] Des Weiteren sollten die Prozessmodelle die Anwendbarkeit auf Schwellenländer berücksichtigen. Neben der Beachtung der Emerging Markets als Zielmärkte sollte auch analysiert werden, ob sich die im nächsten Unterkapitel ausgewählten Theorien für die Anwendung auf Internationalisierungsbestrebungen der in den Schwellenländern beheimateten Unternehmen eignen. Unter diesen Internationalisierungstendenzen werden nicht nur Expansionen in weitere Schwellen- oder Entwicklungsländer, sondern womöglich auch Markteintritte in die Industrienationen der Triade verstanden. Darüber hinaus sollte keine Einschränkung in Bezug auf mögliche Markteintrittsvarianten erfolgen.

Die Bedeutung der Allgemeingültigkeit wird insbesondere bei dem Bestreben nach Vergleichbarkeit der Internationalisierungsprozesse unterschiedlicher Unternehmenstypen deutlich. Im Rahmen hiervon kann die Forschung demzufolge nur dann sinnvolle Ableitungen und Aussagen treffen, wenn unterschiedliche Unternehmen auf Basis der gleichen Annahmen analysiert werden. Ist eine Analyse auf der Grundlage identischer Annahmen nicht gegeben, so macht dies einen validen Vergleich verschiedener Unternehmenstypen unmöglich.

3.3.2 Empirische Bestätigung

Neben dem Kriterium der Allgemeingültigkeit ist ebenso die empirische Überprüfung des gewählten Ansatzes erforderlich. Eine solche empirische Bestätigung dient in erster Hinsicht der Verifizierung der innerhalb eines Ansatzes getroffenen Annahmen. Ansätze, die über keine praktische Bestätigung verfügen, haben in der Internationalisierungsprozessforschung nur eine geringe Bedeutung, stellen solche Theorien doch lediglich Thesen dar. Gemäß dem Falsifikationsprinzip sind Thesen durch das Prinzip

---

der empirischen Überprüfung falsifizierbar, wodurch der Ansatz verworfen werden müsste.[360] Aus diesem Grund ist es für den Bereich der Internationalisierungsprozessforschung notwendig, die jeweiligen Theorien auf empirischem Weg zu validieren. Schließlich sind es diese bestätigten Ansätze, die im weiteren Verlauf zur Analyse unternehmerischer Internationalisierungsprozesse verwendet werden. Prinzipiell sollten auch ausschließlich empirisch bestätigte Ansätze und deren Annahmen als Grundlage für neue Ansätze sowohl innerhalb der Internationalisierungsprozessforschung als auch in weiteren Forschungsgebieten dienen, da ansonsten die Gefahr besteht, dass ein bestimmter Forschungsbereich auf Basis falscher Annahmen weiterentwickelt wird.[361]

3.3.3 Beachtung externer Einflussfaktoren

Als weiteres Kriterium zur kritischen Betrachtung der in dieser Untersuchung analysierten Ansätze dient die Beachtung unternehmensexterner Einflussfaktoren. So wird auf die Notwendigkeit die unternehmensexternen Gesichtspunkte in angemessenem Maße innerhalb der Internationalisierungsprozessforschung zu berücksichtigen bereits seit geraumer Zeit hingewiesen.[362] Hierbei geht es in erster Linie um unterschiedliche, an dieser Stelle nicht weiter spezifizierte Kriterien, die der Auswahl der zu bearbeitenden Ländermärkte zugrunde liegen. Mit der Integration dieses Kriteriums soll auf die Unterschiedlichkeit der Ländermärkte hingewiesen werden und demzufolge eine mögliche Gleichstellung unterschiedlicher Zielmärkte - ohne vorherige Analyse - verhindert werden. An dieser Stelle wird bewusst auf die Darstellung eines genauen Kriterienkatalogs verzichtet, da sich die Einflussfaktoren je Unternehmen und Industrie bzw. Dienstleistungsbereich deutlich voneinander unterscheiden können. Vielmehr geht es an dieser Stelle um die generelle Berücksichtigung dieser Faktoren innerhalb der internationalen Prozesstheorien.

3.3.4 Revolutionäre Internationalisierungsprozesse

Als letztes Kriterium dient die Art und Weise unternehmerischer Entwicklung innerhalb des Internationalisierungsprozesses. So wird in der Literatur zwischen den revolutionären und den inkrementellen Internationalisierungsprozessen unterschieden. Allerdings weist eine Vielzahl von Forschern darauf hin, dass aufgrund eines Wandels in den vergangenen Jahren inkrementelle Internationalisierungsprozesse in der Realität in dieser Art nicht mehr unbedingt gegeben sind.[363] Die Ursache für diese Entwicklung liegt vorrangig an der zunehmenden Geschwindigkeit, mit der die Unternehmen inter-

---

[360] Vgl. Popper (1994), vgl. Popper (1994a).
[361] Vgl. Höffken / Heuwing-Eckerland (2009), S. 70.
[362] Vgl. Bäurle (1996), S. 73.
[363] Vgl. Dana (2001), S. 58, vgl. Johanson / Vahlne (2003), S. 83.

nationalisieren.[364] Bestes Beispiel hierfür sind die Born Global- bzw. die Born International-Unternehmen. Auch die Begründer des schrittweisen Internationalisierungsverlaufs akzeptieren mittlerweile die Tatsache, dass inkrementelle Verläufe zur allgemeinen Erklärung von unternehmerischen Internationalisierungsprozessen nicht mehr länger gültig sind.[365] Damit wenden sich Johanson und Vahlne von ihrer bis dahin vertretenen Sichtweise ab und akzeptieren mit dem Hinweis auf die gestiegene Geschwindigkeit bei internationalen Aktivitäten damit indirekt das Konzept des revolutionären Internationalisierungsprozesses.[366]

Basierend auf diesen Erkenntnissen sollen nachfolgend die in dieser Arbeit dargestellten Ansätze auf das Kriterium des revolutionären Internationalisierungsprozessverlaufs überprüft werden.

Bevor im weiteren Verlauf dieser Untersuchung die hier definierten Kriterien in der kritischen Beurteilung der einzelnen Internationalisierungsprozessmodelle Anwendung finden, erfolgt im nachfolgenden Unterkapitel zunächst die Theorieselektion im Rahmen der Internationalisierungsprozessforschung.

3.4   Theorieselektion im Rahmen der Internationalisierungsprozesstheorie

Im Rahmen dieser Arbeit erfolgt eine Fokussierung auf die Ansätze mit einer dynamischen Komponente. So wird neben den traditionellen Ansätzen der skandinavischen Schule auch der Produktlebenszyklusansatz von Vernon detailliert erläutert. Gerade die mit den Ansätzen der skandinavischen Schule verbundene Komponente der psychischen Distanz ist ein elementarer Bestandteil, welcher sich in vielen Ansätzen der Internationalisierungsprozessforschung wiederfindet. Im weiteren Verlauf dieser Arbeit wird auch explizit auf den GAINS-Ansatz nach Macharzina und Engelhard, welcher auf der 'Punctuated-Equilibrium-Theorie' aus der Organisationslehre sowie aus der Strategischen Unternehmensführung basiert, eingegangen.[367] Gerade die Ansätze der skandinavischen Schule sowie das GAINS-Konzept analysieren das zeitliche Muster und die Form, in der ein Internationalisierungsprozess verläuft. So sind die traditionellen Ansätze der Auffassung, dass ein Internationalisierungsprozess stets inkrementell und evolutionär verläuft, wohingegen der moderne GAINS-Ansatz die Ansicht vertritt, dass sich die internationale Gestalt von Unternehmen nur radikal und revolutionär verändern kann.[368] Auf diese einzelnen Elemente wird in diesem Kapitel aus-

---

[364]   Vgl. Höffken / Heuwing-Eckerland (2009), S. 71.
[365]   Vgl. Johanson / Vahlne (2003), S. 83.
[366]   Vgl. ebenda.
[367]   Zur weiteren Vertiefung siehe: Miller / Friesen (1978, 1980, 1980a, 1984), Miller (1981, 1982).
[368]   Vgl. Kutschker (1996), S. 18 f., vgl. Link (1997), S. 18 f.

führlich eingegangen, sodass schließlich auch eine detaillierte kritische Betrachtung eines jeden Ansatzes erfolgt. Die in diesem Kapitel erläuterten Ansätze werden anhand wissenschaftstheoretischer Kriterien diskutiert, um somit den defizitären Stand der bisherigen Forschung gut beurteilen und existierende Lücken besonders deutlich her-vorheben zu können. Auch vor dem Hintergrund des noch fehlenden anerkannten Pa-radigmas nach Kuhn[369], wonach sich auch noch keine Phase normalwissenschaftlicher Forschung[370] ausmachen lässt, erscheint die hier vorgeschlagene Vorgehensweise als sinnvoll.

Für die Auswahl dieser vier Ansätze der Internationalisierungsprozessforschung kön-nen mehrere Gründe angeführt werden. So unterliegen zunächst einmal alle Ansätze einer empirischen Überprüfung und sind demzufolge auch durchaus für die Praxis ge-eignet.[371] Weitere Gründe liegen maßgeblich in der Eignung für anknüpfende For-schungsansätze sowie dem detaillierten Forschungsstand zu diesen Ansätzen. Schließ-lich gibt es kaum Ansätze in der Internationalisierungsprozessforschung, welche derart ausführlich und häufig von Forschern und Wissenschaftlern analysiert und kritisiert wurden. Aufgrund dessen lassen sich - basierend auf der Kritik der existierenden An-sätze - Anforderungen für ein neues Konzept aufstellen mit dem Ziel, die feststellbaren Defizite zu beseitigen und dadurch einen größeren Allgemeinheitsgrad zu beanspru-chen.

Nachfolgend wird zunächst das Produktlebenszyklusmodell vorgestellt. Hierbei erfolgt zuerst die Vorstellung des allgemeinen Produktlebenszyklus, um im weiteren Verlauf auf das Verfahren von Vernon einzugehen. Dies hängt mit der Bedeutung der beiden Theorien für den weiteren Verlauf dieser Arbeit zusammen. So ist der generelle Ab-lauf relevant, da der Lebenszyklus eines Produktes durch das so genannte Downgra-ding[372] verlängert werden kann. Dieses Verfahren macht jedoch nur dann Sinn, wenn die Produktion des jeweiligen Produktes bereits ins Ausland transferiert wurde. Ein Downgrading an dem Produktionsstandort im Heimatmarkt erscheint wenig sinnvoll, da sich solche Produkte ohnehin nur für Schwellen- bzw. Entwicklungsländer eignen.

3.4.1 Produktlebenszyklustheorien

Allgemein entstammen die Lebenszyklustheorien dem biologischen Ursprungsmodell, nachdem mit der Entstehung auch schon das Wachstum, die Reife und der Niedergang des Systems vorprogrammiert sind. Somit ist es typisch für derartige Modelle, dass die

---

[369]   Vgl. Kuhn (1970), S. 175, vgl. Marcum (2005), S. 59.
[370]   Vgl. Chalmers (2001), S. 91.
[371]   Für den GAINS-Ansatz stimmt diese empirische Überprüfung nicht unmittelbar, da bisher für den GAINS-Ansatz aufgrund des sehr kostspieligen und zeitaufwendigen Längsschnittverfahrens noch keine derartige empirische Überprüfung durchgeführt wurde. Jedoch basiert der GAINS-Ansatz - wie bereits angedeutet - auf dem Gestalt-Ansatz von Miller und Friesen, welcher empirisch bestätigt ist.
[372]   Unter 'Downgrading' versteht man den umgekehrten Vorgang zum 'Upgrading'. Demzufolge bezeichnet 'Downgrading' die Rücknahme einer bereits durchgeführten technischen Verbesserung.

späteren Phasen die früheren voraussetzen und beinhalten.[373] Das Phänomen des Lebenszyklus von Produkten ist in einer Vielzahl von Studien zum Teil kontrovers diskutiert worden.[374]

3.4.1.1   Klassische Produktlebenszyklustheorie

In seiner klassischen Form bezieht sich das Lebenszyklusmodell auf ein Produkt bzw.
auf eine bestimmte Produktkategorie. Neben diesem Produktlebenszyklus wird eine
Gesetzmäßigkeit bisweilen auch für ganze Märkte oder Branchen unterstellt.[375] In diesem Zusammenhang wird dann von einem Branchen- bzw. Marktlebenszyklus gesprochen, in dem sich die einzelnen Phasen anhand von Marktwachstum, -potenzial und -
gegebenheiten sowie Marktanteilsverteilung charakterisieren lassen.[376]

Das Phasenschema lässt sich in einen vier-, fünf- und sechsstufigen Verlauf differenzieren. In dieser Arbeit wird der vierstufige Verlauf des Lebenszyklusmodells mit den
Phasen Einführung, Wachstum, Reife und Sättigung zugrunde gelegt.[377] Der idealtypische Produktlebenszyklus basiert auf einem normalverteilten Umsatzverlauf, der häufig durch eine idealtypische Gewinnkurve begleitet wird, wie es auch in der nachfolgenden Abbildung dargestellt wird[378]

Abbildung 3: Der Produktlebenszyklus

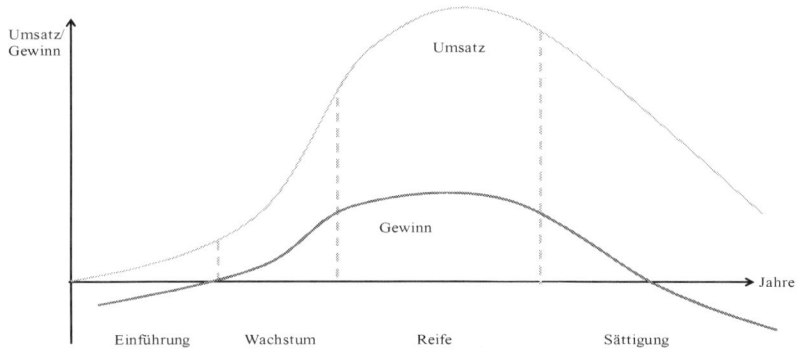

Quelle: Eigene Darstellung in Anlehnung an Kotler / Keller (2006), S. 322.

---

[373] Vgl. Ven (1992), S. 177 f., vgl. Ven / Poole (1995), S. 513 ff.
[374] Zur weiteren Vertiefung siehe: Penrose (1952), Mickwitz (1959), Ellinger (1961), Freudenmann (1965),
       Cox (1967), Polli / Cook (1969), Hoffmann (1972), Meffert (1974), Bischof (1976), Day (1981), Pfeiffer /
       Bischof (1981), Engelhardt (1989), Höft (1992), Meinig (1995), Siegwart / Senti (1995), Becker (2000),
       Levin / Nisnevich (2001), Sadeh (2003).
[375] Zur weiteren Vertiefung siehe: Heuß (1965), Seidel (1972), Hamermesh / Silk (1979), Meffert (1984,
       1994), Porter (1989), Trummer (1990).
[376] Vgl. Homburg / Krohmer (2009), S. 435.
[377] Vgl. Jung et al. (2008), S. 334.
[378] Vgl. Meffert (2000), S. 338, vgl. Kotler / Bliemel (2001), S. 574.

Die Einführungsphase repräsentiert das Stadium des Lebensbeginns eines neuen Produkts und damit auch die Phase, in der sich zeigt, inwieweit das Produkt von den Kunden akzeptiert, angenommen und gekauft wird.[379] Diese Stufe ist gleichzeitig die Phase des größten Marktwiderstandes. Die Einführungsphase ist gewöhnlich von geringen Umsätzen und beträchtlichen Verlusten gekennzeichnet, was insbesondere in den hohen F&E-Ausgaben zur Produktentwicklung begründet liegt. Im Idealfall erreicht das Unternehmen zum Ende dieser Stufe den Break-Even-Point, bei dem sich Kosten und Erlöse entsprechen.

In der Wachstumsphase, welche auch als 'take-off-stage' bezeichnet wird, erfolgt ein sich stetig beschleunigender Ausbreitungsprozess des neuen Produkts.[380] Insgesamt lässt sich diese Phase als ein Turbulenzstadium charakterisieren,[381] welches speziell vom Aufnahmeverhalten des Handels[382] sowie dem Auftreten neuer Konkurrenten geprägt ist[383].

Die darauffolgende Reifephase ist vor allem dadurch gekennzeichnet, dass zwar Umsatz und Absatz noch zunehmen, sich die Wachstumsraten jedoch bei gleichzeitiger Abnahme des Gewinns stetig verringern.[384]

Die Sättigungsphase beginnt im Allgemeinen dort, wo die Absatz- bzw. Umsatzkurve das Maximum erreicht hat und von einem sinkenden Umsatzwachstum mit negativen Grenzumsätzen charakterisiert ist. Zwar werden kurzfristig in dieser Phase noch Gewinne erzielt, jedoch wird am Phasenende die Gewinnschwelle in negativer Richtung passiert, um in Verluste überzugehen.[385] Um diese Schwelle möglichst lange hinauszuzögern, verwenden Unternehmen häufig so genannte Verlängerungsstrategien. Diese Life Extensions wurden von einigen Unternehmen, u. a. Coca Cola (1886)[386] und Maggi Suppenwürze (1887), über Jahre oder gar Jahrzehnte durchaus erfolgreich durchgeführt.[387]

3.4.1.2   Produktlebenszyklusansatz von Vernon

Die Produktzyklusthese von Vernon behandelt die Durchsetzung und Diffusion eines neuen Produkts oder Produktionsverfahrens.[388] Dieser Ansatz eignet sich sowohl zur Erklärung des Außenhandels als auch zur Erläuterung von Direktinvestitionen.[389]

---

[379] Vgl. Becker (2009), S. 726.
[380] Vgl. Levitt (1965), S. 82.
[381] Vgl. Staudt / Taylor (1970).
[382] Vgl. Feige / Tomczak (1995).
[383] Vgl. Engelhardt (1989), Sp. 1594.
[384] Vgl. Becker (2009), S. 731.
[385] Vgl. Scheuing (1972), S. 204, vgl. Carroll / Hannan (1989), S. 417 ff., vgl. Utterback / Suárez (1993), S. 1 ff., vgl. Utterback (1994), S. 79 ff., vgl. Klepper / Simons (1996), vgl. Agarwal (1997), S. 571 ff., vgl. Klepper (1997), S. 145 ff.
[386] Diese eingeklammerten Jahreszahlen stehen für das jeweilige Gründungsjahr der Unternehmen.
[387] Vgl. Becker (2009), S. 735.
[388] Vgl. Siebert / Lorz (2006), S. 72.
[389] Vgl. Vernon (1966, 1974, 1979).

Demzufolge hängen Export, Direktinvestitionen und andere Auslandstätigkeiten von der jeweiligen Stellung der Produkte in dem spezifischen Produktlebenszyklus ab.[390] Der Ansatz baut auf den bereits oben erwähnten Überlegungen zur Produktlebenszyklustheorie auf und überträgt die relevanten Aspekte auf den internationalen Kontext. Einige Autoren fassen den Terminus „lebens" bewusst in Klammern, da sich der Ansatz von Vernon nicht auf den Lebenszyklus eines Produktes beschränkt, sondern vielmehr den gesamten Zyklus einer Produktion sowie der Im- und Exporte des jeweiligen Produktes im Zeitablauf aus geografischer Sicht beleuchtet.[391]

a) Phasenverlauf nach Vernon
In der ursprünglichen Version dieses Ansatzes werden drei Phasen eines Produktes unterschieden, nämlich das Stadium eines neuen, eines reifenden und eines standardisierten Produkts.[392]

Stadium des neuen Produkts
In dieser Phase wird das Produkt in den Markt eingeführt und verkauft, in dem es zuvor entwickelt und produziert wurde. Gering aufkommende Auslandsnachfrage wird über den Export befriedigt. Eine weitere Annahme betrifft das Preisniveau eines solchen Produkts, von dem angenommen wird, dass es in dieser frühen Phase noch relativ hoch sein wird. Dies liegt nach Vernon sowohl in der geringen Produktionsmenge als auch in dem relativ hohen Gehaltsniveau des Produktionslandes, welches für Industrienationen charakteristisch ist, begründet.[393]

Stadium des reifenden Produkts
Durch zunehmende In- und Auslandsnachfrage steigt die Produktionsmenge. Da neue Wettbewerber in den Markt eintreten, um an diesem neuen Markt oder Segment zu partizipieren, ist eine Preissenkung die logische Konsequenz.[394] In der Folge dieser Preissenkung wird erstmalig eine mögliche Verlagerung der Produktion ins Ausland in Erwägung gezogen. Wird der Break-Even-Punkt erreicht, nämlich dann, wenn Reimporte trotz Transportkosten und Zöllen lukrativer als die heimische Produktion sind, erfolgt das Outsourcing der Produktion ins Ausland - in der Regel ausgehend von den USA in andere Industrieländer.[395]

Stadium des standardisierten Produkts
In der letzten Phase ist das Produkt vollkommen standardisiert, sodass zumeist bereits das Stadium der Massenproduktion erreicht wird. Häufig erfolgt zu diesem Zeitpunkt

---

[390]   Vgl. Vernon (1966), S. 196 f.
[391]   Vgl. Kutschker / Schmid (2008), S. 437.
[392]   Vgl. Toto (2009), S. 50.
[393]   Vgl. Vernon (1966), S. 190 ff.
[394]   Vgl. Kutschker / Schmid (2008), S.437 f.
[395]   Vgl. Fu (2005), S. 75, vgl. Toto (2009), S. 50.

die Produktionsverlagerung in Entwicklungsländer, da für diese Produktion nur noch wenige qualifizierte, zugleich aber eine Vielzahl günstiger Arbeitskräfte nötig sind. Die Kosten sind somit endgültig zum entscheidenden Wettbewerbsfaktor geworden. Folglich kann mithilfe der Produktlebenszyklustheorie von Vernon zum Teil auch das Leontief-Paradoxon[396] erklärt werden, wonach zu Beginn des Lebenszyklus qualifiziertes Personal benötigt wird, wohingegen Produkte in der Reife- bzw. Sättigungsphase eher durch kapitalintensive Prozesse und demzufolge niedrig-qualifiziertes Personal produziert werden.[397] Das führt letztlich zu Exporten von den Entwicklungsländern zurück in das Heimatland sowie in weitere Industrieländer.[398]

b) Sonderformen des Produktlebenszyklus

Neben dem aufgezeigten idealtypischen, klassischen Produktlebenszyklus wurden in der empirischen Forschung weitere Formen des Lebenszyklus nachgewiesen.[399] Der hierbei am häufigsten auftretende Verlauf ist durch eine zweite Wachstumsphase, eine so genannte „Kamel-Höcker-Kurve"[400], gekennzeichnet.[401]

Abbildung 4: Sonderformen im Verlauf des Produktlebenszyklus

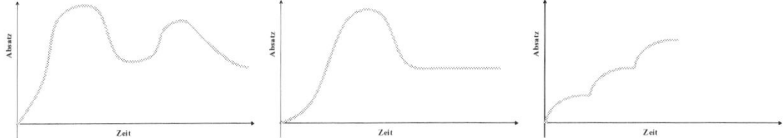

Quelle: Eigene Darstellung in Anlehnung an Kotler / Keller (2006), S. 323.

Die beiden weiteren Sonderformen werden auch als „Cycle-Recycle-Kurve" sowie als „muschelförmige" Kurve bezeichnet. Der erneute Aufschwung in der Kamel-Höcker-Kurve ist maßgeblich durch Relaunch-Maßnahmen oder durch charakteristische Zyklusverläufe bei langlebigen Produkten - wie z. B. Kühlschränken und Waschmaschinen - erklärbar.[402] Gleichsam ist ein derartiger Verlauf durchaus auch durch Maßnahmen des Downgradings denkbar, wodurch neue, noch nicht fokussierte Entwicklungsländer erfolgreich mit dem nun günstigeren Produkt erschlossen werden können.

---

[396]   Vgl. Leontief (1953, 1956).
[397]   Vgl. Swann (2009), S. 212.
[398]   Vgl. Kutschker / Schmid (2008), S. 438.
[399]   Vgl. Rink / Swan (1979), S. 222, vgl. Fischer (2001).
[400]   Vgl. Weinhold-Stünzi (1972), S. 64.
[401]   Vgl. Becker (2009), S. 736.
[402]   Vgl. Weinhold-Stünzi (1972), S. 64, vgl. Lambin (1987), S. 162 f.

3.4.1.3 Kritik

Basierend auf den in Kapitel 3.3 vorgestellten Kriterien werden an dieser Stelle die klassische Produktlebenszyklustheorie und der Produktlebenszyklusansatz von Vernon gemeinsam kritisch beleuchtet, wenngleich es sich bei der klassischen Lebenszyklustheorie nicht um einen Ansatz der Internationalisierungsprozessforschung handelt. Dennoch weist dieser Ansatz durchaus auch Aspekte auf, die für die Internationalisierung eines Unternehmens relevant sind, bspw. wenn Produkte, die in den Industrieländern aufgrund legislativer Regularien nicht mehr abgesetzt werden können, anschließend in Schwellen- und Entwicklungsländern verkauft werden. In der Nutzfahrzeugindustrie sind derartige Life-Extension-Maßnahmen immer dann möglich, wenn neue Emissionsregularien in den Industrieländern greifen, wodurch die bisherigen Fahrzeuge in diesen Ländern nicht mehr abgesetzt werden dürfen, sich aber gleichermaßen noch hohe Gewinne durch den Absatz in Schwellen- und Entwicklungsländern erwirtschaften lassen. Aufgrund dessen wird auch die klassische Lebenszyklustheorie nachfolgend kritisch beleuchtet, wenngleich der Fokus eindeutig auf dem Produktlebenszyklusansatz von Vernon liegt, der auf der klassischen Lebenszyklustheorie aufbaut.

a) Allgemeingültigkeit

Allgemein weisen die Lebenszyklusansätze eine Vielzahl unterschiedlicher Kritikpunkte auf. So ist der Hauptkritikpunkt am Ansatz von Vernon die Tatsache, dass der Ansatz der Internationalisierung stark ethnozentrisch ausgerichtet ist, da eine Superiorität der USA apriori unterstellt wird. Im späteren Verlauf hat Vernon selbst eingeräumt, dass sein Ansatz einige Schwächen aufweist. So können multinationale Unternehmen inzwischen Produkte parallel in unterschiedlichen Ländermärkten einführen und auch die Superiorität der USA ist gerade gegenüber den meisten Ländern Europas und gegenüber Japan nachweislich nicht mehr gegeben.[403] Ein weiterer Mangel liegt darin begründet, dass keine Aussage darüber getroffen wird, wie lange die einzelnen Phasen des Lebenszyklus andauern.[404] Zudem muss wie bei allen Lebenszykluskonzepten kritisch hinterfragt werden, ob sich die Phasen gleichsam biologisch ergeben können.[405] Darüber hinaus trifft das Modell keine genaue Aussage darüber, wo denn nun tatsächlich internationalisiert wird.[406] In diesem Zusammenhang sei noch darauf hingewiesen, dass weder Direktinvestitions- noch Handlungsströme in dem Ausmaß in die Entwicklungsländer flossen, wie dies das Modell von Vernon erwarten ließ.[407] Des Weiteren ist der Produktlebenszyklusansatz nicht auf die Internationalisierung von großen Unternehmen anwendbar, die in unterschiedlichen Märkten mit zahlreichen Produkten vertreten und stark diversifiziert sind. Denn speziell bei multinationalen

---

[403] Vgl. Vernon (1979), S. 255 ff., vgl. Vernon (1999), S. 39-41.
[404] Vgl. Kutschker / Schmid (2008), S. 438.
[405] Vgl. Kutschker / Schmid (2008), S. 439.
[406] Vgl. Bäurle (1996), S. 46 f.
[407] Vgl. Kutschker / Schmid (2008), S. 439.

Unternehmen, die über ein breites Produktportfolio verfügen, ist eine Internationalisierung, die sich jeweils an einzelnen Produkten orientiert, hinsichtlich der aufkommenden Komplexität nicht mehr durchführbar. In diesem Zusammenhang ergibt sich noch eine weitere Einschränkung des Produktlebenszyklusansatzes, da dieses Modell einzig auf Produktionsunternehmen anwendbar ist und somit Unternehmen aus dem Bereich der Dienstleistungen vollkommen außer Acht lässt. Zudem erfolgt bei dem Lebenszyklusansatz von Vernon eine Fokussierung auf die Markteintrittsformen der Produktionsniederlassung und des Exports, sodass an dieser Stelle eine deutliche Einschränkung vorliegt. Zwar berücksichtigt der Lebenszyklusansatz von Vernon die Tatsache, dass ausgehend von den Entwicklungsländern die Industrieländer mit Produkten versorgt werden, jedoch dies nur in Form einer in den Entwicklungsländern implementierten Tochtergesellschaft eines in den Industrienationen ansässigen Unternehmens. Aufgrund des starren Internationalisierungsverlaufs der Produktlebenszyklustheorie erscheint die Anwendung auf ein Unternehmen, welches aus einem Schwellenland entstammt, als nicht umsetzbar.

Zusammenfassend lässt sich somit festhalten, dass das Lebenszyklusmodell den Anspruch der Allgemeingültigkeit nicht erfüllt.

b) Empirische Bestätigung

Eine Vielzahl von Studien belegt, dass empirisch beobachtete Absatzverläufe häufig dem vorgegebenen idealtypischen Verlauf in keiner Weise entsprechen.[408] Ausnahmen bilden bestimmte Branchen, in denen die Dauer des Lebenszyklus durch gewisse Rahmenbedingungen vorgegeben ist - wie z. B. in der Automobilbranche – und in denen sich eine gewisse Übereinstimmung mit dem idealen Verlauf des Lebenszyklusmodells nachweisen lässt.[409] Insofern stellt das Lebenszyklusmodell einen idealtypischen Verlauf mit einer letztlich vollkommen unangemessenen Vereinfachung der Realität dar; empirisch überprüfte Absatzverläufe bestätigen diese Diskrepanzen immer wieder sehr deutlich. Daher ist auch eine Anwendung dieses Konzepts als Prognosemodell eher problematisch.[410] Zudem kann die unreflektierte Umsetzung der Handlungsempfehlungen dieses Verfahrens zu schwerwiegenden strategischen Fehlentscheidungen führen.[411] Dies ist bspw. dann vorstellbar, wenn profitable Produkte, die sich in der Reifephase befinden, vorschnell eliminiert werden, obwohl sie sich - unter Zuhilfenahme bestimmter Maßnahmen (vgl. Life Extensions) - noch lange behaupten könnten.[412]

Auch die auf das Lebenszyklusmodell von Vernon bezogene Annahme, dass Produkte zunächst auf dem Heimatmarkt entwickelt und später, wenn sie standardisiert sind, im

---

[408]   Vgl. Easingwood (1988), S. 23 ff., vgl. Bauer / Fischer (2000), S. 937 ff., vgl. Fischer (2001).
[409]   Vgl. Hoffmann (1972), S. 51 ff., vgl. Schwartau (1977), vgl. Simon (1992), S. 243 f., vgl. Raasch (2006).
[410]   Vgl. Staehle (1999), S. 642.
[411]   Vgl. Chrubasik / Zimmermann (1987), S. 429.
[412]   Vgl. Homburg / Krohmer (2009), S. 441.

Ausland produziert werden, trifft auf weltweit tätige Konzerne heute nicht mehr zu.[413] Denn in einer globalen Branche wird die Wettbewerbsposition, die ein Unternehmen in einem bestimmten Land besitzt, in besonderem Maße auch von seiner Stellung in weiteren Ländermärkten beeinflusst und umgekehrt.[414] Zudem ist die Annahme der Superiorität der USA nicht mehr zeitgemäß und durch wissenschaftliche Studien empirisch widerlegt.[415]

Zusammenfassend lässt sich festhalten, dass das Lebenszyklusmodell trotz dieser Restriktionen wesentliche Implikationen für die Unternehmen aufweist. So ist die Tatsache der grundsätzlich begrenzten Lebensdauer von Produkten von erheblicher Bedeutung, folgt daraus doch die Notwendigkeit einer permanenten Neugestaltung der Produkte bzw. einer weiteren Produktverlagerung. Demnach sollten Unternehmen regelmäßig Strukturanalysen unter Berücksichtigung des Lebenszykluskonzeptes durchführen, um somit eine Produktpalette anzustreben, die aus einer Gleichverteilung von Produkten in den unterschiedlichen Phasen des Zyklus besteht.[416] Darüber hinaus lassen sich für die einzelnen Stadien Aussagen über geeignete Verhaltensweisen und Ziele treffen.[417] In Branchen, in denen die Absatzverläufe stark mit dem idealtypischen Verlauf übereinstimmen, hat das so genannte Life-Cycle Management[418] eine hohe Bedeutung.[419] Abschließend bleibt somit festzuhalten, dass das Kriterium der empirischen Bestätigung als erfüllt angesehen werden kann.

c) Beachtung externer Einflussfaktoren

Ein wesentlicher Kritikpunkt des klassischen Lebenszyklusmodells basiert darauf, dass das Kriterium Zeit als einzige Variable zur Erklärung des Absatzes dient.[420] Bedenkt man in diesem Zusammenhang die Vielfalt weiterer Determinanten, die den Absatz eines Produktes in einem Markt beeinflussen, so wird deutlich, dass es sich hierbei um eine starke Vereinfachung der Realität handelt.[421]

Das Modell von Vernon hingegen hebt neben der Bedeutung des Markteintrittszeitpunktes bei einer Auslandsinvestition auch die Rolle der Skaleneffekte als Einwirkfaktor hervor.[422] Des Weiteren wird in diesem Ansatz auch auf die Bedeutung des technischen Wissens, der Innovation und des Humankapitals hingewiesen,[423] womit sich die Theorie auch mit den Schumpeterschen Ideen zur Innovation und Imitation deckt.[424]

---

[413] Vgl. Fu (2005), S. 77.
[414] Vgl. Porter (1989), S. 20.
[415] Vgl. Vernon (1979), S. 255 ff., vgl. Vernon (1999), S. 39-41.
[416] Vgl. Catry / Chevalier (1974), S. 29 ff., vgl. Wind / Claycamp (1976), vgl. Urban / Hausser (1993).
[417] Vgl. Fox (1973), S. 8-11, vgl. Hofer (1975), S. 784 ff., vgl. Rink / Swan (1987), S. 352 ff.
[418] Unter 'Life-Cycle Management' versteht man ein strategisches Konzept zum Management eines Produktes über seinen gesamten Lebenszyklus.
[419] Vgl. Dreger (2000), vgl. Kuder (2005), vgl. Jüttner et al. (2006), S. 989 ff., vgl. Kvesic (2008), S. 293 ff.
[420] Vgl. Jung et al. (2008), S. 334.
[421] Vgl. Homburg / Krohmer (2009), S. 438.
[422] Vgl. Fu (2005), S. 77.
[423] Vgl. Siebert / Lorz (2000), S. 72.
[424] Vgl. Schumpeter (1975).

Darüber hinaus bündelt der Ansatz von Vernon mehrere Erklärungsansätze der Internationalisierung, u. a. die Neotechnologiekonzepte von Posner und Hufbauer[425]. Daneben sind auch Kostendegressionseffekte sowie Handelsschrankenansätze von Bedeutung.[426] Zudem gibt dieser Ansatz Aufschluss darüber, warum ein Unternehmen bspw. eher exportiert als investiert.[427]

Zwar weist Vernon in seinem Ansatz neben der dynamischen Komponente auf die Kostendegressionseffekte hin, jedoch reicht dies bei weitem nicht aus, um eine Internationalisierung in weitere Ländermärkte zu rechtfertigen. Schließlich sind es nicht alleine die Kosten, die zu einer Produktionsverlagerung, die zunächst selbst mit sehr hohen Kosten verbunden ist, führen. Vielmehr dient eine solche Produktionsverlagerung u. a. dazu das Land des neuen Produktionsstandortes und seine umliegenden Länder mit dem jeweiligen Produkt zu versorgen.

Zusammenfassend bleibt demzufolge festzuhalten, dass sowohl das klassische Lebenszyklusmodell als auch der Produktlebenszyklusansatz von Vernon das Kriterium der Beachtung externer Einflussfaktoren nicht erfüllen.

d) Revolutionäre Internationalisierungsprozesse

An dieser Stelle wird nachfolgend nur der Produktlebenszyklusansatz von Vernon betrachtet, da es sich, wie bereits zu Beginn dieses Unterkapitels beleuchtet, bei der klassischen Lebenszyklustheorie nicht um eine klassische Internationalisierungsprozesstheorie handelt.

Der Produktlebenszyklusansatz von Vernon geht von einer stetigen, evolutionären Weiterentwicklung innerhalb des Internationalisierungsverlaufs aus, in dem die Produkte zunächst in dem jeweiligen Heimatmarkt gefertigt werden, um daran anschließend zunächst über den Export und dann in Form einer Produktionsverlagerung weitere, dem Heimatmarkt sehr ähnliche Ländermärkte zu bedienen.[428] Im Anschluss daran erfolgt die Produktionsverlagerung in Entwicklungsländer, um sich im preisintensiven Wettbewerb durchzusetzen.[429] Dieser von Vernon aufgezeigte Verlauf ist jedoch in keiner Weise revolutionär, vielmehr handelt es sich um einen inkrementellen Internationalisierungsverlauf, wie er auch den Ansätzen der nordischen Schule zugrunde liegt. Aufgrund dessen gilt auch das Kriterium der revolutionären Internationalisierungsprozesse in diesem Zusammenhang als nicht erfüllt.

Im nachfolgenden Kapitel wird das Internationalisierungsprozessmodell der Uppsala-Schule ausführlich erläutert, um daran anknüpfend die zwei wesentlichen Theorien - den Ansatz der Helsinki-Schule sowie den GAINS-Ansatz - darzustellen, die sich auf-

---

[425] Vgl. Posner (1961), vgl. Hufbauer (1966), S. 94-109.
[426] Vgl. Vernon (1966), S. 198 ff.
[427] Vgl. Shenkar / Luo (2008), S. 33.
[428] Vgl. Vernon (1966), S. 196 f.
[429] Vgl. Kutschker / Schmid (2008), S. 438.

grund der zahlreichen Kritiken an dem Verfahren der Uppsala-Schule entwickelt haben.

3.4.2 Internationalisierungsprozessmodell der Uppsala-Schule

Schon in den 1970er Jahren ist eine Vielzahl von Internationalisierungstheorien erschienen, von denen das Uppsala Internationalization Process Modell nach Jan Johanson und Jan-Erik Vahlne eines der bis heute bekanntesten und am weitesten verbreiteten darstellt.[430] Nicht umsonst gilt der Uppsala-Ansatz als Wegbereiter der Internationalisierungsprozessforschung und somit als bedeutendster Ansatz auf diesem Themengebiet.[431]

Die Grundlage für dieses Prozessmodell ist eine Analyse des Internationalisierungsverhaltens von vier schwedischen Unternehmen - Sandvik, Atlas Copco, Facit und Volvo -, die von Johanson und Wiedersheim-Paul im Jahr 1975 durchgeführt wurde.[432] Diese empirischen Studien bilden die Grundlage der Lerntheorie der Internationalisierung.[433] Das Ziel der Forscher liegt in der Erklärung von Internationalisierungsprozessen anhand von Lerneffekten kleiner und mittlerer Unternehmen aus kleinen Heimatmärkten,[434] die sich noch am Anfang Ihres Internationalisierungsprozesses befinden[435]. Das Modell von Johanson und Vahlne stützt sich auf die ökonomische Theorie des Unternehmenswachstums nach Penrose (1959), die behavioristische Theorie des Unternehmens nach Cyert und March (1963) sowie die behavioristische Theorie der Direktinvestitionen nach Aharoni (1966).[436] Wenngleich sich das vorliegende Modell auch auf die ökonomische Theorie nach Penrose bezieht, so ist der eklektische Aufbau dieses Modells doch eindeutig als behavioristisch zu bezeichnen.[437]

Im Gegensatz zu vielen anderen Theorien, die versuchen, Internationalisierung statisch zu erklären, geht es dem dynamischen Internationalisierungsmodell der Uppsala-Schule nicht allein darum, nur den Zustand der Internationalität, sondern vor allem auch den Prozess der Internationalisierung zu erklären.[438]
Die Lerntheorie der Internationalisierung lässt sich in zwei Hauptmerkmale unterteilen und zwar in das Internationalisierungsmuster und das Internationalisierungsmodell.[439]

---

[430] Vgl. Simon (2007), S. 62.
[431] Vgl. Kumar / Epple (1997), S. 313.
[432] Vgl. Johanson / Wiedersheim-Paul (1975), S. 305 ff. Später wurden diese Analysen auch anhand von weiteren Ländern und deren Unternehmen durchgeführt.
[433] Vgl. Moll (2007), S. 4.
[434] Vgl. Benito / Gripsrud (1992), S. 462, vgl. Yip et al. (2000), S. 11.
[435] Vgl. Simon et al. (2006), S. 154.
[436] Vgl. Johanson / Vahlne (1977), S. 23.
[437] Vgl. Simon (2007), S. 63.
[438] Vgl. Kutschker / Schmid (2008), S. 464.
[439] Vgl. ebenda.

Während ersteres auf dem Ergebnis empirischer Studien basiert, handelt es sich bei letzterem um theoretische Überlegungen. Beide Begriffe werden nachfolgend im Detail erläutert.

3.4.2.1   Internationalisierungsmuster

Nach dem Internationalisierungsmuster gehen die Vertreter der Uppsala-Schule davon aus, dass es sich bei der Internationalisierung eines Unternehmens um einen Prozess handelt, nach dem die Internationalisierung eines Unternehmens evolutionär bzw. inkrementell verläuft.[440]

Dies betrifft zum einen die sogenannte 'Establishment Chain' und zum anderen die 'Psychic Distance Chain'.[441]

a) Establishment Chain

Bei der Establishment Chain handelt es sich um ein zeitliches Muster, das in Bezug auf die gewählten Markteintritts- und Marktbearbeitungsformen gesetzt wird. Demnach ergibt sich im Idealfall folgender vierstufiger Verlauf:[442]

1. Keine regulären Exportaktivitäten,
2. Exporte über unabhängige Agenten,
3. Vertriebsniederlassungen im Ausland und
4. Produktionsniederlassungen im Ausland.[443]

Nach diesem Ablauf wird angenommen, dass sich Unternehmen zunächst im Heimatland entwickeln und jede Stufe durch eine zunehmende Ressourcenbindung[444] im Ausland charakterisiert ist.[445]

Eine der zentralen Annahmen dieses Internationalisierungsansatzes ist die Tatsache, dass sich fehlendes Wissen und mangelnde Ressourcen als entscheidende Hindernisse bei der Entwicklung und Ausführung internationaler Aktivitäten darstellen.[446] Anhand der untersuchten Unternehmen stellen Johanson und Vahlne auf der Basis der Lerntheorie der Internationalisierung fest, dass die internationalen Aktivitäten zunächst nur in kleinen Schritten erfolgen.[447]

---

[440]   Vgl. Johanson / Wiedersheim-Paul (1975), S. 305 ff., vgl. Johanson / Vahlne (2003), S. 89, vgl. Johanson / Vahlne (2006), S. 176.

[441]   Vgl. Kutschker / Schmid (2008), S. 464.

[442]   Vgl. Hedlund / Kverneland (1985), S. 41, vgl. Turnbull (1987), S. 23, vgl. Andersen (1993), S. 210.

[443]   Vgl. Johanson / Wiedersheim-Paul (1975), S. 307, vgl. Hassel et al. (2000), S. 503, vgl. Perks / Hughes (2008), S. 312.

[444]   Es wird darauf hingewiesen, dass das Ressourcenverständnis der einzelnen Forscher mehr oder weniger unklar bleibt und dies nicht mit dem Verständnis der ressourcenorientierten Forschung übereinstimmt.

[445]   Vgl. Cavusgil (1984), vgl. Kaynak (1985), vgl. Burton / Schlegelmilch (1987).

[446]   Vgl. Fisch (2006), S. 22.

[447]   Vgl. Johanson / Vahlne (1977), S. 24.

Die Internationalisierung eines Unternehmens folgt somit einem Prozess, in dem die
Unternehmung im Zeitablauf neue Kenntnisse über ausländische Märkte hinzugewinnt
und das Engagement im Ausland infolgedessen schrittweise ausbaut.[448] Mit der zunehmenden Internationalisierung nimmt das wahrgenommene Risiko ausländischer
Investitionen im Zuge eines Lernprozesses ab.[449] Parallel dazu wächst das Interesse,
die ausländischen Tätigkeiten selbst zu steuern.[450] Folglich führt eine Internationalisierung entlang der Establishment Chain einerseits zu einem höheren Ressourceneinsatz
und andererseits zu wachsender Auslandserfahrung und somit größerem Wissen über
Auslandsmärkte aufgrund von Lerneffekten, wenn Unternehmen zunehmend in weiter
entfernte Ländermärkte vordringen.[451]

b) Psychic Distance Chain

Das zweite Element des Internationalisierungsmusters, die Psychic Distance Chain,
welche in Ihrem Ursprung auf Beckermann (1956) zurückgeht,[452] steht in unmittelbarem Zusammenhang zu der Establishment Chain.

Unter der Psychic Distance Chain wird ein zeitliches Muster verstanden, innerhalb
dessen Ländermärkte betreten werden.[453] Nach diesem Ansatz wagen sich Unternehmen zunächst nur in psychisch nahe Ländermärkte, bevor sie sich dann zunehmend
vom Heimatmarkt in psychisch weiter entfernte Ländermärkte bewegen.[454] Der
Hauptgrund für eine derartige Prozessentwicklung liegt in den erheblichen Unterschieden, die zwischen einzelnen Ländermärkten bestehen, wodurch es bspw. zu Stö-
rungen im Informationsfluss kommen kann;[455] auch muss zunächst ein Verständnis für
die veränderten Umweltgegebenheiten entwickelt werden.[456] Folglich zählen zu den
Einflussfaktoren, die die psychische Distanz bestimmen, insbesondere Unterschiede in
Kultur, Sprache, Ausbildung, Managementverhalten und industrieller Entwicklung.[457]

Die psychische Distanz kann sowohl statisch als auch dynamisch interpretiert werden.[458] Bei der statischen Perspektive wird der Zielmarkt aus mehreren ausländischen
Märkten ausgewählt, der dem Unternehmer am vertrautesten erscheint.[459]

---

[448]   Vgl. Bäurle (1996), S. 66 ff.
[449]   Vgl. Benito / Gripsrud (1992), S. 464, vgl. Johanson / Vahlne (2003), S. 89.
[450]   Vgl. Fisch (2006), S. 22.
[451]   Vgl. Nordström (1991), S. 20 f., vgl. Blomstermo et al. (2004), S. 242.
[452]   Vgl. Evans / Mavondo (2002), S. 516.
[453]   Vgl. Simon (2007), S. 64, vgl. Jantunen et al. (2005), S. 232.
[454]   Vgl. Forsgren (1989), S. 7, vgl. O'Grady / Lane (1996), S. 309, vgl. Zanger et al. (2008), S. 44.
[455]   Vgl. Johanson / Wiedersheim-Paul (1975), S. 307 f., Melin (1992), S. 103.
[456]   Vgl. Nordström / Vahlne (1994), S. 42, vgl. Madhok (1997), S. 42.
[457]   Vgl. Vahlne / Nordström (1992), S. 3.
[458]   Vgl. Breit (1991), S. 69.
[459]   Vgl. ebenda.

Die dynamische Perspektive hingegen bezieht sich auf die Reihenfolge der zu bearbeitenden Märkte.[460] Demnach werden zunächst die vertrauten Märkte erschlossen, bevor die Unternehmung auch fremdartigere Märkte zu erschließen versucht.[461] Mithilfe der dynamischen Perspektive kann auch die Wahl der Markteintrittsstrategie erklärt werden.[462] Im weiteren Verlauf dieser Arbeit beziehen sich Verweise auf die Psychic Distance Chain stets auf die dynamische Perspektive.

3.4.2.2   Internationalisierungsmodell

Das zweite Element der Lerntheorie der Internationalisierung ist das Internationalisierungsmodell, welches die theoretische Erklärung der empirisch ermittelten Ergebnisse bildet. Dieses Modell differenziert zwischen statischen und dynamischen Aspekten.[463] Während die statischen Aspekte durch 'market knowledge' (Marktwissen) und 'market commitment' (Marktbindung) gekennzeichnet sind,[464] werden die dynamischen Aspekte durch 'current activities' (laufende Geschäftsaktivitäten) und 'commitment decisions' (Internationalisierungsentscheidungen) charakterisiert.[465]

a) Statische Aspekte

Nach Johanson und Vahlne beeinflusst die Marktbindung die vom Unternehmen wahrgenommenen Chancen und Risiken.[466] Dieses 'market commitment' besteht aus zwei Faktoren: der Summe der gebundenen Ressourcen und dem Grad der Bindung dieser Ressourcen.[467] So haben Unternehmen in Abhängigkeit ihrer Entwicklung auf der Establishment Chain Ressourcen in das Ausland transferiert.[468] Je stärker ein Unternehmen international tätig und damit auf der Establishment Chain sehr weit vorangeschritten ist, desto mehr Ressourcen sind im Ausland gebunden und umso schwieriger ist es, die Bindung gegenüber den Auslandsmärkten zu revidieren.

Die Einteilung des Marktwissens wird bei Johanson und Vahlne von Penrose übernommen und somit nach objektivem Wissen und Erfahrungswissen differenziert.[469] Objektives Wissen kann gelehrt und gelernt werden, wohingegen Erfahrungswissen nur durch eigene Erfahrungen generiert werden kann. Folglich gestaltet sich die Gewinnung von Erfahrungswissen wesentlich schwieriger als der Erwerb von objektivem

---

[460]   Die psychische Distanz ist nicht grundsätzlich mit der geografischen Distanz gleichzusetzen. Zwar weisen in den meisten Fällen räumlich benachbarte Länder eine eher geringe psychische Distanz auf, in die Unternehmen somit relativ problemlos internationalisieren, jedoch existieren durchaus auch geografisch weiter entfernte Länder, die nach dem Konzept der psychischen Distanz relativ nahe liegen und umgekehrt (vgl. Hassel et al. (2000), S. 506).
[461]   Vgl. Hodicová (2007), S. 43.
[462]   Vgl. Johanson / Vahlne (1990), S. 13.
[463]   Vgl. Eriksson et al. (1997), S. 340, vgl. Autio (2005), S. 10, vgl. Kutschker / Schmid (2008), S. 465.
[464]   Vgl. Welge / Holtbrügge (2006), S. 65, vgl. Steen / Liesch (2007), S. 195.
[465]   Vgl. Fisch (2006), S. 23, vgl. Scherle (2006), S. 37.
[466]   Vgl. Johanson / Vahlne (1977), S. 27.
[467]   Vgl. ebenda.
[468]   Vgl. Schmid (2002), S. 388.
[469]   Vgl. Penrose (1966), S. 53.

Wissen.[470] Das Hauptproblem besteht vor allem in der Gewinnung von Wissen auf fremden Märkten, denn hier können die Erfahrungen erst sukzessive während der operativen Schritte des Markteintritts gewonnen werden.

Weiterführend wird zwischen 'general knowledge' (allgemeinem Wissen) und ‚market specific knowledge' (marktspezifischem Wissen) unterschieden.[471] Ersteres stellt auf generelles Wissen über Marketingstrategien und -methoden ab, wohingegen letzteres das Wissen über Charakteristika eines spezifischen Ländermarktes umfasst. Hierunter fallen bspw. das Wissen über das politische, rechtliche und wirtschaftliche System, über Wettbewerber, das Wirtschaftsklima und vor allem über potenzielle Kunden und deren Anforderungen an das Unternehmen bzw. die Unternehmensleistung. Während allgemeines Wissen in der Regel uneingeschränkt auf andere Ländermärkte übertragbar ist, ist dies für marktspezifisches Wissen nur eingeschränkt der Fall.

b) Dynamische Aspekte
Die dynamischen Aspekte stellen laufende Geschäftsaktivitäten sowie Marktbearbeitungsentscheidungen dar. Die laufenden Geschäftsaktivitäten werden als wichtigste Quelle für den Erfahrungsaufbau des Unternehmens angesehen.[472] Hierbei wird betont, dass sich aufgrund der Einbeziehung der laufenden Geschäftstätigkeiten in den Internationalisierungsverlauf dieser Prozess verzögert weiterentwickelt. Denn erst durch eine kontinuierliche Wiederholung der Geschäftstätigkeiten stellen sich die gewünschten Auswirkungen ein.[473]
Den zweiten dynamischen Aspekt bilden die Marktbearbeitungsentscheidungen. Hierunter versteht man diejenigen Entscheidungen, die die Bindung der Ressourcen in fremden Märkten und somit Entscheidungen über die weitere Internationalisierung betreffen.[474]

Nach Johanson und Vahlne treten mit jeder weiteren Marktbearbeitung zwei unterschiedliche Effekte auf: zum einen ein ökonomischer Effekt und zum anderen ein Unsicherheitseffekt.[475]
Nach dem ökonomischen Effekt verstärkt ein Unternehmen seine Auslandsaktivität, wenn die Marktrisikosituation niedriger ist, als das von dem Unternehmen festgelegte maximal tolerierbare Marktrisiko.[476] Verringert sich dabei die Marktunsicherheit, so spiegelt sich dies auch in einem niedrigeren Marktrisiko wider.

---

[470]   Vgl. Moll (2007), S. 9.
[471]   Vgl. Johanson / Vahlne (1977), S. 28.
[472]   Vgl. Johanson / Vahlne (1977), S. 29.
[473]   Vgl. Johanson / Vahlne (1977), S. 28.
[474]   Vgl. Moll (2007), S. 11.
[475]   Vgl. Johanson / Vahlne (1977), S. 29.
[476]   Vgl. Johanson / Vahlne (1977), S. 30.

Abbildung 5 gibt einen Überblick über den Zusammenhang der einzelnen dynamischen und statischen Elemente des Internationalisierungsprozessmodells der Uppsala-
Schule. Wie die Abbildung verdeutlicht, beeinflussen sich die einzelnen Elemente gegenseitig. Das Marktwissen und die Marktverbundenheit haben Auswirkungen auf die
beiden dynamischen Aspekte. Umgekehrt haben auch die laufende Geschäftstätigkeit
und die Entscheidungen einen Einfluss auf die statischen Aspekte. Die laufende Geschäftstätigkeit dient dabei als Quelle für die Sammlung von Erfahrungen und Informationen über Auslandsmärkte. Durch diesen Prozess steigen das Wissen und die
Marktverbundenheit eines Unternehmens zu dem jeweiligen Ländermarkt stetig an.[477]
Hierdurch wird das unternehmerische Risiko vermindert und der nächste Internationalisierungsschritt erleichtert.[478] Durch diese Senkung des wahrgenommenen Risikos
werden größere Investitionen getätigt, da die damit verbundenen Chancen von dem
Unternehmen höher eingeschätzt werden als potenzielle Risiken.[479]

Abbildung 5: Zusammenspiel statischer und dynamischer Aspekte im Internationalisierungsmodell der Uppsala-Schule

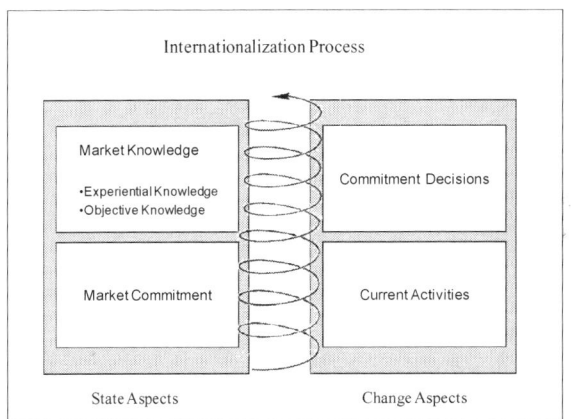

Quelle: Eigene Darstellung in Anlehnung an Johanson / Vahlne (1977), S. 26.

Dieser Ablauf spiegelt sich in einem sich spiralförmig weiterentwickelnden Internationalisierungsprozess mit einem zunehmenden 'Ressourcen-Commitment' in den Auslandsmärkten wider.[480] Es handelt sich hierbei laut der Uppsala-Schule nicht um ein
„Im-Kreis-Drehen", sondern um eine ständige Höherentwicklung, die maßgeblich
durch das organisationale Lernen beeinflusst wird.[481]

---

477   Vgl. Turnbull (1987), S. 23, vgl. Johanson / Johanson (2006), S. 186.
478   Vgl. Eriksson et al. (1997), S. 340, vgl. Johanson / Johanson (2006), S. 185, vgl. Thiel (2007), S. 34.
479   Vgl. Capar / Kotabe (2003), S. 345.
480   Vgl. Simon (2007), S. 68.
481   Vgl. Kutschker / Schmid (2008), S. 467.

Zentrale Aussage des Uppsala-Internationalisierungsprozessmodells ist folglich, dass die Auswahl der jeweiligen Markteintrittsform von dem Ausmaß an Auslandserfahrung und dem damit verbundenen Lernen abhängt. Somit wählen Unternehmen mit zunehmendem Marktwissen bindungsintensivere und risikoreichere Markteintrittsformen.[482]

3.4.2.3   Kritik

Ungeachtet dessen, dass neben den schwedischen auch bei dänischen, amerikanischen, türkischen und japanischen Unternehmen inkrementelle Internationalisierungsmuster nachgewiesen wurden, ist auch dieses Modell nicht ohne Kritik geblieben. Diese kritische Auseinandersetzung erfolgt erneut nach den in Kapitel 3.3 vorgestellten Kriterien.

a) Allgemeingültigkeit

Bereits Johanson und Vahlne haben eingesehen, dass ihr Modell zur Internationalisierung Grenzen hat und es somit nur ein Partialmodell darstellt, in dem einige Faktoren vernachlässigt wurden.[483] So eignet sich das Uppsala-Internationalisierungsprozessmodell unter Umständen nur für Unternehmen aus kleinen Ursprungsländern, da lediglich empirische Überprüfungen anhand von Unternehmen aus kleinen Heimatländern vorgenommen wurden.[484] Zudem bezieht sich die Prozesstheorie ausschließlich auf Unternehmen, die sich noch am Beginn ihrer Internationalisierungsbestrebungen befinden. Die Anwendung auf Unternehmen aus größeren Stammländern, die in ihrem Internationalisierungsprozess bereits weiter vorangeschritten sind, scheidet demzufolge aus.[485] Im Zusammenhang mit der Establishment Chain gehen Johanson und Vahlne zudem davon aus, dass die Internationalisierung von Unternehmen stets inkrementell verläuft. Diese Annahme ist jedoch speziell in den letzten Jahren widerlegt worden.[486] Eine weitere Determinante des Modelldeterminismus stellt die mangelnde Berücksichtigung von kooperativen Formen der Auslandsmarktbearbeitung dar.[487] Darüber hinaus gehen Johanson und Vahlne ausschließlich von Unternehmen des produzierenden Gewerbes aus und vernachlässigen dabei die Internationalisierung von Dienstleistungsunternehmen völlig. Positiv zu bewerten ist allerdings, dass das Modell durchaus auch auf Schwellenländer-Unternehmen anwendbar ist, die zunächst in benachbarte Schwellenländer und schließlich in psychisch weiter entfernte Industrieländer expandieren.

---

[482]   Vgl. Al-Laham (2007), S. 544.
[483]   Vgl. Johanson / Vahlne (1990), S. 18.
[484]   Vgl. Kutschker / Schmid (2008), S. 468.
[485]   Vgl. ebenda.
[486]   Vgl. Pedersen / Shaver (2000), S. 21.
[487]   Vgl. Andersen (1997), S. 32, vgl. Osiecka (2006), S. 72.

Abschließend bleibt jedoch festzuhalten, dass unter Berücksichtigung des in dieser Arbeit zugrunde gelegten Verständnisses der Allgemeingültigkeit, das Uppsala-Modell dieses Kriterium angesichts der aufgezeigten Kritikpunkte nicht erfüllt.

b) Empirische Bestätigung

Im Rahmen einer Langzeitstudie haben Johanson und Wiedersheim-Paul vier schwedische Unternehmen betrachtet und basierend auf diesen Ergebnissen die Internationalisierungsmuster der Psychic Distance Chain und der Establishment Chain herausarbeiten können.[488] Demzufolge können diese beiden Konzepte durchaus als empirisch bestätigt angesehen werden. Jedoch sollte hier kritisch hinterfragt werden, ob eine Studie, die bloß vier Unternehmen betrachtet, repräsentativ für eine Vielzahl von Unternehmen sein kann.[489] Allerdings erfolgten nach der Veröffentlichung des Ansatzes der Uppsala-Schule im Laufe der Jahre weitere empirische Überprüfungen. So bestätigte Nordström im Jahr 1991 im Rahmen einer empirischen Studie, der eine Befragung von 118 Managern zugrunde lag, die Internationalisierungsmuster der psychischen Distanz und der Establishment Chain.[490] Durch eine weitere empirische Studie, die 225 internationalisierende Unternehmen betrachtete, konnte zudem ein Zusammenhang zwischen der Establishment Chain und dem Ausmaß an Marktbindung in ausländischen Märkten bestätigt werden.[491]

Aufgrund dieser durchaus breiten Basis von empirischen Untersuchungen, die allesamt die Annahmen der Uppsala-Schule bestätigen, kann das Kriterium der empirischen Bestätigung als erfüllt angesehen werden.

c) Beachtung externer Einflussfaktoren

In dem Uppsala-Ansatz wird unter der Beachtung unternehmensexterner Faktoren in erster Linie die Ressourcenbindung eines Unternehmens im Ausland verstanden.[492] Hierbei erfolgt jedoch eine Beschränkung in dem Sinne, dass lediglich die unternehmensinternen Lernprozesse in Form von Erfahrungen über ausländische Märkte in Kombination mit der damit gestiegenen Marktverbundenheit auf die Ressourcenbindung im Ausland einwirken. Abgesehen von diesen Faktoren werden keine weiteren markteintrittsrelevanten Einflussfaktoren - wie bspw. das Marktpotenzial und die Wettbewerbsbedingungen - beachtet.[493]

Neben den Aspekten der Erfahrung, des Wissens und des Lernens, wird ebenfalls dem Faktor Zeit eine zu starke Bedeutung beigemessen. Denn Unternehmungen können auch sehr schnell erfolgreich internationalisieren, was insbesondere in jüngster Zeit

---

[488]   Vgl. Kapitel 3.4.2.
[489]   Vgl. Höffken / Heuwing-Eckerland (2009), S. 78.
[490]   Vgl. Nordström (1991), S. 174 ff.
[491]   Vgl. Barkema / Bell / Pennings (1996), S. 158 ff.
[492]   Vgl. Cavusgil (1984), vgl. Kaynak (1985), vgl. Burton / Schlegelmilch (1987).
[493]   Vgl. Hirsch / Meshulach (1991), vgl. Pedersen (1999), S. 7.

auf die Born Internationals[494] bzw. Born Globals zutrifft. Trotz der Berücksichtigung der zeitlichen Komponente kann das Uppsala-Modell jedoch nicht erklären, wie viel Zeit bis zur Aufnahme der internationalen Tätigkeit vergeht und von welchen Umweltbedingungen der Zeitpunkt der Aufnahme internationaler Aktivitäten abhängt.[495] Basierend auf diesen Kritikpunkten erfüllt das Internationalisierungsprozessmodell der Uppsala-Schule das Kriterium der Beachtung unternehmensexterner Einflussfaktoren nicht.

d) Revolutionäre Internationalisierungsprozesse

Nach dem Uppsala-Ansatz ist der Verlauf eines Internationalisierungsprozesses stets eine inkrementelle Adaption an sich ändernde Umweltbedingungen. Dieser inkrementelle Prozessverlauf wird vor allem deswegen kritisiert, da dieser Ansatz für Unternehmungen, die bereits weiter in ihrem Internationalisierungsprozess vorangeschritten sind, häufig nicht zutrifft, indem sie einzelne Stufen der Establishment Chain überspringen oder direkt in psychisch weiter entfernte Ländermärkte expandieren.[496] Nach den Konzepten der Psychic Distance Chain und der Establishment Chain müssten Märkte nur in einer vorgegebenen Abfolge bearbeitet werden.[497] Somit liegt hierbei ein gewisser Determinismus zugrunde,[498] der in der Realität durch das Auftreten unterschiedlicher Internationalisierungsmuster so nicht gegeben ist[499]. Zudem wird kritisiert, dass die Internationalisierung von Unternehmen auch zu Beginn nicht immer inkrementell, sondern häufig auch sprunghaft verläuft.[500] An dieser Stelle akzeptieren die Begründer des schrittweisen Internationalisierungsverlaufs mittlerweile die Tatsache, dass inkrementelle Verläufe zur allgemeinen Erklärung von Internationalisierungsprozessen von Unternehmen nicht mehr länger gültig sind.[501] Damit wenden sich Johanson und Vahlne von ihrer bis dahin vertretenen Sichtweise ab und akzeptieren mit dem Hinweis auf die gestiegene Geschwindigkeit bei internationalen Aktivitäten indirekt das Konzept des revolutionären Internationalisierungsprozesses.[502] In diesem Zusammenhang belegen Pedersen und Shaver in ihrer Studie über dänische Unternehmen diesen diskontinuierlichen Verlauf. Demzufolge kann relativ viel Zeit bis zum ersten Internationalisierungsschritt vergehen, sich danach die Zeit für weitere internationale Expansionen jedoch erheblich verkürzen.[503] Abhängig sei dies insbesondere von dem ausreichenden Wissen und den zur Verfügung stehenden finanziellen Res-

---

[494]   Vgl. Holtbrügge / Enßlinger (2005), S. 4 f.
[495]   Vgl. Kutschker / Schmid (2008), S. 469 f.
[496]   Vgl. Reid (1983), S. 52 ff., vgl. Turnbull (1987), S. 36 f.
[497]   Vgl. Kutschker / Schmid (2008), S. 468.
[498]   Vgl. Chetty / Campbell-Hunt (2004).
[499]   Vgl. Schmid / Vadot (2003).
[500]   Vgl. Bäurle (1996), S. 71, vgl. Blomstermo / Sharma (2003), S. 25, vgl. Macharzina / Wolf (2005), S. 934.
[501]   Vgl. Johanson / Vahlne (2003), S. 83.
[502]   Vgl. ebenda.
[503]   Vgl. Pedersen / Shaver (2000), S. 21.

sourcen über die gewählten Auslandsmärkte.[504] Dieses Problem wurde durch Engelhard und Macharzina im GAINS-Ansatz[505] aufgegriffen,[506] welcher im weiteren Verlauf dieser Arbeit noch näher erläutert wird.

Zwar haben Johanson und Vahlne im Jahr 2003 darauf hingewiesen, dass ein inkrementeller Verlauf der Internationalisierung, wie er dem Uppsala-Modell zugrunde
liegt, nicht mehr valide ist,[507] jedoch ist seitdem keine Anpassung des Ansatzes erfolgt.[508] Demzufolge geht das Modell nach wie vor von einer - auch aus Sicht der Autoren Johanson und Vahlne - falschen Annahme, nämlich dem inkrementellen Verlauf
der Internationalisierung, aus. Aus diesem Grund erfüllt das Uppsala-Modell das Kriterium der revolutionären Internationalisierungsprozesse nicht.

Trotz aller Kritik handelt es sich bei dem Modell der Uppsala-Schule um einen der
ersten Ansätze, welcher einen Phasenablauf der Internationalisierung, der vor allem
durch aktuelle Studien bestätigt wird,[509] erkannt hat. Basierend auf diesem Prozessmodell ist eine Vielzahl anderer Modelle entstanden, auf die in dieser Arbeit jedoch nur
anhand des Ansatzes der Helsinki-Schule vertiefend eingegangen wird.[510] Dieser Ansatz wird im nachfolgenden Unterkapitel näher erläutert.

3.4.3 Ansatz der Helsinki-Schule

Bereits kurze Zeit nach der Veröffentlichung des Uppsala-Internationalisierungsprozessmodells entstand der Ansatz der Helsinki-Schule[511] von Luostarinen, welcher
auf dem Uppsala-Ansatz fußt. [512] Ebenso wie die Theorie der Uppsala-Schule lässt
sich auch der behavioristische Ansatz der Helsinki-Schule in ein theoretisches Modell
und mögliche Internationalisierungsmuster unterteilen.[513] In diesem Ansatz wird - wie
auch schon im Uppsala-Modell - versucht, wiederkehrende Internationalisierungsmuster von kleinen und mittleren Unternehmen aus kleinen Ländermärkten, die sich erst

---

[504]   Vgl. Pedersen / Shaver (2000), S. 7.
[505]   GAINS steht für 'Gestalt Approach to International Business Strategies'. Dieser Ansatz besagt, dass der
         Internationalisierungsprozess sowohl aus Phasen der Ruhe als auch aus Phasen der Veränderung besteht.
         Diese Phasen der Veränderung verlaufen nicht immer inkrementell sondern bisweilen durchaus auch
         sprunghaft.
[506]   Vgl. Engelhard / Macharzina (1991).
[507]   Vgl. Johanson / Vahlne (2003), S. 83.
[508]   Vgl. Höffken / Heuwing-Eckerland (2009), S. 81.
[509]   Vgl. Morschett et al. (2008), S. 543.
[510]   Auf die einzelnen Weiterentwicklungen des Uppsala-Ansatzes, wie bspw. die Einbringung des Netzwerk-
         gedankens, wird in der vorliegenden Arbeit verzichtet, da diese für die Entwicklung des Internationalisie-
         rungsprozessmodells nicht relevant sind. Zur weiteren Vertiefung des Netzwerkgedankens sowie der Inter-
         nationalisierungsmatrix im Rahmen des Uppsala-Ansatzes siehe: Johanson / Mattsson (1985), S. 187, Jo-
         hanson / Mattsson (1986), 249-261, Anderson et al. (1994), S. 1, Blankenburg Holm et al. (1999), S. 473,
         Dana (2001), S. 45, Kullmann et al. (2009), S. 45.
[511]   Auch der Helsinki-Ansatz erhielt seinen Namen aufgrund der Forschergruppe um Luostarinen an der Hel-
         sinki School of Economics in Finnland.
[512]   Vgl. Fisch (2006), S. 24.
[513]   Vgl. Bäurle (1996), S. 91.

am Beginn einer Internationalisierung befinden, herauszufiltern.[514] Der Helsinki-Ansatz basiert, wie auch schon der Ansatz der Uppsala-Schule, auf der Theorie des Unternehmenswachstums von Penrose (1959), der behavioristischen Theorie der Firma von Cyert und March (1963) und der Theorie der Direktinvestitionen von Aharoni. Darüber hinaus wurde mit dem Ansatz zur strategischen Entscheidungsfindung nach Ansoff (1966) eine systemtheoretische Komponente in dieses Konzept integriert.

3.4.3.1   Theoretisches Modell

Nach Luostarinen sind unternehmerische Entscheidungsprozesse geprägt von bekannten und vertrauten Mustern; so wird neuen Ansätzen bzw. Wegen zunächst mit großer Skepsis begegnet. Zwar kommt es hierdurch zu einer Weiterentwicklung von vertrauten Handlungsmustern, jedoch kaum zu einer Beachtung bzw. Implementierung neuer Möglichkeiten. Dieses Vorgehen wird auch als 'laterale Rigidität' bezeichnet.[515] Demnach ist die laterale Rigidität umso höher, je weniger ein Unternehmen bereit ist, von bestehenden Verhaltensweisen abzuweichen und neue Wege zu beschreiten.[516] Ein wichtiger Faktor, der in Relation zur lateralen Rigidität steht, ist das in dem Unternehmen vorhandene Wissen. Denn je mehr Wissen und Erfahrungen innerhalb eines Unternehmens zur Verfügung stehen, desto größer ist die Bereitschaft neue Verhaltensalternativen zu erproben.[517] In Bezug auf das erwähnte Erfahrungswissen muss jedoch eine Differenzierung nach positiven und negativen Erfahrungen erfolgen, da einzig die positiven Erfahrungen in der Lage sind, die laterale Rigidität zu senken. Negative Erfahrungen im Zusammenhang mit Internationalisierungsaktivitäten führen gar zu einer Zunahme eben dieser.[518] Prinzipiell bedarf jede Modifikation der lateralen Rigidität eines Auslöseimpulses, welcher in Form einer Krise, besonderer Anreize zum Eintritt in einen Auslandsmarkt oder auch durch eine negative Abweichung vom geplanten Ziel entstehen kann.[519]

Neben der lateralen Rigidität bildet die Größe des Heimatmarktes einen zweiten wesentlichen Indikator für potenzielle Internationalisierungsentscheidungen.[520] Demnach ist die Aufnahme internationaler Aktivitäten nicht zwingend für Unternehmen, die einem relativ großen Heimatmarkt entstammen. Es handelt sich demzufolge bei geplanten Auslandsaktivitäten lediglich um eine weitere Möglichkeit der Gewinnerzielung. Unternehmen von kleinen Märkten hingegen sind auf die Internationalisierung angewiesen, da sich bereits zu Beginn der Wachstumsphase herausstellt, dass der Zustand der Marktsättigung durch die häufig geringe Produktvielfalt der kleinen Unternehmen

---

[514] Vgl. Luostarinen (1979), S. 6, vgl. Hadley / Wilson (2003), S. 703.
[515] Vgl. Bäurle (1996), S. 92.
[516] Vgl. Tan et al. (2007), S. 301.
[517] Vgl. Welch / Welch (1996), S. 17, vgl. Leonidou / Katsikeas (1996), S. 536.
[518] Vgl. Luostarinen (1979), S. 68.
[519] Vgl. Luostarinen (1979), S. 62.
[520] Vgl. Luostarinen (1979), S. 68.

zu einem verhältnismäßig frühen Zeitpunkt erreicht wird.[521] Kleinere Unternehmen sind, wie auch schon in der Erweiterung des Internationalisierungsprozessmodells der Uppsala-Schule, auf die Bildung von Netzwerken angewiesen, da sie alleine nicht über das notwendige Know-how und Kapital verfügen, um auf einem Auslandsmarkt erfolgreich bestehen zu können.[522] Mit dem Netzwerkgedanken knüpft diese Studie an die Theorie der Strategischen Wahl an. Diese Notwendigkeit zur Internationalisierung kleiner Unternehmen wurde bereits durch eine empirische Studie belegt.[523]

3.4.3.2   Internationalisierungsmuster

Wie bereits zu Beginn angedeutet, besteht der Ansatz der Helsinki-Schule aus einem theoretischen Modell sowie möglichen Internationalisierungsmustern, welche sich auf Grundlage einer empirischen Studie[524] herauskristallisierten.[525] Bei den Internationalisierungsmustern handelt es sich um die Produktdimension, den Operationsmodus sowie die Marktabfolge. Diese Dimensionen werden in der Literatur zumeist als POM abgekürzt.[526]

a) Produktdimension

Dieses Internationalisierungsmuster umfasst die Produktion oder auch den Absatz von Gütern, Dienstleistungen und Systemen sowie von Wissen.[527] Die in der empirischen Studie untersuchten Unternehmen zeigten in diesem Zusammenhang einen inkrementellen Verlauf, sodass zunächst Güter und Dienstleistungen ins Ausland transferiert wurden, bevor anschließend ganze Systeme folgten und erst am Ende dieser Kette Wissen oder Know-how in das Gastland übertragen wurde.[528] Der Hauptgrund eines derartigen Verlaufs liegt speziell in der unterschiedlichen Größe des Vertrauensgrades begründet. So sind die untersuchten Unternehmen mit dem Transfer von Gütern und Dienstleistungen ins Ausland am vertrautesten, wohingegen die Vermarktung von gesamten Systemen bzw. Wissen - auch aufgrund des größeren Unsicherheitsgrades - den Unternehmen eher fremd erscheint. Eben dieser abnehmende Vertrauensgrad bestätigt in gewissem Maße das Konzept der lateralen Rigidität.[529]

---

[521]   Vgl. Bonaccorsi (1992), S. 606, vgl. Gabrielsson / Kirpalani (2004), S. 556.
[522]   Vgl. Welch et al. (1998), S. 68.
[523]   Vgl. Tesar / Moini (1998), S. 309.
[524]   Im Rahmen dieser empirischen Studie wurden mehr als 1000 finnische Unternehmen befragt (vgl. Luostarinen / Welch (1997), S. 260).
[525]   Vgl. Luostarinen (1979), S. 94 f.
[526]   Vgl. Bäurle (1996), S. 93, vgl. Mets (2009), S. 468.
[527]   Vgl. Luostarinen (1979), S. 96.
[528]   Vgl. Luostarinen (1989), S. 95 ff.
[529]   Vgl. Höffken / Heuwing-Eckerland (2009), S. 45.

b) Operationsmodus

Der Operationsmodus als zweites Internationalisierungsmuster, der grundsätzlich der Establishment-Chain des Uppsala-Modells entspricht, ist im Internationalisierungsansatz der Helsinki-Schule wesentlich differenzierter dargestellt.[530] So wird im Rahmen dieses Internationalisierungsmusters sowohl zwischen Aktivitäten mit und ohne Direktinvestitionen als auch zwischen unterschiedlichen Richtungen der Auslandsaktivitäten - und zwar landeinwärts bzw. landauswärts gerichtet sowie kooperativ - unterschieden.[531] Des Weiteren ist auch ein Verlauf der Internationalisierung in Form eines Rückzugs aus einem bestimmten Ländermarkt oder aber des Verbleibens auf einer Stufe der Establishment Chain denkbar.[532] Darüber hinaus können die Beziehungen und das Wissen, welche durch landeinwärts gerichtete Auslandsaktivitäten bspw. in Form des Imports erworben werden, durchaus im weiteren Verlauf für eigene Auslandsaktivitäten, auch in Form einer Kooperation,[533] genutzt werden.[534]

Ähnlich der Produktdimension kann auch bei dem Muster des Operationsmodus ein inkrementeller Verlauf beobachtet werden.[535] Demzufolge verzichten Unternehmen zu Beginn der Internationalisierung auf Direktinvestition, um im weiteren Verlauf auf eben dieses Mittel zurückgreifen zu können. Zudem wählen Unternehmen im fortgeschrittenen Stadium der Internationalisierung Markteintrittsformen, die ihnen ein größeres Maß an Kontrolle erlauben.[536] Auch hier liegt der Verlauf erneut in dem Unsicherheitsgrad begründet, der mit jeder Stufe des Internationalisierungsfortschritts zunimmt.[537] Demzufolge dient dies erneut als Bestätigung des Konzeptes der lateralen Rigidität.

c) Marktabfolge

Die Marktabfolge, die das letzte Internationalisierungsmuster im Rahmen des Helsinki-Ansatzes darstellt, ist mit dem Konzept der psychischen Distanz des Uppsala-Modells gleichzusetzen.[538] Demzufolge umfasst auch dieses Muster erneut die bearbeiteten Ländermärkte.[539] Im Gegensatz zum Ansatz der Uppsala-Schule erfolgt hierbei jedoch eine detailliertere und diversifizierte Darstellung der psychischen Distanz, welche im Helsinki-Ansatz auch als Geschäftsdistanz bezeichnet wird. Diese setzt sich aus den Elementen der geografischen[540], kulturellen[541] sowie ökonomischen[542] Distanz

---

[530] Vgl. Bäurle (1996), S. 94.
[531] Vgl. Luostarinen / Hellman (1994), vgl. Welch / Luostarinen (1988), vgl. Jones (1999), S. 15 ff., vgl. Fletcher (2001), S. 25 ff., vgl. Karlsen et al. (2003), S. 386 ff., vgl. Holmlund et al. (2007), S. 460.
[532] Vgl. Luostarinen / Welch (1990).
[533] Vgl. Luostarinen (1994).
[534] Vgl. Welch / Luostarinen (1993a), vgl. Korhonen et al. (1996), vgl. Korhonen (1999).
[535] Vgl. Welch / Welch (1996), S. 14.
[536] Vgl. Welch / Luostarinen (1993), vgl. Erramilli / Rao (1993), vgl. Doole / Lowe (1999).
[537] Vgl. Luostarinen (1979), S. 113 f.
[538] Vgl. Bäurle (1996), S. 94.
[539] Vgl. Luostarinen (1979), S. 137 f.
[540] Die geografische Distanz basiert auf der Entfernung zwischen zwei Ländermärkten.

zusammen. Je größer in diesem Zusammenhang die Geschäftsdistanz zwischen zwei Ländermärkten ist, desto geringer ist das Wissen über das jeweilige Land und umso größer ist demzufolge die laterale Rigidität.[543] Die empirische Studie, die dem Helsinki-Ansatz maßgeblich zugrunde liegt, ergab, dass sich 90 % der Unternehmen zunächst in ein aus Sicht der Geschäftsdistanz sehr nahegelegenes Land ausgeweitet haben.[544] In diesem Zusammenhang stellte sich überdies heraus, dass insbesondere die Einflussfaktoren der kulturellen Distanz von Relevanz sind, wohingegen die Determinanten der ökonomischen Distanz nur eine untergeordnete Rolle einnehmen. Diese Klassifizierung der psychischen Distanz wurde später ebenfalls im Uppsala-Ansatz implementiert.[545]

Im weiteren Verlauf versucht Luostarinen gewisse Regelmäßigkeiten in der Abfolge der POM-Kombinationen, welche auch als POM-Mix bezeichnet werden, herauszukristallisieren und dadurch langfristige Internationalisierungsprozesse zu erklären.[546] Dieser POM-Mix entspricht zu jedem Zeitpunkt dem dann vorherrschenden internationalen Profil eines Unternehmens.[547] Demnach gibt es zwei grundlegende Arten von Veränderungen: Auf der einen Seite permanente Veränderungen innerhalb eines einzelnen Internationalisierungsmusters, welche inkrementell und damit vorgezeichnet erfolgen, und auf der anderen Seite strategische Entscheidungen des jeweiligen Unternehmens, die durch einen evolutionären Übergang von einem Internationalisierungsmuster zu einem anderen gekennzeichnet sind.[548] An diesem Punkt weicht der Ansatz der Helsinki-Schule deutlich von dem des Uppsala-Modells ab, bei dem das Internationalisierungsmuster und dessen Veränderungen maßgeblich der Annahme inkrementeller Anpassungen an sich ändernde Umweltbedingungen unterliegen.[549] Des Weiteren schließt dieses Vorgehen an die Aussagen von Child an, nachdem strategische Entscheidungen in Bezug auf Änderungen der Unternehmensstrategie ausschließlich unternehmensintern getroffen werden.[550]

Eine weitere Annahme, die diesem Ansatz zugrundeliegt, besteht darin, dass Änderungen innerhalb der POM-Kombinationen zu regelmäßigen Internationalisierungsmus-

---

[541]   Die kulturelle Distanz betrifft nicht allein die Mitarbeiter, sondern das Unternehmen als Ganzes. Hierbei
        beziehen sich kulturelle Unterschiede sowohl auf Werte und Wahrnehmung als auch auf das individuelle
        Verhalten (vgl. Reid (1986), S. 23).
[542]   Die ökonomische Distanz wird maßgeblich durch den Faktor Kosten beeinflusst (vgl. Ermann (2005), S.
        67).
[543]   Vgl. Luostarinen / Welch (1997), S. 253.
[544]   Vgl. Luostarinen (1979), S. 146.
[545]   Vgl. Johanson / Vahlne (1990), S. 13, vgl. Ruzzier / Konecnik (2006), S. 23.
[546]   Vgl. Bäurle (1996), S. 97.
[547]   Vgl. Simon (2007), S. 75.
[548]   Vgl. Maitland et al. (2005), S. 435.
[549]   Vgl. Johanson / Vahlne (1977), S. 26.
[550]   Vgl. Child (1972).

tern führen, die für eine Vielzahl von Unternehmen gelten.[551] Für dieses Vorgehen wird der gesamte Internationalisierungsprozess in vier Stufen - Anfangs-, Entwicklungs-, Wachstums- und Reifephase - eingeteilt und orientiert sich damit deutlich an dem Produktlebenszyklus von Vernon.[552] In diesem Zusammenhang wird als Ausgangspunkt für den Übergang zur nächsten Phase ein Wechsel der Produktdimension oder aber des Operationsmodus angenommen.[553] Sind die Internationalisierungsphasen zu Beginn noch deutlich voneinander abzugrenzen, so sind in den nachfolgenden Phasen die möglichen POM-Kombinationen so stark verzweigt, dass das Herauskristallisieren eines regelmäßigen Musters nicht mehr möglich erscheint.[554] Nach Luostarinen geht dieser Mangel an Regelmäßigkeit auf folgende Gründe zurück: Zunächst führt die Unterschiedlichkeit einzelner Industriezweige und Unternehmen dazu, dass potenzielle Handlungsmöglichkeiten unterschiedlich wahrgenommen werden.[555] Des Weiteren ist die mit einer voranschreitenden Internationalisierung verbundene Erhöhung des Wissens über ausländische Märkte ein weiterer wichtiger Aspekt.[556] Diese Steigerung des Wissens und der Erfahrungen führt letztlich dazu, dass ein Unternehmen eine höhere Anzahl möglicher POM-Kombinationen wahrnimmt, wodurch die Möglichkeit für das jeweilige Unternehmen steigt, die Aktivitäten in den weiteren Stufen der Internationalisierung grundlegend zu verändern.[557] Hiermit ist jedoch keine Veränderung im Sinne eines revolutionären Internationalisierungsprozesses gemeint.[558]

3.4.3.3   Kritik

Auch in diesem Ansatz erfolgt die Kritik anhand der zuvor definierten Kriterien zur kritischen Beurteilung der in diesem Kapitel analysierten Theorien.

a) Allgemeingültigkeit

Der Helsinki-Ansatz stellt - wie das Uppsala-Modell - den Internationalisierungsprozess kleiner und mittelgroßer Unternehmen dar, die in kleinen Ländern Nordeuropas ihren Hauptsitz haben und erste Internationalisierungsaktivitäten anstreben respektive bereits durchführen.[559] Somit werden auch in diesem Ansatz internationalisierende Unternehmen lediglich ausschnittsweise betrachtet, womit die Allgemeingültigkeit dieses Ansatzes deutlich eingeschränkt ist. Zwar erscheint vor dem Hintergrund des Internationalisierungszwangs für kleine und mittelgroße Unternehmen die Fokussierung auf solche Unternehmen schlüssig, jedoch ist es im Rahmen der Internationalisie-

---

[551]   Vgl. Luostarinen (1979), S. 181 ff.
[552]   Vgl. Kapitel 3.4.1.2.
[553]   Vgl. Luostarinen (1979), S. 183.
[554]   Vgl. Bäurle (1996), S. 99.
[555]   Vgl. Luostarinen (1979), S. 194.
[556]   Vgl. Jantunen et al. (2005), S. 232.
[557]   Vgl. Sullivan (1996), S. 185, vgl. Lu / Beamish (2001), S. 566.
[558]   Vgl. Simon (2007), S. 77.
[559]   Vgl. Luostarinen (1979), S. 6, vgl. Hadley / Wilson (2003), S. 703.

rungsprozessforschung nicht sinnvoll, große Unternehmen vollkommen aus der Betrachtung auszuschließen.[560] Dabei wäre eine Betrachtung von Großunternehmen nicht alleine interessant und sinnvoll, sondern aufgrund der Konstruktion dieses Ansatzes auch durchaus möglich gewesen. Zudem bildet die ausschnittweise Betrachtung der Internationalisierung auch bei dem Ansatz der Helsinki-Schule eine deterministische Komponente, da dieses Modell erneut bloß auf Unternehmen anwendbar ist, die sich am Beginn der Internationalisierung befinden. Abschließend ist jedoch positiv anzumerken, dass dieser Ansatz der Tatsache Rechnung trägt, dass das Internationalisierungsverhalten auch von der betrachteten Güterkategorie - u. a. Sachgüter, Dienstleistungen, wissensintensive Güter - abhängt. Zudem berücksichtigt dieser Ansatz eine größere Bandbreite an Markteintritts- und Marktbearbeitungsformen und auch die Anwendbarkeit des Internationalisierungsprozessmodells auf Schwellenländer-Unternehmen scheint durchaus umsetzbar.

Dennoch erfüllt der Helsinki-Ansatz das Kriterium der Allgemeingültigkeit, nach der dieser Arbeit zugrunde liegenden Bedeutung, nicht.

b) Empirische Bestätigung

Der Ansatz der Helsinki-Schule basiert auf einer sehr umfassenden empirischen Studie, die insgesamt 1006 befragte Unternehmen umfasst.[561] Auf Grundlage dieser durchgeführten Untersuchung konnte die stufenweise Ausbreitung der Auslandstätigkeiten, wie sie im Ansatz von Luostarinen anhand der beschriebenen Präferenzstrukturen aufgezeigt wird, bestätigt werden.[562] Anhand dieser Untersuchungen konnte überdies das Verfahren der Geschäftsdistanz sowie das Konzept der lateralen Rigidität empirisch bestätigt werden.[563]

Im Vergleich zu anderen Theorien wurde der Ansatz der Helsinki-Schule basierend auf der empirischen Untersuchung entwickelt. Demzufolge sind die ermittelten Ergebnisse in seinem Ansatz bereits integriert, sodass eine empirische Überprüfung der Theorie schon vor der eigentlichen Veröffentlichung erfolgt ist.[564] Aufgrund dessen erfüllt der Ansatz der Helsinki-Schule ebenso wie die Theorie der Uppsala-Schule das Kriterium der empirischen Bestätigung.

c) Beachtung externer Einflussfaktoren

Positiv zu bewerten ist die im Vergleich zur Uppsala-Schule stärkere Betrachtung der Größe des Heimatmarktes und des Startpunktes der Internationalisierung. So sieht Luostarinen diese als wichtige Indikatoren dafür, ob und in welcher Phase ein Unter-

---

[560] Vgl. Höffken / Heuwing-Eckerland (2009), S. 76.
[561] Vgl. Luostarinen (1979).
[562] Vgl. Luostarinen (1979), S. 122.
[563] Vgl. Luostarinen (1979), S. 151.
[564] Vgl. Höffken / Heuwing-Eckerland (2009), S. 79.

nehmen internationale Aktivitäten aufnimmt.[565] Demzufolge sehen sich kleine Unternehmen - im Vergleich zu mittleren oder großen Unternehmen - wesentlich früher dem Druck ausgesetzt internationale Tätigkeiten aufzunehmen. Zudem wird in dem Ansatz der Helsinki-Schule erstmalig die Bedeutung der Landeinwärts-Landauswärts-Beziehungen hervorgehoben, die ebenfalls den Internationalisierungsprozess eines Unternehmens maßgeblich beeinflussen können.[566] Ähnlich wie das Modell der Uppsala-Schule ist jedoch auch bei diesem Modell kritisch zu hinterfragen, warum neben dem Wissen nicht noch weitere Faktoren, wie bspw. externe Faktoren oder auch die Ressourcenausstattung eines Unternehmens, berücksichtigt werden.

Abschließend bleibt festzuhalten, dass das Kriterium zur Beachtung externer Einflussfaktoren als nicht erfüllt angesehen werden kann, auch wenn im Vergleich zur Uppsala-Schule durchaus der Einfluss externer Faktoren zumindest in Teilen berücksichtigt wird.

d) Revolutionäre Internationalisierungsprozesse

In Anlehnung an den Uppsala-Ansatz geht auch das Modell der Helsinki-Schule von inkrementellen Internationalisierungsprozessen innerhalb der einzelnen Internationalisierungsmuster - in diesem Fall: Produktdimension, Operationsmodus und Markt - aus.[567] Allerdings sind diese inkrementellen Verläufe nicht so deutlich voneinander abzugrenzen, wie dies im Ansatz der Uppsala-Schule aufgezeigt wurde, was jedoch primär den erheblichen Unschärfen innerhalb des Helsinki-Modells geschuldet ist.[568] Des Weiteren erfolgt auch bei den Übergängen von einem Internationalisierungsmuster zu einem anderen ein kontinuierlicher Wandel. Eine genaue Begründung, aus welchem Grund sich an dieser Stelle eher evolutionäre denn revolutionäre Wechsel vollziehen, bleibt jedoch aus.

Aufgrund dessen erfüllt auch das Modell der Helsinki-Schule - wie bereits der Ansatz von Johanson und Vahlne - das Kriterium des revolutionären Internationalisierungsprozesses nicht.

Abschließend kann festgehalten werden, dass der Ansatz der Helsinki-Schule einige Schwachstellen des Internationalisierungsprozessmodells der Uppsala-Schule beachtet und Alternativen bietet. So berücksichtigt er eine größere Bandbreite an Markteintritts- und Marktbearbeitungsformen und beruht gleichzeitig auf einer wesentlich breiteren empirischen Basis. Zudem erfolgt im Hinblick auf die Psychic Distance Chain eine sinnvolle Differenzierung in die Teilkomponenten der geografischen, kulturellen und ökonomischen Distanz. Zwar bildet das Uppsala-Modell die Basis für diesen Ansatz

---

[565]   Vgl. Luostarinen (1979), S. 68.
[566]   Vgl. Welch / Luostarinen (1993a), S. 54.
[567]   Vgl. Kapitel 3.4.3.2.
[568]   Vgl. Höffken / Heuwing-Eckerland (2009), S. 82.

und dennoch sollte der Helsinki-Ansatz nicht einfach nur als eine Erweiterung des Uppsala-Internationalisierungsprozess-modells angesehen werden.

Im nachfolgenden Unterkapitel wird ein weiteres Internationalisierungsprozessmodell vorgestellt, welches zwar durchaus als revolutionär bezeichnet werden kann, jedoch angesichts der fehlenden empirischen Überprüfung noch deutlich hinter den Ansätzen der nordischen Schulen zurücksteht.

3.4.4 GAINS-Ansatz

Der GAINS-Ansatz von Macharzina und Engelhard greift auf Elemente unterschiedlicher Ansätze zurück. Bei diesen Theorien handelt es sich um das Modell der Uppsala-Schule von Johanson und Vahlne, um den Helsinki-Ansatz von Luostarinen, um die Theorie der strategischen Wahl von Child sowie um den Gestaltansatz von Miller und Friesen. Nachdem die ersten beiden Internationalisierungsprozessmodelle bereits ausführlich dargestellt wurden, erfolgt hier noch eine kurze Erläuterung der wesentlichen Aspekte des Gestaltansatzes sowie des Ansatzes von Child.

3.4.4.1　Theorie der strategischen Wahl

Die Theorie der strategischen Wahl fußt auf der Prämisse eines gewissen Spektrums an gegebenen Handlungsspielräumen der Entscheidungsträger eines Unternehmens beim Zustandekommen von strategischen Entscheidungen.[569] Diese Theorie richtet sich somit gegen die bisher vorherrschende Annahme, dass den Entscheidungsträgern kein bzw. nur ein geringer Einfluss bei der Entscheidungsfindung zukommt.[570] Demzufolge soll die Theorie der strategischen Wahl einen Vorgang repräsentieren, innerhalb dessen die Unternehmensführung die zukünftige Unternehmensstrategie vorgibt.[571] Generell werden alle Entscheidungen mit dem Ziel getroffen, das Unternehmen mit der Unternehmensumwelt in ein Gleichgewicht zu bringen.[572] In diesem Zusammenhang werden die strategischen Wahlmöglichkeiten in unternehmensinterne und -externe differenziert, die als 'inner structuration' einerseits und 'outer structuration' andererseits bezeichnet werden.[573]

---

[569]　Vgl. Child (1972), S. 13, vgl. Breilmann (1990), S. 105.
[570]　Vgl. Child (1997), S. 43.
[571]　Vgl. Child (1997), S. 45, vgl. Hammann (2008), S. 138.
[572]　Vgl. Ortmann (1976), vgl. Macharzina (1982), S. 24.
[573]　Vgl. Child (1997), S. 70.

3.4.4.2   Gestalt- oder Konfigurationsansatz von Miller und Friesen[574]

Dieser Ansatz ist ebenso wie die Theorie der strategischen Wahl kein klassischer Ansatz der Internationalisierungsprozessforschung.[575] Macharzina und Engelhard nutzen das Konzept von Miller und Friesen, um dieses auf unternehmerische Internationalisierungsprozesse zu übertragen. Daher erlangt gerade der Gestaltansatz eine besondere Bedeutung im GAINS-Modell. Der Gestalt-Ansatz entstand primär als Reaktion auf die Darstellung verschiedener Mängel des bis dahin allgegenwärtigen Kontingenz- bzw. situativen Ansatzes.[576] Die Kernpunkte der Kritik liegen in der Verwendung nur weniger Variablen bei der Betrachtung von Führungshandeln sowie der sehr zeitpunktbezogenen Betrachtung von relevanten Variablen.[577] Demgegenüber stellt der dynamische Gestaltansatz das Unternehmen als komplexe Entität dar,[578] welche bestimmte Eigenschaften besitzt, die zusammen mehr darstellen als lediglich die Summe der einzelnen Attribute.[579] Darüber hinaus bestehen Unternehmen aus einer Vielzahl unterschiedlicher Variablen und deren Ausprägungen,[580] sodass es für eine Analyse unternehmerischer Aktivitäten nicht genügt, bloß einige Variablen herauszugreifen und diese zu untersuchen.[581] Ein derartiges Vorgehen wäre nicht nur komplexitätsreduzierend sondern gleichermaßen auch erkenntnisverfälschend. Vielmehr sollte versucht werden, möglichst viele unternehmerische aktivitäts-charakterisierende Variablen zu analysieren.[582] Nach der Ausarbeitung der erfolgreichen Variablenkonfigurationen kann im weiteren Verlauf die Unternehmenssituation definiert werden.[583] Nach einer Begriffsdefinition von Wolf sind solche erfolgreichen Konfigurationen auch als Gestalten zu bezeichnen.[584] Grundsätzlich liegt dem Gestaltansatz die Annahme zugrunde, dass es nur eine bestimmte Anzahl von derartigen Gestalten gibt, die es herauszuarbeiten gilt.[585]

Des Weiteren analysieren Miller und Friesen Gestaltentwicklungen mithilfe von Längsschnittuntersuchungen, um diese Entwicklungsverläufe über einen längeren Zeitraum hinweg betrachten zu können.[586] Damit richtet sich dieser Ansatz insbesondere gegen die bisher übliche Verwendung von Querschnittsbetrachtungen und rückt somit die dynamische Komponente in den Vordergrund. Miller und Friesen gehen zudem

---

[574] Der Gestalt- oder Konfigurationsansatz wird in der Literatur auch als 'second-order contingency theory' (vgl. Wolf (2008), S. 454) oder als 'punctuated equilibrium' (vgl. Romanelli / Tushman (1994), S. 1141) bezeichnet.
[575] Vgl. Höffken / Heuwing-Eckerland (2009), S. 49.
[576] Vgl. Macharzina (1999), S. 66.
[577] Vgl. Scherer / Beyer (1998), S. 334.
[578] Vgl. Holzmüller / Stöttinger (1996), S. 30.
[579] Vgl. Meyer et al. (1993), S. 1178.
[580] Vgl. Lim et al. (2006), S. 503.
[581] Vgl. Earley / Singh (1995), S. 330.
[582] Vgl. Hannan / Freeman (1977), S. 929 ff., vgl. Friesen / Miller (1986), S. 2.
[583] Vgl. Macharzina (1999), S. 66.
[584] Vgl. Wolf (2008), S. 455.
[585] Vgl. Scherer / Beyer (1998), S, 337, vgl. Kutschker (1999), S. 113.
[586] Vgl. Miller / Friesen (1980a), S. 272.

davon aus, dass eine Weiterentwicklung nicht geradlinig verläuft, sondern stets einen evolutionären-revolutionären Wandel durchläuft, welcher von Phasen der Ruhe sowie Übergangsphasen geprägt ist.[587] Hierbei zeichnen sich die evolutionären Ruhephasen, auch 'Momentum Periods' genannt, durch eine grundlegende Stabilität der Gestalten und Konfigurationen aus, wohingegen die Übergangsphasen bzw. 'Transition Periods' von revolutionären Veränderungen der Gestalten bzw. Konfigurationen geprägt sind.[588] Darüber hinaus belegen empirische Untersuchungen, dass Unternehmen, die ihre Strukturen und Routinen in den Übergangsphasen schnell und grundlegend ändern, im Zeitablauf erfolgreicher sind als Unternehmen, die schrittweise inkrementelle Veränderungen vornehmen.[589] Zudem lassen sich Variablenkonfigurationen erfolgreicher von denen erfolgloser Unternehmen maßgeblich dadurch unterscheiden, dass erstere durch eine gewisse Ordnung geprägt sind,[590] womit Miller und Friesen an den POM-Mix der Helsinki-Schule anknüpfen, gemäß dem erfolgreiche POM-Kombinationen als Internationalisierungsmuster ausgemacht werden, die für eine Vielzahl von Unternehmen gelten.[591]

3.4.4.3   Entwicklung des GAINS-Ansatzes

Grundlegend für die Entwicklung des GAINS-Ansatzes waren die vielfachen Schwachstellen bisheriger Internationalisierungskonzepte.[592] So kritisiert Macharzina im Speziellen die begriffliche sowie methodische Unschärfe als auch die fehlende empirische Bestätigung, die weitere Fortschritte in der Internationalisierungsprozessforschung in Frage stellen müssen.[593] Des Weiteren werden in den einzelnen Ansätzen strategische Wahlmöglichkeiten ebenso vernachlässigt wie personelle und soziale Entscheidungsparameter.[594] Ein weiterer Kritikpunkt ist die fehlende umfassende Betrachtung internationalisierender Unternehmen.[595] So richten sich die Ansätze sowohl der Uppsala- als auch der Helsinki-Schule bloß auf den Anfang der Internationalisierung eines Unternehmens aus, wenngleich hierbei auch eine langfristige Betrachtung durchaus möglich ist. Zudem wird kritisiert, dass die Ansätze der bisherigen Internationalisierungsforschung auf Querschnittuntersuchungen basieren, wonach die Dynamik der Unternehmensentwicklung sowie der Umwelt völlig vernachlässigt wird.[596]

---

[587]   Vgl. Li (2007), S. 122.
[588]   Vgl. Miller / Friesen (1980), S. 612.
[589]   Vgl. Romanelli / Tushman (1994), S. 1142.
[590]   Vgl. Harzing (2000), S. 106.
[591]   Vgl. Bäurle (1996), S. 98.
[592]   Vgl. Macharzina (1982), S. 12.
[593]   Vgl. Macharzina (1999), S. 688.
[594]   Vgl. Macharzina (1982), S. 19.
[595]   Vgl. Macharzina / Engelhard (1984), S. 15.
[596]   Vgl. Höffken / Heuwing-Eckerland (2009), S. 58.

3.4.4.4   Kernelemente des GAINS-Ansatzes

Basierend auf der Aufdeckung dieser Schwachstellen haben Macharzina und Engelhard den GAINS-Ansatz entwickelt. Erste Überlegungen zu diesem Ansatz finden sich bereits in Veröffentlichungen der Jahre 1982 respektive 1984.[597] GAINS steht für 'Gestalt Approach of International Business Strategies', was gleichermaßen für die fünf Elemente steht, die diesen Ansatz auszeichnen.[598] Jene fünf Elemente sollen im Nachfolgenden kurz erläutert werden.

a) Erstes Element: Grundsätzliche Charakterisierung des Unternehmens

Das erste Element repräsentiert die grundsätzliche Charakterisierung des Unternehmens, die sich im Vergleich zu bisherigen Ansätzen deutlich erweitert darstellt, da auch Konfigurationen von Struktur- und Strategievariablen sowie Umweltvariablen mit in die Analyse einbezogen werden.[599] Diese unterschiedlichen Variablen müssen zeitgleich betrachtet werden, um daran anschließend Muster zu entwickeln, die die Internationalisierungsversuche der unterschiedlichen betrachteten Unternehmen nach Ähnlichkeiten ordnen und demzufolge auch strukturieren können.[600] Die Ähnlichkeiten werden durch Ausprägungen unterschiedlicher Variablen repräsentiert, die bei mehreren Unternehmen zu beobachten sind. Diese Ausprägungen können anschließend, wie bereits in der Erläuterung zum Gestalt-Ansatz dargelegt, in Gruppen zusammengefasst und daraufhin als Gestalten identifiziert werden.

b) Zweites Element: Unternehmen als komplexe Entität

Auch bei dem zweiten Element dient der Gestalt-Ansatz als Basis. So wird auf das dort beschriebene Verständnis von Unternehmen als komplexe Entitäten zurückgegriffen und das dargestellte Zusammenspiel von Strategie- und Strukturvariablen sowie Umweltvariablen verwendet.[601] Durch diese Ausrichtung werden Austauschbeziehungen sowohl informeller als auch materieller Art erfasst, die zwischen den Unternehmensbestandteilen bzw. Unternehmensnetzwerken, welche aus unterschiedlichen Komponenten bestehen, existieren.[602] Speziell der Netzwerkgedanke zeigt Ähnlichkeiten nicht nur zur Theorie der strategischen Wahl, sondern auch zum Ansatz der Uppsala-Schule.

Durch die Betrachtung des gesamten Unternehmens sowie der Unternehmensumwelt eröffnet der GAINS-Ansatz eine holistische Perspektive auf internationalisierende Un-

---

[597]   Vgl. Scherm / Süß (2001), S. 68 f.
[598]   Vgl. Macharzina / Engelhard (1991), S. 38, vgl. Macharzina (1999), S. 688.
[599]   Diese Aspekte haben bereits Miller und Friesen in ihren empirischen Analysen vorgenommen. Macharzina und Engelhard greifen demnach diese empirischen Ergebnisse für ihren Ansatz auf (vgl. Miller / Friesen (1980a), S. 594-599).
[600]   Vgl. Höffken / Heuwing-Eckerland (2009), S. 60.
[601]   Vgl. Bäurle (1996), S. 107.
[602]   Vgl. Hutzschenreuter / Voll (2007), S. 819.

ternehmen. Hierdurch unterscheidet sich der GAINS-Ansatz, abgesehen vom Gestalt-Ansatz, grundlegend von anderen Theorien.[603]

c) Drittes Element: Internationale Unternehmensentwicklung als Prozessphänomen

Das dritte Element ist der wichtigste Bestandteil des GAINS-Ansatzes, da mit ihm der dynamische Charakter dieses Konzeptes hervorgehoben wird. In diesem Sinne wird Internationalisierung als Teil der Unternehmensentwicklung betrachtet, welche sich über einen längeren Zeitraum vollzieht. Demnach erfolgt eine Expansion oder auch Regression der internationalen Aktivitäten oder es erfolgt eine Ablösung einer bestimmten Eintrittsstrategie durch eine andere Variante.[604] In diesem Zusammenhang kommt auch den Entscheidungsträgern der Unternehmen eine wichtige Rolle zu, da bei ihnen die gesamten unternehmensexternen und -internen Informationen zusammenlaufen.[605] Hierdurch sind Entscheidungsträger in der Lage Entschlüsse zu treffen, die immer das übergeordnete Ziel des Unternehmenserfolges fokussieren.[606] Aufgrund dessen muss gleichsam personenspezifischen Charakteristika, insbesondere unter besonderer Berücksichtigung der subjektiven Sichtweise der Entscheider,[607] eine hohe Relevanz zugerechnet werden.[608] An dieser Stelle wird demzufolge auch der Einfluss des Ansatzes der strategischen Wahl von Child deutlich, der sich gerade mit diesen Entscheidungsfindungsprozessen und dem damit in Beziehung stehenden Fit zwischen Unternehmen und deren Umwelt auseinandergesetzt hat.[609]

Die Prozessorientierung ist letztendlich auch dafür verantwortlich, dass Macharzina und Engelhard von dem allgemeinen Gebrauch der Querschnittsbetrachtung abrücken und, ähnlich dem Gestaltansatz, Längsschnittuntersuchungen anstreben, innerhalb diesen die Internationalisierungsverläufe der analysierten Unternehmen über einen längeren Zeitraum betrachtet werden können.[610]

d) Viertes Element: Strukturierte Komplexität

Bei dem Element der strukturierten Komplexität wird in Anlehnung an den Gestaltansatz davon ausgegangen, dass die Internationalisierung als ein Aspekt der Unternehmensentwicklung geordnet abläuft,[611] wodurch gewisse Internationalisierungsmuster isoliert werden können, die eine Vielzahl von Unternehmen repräsentieren.[612] Durch die Entwicklung derartiger Muster kann die Komplexität deutlich reduziert werden.

---

[603] Vgl. Macharzina / Engelhard (1984), S. 15.
[604] Vgl. Höffken / Heuwing-Eckerland (2009), S. 62.
[605] Vgl. Mintzberg (1971), S. 104, vgl. Macharzina / Engelhard (1991), S. 30.
[606] Vgl. Macharzina / Engelhard (1991), S. 30, vgl. Hauser (2007), S. 46.
[607] Vgl. Benito / Welch (1994), S. 15.
[608] Vgl. Macharzina (1982), S. 24.
[609] Vgl. Bäurle (1996), S. 108.
[610] Vgl. Macharzina / Engelhard (1991), S. 33.
[611] Vgl. Hauser (2007), S. 46.
[612] Vgl. Simon (2007), S. 86 f.

Darüber hinaus trägt zur Komplexitätsreduktion auch die bereits im Rahmen des Gestaltansatzes getätigte Annahme bei, dass es nur eine begrenzte Menge immer wieder
auftretender, erfolgreicher Konfigurationen gibt, welche als Gestalten tituliert werden.[613] Andere Variablenkombinationen gibt es in der Realität schlichtweg nicht.[614]
Diese Untersuchungen erfolgen unter Zuhilfenahme der Cluster- und Q-
Faktorenanalyse, um die untersuchten Unternehmen in ihrer Gesamtheit abzubilden,
deren Gemeinsamkeiten zu analysieren sowie anschließend idealtypische Konfigurationen herauszuarbeiten.[615] Die daraus entwickelten Gestaltkonfigurationen internationalisierender Unternehmen werden als 'Non Exporter', 'Reactive Exporter' sowie 'Active Exporter' bezeichnet.[616] Diese Konfigurationen basieren auf unterschiedlichen
Variablenausprägungen, und um von einer Konfiguration zur nächsten zu gelangen,
muss ein revolutionärer Wandel im Unternehmen vonstattengehen.[617]
In Bezug auf die getätigten Annahmen wird erneut eine enge Beziehung zu dem Helsinki-Ansatz von Luostarinen deutlich. So müssen auch dort die einzelnen Elemente
des Internationalisierungsmusters bestimmte Ausprägungen annehmen, damit die Gestalt bzw. der POM-Mix erfolgreich ist.[618]

e) Fünftes Element: Quantum-View des Internationalisierungsprozesses

Das letzte Element des GAINS-Ansatzes geht von zwei sich abwechselnden Phasen
der Unternehmensentwicklung, nämlich den Phasen der Ruhe sowie der Veränderung,
aus.[619] Grundsätzlich befinden sich Unternehmen in einem gewissen Gleichgewicht,
wodurch sich die Unternehmen in Phasen der Ruhe relativ stabil zeigen und Strategien
sowie Strukturen beibehalten.[620] Geringe Umweltveränderungen werden durch geringfügige Modifikationen der Gestalten ausgeglichen, sodass die bestehenden Strategien
und Strukturen beibehalten werden können. Demzufolge können diese Phasen der
Internationalisierung als evolutionär bezeichnet werden. Durch stärkere Umweltveränderungen wird ein größerer Änderungsdruck auf das Unternehmen ausgeübt, da zu
diesem Zeitpunkt die eingeschlagene Strategie sowie deren Strukturen nicht mehr im
Einklang mit der Umwelt stehen.[621] Aufgrund derartiger Umweltveränderungen befindet sich das Unternehmen in einem Zustand zwischen zwei Gestalten, nämlich der
ursprünglichen und der neuen Gestalt.[622] Ein derartiger Zustand, welcher auch als
'Misfit' bezeichnet wird, stellt immer nur ein Sub-Optimum dar.[623] Folglich erscheint

---

[613] Vgl. Scherer / Beyer (1998), S. 340.
[614] Vgl. Macharzina / Engelhard (1984), S. 20.
[615] Vgl. Hauser (2007), S. 46.
[616] Vgl. Macharzina / Engelhard (1991), S. 36.
[617] Vgl. Müller / Kornmeier (2001), S. 312, vgl. Scherm / Süß (2001), S. 70.
[618] Vgl. Höffken / Heuwing-Eckerland (2009), S. 64.
[619] Vgl. Melin (1992), S. 101 f.
[620] Vgl. Scherm / Süß (2001), S. 69.
[621] Vgl. Hutzschenreuter / Voll (2007), S. 819.
[622] Vgl. Macharzina / Engelhard (1991), S. 33.
[623] Vgl. Macharzina (1982), S. 28.

es in diesem Zusammenhang als sinnvoll, so lange an der ursprünglichen Gestalt fest-zuhalten, bis die Kosten einer Nichtveränderung die Kosten einer Anpassung der Ge-stalt an die Umwelt überschreiten, um somit eben nicht in einen derartigen Zwischen-zustand zu geraten.[624] Derartige Veränderungen erfolgen jedoch nicht, wie bei der Uppsala-Schule postuliert, inkrementell, sondern vielmehr sprunghaft und revolutio-när.[625] Demzufolge kann eine Unternehmens-Umwelt-Gestalt durch eine solche Ände-rung grundlegend modifiziert werden.[626] Eine derartige Revolution ist jedoch nur dann möglich, wenn die gesamte Konfiguration aus unterschiedlichen Variablen gleichzeitig verändert wird und sich darüber hinaus die Änderungen schnell und sehr weitreichend einstellen.[627] Die damit in Verbindung stehende Übergangsphase dauert stets so lange, bis ein neues Gleichgewicht und somit wieder eine Phase der Ruhe erreicht wird. Nach dieser Phase der Stabilität folgt dann erneut eine Phase des Wandels.[628] Dieser Deter-minismus folgt aber lediglich dem Gesetz der großen Zahlen, muss aber nicht unbe-dingt immer so stattfinden. Dieser Revolutionsgedanke mit der damit verbundenen Veränderung der Gestalt bzw. des Paradigmas findet sich bereits in den Studien von Kuhn in Bezug auf den Paradigmenwechsel in der Wissenschaft wieder.[629] Im Rahmen von unterschiedlichen empirischen Studien stellte sich zudem heraus, dass Ruhephasen einen dreimal so großen Zeitraum umfassen wie die Phasen des Übergangs bzw. die Phasen der Veränderung.[630] Demnach erfolgt die Internationalisierung eines Unter-nehmens nicht in kontinuierlicher Form, vielmehr handelt es sich um einen schubwei-sen Internationalisierungsprozess.[631]

3.4.4.5 Kritik

Auch die letzte der vier in dieser Arbeit zugrunde gelegten Internationalisierungstheo-rien wird anhand der in Kapitel 3.3 dargestellten Kriterien nachfolgend kritisch beur-teilt.

a) Allgemeingültigkeit

Allgemein kann jedes der fünf Elemente des GAINS-Ansatzes in Unternehmen unter-schiedlicher Größe auftreten. Auch die Größe des Heimatmarktes ist im Vergleich zu dem Ansatz der Uppsala- sowie der Helsinki-Schule kein bedeutender Faktor. Darüber hinaus kann die Gestaltkonfiguration der 'Non-Exporter', 'Re-active Exporter' sowie 'Active Exporter', die deutlich auf Produktionsunternehmen ausgerichtet sind,[632] durch

---

[624] Vgl. Miller (1982), S. 40.
[625] Vgl. Grenier (1972), S. 37 ff., vgl. Kutschker / Schmid (2008), S. 469.
[626] Vgl. Tushman / O'Reilly (1996), S. 18
[627] Vgl. Miller (1982), S. 142.
[628] Vgl. Macharzina / Wolf (2008), S. 949.
[629] Vgl. Kuhn (1970), S. 208.
[630] Vgl. Miller / Friesen (1980a), S. 600.
[631] Vgl. Macharzina / Engelhard (1984), S. 36.
[632] Vgl. Macharzina / Engelhard (1991), S. 36.

die Gestalten 'keine Auslandsaktivitäten', 'reaktive Auslandsaktivitäten' sowie 'selbstbestimmte Auslandsaktivitäten' ersetzt werden, um gleichermaßen die Dienstleistungsunternehmen in diesem Zusammenhang zu erfassen. Darüber hinaus erfolgt keine
Einschränkung in Bezug auf das jeweilige Herkunftsland einer Unternehmung, sodass
der GAINS-Ansatz auch auf Unternehmen, die Schwellen- oder Entwicklungsländern
entstammen, anwendbar ist.
Grundsätzlich ist der GAINS-Ansatz somit relativ allgemein und ein Stück weit oberflächlich beschrieben, sodass die getroffenen Annahmen auf jedes Unternehmen aus
unterschiedlichen Heimatländern übertragbar sind.[633]
Demzufolge erfüllt diese Theorie das Kriterium der Allgemeingültigkeit für die Internationalisierungsprozessforschung.

b) Empirische Bestätigung
Die fehlende empirische Bestätigung stellt einen Hauptkritikpunkt dieses Ansatzes dar,
die wohl auch im Zusammenhang mit der Forderung nach einer Längsschnittuntersuchung einhergeht, welche sich im Gegensatz zur Querschnittsuntersuchung als wesentlich zeitaufwendiger und kostenintensiver präsentiert.[634] Gerade diese Querschnittsun-
tersuchungen sind eine Schwachstelle, die Macharzina und Engelhard an den vorherigen Internationalisierungsprozesstheorien erkannt und gleichermaßen kritisiert haben
und demzufolge durch das Verfahren der Längsschnittuntersuchung ersetzen wollen.
[635]
Allerdings ist der GAINS-Ansatz wie bereits dargestellt eine Weiterentwicklung des
Gestaltansatzes von Miller und Friesen, welcher durchaus empirisch belegte Elemente
aufweist.[636] So greifen Macharzina und Engelhard in ihrem Ansatz die empirisch bestätigten Aussagen auf, nach denen Struktur-, Strategie- und Umweltvariablen in einer
gegenseitigen Austauschbeziehung zueinander stehen.[637] In diesem Zusammenhang
muss auch die Annahme, dass Internationalisierungsprozesse einerseits aus Phasen der
Ruhe und andererseits aus den Phasen der Veränderung bestehen, als bestätigt gelten.[638]
Folglich weist der GAINS-Ansatz durchaus empirsch bestätigte Elemente auf, jedoch
reicht dies nicht aus, um den Ansatz vollumfänglich zu verifizieren. Aufgrund dessen
ist das Kriterium der empirischen Validierung in Bezug auf den GAINS-Ansatz nicht
erfüllt.

---

[633] Vgl. Höffken / Heuwing-Eckerland (2009), S. 91.
[634] Vgl. Macharzina / Engelhard (1991), S. 33.
[635] Vgl. ebenda.
[636] Vgl. Kapitel 3.4.4.2.
[637] Vgl. Kapitel 3.4.4.4 b).
[638] Vgl. Höffken / Heuwing-Eckerland (2009), S. 92.

c) Beachtung externer Einflussfaktoren

Die Beachtung externer Einflussfaktoren wird vom GAINS-Ansatz deutlich hervorgehoben.[639] So wird mehrfach auf die gegenseitige Austauschbeziehung von Struktur-, Strategie- und Umweltvariablen verwiesen. Allerdings wird im Verlauf nicht weiter darauf eingegangen, durch welche Faktoren aus der Unternehmensumwelt der Internationalisierungsprozess maßgeblich beeinflusst wird. Vielmehr sprechen Macharzina und Engelhard davon, dass die Unternehmensumwelt als Ganzes berücksichtigt werden soll und somit keine separate Betrachtung von einzelnen Faktoren, wie Standortvorteilen, kulturellen Unterschieden oder oligopolistischen Marktstrukturen erfolgt.[640] An dieser Stelle erfährt der Begriff der Unternehmensumwelt auch keine genauere Definition, sodass es nicht ersichtlich ist, ob die Unternehmensumwelt aus Sicht des GAINS-Ansatzes ausschließlich aus diesen drei Merkmalen besteht. Denkbar wären in diesem Zusammenhang schließlich auch Aspekte wie die psychische Distanz, die Größe und die Anzahl der Ländermärkte.

Infolge der in diesem Zusammenhang ausgewiesenen Schwachstellen gilt das Kriterium der Beachtung externer Einflussfaktoren für den GAINS-Ansatz als nicht erfüllt.

d) Revolutionäre Internationalisierungsprozesse

Der GAINS-Ansatz beruht zwar auf der Annahme, dass unternehmerische Internationalisierungsprozesse aus den Phasen der Ruhe und Phasen der Veränderung bestehen, [641] allerdings ist der beschriebene Wandel nicht so eindeutig revolutionär, als dass dieser Prozess nicht auch als inkrementell bezeichnet werden könnte.[642] So können die Übergangphasen des GAINS-Ansatzes in Anlehnung an das Uppsala-Modell auch als eine Vielzahl inkrementeller Internationalisierungszwischenstufen interpretiert werden.[643] Unter Berücksichtigung der von Macharzina und Engelhard geforderten eindeutigen Abwendung von der Annahme des inkrementellen Internationalisierungsverlaufs[644] sollten derartige Unschärfen prinzipiell nicht auftreten.[645] Trotz dieser Kritik kann das Internationalisierungsprozessmodell von Macharzina und Engelhard auch unter Berücksichtigung der begrifflichen Unschärfen durchaus als revolutionär bezeichnet werden, womit das Kriterium des revolutionären Internationalisierungsprozesses als erfüllt gilt. Dies liegt vor allem darin begründet, dass die Annahme von abwechselnden Phasen der Ruhe und der Veränderung nur dann wirklich stimmig ist, wenn der Internationalisierungsprozess als revolutionär interpretiert wird.

---

[639]   Vgl. Kapitel 3.4.4.4 a).
[640]   Vgl. Höffken / Heuwing-Eckerland (2009), S. 96.
[641]   Vgl. Melin (1992), S. 101 f.
[642]   Vgl. Höffken / Heuwing-Eckerland (2009), S. 93.
[643]   Vgl. Müller / Kornmeier (2001), S. 312, vgl. Scherm / Süß (2001), S. 70.
[644]   Vgl. Grenier (1972), S. 37 ff., vgl. Kutschker / Schmid (2008), S. 469.
[645]   Vgl. Höffken / Heuwing-Eckerland (2009), S. 94.

Zusammenfassend stellt der GAINS-Ansatz einen prozessorientierten, ganzheitlichen und dynamischen Internationalisierungsansatz dar, der Struktur-, Strategie- und Umweltvariablen in einer holistischen und integrativen Konzeption verbindet.[646] Dieser Ansatz, aufbauend auf den Kritikpunkten der bisherigen Ansätze, stellt einen revolutionären Ansatz dar, welcher neue, bisher nicht bedeutsame Aspekte in den Kontext der Internationalisierung von Unternehmen mit einbezieht. So stellt sich dieser Ansatz gegen die inkrementelle Vorgehensweise der nordischen Schule und fokussiert sich hingegen auf einen sprunghaften Verlauf der Internationalisierung. Des Weiteren akzeptiert diese Theorie die charakterlich unterschiedlichen Eigenschaften der Entscheider und schließt damit allein rationale Entscheidungsfindungen aus. Ein großer Kritikpunkt an diesem Modell aber bleibt die bisher nicht erfolgte empirische Überprüfung, wodurch auch die vergleichsweise geringe Beachtung in der heutigen Literatur begründet werden kann. So beschreibt Macharzina selbst den GAINS-Ansatz in seinem Buch „Unternehmensführung - Das internationale Managementwissen" auf nur etwas mehr als einer Seite.[647] Auch Kutschker und Schmid verzichten auf eine detaillierte Erläuterung dieses Ansatzes und weisen lediglich an drei Stellen auf diesen Ansatz hin.[648]

3.5   Resümee Kapitel 3

In dem zurückliegenden Kapitel wurde zunächst der Begriff des Internationalisierungsprozesses und der damit verbundenen Internationalisierungsprozessforschung näher erläutert. Demzufolge wird die Internationalisierungsprozessforschung als der Zweig der Internationalisierungsforschung verstanden, der sich mit der Beschreibung, Erklärung, Prognose und Gestaltung der internationalen Aktivitäten von Unternehmen im Zeitablauf befasst.[649] Daran anknüpfend wurde ein kurzer Überblick zum allgemeinen Stand der Internationalisierungsprozessforschung gegeben und eine sinnvolle Unterteilung mithilfe der Aufteilung nach Zentes, Swoboda, Morschett sowie Simon vorgenommen. Im nachfolgenden Unterkapitel wurden zunächst die relevanten Aspekte für die kritische Beurteilung der Ansätze ausgewählt, um anschließend aus dieser Vielfalt an Prozessmodellen schließlich die für diese Arbeit wesentlichen Modelle zu selektieren. Diese Theorieselektion ergab schließlich die Fokussierung auf die Theorien der skandinavischen Schule, den GAINS-Ansatz sowie den Produktlebenszyklusansatz nach Vernon. Im weiteren Verlauf dieses Kapitels erfolgte eine detaillierte Erläuterung der vier ausgewählten Internationalisierungsprozessmodelle, wobei jedoch ein eindeutiger Schwerpunkt auf das Uppsala-Modell gelegt wurde. Dies liegt maßgeblich an der

---

[646]   Vgl. Bäurle (1996), S. 112.
[647]   Vgl. Macharzina (2003), S. 845.
[648]   Vgl. Kutschker / Schmid (2008), S. 291, S. 469, S. 1091.
[649]   Vgl. Schelhowe (2010), S. 18.

Vielschichtigkeit dieses Modells und der Relevanz für weitere Forschungsansätze, wodurch auch die enorme Bedeutung dieses Ansatzes für die heutige Internationalisierungsprozessforschung deutlich wird. Demnach finden sich einzelne Elemente des Uppsala-Modells im GAINS-Ansatz wieder. Noch deutlicher wird die Bedeutung dieser Theorie im Hinblick auf das Konzept der Helsinki-Schule, welches gänzlich auf diesem Ansatz basiert. Im Anschluss an die Analyse der einzelnen Theorien wurden diese Modelle jeweils einer kritischen Würdigung auf Grundlage der zuvor definierten Kriterien unterzogen. Die Ergebnisse dieser Analyse sind in der nachfolgenden Abbildung zusammengefasst.

Tabelle 5: Überblick zur kritischen Beurteilung der Ansätze der Internationalisierungsprozessforschung

Kriterium / IP-Modelle	Allgemein-gültigkeit	Empirische Bestätigung	Revolutionäre Internationalisie-rungsprozesse	Unternehmens-externe Betrachtung
Produktlebens-zyklusansatz	X	√	X	X
Uppsala-Ansatz	X	√	X	X
Helsinki-Ansatz	X	√	X	X
GAINS-Ansatz	√	X	√	X

Quelle: Eigene Darstellung in Anlehnung an Höffken / Heuwing-Eckerland (2009), S. 97.

In dieser Abbildung wird deutlich, dass keiner der ausgewählten Ansätze alle hergeleiteten Kriterien zur kritischen Beurteilung erfüllt. Interessant an dieser Abbildung ist die Tatsache, dass das Uppsala-Modell, welches als Grundlage der Internationalisierungsprozessforschung gilt und demgemäß die am weitesten verbreitete und geläufigste Theorie im Rahmen der Internationalisierungsprozessforschung darstellt, mit nur einem erfüllten Kriterium aus Sicht der kritischen Würdigung schlechter abschneidet, als vergleichsweise der GAINS-Ansatz mit zumindest zwei erfüllten Kriterien. Zwar schneidet der GAINS-Ansatz hinsichtlich der hergeleiteten Kriterien demzufolge am besten ab, jedoch gelingt es auch ihm nicht, die Forderung nach einem holistischen Internationalisierungsansatz zu erfüllen.[650]
In diesem Sinne stellt die fehlende empirische Überprüfung des GAINS-Ansatzes, insbesondere im Vergleich zu den nordischen Ansätzen, den größten Schwachpunkt dar.

---

[650] Vgl. Höffken / Heuwing-Eckerland (2009), S. 98.

Abschließend bleibt in diesem Zusammenhang festzuhalten, dass jedes der hier vorgestellten Internationalisierungsprozessmodelle nur ein Partialmodell darstellt und
demzufolge keines der Modelle in der Lage ist, Internationalisierung umfassend zu
erklären.[651] Damit verbunden ist die Tatsache, dass jede Theorie gewisse Stärken aber
auch Schwachstellen aufweist und diese im weiteren Verlauf der vorliegenden Arbeit
genutzt werden sollen, um basierend auf dieser Kritik Anforderungen für ein neues
Konzept aufzustellen. Hierbei soll jedoch angemerkt werden, dass zwar das Ziel einer
größeren Allgemeingültigkeit des neuen Ansatzes verfolgt wird, der Autor jedoch auch
mit der These konform geht, dass es den einen optimalen Internationalisierungsprozess
keinesfalls geben kann.[652] In der nachfolgenden Abbildung werden die relevanten Kriterien und Kritikpunkte der einzelnen hier vorgestellten Modelle noch einmal zusammenfassend dargestellt. Darüber hinaus werden bestimmte prozessmodellübergreifen-
de Zusammenhänge aufgezeigt.

Die aufgezeigten Kritikpunkte der einzelnen Theorien machen die Entwicklung eines
neuen Internationalisierungsprozessmodells zwingend erforderlich. Allerdings muss
hierfür zuvor noch der Ablauf eines Markteintritts beleuchtet werden, da auch einzelne
Aspekte dieser Thematik in das neue Internationalisierungsprozessmodell einfließen.
Diese Entwicklung ist allerdings keineswegs neu, verweisen doch bereits einige etablierte Internationalisierungsprozessmodelle auf dieses Zusammenspiel.[653] Aufgrund
dessen wird der mehrstufige Ablauf eines internationalen Markteintritts im nachfolgenden Kapitel noch vor dem neuen Internationalisierungsprozessmodell näher dargestellt.

---

[651]   Vgl. Kutschker / Schmid (2008), S. 471.
[652]   Vgl. Macharzina / Wolf (2008), S. 951.
[653]   Vgl. Pla-Barber (2001), S. 456.

Abbildung 6: Prozesstheorien der Internationalisierung

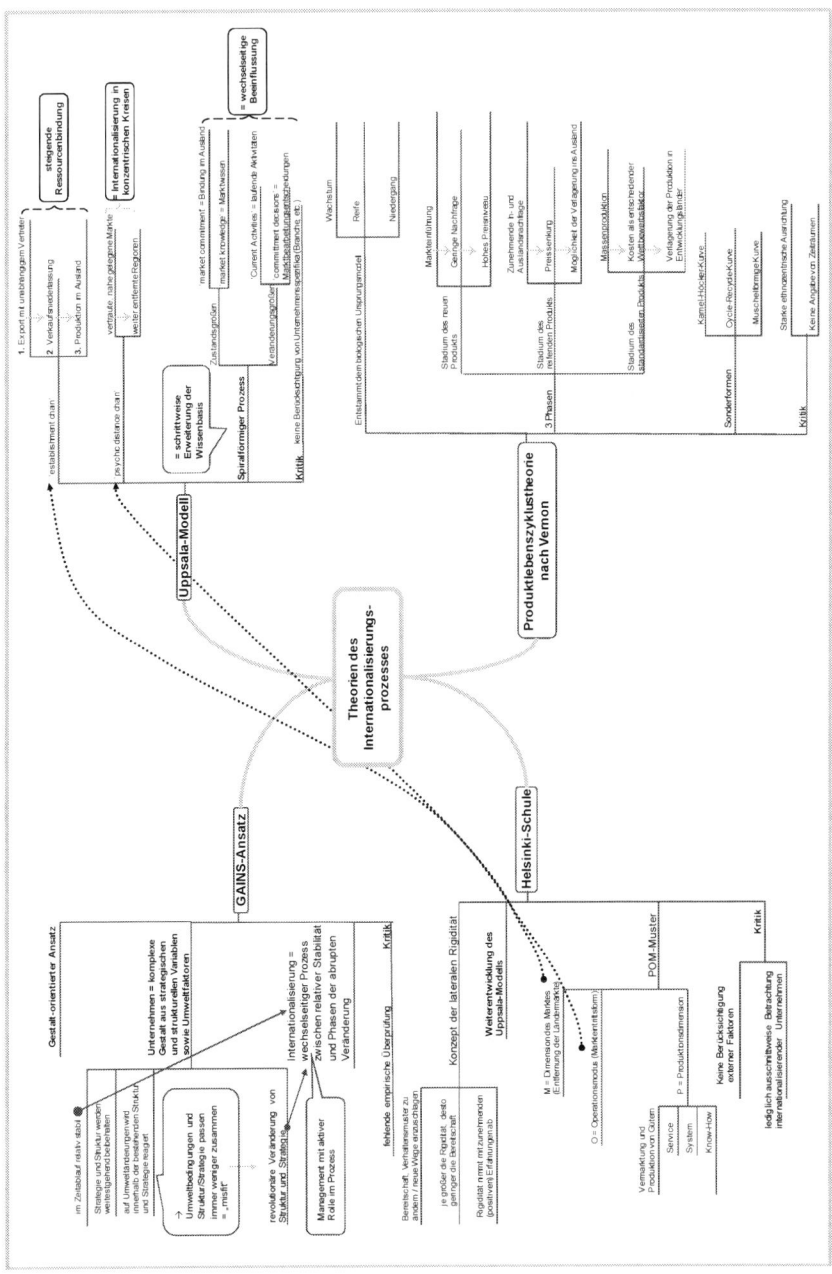

4. Ablauf eines internationalen Markteintritts

Durch den wachsenden Handel, die Globalisierung von Gütern und Dienstleistungen sowie die Internationalisierung von Unternehmen hat die Relevanz des Markteintritts und seiner damit in Verbindung stehenden Theorien in den vergangenen Jahrzehnten erheblich an Bedeutung gewonnen.[654] Der Markeintritt beginnt mit dem Plan eines Unternehmens oder eines einzelnen Geschäftsbereichs, in einen neuen ausländischen Markt oder ein Segment einzutreten. Dieser Schritt erfolgt zumeist mit dem Ziel, durch globale Expansion das Wachstum des Unternehmens zu steigern,[655] bzw. durch eine globale Aufstellung des Geschäftssystems eine Risiko-Diversifikation zu erzielen[656]. Wurde zu Beginn der Internationalisierung Theorien des Markteintritts kaum Beachtung geschenkt, hat sich dies, auch bedingt durch eine Vielzahl gescheiterter Internationalisierungsversuche, grundlegend geändert. Heutzutage genießen die Markteintrittsstrategien in ihren unterschiedlichen Ausprägungen und Möglichkeiten der Analyse potenzieller Auslandsmärkte ein hohes Ansehen in der globalen Unternehmensumwelt.

Der allgemeine Internationalisierungsablauf besteht aus den Elementen der Zielmarktstrategien, der Timingstrategien, der Allokations- und Koordinationsstrategien sowie der Markteintrittsstrategien. Aufgrund der gehobenen Relevanz für die vorliegende Arbeit werden nachfolgend nur die Markteintritts-, Zielmarkt- und Timingstrategien erläutert. Im Anschluss an die Darstellung des Ablaufs werden noch drei weitere Aspekte beschrieben, die in diesem Zusammenhang von Bedeutung sind. So wird zunächst eine Modifizierung des Markteintrittsablaufs vorgenommen, da sich der allgemeine theoretische Ablauf nicht mit dem in der Praxis angewandten Verfahren deckt. Auf diesen Aspekt weisen jedoch auch bereits vereinzelt Wissenschaftler hin, sodass vermehrt von einer Flexibilisierung der einzelnen Elemente gesprochen wird, derzufolge die einzelnen Elemente dieses Ablaufs eher als flexibel denn als starr angesehen werden können. Daran anknüpfend erfolgt eine kurze Erläuterung zur Notwendigkeit der Anpassung der eingeführten Produkte an die landesspezifischen Marktbedürfnisse. Abschließend wird noch das Lead-Country-Konzept beleuchtet, welches sich speziell für den Markteintritt in mehrere Länder einer Region anbietet. Abschließend werden die wichtigsten Aspekte noch einmal kurz im Resümee dieses Kapitels zusammengefasst.

---

[654]   Vgl. Rose / Shoham (2002), S. 217.
[655]   Vgl. Chang (1996), S. 22 ff., vgl. Srirojanant / Thirkell (2001), S. 58.
[656]   Vgl. Albaum et al. (2008), S. 78.

4.1   Markteintrittsformen

Für Unternehmen, die in neue Märkte expandieren wollen, hat die Wahl der Markteintrittsform[657] - auch Implementierungsstufen[658] genannt - weitreichende Konsequenzen für die Leistung und die Zukunft des Unternehmens,[659] da sich diese aufgrund des umfangreichen Ressourceneinsatzes nur schwer revidieren oder korrigieren lässt.[660] Darüber hinaus muss ein Unternehmen entscheiden, ob es bereit ist, Kapital in den ausgewählten Markt zu investieren. Nach dieser Entscheidung richten sich die potenziellen Markteintrittsmöglichkeiten,[661] die in einer Vielzahl empirischer Studien nach dem Transaktionskostenansatz[662] bzw. der 'Bargaining-Power-Theorie' (BP-Theorie) aufgeteilt und differenziert betrachtet werden.[663] Allgemein besagt die Transaktionskostentheorie, dass Unternehmen ihre operativen Geschäftstätigkeiten internalisieren und demzufolge in Auslandsmärkte in Form einer Tochtergesellschaft oder Auslandsniederlassung expandieren, da sie dies zu niedrigeren Transaktionskosten umsetzen können, als es in Form des Exports oder gar einer Kooperation möglich wäre.[664] Demgegenüber steht die BP-Theorie, die die Markteintrittswahl als das Ergebnis der Verhandlungen zwischen dem Unternehmen und der Regierung des Auslandsmarktes versteht.[665]

Abbildung 7 gibt einen Überblick über das Ausmaß des bereits erläuterten Ressourcentransfers bei unterschiedlichen Markteintrittsformen. In dieser Darstellung wird eine Unterscheidung in Managementleistung und Kapitaleinsatz im Stamm- bzw. Gastland vorgenommen, womit deutlich wird, dass die Chancen, Kosten und Risiken einer Markteintrittsstrategie mit zunehmenden Leistungen und einem damit verbundenen steigenden Internationalisierungsgrad im Gastland steigen.[666]

Generell kommt eine Vielzahl von Markteintrittsmöglichkeiten in Frage.[667] Es sei jedoch darauf hingewiesen, dass die Form des Markteintritts langfristig nicht unbedingt der Form der Marktbearbeitung entsprechen muss. Denn wie bereits durch das Uppsala-Modell dargestellt, kann infolge der zunehmenden Marktkenntnis und Marktentwicklung im weiteren Verlauf durchaus eine andere Form der Marktbearbeitung besser geeignet sein. Dies steht im Einklang mit der These, dass die Formen internationaler

---

657   Vgl. Keegan (1989), S. 291 ff., vgl. Hill (1994), S. 402 ff., vgl. Kotabe / Helsen (2007), S. 289 ff.
658   Vgl. Hünerberg (1994), S. 113 ff., vgl. Meffert / Bolz (1998), S. 124 ff., vgl. Welge / Holtbrügge (2003), S. 99 ff., vgl. Zentes et al. (2006), S. 249 ff., vgl. Morschett et al. (2008), S. 510.
659   Vgl. Anderson / Coughlan (1987), vgl. Klein / Roth (1990), vgl. Bradley / Gannon (2000), S. 12 ff., vgl. Lu / Beamish (2001), S. 565 ff., vgl. Chung / Enderwick (2001). S. 443.
660   Vgl. Wesnitzer (1993), S. 46, vgl. Shahbandarzadeh / Haghighar (2010), S. 42.
661   Vgl. Pan / Tse (2000), S. 535 ff., vgl. Klug (2006), S. 34.
662   Vgl. Sun (1999), S. 643.
663   Vgl. Taylor et al. (1999), S. 146.
664   Vgl. Erramilli (1991), vgl. Erramilli / Rao (1993), vgl. Brouthers / Brouthers (2003).
665   Vgl. Gomes-Casseres (1990), S. 1 ff., vgl. Tallman / Shenkar (1994), S. 91 ff.
666   Vgl. Bamberger / Wrona (2003), S. 103 ff., vgl. Büter (2007), S. 132, vgl. Meffert / Bruhn (2009), S. 444.
667   Vgl. Koubek et al. (2009), S. 205.

Unternehmenstätigkeiten in sachlicher und zeitlicher Beziehung zu einer zunehmenden Internationalisierung stehen.[668]

Abbildung 7: Systematisierung von Markteintritts- und Marktbearbeitungsstrategien

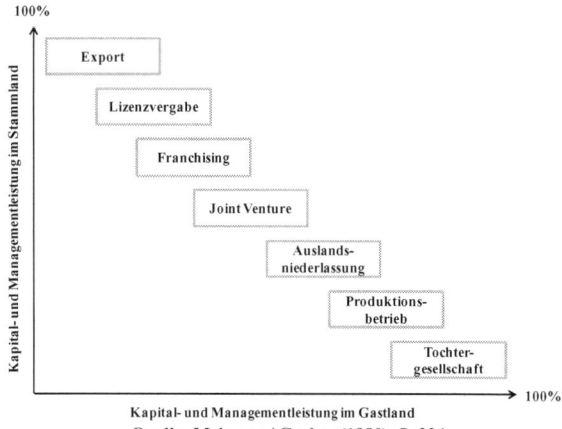

Quelle: Meissner / Gerber (1980), S. 224.

Im weiteren Verlauf dieses Kapitels werden der Export und unterschiedliche Arten der Direktinvestition als Markteintrittsformen intensiv behandelt, da diese für die vorliegende Arbeit von besonderer Bedeutung sind. Bei diesen Markteintrittsformen erfolgt stets eine Gegenüberstellung der Vor- und Nachteile. Jedoch werden hierbei nur die für die benannte Thematik relevanten Aspekte benannt.[669]

4.1.1 Export

Allgemein bezeichnet Export den Absatz eigener Güter und Dienstleistungen in fremde Wirtschaftsgebiete.[670] Es handelt sich hierbei um eine Markteintrittsform, die es einem Unternehmen erlaubt, ausländische Märkte ohne große Ressourcenbindung und hohe Investitionen zu erschließen.[671] Aufgrund dessen eignet sich diese Form des Markteintritts speziell für die frühen Phasen der Internationalisierung.[672] Darüber hinaus wird diese Form der Marktexpansion von kleinen und mittleren Unternehmen durchgeführt, da diese eben nicht über das notwendige Kapital verfügen, um eine Pro-

---

[668]   Vgl. Johanson / Wiedersheim-Paul (1975), S. 305 ff., vgl. Johanson / Vahlne (1977), S. 11 ff., vgl. Müller-Stewens / Lechner (2002), S. 296 f.
[669]   Für eine detaillierte Übersicht siehe: Kutschker / Schmid (2008), S. 846 ff.
[670]   Vgl. Albaum et al. (1989), S. 4.
[671]   Vgl. Mahoney et al. (1998), vgl. Chung / Enderwick (2001), S. 443, vgl. Rose / Shoham (2002), S. 217, vgl. Larimo (2007), S. 18.
[672]   Vgl. Albaum et al. (2008), S. 74.

duktionsniederlassung im Ausland zu errichten.[673] Damit einher gehen jedoch auch eine geringere Gewinnerzielung sowie eine geringe Kontrollmöglichkeit.[674] Neben dem geringeren Risiko ist die Ausnutzung von ungenutzter Produktionskapazität ein möglicher weiterer Aspekt für den Markteintritt in Form des Exports.[675] Generell kann zwischen direktem und indirektem Export differenziert werden.[676]

4.1.1.1 Indirekter Export

Bei dem indirekten Export, der speziell für kleine und mittlere Unternehmen von Bedeutung ist,[677] sollen möglichst viele Vertriebsleistungen von Partnern in den Zielmärkten übernommen werden.[678] Somit erfolgen die Außenhandelsaktivitäten durch Zwischenschaltung eines Handelsmittlers im anvisierten Markt wie z. B. einem Exporthaus, das alle Funktionen, Kosten und Risiken, die bei der Geschäftsabwicklung im Ausland anfallen, übernimmt.[679]

Der größte Vorteil des indirekten Exports besteht darin, dass höhere Risiken, die im Zuge eines Auslandsgeschäfts anfallen, wie bspw. Währungsschwankungen, von dem Intermediär übernommen werden, und die Auslandstätigkeit bei auftretenden größeren Problemen und Hindernissen relativ schnell und ohne große Kosten beendet werden kann.[680] Darüber hinaus bindet diese Form der Auslandsaktivität nur geringe Ressourcen und führt folglich nur zu einer geringen organisatorischen Komplexität.[681]

Nachteilig an dieser Vorgehensweise ist jedoch, dass sich die Zwischenschaltung eines Intermediärs gewinnmindernd und somit auf Dauer kostspielig auswirkt. Zudem wird keine direkte Beziehung zu den Abnehmern aufgebaut und das Unternehmen sammelt dementsprechend keine eigenen Erfahrungen und Informationen auf den Auslandsmärkten.[682] Dabei ist gerade die Informationsgewinnung über die Kunden und das Wettbewerbsumfeld für den weiteren Erfolg eines Unternehmens bedeutend.[683] Des Weiteren bleiben möglicherweise Chancen auf den Auslandsmärkten ungenutzt, da der Intermediär das Markt- und Absatzpotenzial nicht optimal ausschöpft.[684]

---

[673] Vgl. Leonidou / Katsikeas (1996), S. 517 ff., vgl. Wolff / Pett (2000), S. 34 ff., vgl. Westhead et al. (2001), S. 333 ff., vgl. Audretsch (2002), vgl. Leonidou et al. (2002), S. 51, vgl. Kundu / Katz (2003), S. 25 ff., vgl. Zucchella / Palamara (2007), S. 70.
[674] Vgl. Agarwal / Ramaswami (1992), S. 1 ff., vgl. Nienaber (2002), S. 77.
[675] Vgl. Piercy et al. (1998), S. 378.
[676] Vgl. Raupp (2002), S. 516 f., vgl. Zentes et al. (2004), S. 2.
[677] Vgl. Pleitner (1990), S. 221 ff.
[678] Vgl. Schmoll (2001), S. 35, vgl. Glowik (2009), S. 74.
[679] Vgl. Macharzina / Wolf (2008), S. 966.
[680] Vgl. Gilligan / Hird (1986), S. 101.
[681] Vgl. Strietzel (2005), S. 83.
[682] Vgl. Reichenbach (2002), S. 73, vgl. Macharzina / Wolf (2008), S. 966.
[683] Vgl. Jain (1989), S. 43 ff.
[684] Vgl. Kutschker / Schmid (2008), S. 855 f.

4.1.1.2   Direkter Export

Der direkte Export erfolgt im Gegensatz zum indirekten Export ohne Einschaltung inländischer Handelsmittler. Demzufolge existiert eine unmittelbare Beziehung zwischen dem Unternehmen und mindestens einem Geschäftspartner im Ausland.[685] Der Export kann direkt an den Endabnehmer im Ausland, an Handelsunternehmungen (z. B. Großhandel), an Handelsvertreter (z. B. Generalvertreter) oder an Generalimporteure, die auf eigenen Namen und Rechnung tätig sind, erfolgen.[686]

Die Vorteile des direkten Exports liegen insbesondere in der Möglichkeit der aktiven Gestaltung, Kontrolle und Steuerung der Marktbearbeitung, wodurch sich auch der Schutz von Handelsmarken, Patenten und sonstigen immateriellen Eigentumsrechten besser gewährleisten lässt.[687] Hierdurch werden zum einen höhere Gewinnmargen erzielt sowie wichtige Geschäftsbeziehungen aufgebaut und zum anderen Marktwissen und Erfahrung gewonnen, die im weiteren Verlauf auf neue Auslandsaktivitäten angewandt werden können. Ferner ermöglicht die Nähe zum Kunden potenzielle Gefahren, Trends oder Chancen unmittelbar wahrzunehmen und somit frühzeitig auf derartige Entwicklungen zu reagieren und notwendige Maßnahmen zu ergreifen.[688] Zwar ist der Ressourceneinsatz höher als beim indirekten Export, jedoch im Vergleich zu anderen Markteintrittsformen vergleichsweise gering.

Nachteilig an dem direkten Export ist, dass er sich für bestimmte Produkte und Dienstleistungen, wie bspw. Produkte mit einer sehr kurzen Haltbarkeit, nicht eignet. Darüber hinaus ist ein Unternehmen im Zuge des direkten Exports möglichen Wechselkursschwankungen verstärkt ausgesetzt. Ein weiterer Nachteil des direkten Exports ist die Tatsache, dass diese Form des Markteintritts die Einrichtung einer organisatorischen Einheit im Inland erfordert, die zusätzliche Kosten sowie einen erhöhten Bedarf an hoch qualifiziertem Personal mit exporttechnischem und finanzierungsorientiertem Wissen bedingt.[689] Zudem kann es zu Akzeptanzproblemen auf dem ausländischen Markt aufgrund fehlender eigener Präsenz kommen. Darüber hinaus ergeben sich meist Verzögerungen in der Umsetzung relevanter Maßnahmen, sodass den Anforderungen des Marktes erst verspätet begegnet werden kann.[690]

Sowohl beim indirekten als auch beim direkten Export ist im Vergleich zu anderen Eintrittsvarianten der Markteintritt, bspw. aufgrund hoher Importzölle, nur beschränkt

---

[685]   Vgl. Raupp (1997), S. 357.
[686]   Vgl. Schmoll (2001), S. 38 ff.
[687]   Vgl. Root (1982), S. 67 f., vgl. Root (1987), S. 53 ff.
[688]   Vgl. Loisch (2007), S. 26.
[689]   Vgl. Frank / Moser (1987), S. 31 ff.
[690]   Vgl. Kutschker / Schmid (2008), S. 862 ff.

möglich.[691] Demzufolge hängt die Wahl eines Markteintrittes nicht allein vom Grad des gewünschten Risikos, sondern auch von möglichen Restriktionen des Gastlandes ab. Hierunter fallen bspw. Importzölle und Local-Content-Gebote.[692]

4.1.2 Leistungserstellung im Ausland

Bei der Leistungserstellung im Ausland können generell internationale Vertragsformen sowie Formen der Direktinvestitionen voneinander unterschieden werden. Unter diesen Vertragsformen, wie der Lizenzierung oder dem Franchising, lassen sich längerfristige Verbindungen zwischen international tätigen Unternehmen charakterisieren, bei denen ohne Kapitalbindung Technologie oder sonstiges Know-how transferiert werden. Auf diese internationalen Vertragstypen wird im Kapitel der weiteren Markteintrittsformen verstärkt eingegangen. Eine Vielzahl international tätiger Unternehmen kombiniert häufig diese Vertragsformen mit Export- oder Investitionsaktivitäten, sodass Mischformen der Auslandsmarktbearbeitung entstehen.[693]

Internationale Direktinvestitionen hingegen lassen sich durch eine Ressourcenverlagerung ins Ausland charakterisieren. Weitverbreitete Formen sind insbesondere die Tochtergesellschaft, das Joint Venture und die strategische Allianz.[694] Diese Formen werden seit Mitte der 1980er Jahre zunehmend von Unternehmen aus den Entwicklungs- sowie Schwellenländern, und hier insbesondere in der asiatischen Region,[695] umgesetzt.[696] Speziell der verbesserte Zugang zu Rohstoffen und spezifischem Know-how sowie die kostengünstigere Auslandsproduktion mit der heutzutage vereinfachten Bearbeitung ausländischer Absatzmärkte können als Gründe für ausländische Direktinvestitionen genannt werden.[697]

4.1.2.1 Joint Venture

Das Joint Venture steht zumeist an der Nahtstelle zwischen exportorientiertem, multinationalem und internationalem Stadium.[698] Wenn das Risiko und/oder der notwendige Kapitalbedarf zu hoch erscheinen bzw. das eigene Know-how für den Aufbau einer Tochtergesellschaft bzw. von Produktionsbetrieben fehlt, wird zunehmend die Form des Gemeinschaftsunternehmens gewählt. Hierbei gründen zwei oder mehrere selbständige Unternehmen ein neues Gemeinschaftsunternehmen mit eigener Rechtspersön-

[691] Vgl. Pues (1994), S. 36.
[692] Vgl. Steinmann / Schreyögg (2005), S. 252.
[693] Vgl. Macharzina / Wolf (2008), S. 967.
[694] Vgl. Jeannet / Hennessey (1992), vgl. Kwon / Konopa (1993), S. 60 ff.
[695] Vgl. Yeung (1994), S. 17 ff.
[696] Vgl. Monkiewicz (1986), S. 67 ff., vgl. Aggarwal / Agmon (1990), S. 163 ff., vgl. Lecraw (1993), S. 589 ff., vgl. Sim / Yunus (2000), S. 373.
[697] Vgl. Pull (2003), S. 849 ff.
[698] Vgl. Becker (2009), S. 325.

lichkeit, welches im Ausland, i. d. R. im Land eines Partners, angesiedelt ist.[699] Bei der Beteiligungshöhe lassen sich Mehrheits-, Minderheits- und 50:50-Beteiligungen unterscheiden.[700] Zudem lassen sich Joint Ventures nach unterschiedlichen Kriterien differenzieren:[701]

- Zahl der Kooperationspartner
- Sachlicher Kooperationsbereich
- Standort
- Geografischer Kooperationsbereich

- Kooperationsrichtung
- Kapital- / Stimmrechtsbeteiligung
- Zeitlicher Horizont der Kooperation

Demnach kann ein Joint Venture mit einem oder mehreren Partnern durchgeführt werden und seinen Sitz entweder im Stammland eines Joint Venture-Partners oder aber in einem Drittland haben. Zudem kann eine derartige Kooperationsform ggf. nur einzelne Bereiche, wie etwa die Produktion, oder aber mehrgliedrige Teilbereiche, wie z. B. Beschaffung und Produktion, umfassen. Im Extremfall schließt ein Joint Venture die gesamte Wertkette ein. Des Weiteren kann die Tätigkeit eines Joint Ventures zeitlich befristet oder dauerhaft angelegt sein und sich auf ein bestimmtes Land oder ganze Regionen bis hin zum Weltmarkt beziehen. Als weitere Differenzierung kann ein Joint Venture als horizontale, vertikale, konzentrische (branchenfremde, aber ähnliche Unternehmen) oder als konglomerate (branchenfremde und unterschiedliche Unternehmen) Kooperation gegründet werden. Letztlich können Joint Ventures noch nach den jeweiligen Beteiligungsverhältnissen und zwar nach Minderheits-, Paritäts- und Mehrheits- Joint Ventures unterschieden werden.[702]

Wird ein Joint Venture als Markteintrittsform gewählt, so wird häufig mit einem lokalen Partner kooperiert mit dem Ziel, von dem Marktwissen und der Erfahrung des Kooperationspartners zu profitieren.
Die Vorteile eines Joint Venture-Unternehmens sind zahlreich. Sie liegen vor allem in der möglichen Umgehung von Handelshemmnissen, in der Risikominimierung im Vergleich zu allen zu verantwortenden Direktinvestitionen, in Image-Vorteilen durch die Zusammenarbeit mit einem lokalen Partner sowie in der Möglichkeit der gegenseitigen Ergänzung. Zudem ermöglichen es Joint Ventures, Economies of Scale and Scope zu erzielen.[703] Darüber hinaus können durch die Zusammenarbeit mit einem aus-

---

[699] Vgl. Kutschker / Schmid (2008), S. 886.
[700] Vgl. Macharzina (1994), S. 522 ff., vgl. Perlitz (2002), S. 545.
[701] Vgl. Weder (1989), S. 50 ff., vgl. Eisele (1995), S. 17 ff., vgl. Kutschker (1995), Sp. 1079 ff.
[702] Vgl. Kutschker / Schmid (2008), S. 886 ff.
[703] Vgl. Contractor / Lorange (1988), S. 7 ff., vgl. Schuler (2001), S. 5 f., vgl. Börsig / Baumgarten (2002), S. 554 f.

ländischen Unternehmen dessen Landes- und Marktkenntnisse wie auch seine Kontakte zu Kunden, Lieferanten und Behörden genutzt werden.[704]

Das größte Problem eines Joint Ventures stellt häufig die Wahl des richtigen Partners dar.[705] Zudem ist ein internationales Joint Venture mit einem ganzen Spektrum an Führungsproblemen verbunden, die sich vor allem aus der geteilten Macht ergeben.[706] Weitere Nachteile können die Instabilität, abweichende Verhaltensweisen der kulturell fremden Partner, der hohe Koordinationsaufwand und ein Know-how-Abfluss sein. Weiterhin gelten auch die Erfolgsmessung und die Anwendung einer konsistenten Strategie sowie die Gewinnteilung als sehr problematisch.[707] Häufig dauern aufgrund der benannten Differenzen Joint Ventures daher nur relativ kurz an.[708]

4.1.2.2   Strategische Allianz

Diese Form der ausländischen Direktinvestitionen hat vor allem seit den 1980er Jahren erheblich zugenommen und hier speziell in der High-Tech-Industrie.[709] Strategische Allianzen, die eine schwächere Form eines Joint Ventures darstellen,[710] werden definiert als horizontale Zusammenschlüsse von Wettbewerbern.[711] Zumeist werden diese Kooperationen nur in einem bestimmten Geschäftsbereich geschlossen, sodass die Partner in anderen Geschäftsbereichen durchaus Konkurrenten bleiben.[712] Der Begriff der Allianz kann sich auch auf vertikale Zusammenschlüsse oder andere Kooperationsbeziehungen beziehen. Demnach wird eine Allianz als strategisch bezeichnet, wenn sie eine langfristige Beziehung in einem relevanten Unternehmensbereich der beteiligten Unternehmen darstellt.[713] Im Gegensatz zu den meisten Joint Ventures wird bei einer strategischen Allianz auf die Errichtung einer eigenen Gemeinschaftsunternehmung verzichtet.[714]

Prinzipiell können zwei Formen der Allianz unterschieden werden. Einerseits die 'Closing-Gap-Allianz', die gegründet wird, wenn ein Unternehmen ansonsten keinen Zugang zu den benötigten Ressourcen erhalten würde, und andererseits die 'Critical-Mass-Allianz', die dann gegründet wird, wenn zwar beide Unternehmen über die glei-

---

[704]   Vgl. Berndt et al. (2010), S. 153.
[705]   Vgl. Mohr (2002), vgl. Holtbrügge (2003), S. 14 f.
[706]   Vgl. Macharzina / Wolf (2008), S. 970.
[707]   Vgl. Seibert (1981), vgl. Lorange / Probst (1987), S. 71 ff., vgl. Weder (1989), vgl. Walldorf (1992), S. 457 f., vgl. Oesterle (1993), vgl. Keegan et al. (2002), S. 322 ff.
[708]   Vgl. Zhang / Rajagopalan (2002), S. 460.
[709]   Vgl. Ohmae (1989), S. 143., vgl. Krubasik / Lautenschlager (1992), S. 55 ff., vgl. Moen et al. (2010), S. 21.
[710]   Vgl. Jeyaseeli / Levi (2007), S. 46.
[711]   Vgl. Backhaus / Piltz (1990), S. 2, vgl. Backhaus (2003), S. 286.
[712]   Vgl. Blancke (1994), S. 20, vgl. Perlitz (2002), S. 543 f.
[713]   Vgl. Sell (2002), S. 24.
[714]   Vgl. Kutschker / Schmid (2008), S. 894.

che Ressourcenausstattung verfügen, die individuelle Größe jedoch nicht ausreicht, um einen Markt erfolgreich bedienen zu können.[715] Da die Vor- und Nachteile bei strategischen Allianzen und Joint Ventures nahezu identisch sind, wird an dieser Stelle auf eine erneute Benennung verzichtet.

4.1.2.3   Auslandsniederlassung

Eine eigene Auslandsniederlassung, die zum Verkauf, zur Montage oder Fertigung konzipiert ist, wird bei einem stärkeren Ausbau des Auslandsgeschäfts implementiert.[716] In enger Verbindung dazu steht der Aufbau bzw. Aufkauf von Produktionsstätten im Ausland[717], um durch eine Produktionsverlagerung erhebliche Kosten einzusparen.[718] Zudem geht dies oft mit der Gründung einer lokalen Tochtergesellschaft einher.[719]

Als Vorteil erweist sich die Unabhängigkeit von einem Partner und die damit verbundene uneingeschränkte Kontrolle.[720] Damit einher geht ein lediglich geringes Risiko eines drohenden Wissensabflusses, der bei anderen Markteintrittsformen durchaus gegeben ist.[721] Akquisitionen haben gegenüber Neugründungen den Vorteil einer äußerst kurzen Anlaufzeit und einer damit einhergehenden kürzeren Amortisationsphase. Dies sollte jedoch nicht darüber hinwegtäuschen, dass ein Markteintritt in Form einer Akquisition als risikoreich - u. a. aufgrund potenzieller Probleme in der Integrationsphase[722] - zu bewerten ist.[723]

4.1.2.4   Tochtergesellschaft

Die am weitesten fortgeschrittene Form der Auslandsgeschäftstätigkeit spiegelt sich in der Tochtergesellschaft wider, die zwar zur Gründung den höchsten Ressourceneinsatz erfordert, dafür jedoch ein hohes Maß an Kontrolle ermöglicht, da alle Aktivitäten in einem Unternehmen internalisiert sind.[724] Zur Gründung einer Tochtergesellschaft existieren - ähnlich der Auslandsniederlassung - die Möglichkeiten eines 'Greenfield-[725] bzw. Brownfield-Investments' und einer Akquisition.[726] Ausländische Tochterge-

---

[715] Vgl. Oelsnitz (2003), S. 516.
[716] Vgl. Waning (1994), S. 179 ff., vgl. Perlitz (1997), S. 225.
[717] In diesem Zusammenhang spricht man auch vom 'Brownfield Investment'. Darunter versteht man eine Art der Akquisition, bei der das übernehmende Unternehmen beträchtliche Ressourcen in das Akquisitionsobjekt investiert und somit das Übernahmeobjekt erheblich verändert (vgl. Meyer / Estrin (1998)). Es handelt sich hierbei um eine Spezialform der Akquisition.
[718] Vgl. Becker (2009), S. 326.
[719] Vgl. Fritz / Oelsnitz (2000), S. 78.
[720] Vgl. Macharzina / Wolf (2008), S. 970.
[721] Vgl. Fuchs / Apfelthaler (2009), S. 379.
[722] Vgl. Kutschker / Schmid (2008), S. 920.
[723] Vgl. Kitching (1974), S. 124 ff.
[724] Vgl. Buckley / Casson (1991).
[725] Mit 'Greenfield Investment' wird die Neuerrichtung einer Produktionsstätte vor allem im Ausland bezeichnet. Es handelt sich dabei um eine internationale Direktinvestition.

sellschaften stellen häufig Verkleinerungen der Zentrale in Bezug auf Unternehmens-struktur und Leistungsprozesse dar,[727] sind aber im Gegensatz zu Auslandsniederlas-sungen rechtlich selbständige Engagements[728]. Hinsichtlich des Eigentums kann es sich bei Tochtergesellschaften um vollbeherrschte Tochtergesellschaften, also die 100 %-ige Tochtergesellschaft, oder um Mehrheitsbeteiligungen zwischen 50,1 % und 99,9 % handeln.[729]

Die Vorteile dieser Strategie bestehen in der Realisierung von Economies of Scale, der Ausschöpfung vorhandener Marktpotenziale und der systematischen Bearbeitung der Auslandsmärkte.[730] Ein weiterer Vorteil speziell 100 %-iger Tochtergesellschaften gegenüber dem Export ist die Verringerung bzw. Vermeidung von Transaktionskos-ten.[731]

Als Nachteil gelten die hohen Direktinvestitionen und eine damit einhergehende grö-ßere Komplexität der internationalen Geschäftstätigkeit mit den daraus resultierenden zunehmenden unternehmerischen Risiken.[732] Zudem ist der Aufbau einer Tochterge-sellschaft sehr kostspielig und darüber hinaus im Falle eines Eigenaufbaus sehr zeit-aufwendig.

4.1.3 Weitere Markteintrittsformen

Es existiert eine Vielzahl weiterer Markteintrittsformen neben den bereits aufgezeig-ten, von denen jedoch lediglich die bereits in der obigen Darstellung benannten, dem-nach Franchising und Lizenzierung, noch eine kurze Erwähnung finden sollen. Beides sind Sonderformen, die partiell nur ein Zwischenstadium des Markteintritts in auslän-dische Märkte darstellen.

4.1.3.1   Lizenzvergabe

Dieses Konzept basiert darauf, entgeltlich und zumeist befristet patentierte Produkte, Verfahren und/oder Warenzeichen ausländischen Unternehmen zur Verfügung zu stel-len.[733] Im Gegensatz zum Export werden die Produkte von dem Lizenznehmer in dem jeweiligen Zielmarkt gefertigt.[734] Wie bereits angedeutet gibt es häufig eine Vermi-schung unterschiedlicher Expansionsstrategien, so ist die Lizenzierung ein gängiges

---

[726]   Vgl. Kutschker / Schmid (2008), S. 904.
[727]   Vgl. Meffert / Bolz (1998), S. 129.
[728]   Vgl. Kutschker / Schmid (2008), S. 904.
[729]   Vgl. ebenda.
[730]   Vgl. Becker (2009), S. 326.
[731]   Vgl. Holtbrügge / Puck (2005), S. 81.
[732]   Vgl. Becker (2009), S. 326.
[733]   Vgl. Bruns (2003), S. 97 ff.
[734]   Vgl. Berndt / Sander (2002), S. 603.

Prinzip innerhalb einer strategischen Allianz.[735] Dieses Prinzip weist einige Vorteile auf. So werden aus dem zur Verfügung stehenden Know-how weitere Erträge erwirtschaftet, ein Einstieg in bisher nicht erschlossene Auslandsmärkte ermöglicht,[736] und unter Umständen der Erhalt von entsprechendem Know-how des Lizenznehmers als Gegenleistung für die Vergabe der Lizenz angestrebt[737]. Des Weiteren werden ein deutlich geringerer Informations- sowie Personal- und Vorfinanzierungsbedarf für den Markteintritt benötigt.[738] Zudem sind die Risiken durch etwaige Währungsschwankungen deutlich reduziert, da der Preis eines Guts wechselkursunabhängig ist.[739]

Ein erheblicher Nachteil der Lizenzierung besteht vielfach darin, dass die Einflussnahme des Lizenzgebers auf das Vermarktungskonzept im Ausland beschränkt ist.[740] Zudem besitzt der Lizenzgeber nur äußerst beschränkte Kontrollmöglichkeiten, sodass eine generelle Gefahr des Missbrauchs der Rechte und einer damit verbundenen mangelnden Vertragstreue die Folge sein können.[741]

4.1.3.2   Franchising

Das Franchise-Konzept als spezielle Art der Lizenzierung basiert primär auf der Vergabe von kaufmännischen Systemen einschließlich des Marketing Know-hows oder gar des ganzen Geschäftssystems.[742] In diesem Zusammenhang wird auch vom Vertragsvertrieb gesprochen. Franchising - als spezielle Form der vertikalen Kooperation - hat sich in den vergangenen Jahren zu einer der wichtigsten und am rasantesten wachsenden internationalen Markteintrittsstrategien entwickelt. Demnach nutzt der Franchisenehmer gegen ein Entgelt[743] ein klar umrissenes, vertraglich festgeschriebenes Marketing- und Vertriebskonzept und profitiert somit von dem bereits vorhandenen Image des Franchise-Gebers.[744]

Ein Vorteil liegt darin begründet, dass die Durchsetzung eines bestimmten Konzepts durch den Franchisenehmer beschleunigt werden kann. Der erläuterte Nachteil des Lizenzgeschäfts, nämlich der zumeist geringe Einfluss auf das Vermarktungskonzept, ist beim Franchising angesichts der rechtlichen Konzeption nicht gegeben. Dennoch sollte der Franchisegeber das Verhalten des Franchisenehmers vor dem Hintergrund der Principal-Agent-Problematik und den damit verbundenen divergierenden Interes-

---

[735] Vgl. Klug (2006), S. 39.
[736] Vgl. Keegan (1989), S. 296.
[737] Vgl. Stahr (1991), S. 57.
[738] Vgl. Fuchs / Apfelthaler (2009), S. 351.
[739] Vgl. Root (1994), S. 108.
[740] Vgl. Becker (2009), S. 325.
[741] Vgl. Fuchs / Apfelthaler (2009), S. 351.
[742] Vgl. Stahr (1991), S. 58, vgl. Bruns (2003), S. 101 ff., vgl. Nebel et al. (2008).
[743] Dies entspricht zumeist einer Eintrittsgebühr und einem bestimmten Prozentsatz des laufenden Umsatzes.
[744] Vgl. Kulhavy (1993), S. 22.

sen genau beobachten.[745] Aufgrund der Möglichkeit weltweit standardisierte Konzepte durchzusetzen, eignet sich das Franchising gerade auch für weltmarktstrategisch operierende Unternehmen.[746]
Nachteilig am Franchisekonzept sind vor allem die relativ hohen Kosten, die mit der Errichtung und der Erhaltung des gesamten Franchise-Systems verbunden sind. Darüber hinaus ist das Funktionieren des Konzepts stets von der Qualität des Franchisenehmers abhängig, sodass negative Einflüsse als Rückkopplungseffekte durchaus auch Auswirkungen auf den Franchisegeber haben können.[747]

Ob allein oder in Form einer strategischen Kooperation: Die Wahl einer Markteintrittsform wird durch viele Paramater beeinflusst. Aufgrund dessen sollte diese Wahl sorgfältig geplant werden. In diesen Planungen sollten immer auch die möglichen Konsequenzen eines Scheiterns bedacht und alternative Strategien erarbeitet werden.

Der nächste Schritt in der Planung eines Markteintritts betrifft die Zielmarktstrategien. In diesem Abschnitt werden die einzelnen Elemente - Marktpräsenz-, Marktselektionsund Marktsegmentierungsstrategien - kurz vorgestellt.

4.2   Zielmarktstrategien

Die Zielmarktstrategie bildet den zweiten Schritt in dem Ablauf eines Markteintritts. Es handelt sich hierbei um strategische Überlegungen, die vor einem geplanten Markteintritt durchgeführt werden. Hierbei wird die Zielmarktstrategie von einer Unternehmung in Form von Marktpräsenz-, Marktselektions- und Marktsegmentierungsstrategien formuliert.[748]
Im Folgenden werden diese drei unterschiedlichen Strategien näher erläutert.

4.2.1   Marktpräsenzstrategien

Die Marktpräsenzstrategie gibt Aufschluss darüber, ob eine Unternehmung in wenigen oder vielen Ländern bzw. in welchen geografischen Bereichen sie vertreten und/oder tätig sein möchte. Dabei werden folgende vier Präsenzdimensionen, die durchaus auch parallel herangezogen werden können, unterschieden:[749]

- basale Marktpräsenzstrategie
- geografische Marktpräsenzstrategie

---

[745]   Vgl. Posselt (1999), S. 347 ff.
[746]   Vgl. Becker (2009), S. 325.
[747]   Vgl. Fuchs / Apfelthaler (2009), S. 357.
[748]   Vgl. Kutschker / Schmid (2008), S. 940.
[749]   Vgl. Kutschker / Schmid (2008), S. 947.

- attraktivitätsorientierte Marktpräsenzstrategie
- ausgleichsorientierte Marktpräsenzstrategie

4.2.1.1   Basale Marktpräsenzstrategien

Bei einer basalen Marktpräsenzstrategie kann eine Unternehmung entweder eine Konzentrations- oder Diversifikationsstrategie verfolgen.[750] Diese beiden Alternativen unterscheiden sich hinsichtlich der Anzahl der Länder, in die eine Unternehmung eintritt. Während bei der Konzentrationsstrategie die Ressourcen eines Unternehmens gebündelt werden, um gezielt in wenige, selektiv ausgewählte Märkte einzutreten, wird die Diversifikationsstrategie gewählt, um zumeist innerhalb eines kurzen Zeitraums in eine Vielzahl von Ländern einzutreten.[751] Ein klarer Vorteil der Diversifikationsstrategie ist die damit verbundene Risikostreuung auf verschiedene Länder.[752]

4.2.1.2   Geografische Marktpräsenzstrategien

Die basale Marktpräsenzstrategie gibt noch keinen Aufschluss über die geografische Dimension der Marktpräsenz. Die Optionen einer internationalen Unternehmung hinsichtlich der geografischen Marktpräsenz sind:[753]

- die Einzelmarktstrategie
- die Multi-Einzelmarktstrategie
- die Weltmarktstrategie

- die Regionalmarktstrategie
- die Multi-Regionalmarktstrategie

Während das Unternehmen bei der Einzelmarktstrategie neben dem Heimatmarkt nur auf einem weiteren Markt tätig ist, verfolgt es bei der eher theoretischen denn praktischen Weltmarktstrategie das Ziel, in allen Ländern weltweit aktiv zu sein.[754] Bei der Multi-Einzelmarktstrategie ist die Unternehmung in mehreren einzelnen Ländermärkten vertreten, die aber, anders als bei der Regionalmarktstrategie, nicht zwingend einer bestimmten Region zuzuordnen sind.[755] Entscheidet sich ein Unternehmen hingegen für die Multi-Regionalmarkt-strategie, so möchte es in allen Ländern mehrerer Regionen auftreten.

Des Weiteren umfasst diese Marktpräsenzstrategie neben der geografischen Präsenz an sich auch die geografische Präsenz in Relation zum Heimatmarkt.[756] Demnach kann

---

[750]   Vgl. Ayal / Zif (1979), S. 84 ff.
[751]   Vgl. Macharzina / Wolf (2005), S. 270 f.
[752]   Vgl. Becker (2006), S. 164.
[753]   Vgl. Kutschker / Schmid (2008), S. 949.
[754]   Vgl. Sachse (2003), S. 104.
[755]   Vgl. Kutschker / Schmid (2008), S. 949.
[756]   Vgl. Weber (1999), S. 254 f.

zwischen den so genannten konzentrischen Präsenzstrategien und inselförmigen Präsenzstrategien differenziert werden.[757] Bei der konzentrischen Ausrichtung verfolgt ein Unternehmen die Strategie, Auslandsmärkte, die sich um den Heimatmarkt herum befinden, zu erschließen, wohingegen es bei der inselförmigen Präsenzstrategie Märkte wählt, die sowohl räumlich vom Heimatmarkt als auch untereinander getrennt sind.[758] Ein wesentlicher Vorteil dieser Strategie ist, dass sich Unternehmen frühzeitig global verteilte Brückenköpfe aufbauen, von denen ausgehend in weitere Länder expandiert werden kann. Neben diesen beiden Alternativen gibt es mit der selektiven Marktexpansion eine dritte Form, bei der einzelne, räumlich nicht benachbarte Ländermärkte in bestimmten Kerngebieten bearbeitet werden.[759]

4.2.1.3   Attraktivitätsorientierte Marktpräsenzstrategien

Bei der attraktivitätsorientierten Marktpräsenzstrategie versuchen Unternehmen Länder nach ihrer gegenwärtigen und insbesondere ihrer zukünftigen Attraktivität zu beurteilen. Dies dient dem Ziel, eine Einordnung in Schwerpunkt-, Präsenz-, Gelegenheits- und Abstinenzmärkte vornehmen zu können.[760] Schwerpunktmärkte sind demnach diejenigen Auslandsmärkte, die für die Generierung von Erfolgspotenzialen für die Unternehmung die größte Bedeutung besitzen. Präsenzmärkte sind Auslandsmärkte, die für das Unternehmen noch immer eine wichtige Rolle für dessen Erfolgspotenziale einnehmen, sodass die Unternehmung dort in jedem Fall vertreten sein möchte. Im Gegensatz dazu stellen Gelegenheitsmärkte Ländermärkte dar, in denen nur sporadische Geschäftstätigkeiten erfolgen.[761] Abstinenzmärkte spielen in der Planung für einen Markteintritt keine Rolle, da diese Märkte als nicht erfolgsversprechend erachtet oder sogar als den Erfolg gefährdend angesehen werden.

Da jedes Unternehmen eine ganz spezifische Präsenzstrategie verfolgt, ist eine derartige individuelle Einteilung auf eine gesamte Branche nur bedingt anwendbar.[762] Häufig wird daher auch von einer fokussierten Präsenzstrategie gesprochen.[763]

4.2.1.4   Ausgleichsorientierte Marktpräsenzstrategien

Bei der Wahl potenzieller Zielmärkte können auch ausgleichsorientierte Gesichtspunkte eine Rolle spielen. Demnach reicht es nicht aus, die Ländermärkte einzeln nach ih-

---

[757]   Vgl. Segler (1986), S. 184.
[758]   Vgl. Kutschker / Schmid (2008), S. 950.
[759]   Vgl. Sachse (2003), S. 107 ff.
[760]   Vgl. Stahr (1993), S. 39 f.
[761]   Vgl. Kutschker / Schmid (2008), S. 951.
[762]   Vgl. Kohlert (2006), S. 58.
[763]   Vgl. Mühlbacher et al. (1999), S. 400 ff.

rer Attraktivität zu beurteilen, vielmehr kann gerade das Zusammenspiel, also die Beziehungen und Abhängigkeiten der Ländermärkte untereinander, bedeutsam sein.

Die ausgleichsorientierte Marktpräsenzstrategie spiegelt sich in der Portfoliotheorie von Markowitz wider. Demnach kann eine Diversifikation in unterschiedliche Ländermärkte das Risiko eines internationalen Engagements reduzieren.[764] Neben dem Risikoausgleich sind zudem auch noch andere Varianten des Ausgleichs von Bedeutung, die jedoch nicht völlig überschneidungsfrei sind:[765]

- Risikoausgleich: Kombination von risikoreichen und -armen Ländermärkten
- Gewinnausgleich: Kombination von bereits gewinnbringenden etablierten und neu aufzubauenden, zunächst nicht gewinnbringenden Ländermärkten
- Investitionsausgleich: Kombination von Cash Flow erzielenden etablierten und neu aufzubauenden, zunächst Cash Flow verbrauchenden Ländermärkten
- Ressourcenausgleich: Kombination von Ländermärkten
- Know-how-Ausgleich: Kombination von Wissen abgebenden und Wissen absorbierenden Ländermärkten
- Wettbewerbsausgleich: Kombination von wettbewerbsintensiven und weniger wettbewerbsintensiven Ländermärkten

Neben den dargestellten Marktpräsenzstrategien bildet die Marktselektionsstrategie einen weiteren wichtigen, wenn nicht sogar den wichtigsten Aspekt im fünfstufigen Ablaufprozess eines Markteintritts.[766] Eine Vielzahl an internationalen Wissenschaftlern hat sich in den letzten Jahren mit der zunehmenden Bedeutung und dem Nutzen der systematischen Vorgehensweise der Marktselektion und der ausländischen Marktauswahl beschäftigt.[767] Dieser Prozess soll nachfolgend näher erläutert werden.

4.2.2 Marktselektionsstrategien

Im Rahmen der internationalen Markterschließung muss ein Unternehmen, sofern es keine Weltmarktstrategie verfolgt, entscheiden, in welche Länder und Regionen es eintreten möchte.[768] Im Hinblick auf knappe Ressourcen ist es für ein Unternehmen notwendig, einzelne Märkte zu selektieren.[769] Folglich ist die Wahl der richtigen Länder für einen Markteintritt die Grundvoraussetzung einer erfolgreichen Internationali-

---

[764]   Vgl. Markowitz (1952), S. 77 ff.
[765]   Vgl. Hünerberg (1994), S. 111.
[766]   Vgl. Yip (2003), S. 259.
[767]   Vgl. Cavusgil (1985), vgl. Douglas / Craig (1992), vgl. Kumar et al. (1994), vgl. Daniels / Radebaugh (1998), vgl. Rahman (2003), vgl. Alon (2004), vgl. Arnold (2004), vgl. Hollensen (2004).
[768]   Vgl. Kotler / Keller (2006), S. 670.
[769]   Vgl. Kutschker / Schmid (2008), S. 953.

sierungsstrategie.[770] Somit bildet die Marktselektion eine Komponente und gleichzeitig eine Bedingung zur potenziellen Steigerung des Unternehmensgewinns und steht damit auch in Verbindung mit dem Konzept der kreativen Zerstörung[771].[772]

Eine Marktselektion, die allein auf subjektiven und irrationalen Kriterien beruht,[773] wie dies in der Praxis häufig vorkommt, kann äußerst fehlerbehaftet sein.[774] Ebenso wenig zielführend ist die Bewertung eines Marktes auf der Basis von Kriterien, die sich einzig auf Absatz- und Marktpotenzial sowie dessen Volumen bezieht.[775] Demzufolge dient die systematische Marktselektion, unter weitgehender Berücksichtigung aller unternehmens- und produktrelevanter Einflussgrößen sowie der größtmöglichen Eliminierung subjektiver Faktoren, dazu diejenigen Märkte zu identifizieren, die ein Optimum aus Marktrisiko und -attraktivität bieten.[776] Unternehmen, die ihre Märkte systematisch und rational auswählen, werden auf lange Sicht erfolgreicher sein.[777] Jedoch sollte auch hierbei beachtet werden, dass eine derartige vollumfängliche Analyse häufig viel zu komplex und aufwendig ist, und daher oftmals in der Praxis eine intensivere Darstellung nur anhand der Kernelemente vorgenommen wird.[778]

4.2.2.1   Zentrale Faktoren der Marktselektion

Zur Durchführung einer derartigen systematischen Analyse potenzieller Zielmärkte müssen zunächst die relevanten Kriterien herausgearbeitet und darüber hinaus über das jeweilige Verfahren entschieden werden.[779] Demzufolge sind bei der Selektion der Ländermärkte für ein Unternehmen die zentralen Gesichtspunkte der Ländermarktattraktivität, -risiken und -eintrittsbarrieren relevant.

Neben diesen Kriterien gibt es jedoch noch einen weiteren wichtigen Aspekt der bereits in dem Ansatz der Uppsala-Schule ein wichtiges Element bildet. So ist die psychische / kulturelle[780] Distanz oder Geschäftsdistanz nach der Helsinki-Schule eine bedeutende und häufig dargestellte Komponente bei den selektionsspezifischen Einflussfaktoren eines Markteintritts.[781]

---

[770]   Vgl. Bradley (2005), S. 206.
[771]   Vgl. Schumpeter (1962), vgl. Bartelsman / Doms (2004).
[772]   Vgl. Davis / Haltiwanger (1999).
[773]   Vgl. Young et al. (1989), vgl. Brewer (2001).
[774]   Vgl. Arnold (2004), S. 27 ff.
[775]   Vgl. Ghemawat (2007), S. 60.
[776]   Vgl. Lasserre (2007), S. 60, vgl. Fuchs / Apfelthaler (2009), S. 300.
[777]   Vgl. Brouthers / Nakos (2005).
[778]   Vgl. Papadopoulos et al. (2002).
[779]   Vgl. Andersen / Buvik (2002).
[780]   Vgl. Kogut / Singh (1988), S. 411 ff., vgl. Drogendijk / Slangen (2006), S. 361 ff.
[781]   Vgl. Ansoff (1965), vgl. Carlson (1975), vgl. Vahlne / Wiedersheim-Paul (1973), vgl. Johanson / Vahlne (1978), vgl. Welch / Luostarinen (1988), vgl. Petersen / Pedersen (1996), vgl. Hennart / Larimo (1998), S. 515 ff., vgl. Dow (2000), vgl. Wood / Robertson (2000), vgl. Brouthers / Brouthers (2001), S. 177 ff., vgl. Arenius (2005), S. 115, vgl. Dow / Karunaratna (2006), vgl. Alexander et al. (2007), S. 426 ff., vgl. Sakarya et al. (2007), S. 211.

a) Ländermarktattraktivität

Die Ländermarktattraktivität beschreibt hierbei die Nutzenpotenziale und somit die damit verbundenen Ertragschancen für ein Unternehmen, die in bestimmten Ländermärkten erzielt werden können.[782] Die folgende Abbildung stellt die wesentlichen Kriterien dar, die für die Beurteilung der Ländermarktattraktivität eine wichtige Rolle spielen.

Abbildung 8: Faktoren zur Beurteilung der Ländermarktattraktivität

Marktvolumen	Marktwachstum	Marktstruktur	Preisstruktur

Ertragschancen

Kostensituation	Beschaffungssituation	Infrastruktur

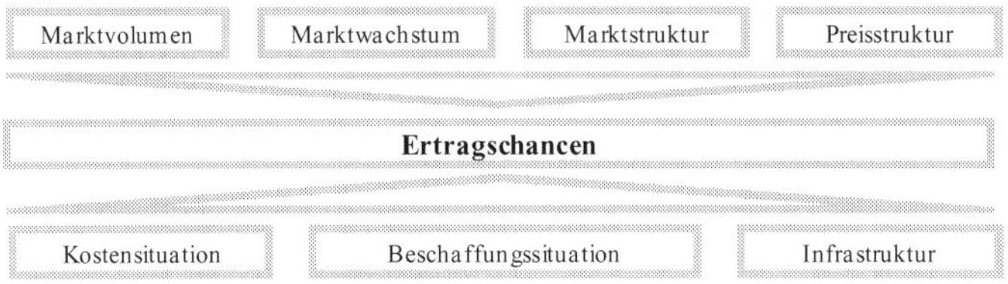

Quelle: Eigene Darstellung in Anlehnung an Zentes / Swoboda / Schramm-Klein (2006), S. 165.

Es muss an dieser Stelle explizit darauf hingewiesen werden, dass in der täglichen Praxis, obschon die Beurteilung der Attraktivität eines Ländermarktes allein dem Postulat der Rationalität verpflichtet sein sollte, sich eine solche in aller Regel eben nicht allein nach den in der Abbildung erwähnten Kriterien richtet. Vielmehr ist das Ausmaß der beigemessenen Attraktivität hochgradig subjektiv sowie unternehmensindividuell und hängt vor allem von den Zielen, Motiven und den potenziellen Markteintrittsformen ab.[783]

Ferner wird die Attraktivität eines Ländermarktes nicht nur an einem, sondern an einer Vielzahl der oben dargestellten Faktoren festgemacht. Zudem ist zu beachten, dass Ländermärkte nicht isoliert betrachtet werden dürfen, da sich diese gegenseitig beeinflussen. Als Beispiel sei hier auf Singapur verwiesen, das selbst einen vergleichsweise unattraktiven Markt darstellt, dem aber aufgrund seiner Funktion als Brückenkopf für andere Länder in dieser Region dennoch eine hohe Bedeutung zukommt.[784]

b) Ländermarktrisiken

Ein weiterer wichtiger Einflussfaktor bei der Marktselektion ist die Betrachtung der Ländermarktrisiken. Diese beschreiben die in bestimmten Ländermärkten vorhandenen Gefahrenpotenziale, die letztlich den Erfolg eines potenziellen Auslandsengagements bedrohen.[785] Die nachstehende Abbildung greift die wichtigsten Risiken, unterteilt nach ökonomischen und politischen Faktoren, auf.

---

[782] Vgl. Stahr (1993), S. 31, vgl. Hinterhuber (2004), S. 150 f.
[783] Vgl. Kutschker / Schmid (2008), S. 954.
[784] Vgl. Schneider (1998), S. 336.
[785] Vgl. Meissner (1995), S. 673 ff., vgl. Papadopoulos et al. (2002).

Im Hinblick auf die in dieser Arbeit im Fokus stehenden Schwellenländer wird darauf hingewiesen, dass die in der Abbildung aufgezählten politischen Risiken im Vergleich zu den ökonomischen Faktoren einen höheren Einfluss auf das Wirtschaftssystem haben.[786] Dies liegt hauptsächlich in dem starken wirtschaftlichen Gestaltungswillen der Politik sowie den vielen ehemalig staatlichen Unternehmen begründet.

Abbildung 9: Ökonomische und politische Ländermarktrisiken

Ökonom. Faktoren	Politische Faktoren
• Währungsrisiken	• Enteignungsrisiken
• Zahlungsrisiken	• Transferrisiken
• Inflationsrisiken	• Dispositionsrisiken
• Marktrisiken	• Sicherheitsrisiken
• Substitutionsrisiken	• Rechtliche Risiken
• Transportrisiken	• Fiskalische Risiken

Ländermarkt risiken

Quelle: Eigene Darstellung in Anlehnung an Müller / Kornmeier (2001), S. 379 f.

Des Weiteren war in der Vergangenheit immer wieder festzustellen, dass sich internationale Unternehmen bei dem Markteintritt in Schwellenländer mit erheblichen Diskontinuitäten auseinandersetzen mussten. Beispielhaft sei hier auf die Währungskrisen in Lateinamerika oder die politischen Umwälzungen in Russland hingewiesen.

Angesichts dieser Ländermarktrisiken sollten flexible Strategien insbesondere für Schwellenländer gewählt werden, damit sich die Unternehmen schnell an die sich ändernden Rahmbedingungen anpassen können.[787]

c) Ländermarkteintrittsbarrieren

Ein weiteres Kriterium, das neben der Attraktivität und den Risiken bei der Auswahl der Ländermärkte eine wichtige Rolle spielt, sind die Ländermarkteintrittsbarrieren. Generell werden unter Eintrittsbarrieren alle diejenigen Hindernisse verstanden, die ein Unternehmen davon abhalten, eine geplante Geschäftätigkeit in einem Markt durchzuführen.[788] Der Begriff der Ländermarkteintrittsbarrieren wurde erstmals im Jahr 1936 in der Studie von Donald H. Wallace aufgegriffen und 13 Jahre respektive 20 Jahre später in einer Studie von Joe S. Bain weiter spezifiziert.[789]

Mit Markteintrittsbarrieren sind jedoch nicht allein Kostenvorteile oder Produktdifferenzierungsvorteile der etablierten Anbieter wie in der Industrial-Organization-

---

786   Vgl. Olsson (2002), S. 151.
787   Vgl. Strietzel (2005), S. 27 ff.
788   Vgl. Carlton / Perloff (2000), S. 76 f.
789   Vgl. Wallace (1936), S. 83, vgl. Bain (1949, 1956).

Argumentation gemeint.[790] Vielmehr sollte die Gesamtheit der Barrieren betrachtet werden, die den Markteintritt in ein bestimmtes Land erschweren.[791] Demzufolge zeigt die nachfolgende Abbildung die unterschiedlichen Ausprägungsformen der Länder-markteintrittsbarrieren auf, wobei diese Übersicht jedoch nur eine von vielen mögli-chen Betrachtungsweisen der Markteintrittsbarrieren[792] darstellt.

Abbildung 10: Ausprägungsformen möglicher Markteintrittsbarrieren

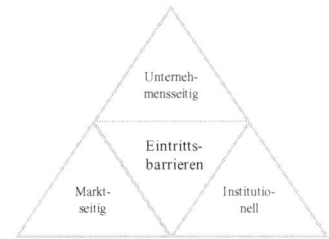

Quelle: Eigene Darstellung in Anlehnung an Simon (1989).

Unter den institutionellen Markteintrittsbarrieren werden demnach alle tarifären und nicht-tarifären Hemmnisse verstanden. Diese staatlichen Vorschriften können alle Markteintrittsformen tangieren; Beispiele dafür können Einfuhrzölle, Local-Content-Vorschriften[793] oder auch Beteiligungsbeschränkungen bei Joint Ventures sein.[794] Dar-über hinaus bilden die so genannten 'Rules of Origin'[795] eine weitere potenzielle marktseitige Eintrittsbarriere und zwar in dem Fall, wenn von einem Ländermarkt, in dem das Produkt nicht gefertigt wird, in Länder exportiert wird, mit denen ein Frei-handelsabkommen besteht.

Auch die marktseitigen Eintrittsbarrieren können vielfältige Ursachen haben. Die wichtigsten Eintrittsbarrieren neben dem großen Konkurrenzdruck[796] stellen hierbei

- abweichendes Konsumverhalten,
- problematischer Zugang zu Distributionssystemen,
- undurchschaubare Managementpraktiken sowie
- kulturelle und sprachliche Barrieren

dar.[797]

---

[790] Vgl. Yip (1982), S. 85 ff.
[791] Vgl. Brouthers et al. (1998), S. 485 ff.
[792] In der wissenschaftlichen Literatur existiert eine Vielzahl weiterer potenzieller Markteintrittsbarrieren, die jedoch in dieser Arbeit nicht weiter behandelt werden.
[793] Local-Content-Vorschriften werden von den Ländern aufgestellt. Diese Vorschriften legen fest, wie hoch der Anteil der Wertschöpfung im Inland (mindestens) sein muss, damit dort Transaktionen bzw. Auslands-engagements möglich sind. Sie umfassen damit eine Verpflichtung von Unternehmen zur Verwendung heimischer Vorleistungen im Fall von Direktinvestitionen.
[794] Vgl. Zentes et al. (2006), S. 168.
[795] Vgl. Kunimoto / Sawchuck (2005), S. 3.
[796] Vgl. Scharrer (2001), S. 116 f.

Viele Unternehmen unterschätzen die Gefahren der unternehmensseitigen Markteintrittsbarrieren. Diese Hindernisse haben ihren Ursprung hauptsächlich darin, dass ein Unternehmen bei der Informationsgewinnung und -verarbeitung Fehler begangen hat, die zu einer Fehleinschätzung der Ländermärkte führen können.[798] Diese Fehlwahrnehmungen können letztlich als Folge haben, dass bspw. bestimmte Probleme überbewertet werden, wodurch die Unternehmung sich selbst Barrieren errichtet und demzufolge schlimmstenfalls auf einen Markteintritt verzichtet.[799] Neben der oben gezeigten Differenzierung der Markteintrittsbarrieren von Simon gibt es noch weitere Studien, die sich mit der Thematik der Expansionshindernisse auseinandergesetzt haben.[800] Zudem hat sich eine Vielzahl weiterer Autoren intensiv mit Markteintrittsbarrieren, deren Definition und Ausrichtungen beschäftigt.[801]

Abschließend muss noch angemerkt werden, dass einige Ländermärkte unabhängig von der Markteintrittsform der Branche und den angebotenen Produkten als schwierig gelten. Es wird bspw. immer wieder betont, dass sich der Markteintritt für ausländische Unternehmen in den chinesischen Markt als äußerst kompliziert erweist.[802] Trotz allem hängt die Überwindung von Markteintrittsbarrieren primär von den individuellen Ressourcen, Fähigkeiten und Kompetenzen eines Unternehmens ab.[803] Es wird somit deutlich, dass eine Berücksichtigung der Ländermarkteintrittsbarrieren zwar wichtig ist, diese jedoch ohne den Abgleich mit unternehmensspezifischen Potenzialen nutzlos bleibt.

In der Tat lässt sich die Marktselektion nicht allein aufgrund der Ländermarktattraktivität mitsamt den -risiken und -eintrittsbarrieren treffen, da noch eine Vielzahl weiterer Faktoren Einfluss auf die Marktselektion nimmt,[804] u. a. die Branche, die Produktart, unternehmensspezifische Faktoren und das Orientierungssystem des Managements[805]. Aufgrund dessen wird häufig zusätzlich noch eine Markselektion nach Gesichtspunkten des Ausgleichs vorgenommen.[806] Trotz der genannten Kritik werden diese drei Kriterien - Attraktivität, Eintrittsbarrieren und Risiken - als besonders wichtig erachtet, sodass sie als die primären Treiber der Marktselektion gelten.

---

[797]   Vgl. Sachse (2003), S. 51.
[798]   Vgl. Simon (1989), Sp. 1446.
[799]   Vgl. Kutschker / Schmid (2008), S. 960.
[800]   Vgl. Minderlein (1989), S. 196 ff., vgl. Minderlein (1990), S. 155 ff., vgl. Porter (1999), vgl. Welge / Al-Laham (2008).
[801]   Zur weiteren Vertiefung siehe: Stigler (1968), Weizsäcker (1980), Porter (1980, 1985), Parente / Prescott (1999), Han et al. (2001), Robinson / Philips McDougall (2001), McAfee et al. (2004), Pehrsson (2009), Lutz et al. (2010).
[802]   Vgl. o. V. (2008a).
[803]   Vgl. Hymer (1976).
[804]   Vgl. Segler (1986), S. 176 ff.
[805]   Vgl. Schuh / Trefzger (1991), S. 124, vgl. Erramilli / Rao (1993), S. 135 ff., vgl. Stahr (1993), S. 43, vgl. Kumar / Subramaniam (1997), S. 55 ff., vgl. Madhok (1997), S. 39 ff., vgl. Ahmad / Kitchen (2008), S. 22 ff., vgl. Ahmad / Kitchen (2008a), S. 15.
[806]   Vgl. Kapitel 4.2.2.2.

4.2.2.2   Zentrale Verfahren der Marktselektion

Wie bereits angedeutet dienen die unterschiedlichen Verfahren der Marktselektion dem Zweck, aus einer Vielzahl von möglichen Ländermärkten den- bzw. diejenigen auszuwählen, in den bzw. in die der Markteintritt vollzogen werden soll. In der Literatur existiert eine Vielzahl unterschiedlicher Modelle,[807] die in der nachfolgenden Tabelle, aufgeteilt nach einstufigen und mehrstufigen Verfahren, aufgezeigt werden.

Tabelle 6: Zentrale Verfahren der Marktselektion

Zentrale Verfahren der Marktselektion	
Einstufige Verfahren	**Mehrstufige Verfahren**
• Checklistenverfahren	meist dreistufiger sequenzieller Prozess mit den Stufen
• Verfahren der aspektweisen Elimination	
• Punktbewertungsverfahren	• Vorauswahl
• Investitionsrechnungsverfahren	• Zwischenauswahl
• Portfolioverfahren	• Endauswahl
	und der Anwendung einstufiger Verfahren in einzelnen Stufen.

Quelle: Kutschker / Schmid (2008), S. 962.

Bei den mehrstufigen Verfahren muss angemerkt werden, dass - je nach Komplexität - die Anzahl der Stufen variieren kann. Im weiteren Verlauf wird der Fokus auf das mehrstufige Verfahren nach Schneider[808] gelegt, da dieses Vorgehen in der Unternehmenspraxis - u. a. bei der Daimler AG - bei Selektionsentscheidungen angewandt wird.

Dieser Marktselektionsprozess besteht aus drei Stufen, bei denen die ersten beiden die Grobselektion und die dritte und ausführlichste die Feinselektion bilden.[809] Bei einem mehrstufigen Verfahren steigt der Detaillierungsgrad von der Vor- bis zur Endauswahl erheblich an. In den einzelnen Schritten des mehrstufigen Verfahrens finden zudem auch teilweise die einstufigen Methoden Anwendung.

Auf der ersten Selektionsstufe werden wesentliche Selektions- und Restriktionskriterien formuliert. Auf dieser Ebene werden alle Länder zunächst nur nach den Restriktionskriterien beurteilt. Diejenigen Länder, bei denen eine der Restriktionen verletzt ist, entfallen als potenzielle Ländermärkte.[810] Unter diesen Ausschlusskriterien werden

---

[807]   Vgl. Meffert / Bolz (1998), S. 121 ff., vgl. Albaum / Smith (2005), vgl. Beim / Lévesque (2006), S. 265 ff.
[808]   Vgl. Schneider (1986), S. 195 ff.
[809]   Vgl. Schneider (1998), S. 343 ff.
[810]   Vgl. Kutschker / Schmid (2008), S. 973.

u. a. ein zu kleines Marktvolumen, geringes Wirtschaftswachstum oder strategische Vorentscheidungen - wie Beschränkungen auf den Triade-Märkten - verstanden.[811]

Auf der nachfolgenden Stufe werden die verbliebenen Ländermärkte nach den Selektionskriterien, die ihrerseits nochmals in A- und B-Kriterien differenziert werden, untersucht.[812] Diese Kriterien werden parallel beurteilt, um die Beeinflussung durch eine Vielzahl von Faktoren zu berücksichtigen. In diesem Schritt muss die Unternehmung bestimmte Mindestanforderungen festlegen, um aus den verbliebenen Ländern die erfolgversprechendsten auszuwählen.

In der letzten Stufe werden bei der Feinselektion die übrigen Länder erneut nach den B-Kriterien überprüft. Danach können Portfolios erstellt werden, aus denen sich Peripherie-, Hoffnungs- und Kernmärkte ableiten lassen,[813] womit der Selektionsprozess jedoch noch nicht abgeschlossen ist. Entscheidend sind hierbei auch die unternehmensinterne Situation in Form von Ressourcen, Kompetenzen und Fähigkeiten sowie weitere externe Faktoren, wie bspw. Wettbewerb und Markteintrittsbarrieren, die berücksichtigt werden müssen.[814] Erst im Anschluss an diesen gesamten Prozess kann schließlich über einen potenziellen Markteintritt entschieden werden.[815]

Selbstverständlich ist auch dieses komplexe Marktselektionsverfahren nicht gänzlich ohne Kritik geblieben, denn vergleichbar mit den eher einfachen Verfahren kommt es auch hier dazu, dass durch mögliche 'Knock-Out-Kriterien' frühzeitig Ländermärkte in der ersten Selektionsstufe aussortiert werden, obwohl diese Ländermärkte auch Chancen oder Vorteile bieten können, die bestimmte Bedrohungen oder Nachteile kompensieren oder gar übertreffen.[816]

4.2.3 Marktsegmentierungsstrategien

Die Marktsegmentierungsstrategie oder auch Marktparzellierungsstrategie[817] stellt die Grundlage der vorher erläuterten Marktselektion dar.[818] Dieses Konzept steht in unmittelbarem Zusammenhang mit der Abgrenzung des relevanten Marktes einerseits und dem Streben nach komparativen Kostenvorteilen andererseits.[819] Die Segmentierungsstrategie weist auch aufgrund der unterschiedlichen Kundenbedürfnisse eine zuneh-

---

[811]   Vgl. Berndt et al. (2005), S. 102 f.
[812]   Vgl. Schneider (1998), S. 343 ff.
[813]   Vgl. Kutschker / Schmid (2008), S. 972.
[814]   Vgl. Schneider (1998), S. 343 ff.
[815]   Vgl. Schneider / Müller (1989), S. 18 ff.
[816]   Vgl. Henzler (1979), S. 122.
[817]   Vgl. Becker (2006), S. 237.
[818]   Vgl. Büter (2007), S. 130.
[819]   Vgl. Backhaus / Schneider (2007), S. 58.

mende Relevanz auf,[820] sodass schon in früheren Jahren von dem Beginn der Marktsegmentierungsära gesprochen wurde[821]. Wurde zunächst der Fokus noch vermehrt auf makroökonomische Faktoren, wie Ökonomie, Kultur, Technologie und Geografie gelegt,[822] so rückte die mikroökonomische Sichtweise und hier speziell die behavioristische Komponente zunehmend in den Vordergrund.[823] Verstärkt wurde diese Entwicklung durch einige Studien, die belegten, dass eine Segmentierung, die einzig auf makroökonomischen Faktoren basiert, ein wesentlich höheres Risiko des Scheiterns bei einem möglichen Markteintritt aufweist.[824]

Generell können Unternehmen folglich nur noch dann erfolgreich agieren, wenn sie ihr Angebot gezielt auf die Wünsche und Bedürfnisse der Kunden, und somit auf die behavioristische Komponente, ausrichten.[825] Eine individuelle Lösung ist jedoch bei vielen Produkten nicht möglich oder zu aufwendig.[826] Prinzipiell sollte ein Marktsegment in sich möglichst homogen sein, sich aber gleichzeitig von anderen Marktsegmenten deutlich unterscheiden.[827] Die Segmentierungskriterien sollten dabei zeitlich stabil und messbar sein, einen Bezug zur Marktbearbeitung der Unternehmung und zum Verhalten der Marktteilnehmer aufweisen sowie die Ansprechbarkeit der Segmente gewährleisten.[828] Folglich befasst sich die Marktsegmentierung mit der Ermittlung unterschiedlicher Abnehmerbedürfnisse,[829] die aufgrund der Fähigkeiten eines Unternehmens separat bedient werden können,[830] um das Ziel der Generierung neuer Absatzmöglichkeiten für das Unternehmen und den damit verbundenen Wettbewerbsvorteil gegenüber der Konkurrenz zu erzielen[831].

Grundsätzlich existiert eine Vielzahl an Segmentierungsmöglichkeiten sowohl auf der Makro- als auch auf der Mikro-Ebene. Porter bezeichnet die Aufgliederung einer Branche zur Entwicklung einer Wettbewerbsstrategie als Branchensegmentierung.[832] In den verschiedenen Segmenten können die Kostenführerschaft, Differenzierung oder Nischenstrategie als Wettbewerbsstrategie angewendet werden.[833] Weitere Möglichkeiten der Aufgliederung bestehen in der länderspezifischen,[834] in der kundenbezoge-

---

[820]   Vgl. Meffert / Althans (1982), S. 15, vgl. Wedel / Kamakura (1999), S. 3.
[821]   Vgl. Smith (1956), S. 3-8, vgl. Engel et al. (1972), S. 22 f., vgl. Struhl (1992), S. 5 f.
[822]   Vgl. Kotler (1986), vgl. Daniels (1987).
[823]   Vgl. Helsen et al. (1993).
[824]   Vgl. Simon (1996), vgl. Keegan (1999), S. 199.
[825]   Vgl. Pepels (2000), S. 19, vgl. Raulerson et al. (2009), S. 30.
[826]   Vgl. Kotler et al. (2007), S. 456.
[827]   Vgl. Bauer (1976), S. 63.
[828]   Vgl. Meffert (1977), S. 435.
[829]   Vgl. Bradley (2005), S. 207, vgl. Kotler / Keller (2006) S. 240 ff.
[830]   Vgl. Porter (2000), S. 301.
[831]   Vgl. McDonald / Dunbar (2004), S. 10.
[832]   Vgl. Porter (2000), S. 308.
[833]   Vgl. Toyne / Walters (1989), S. 295 f., vgl. Bauer (2000), S. 2808, vgl. Porter (2000), S. 35 ff.
[834]   Zur weiteren Vertiefung siehe: Liander et al. (1967), S. 59-62, Sethi (1971), S. 348-354, Huszagh et al. (1986), S. 31-43, Day et al. (1988), S. 14-27, Lee (1990), S. 39-49, Helsen et al. (1993), S. 60-71, Dawar /

nen sowie in der kombinierten kunden- und länderspezifischen Marktsegmentierung.[835] Die länderspezifische Segmentierung basiert auf einer Kombination von geografischen[836], demografischen oder auch geodemografischen Kriterien.[837] Die kunden- und länderspezifische Segmentierung hat sich zunehmend im internationalen Bereich etabliert, sodass nach einer Länderauswahl auf der Makro-Ebene eine weitere Segmentierung auf der Mikro-Ebene vorgenommen wird. Hierbei haben sich zwei zentrale Formen der Marktsegmentierung, die intranationale sowie die integrale Marktsegmentierung, durchgesetzt:[838]

4.2.3.1 Intranationale Marktsegmentierung

Bei der intranationalen Marktsegmentierung werden innerhalb bestimmter Auslandsmärkte möglichst homogene und chancenreiche Marktsegmente identifiziert bzw. Zielgruppen gebildet.[839] In diesem Zusammenhang ist jedoch speziell auf die Vergleichbarkeit der Kriterien in den einzelnen Ländermärkten zu achten, da ansonsten die in den unterschiedlichen Ländern definierten Zielgruppen einander nicht genübergestellt werden können.[840]

Prinzipiell können in diesem Segmentierungsprozess die gleichen Kriterien herangezogen werden wie auf dem Inlandsmarkt.[841] Wichtige Kriterien bei der Marktsegmentierung sind

- soziodemografische Merkmale (demografische, soziografische und geografische Merkmale),
- psychologische Merkmale (psychologische Persönlichkeitsmerkmale und produktbezogene psychologische Merkmale),
- Kauf-, Verhaltens- und Kommunikationsmerkmale sowie
- Merkmale des Medianutzungsverhaltens.[842]

Neben diesen klassischen Kriterien werden oftmals auch unterschiedliche Möglichkeiten der Marktsegmentierung auf der Basis von Nutzenerwartungen[843] und Life-Style-Typologien[844] sowie weitere Sonderformen, wie bspw. die mikrogeografische Seg-

---

Parker (1994), S. 81-95, Kumar et al. (1994), S. 29-52, Kale (1995), S. 35-48, Kumar et al. (1998), S. 255-268, Kotabe / Helsen (1998), S. 188-189, Steenkamp (2001), S. 30-44.
[835] Vgl. Bastian (2006), S. 34 ff.
[836] Vgl. Luostarinen (1979), vgl. Ruzzier / Konecnik (2006), S. 22.
[837] Vgl. Kotler / Armstrong (2009), S. 225.
[838] Vgl. Carpano et al. (1994), S. 641 ff., vgl. Stegmüller (1995), S. 79, vgl. Kotabe / Helsen (1998), S. 190, vgl. Bauer (2000), S. 2808.
[839] Vgl. Büter (2007), S. 131.
[840] Vgl. Stegmüller (1995a), S. 377 ff.
[841] Vgl. Keegan / Schlegelmilch (2001), S. 212 ff.
[842] Vgl. Berndt et al. (2005), S. 114, vgl. Becker (2006), S. 251, vgl. Freter (2008), S. 93.
[843] Vgl. Stegmüller (1995a), S. 366 ff.
[844] Vgl. Kramer (1991), vgl. Kamakura et al. (1993).

mentierung oder die Benefit Segmentation[845], verwendet. Hierbei gilt jedoch zu beachten, dass sich die Identifikation jener Segmente häufig als sehr kompliziert herausstellt.[846]

4.2.3.2   Integrale Marktsegmentierung

Bei der integralen Marktsegmentierung, welche auch Cross-Country-Segmentierung genannt wird, werden Marktsegmente identifiziert, die auch über Ländergrenzen hinausreichen.[847] Diese 'Inter-Market-Segmentierung' setzt die kombinierte Integration sowohl der makro- als auch der mikroökonomischen Elemente in der jeweiligen Segmentierung voraus.[848] Derartige Marktsegmente lassen sich durch zwei unterschiedliche Wege herauskristallisieren.

Zum einen kann man die anhand einer intranationalen Marktsegmentierung in den einzelnen Ländermärkten identifizierten Abnehmergruppen vergleichen.[849] Auf Grundlage dieses Vergleichs kann festgestellt werden, ob bestimmte Kundengruppen länderübergreifend vorhanden sind. Zum anderen wird versucht, durch eine alle relevanten Ländermärkte betreffende Untersuchung länderübergreifende Abnehmergruppen zu identifizieren.[850]

Marktsegmentierungsstrategien - wie auch schon die Marktselektionsstrategien - sind hochgradig unternehmensindividuell und müssen deshalb sowohl die eigenen Fähigkeiten, Ressourcen und Kompetenzen als auch die Umwelt im Hinblick auf die Wettbewerber berücksichtigen.[851] Sind die großen Segmente durch etablierte nationale Wettbewerber besetzt, so empfiehlt es sich, in diesem Markt eher kleinere Segmente, so genannte Nischen, zu besetzen.

In der jüngsten Vergangenheit zeigten allerdings unterschiedliche Studien, dass das bereits angedeutete Segmentierungspotenzial häufig nicht ausgeschöpft wird,[852] was auch in der noch frühen methodischen und theoretischen Entwicklung der Marktsegmentierung begründet liegt.[853]

Des Weiteren gilt zu beachten, dass die drei Zielmarktstrategien nicht unabhängig voneinander zu betrachten sind. Marktpräsenz-, Marktselektions- und Marktsegmentierungsstrategien weisen in der Praxis zahlreiche Interdependenzen auf, sodass ein Unternehmen bei der Prüfung eines Markteintritts Überlegungen zu allen drei Strategien

---

[845] Vgl. Kesting / Rennhak (2008), S. 17 ff.
[846] Vgl. Steenkamp / Hofstede (2002), S. 197.
[847] Vgl. Armstrong / Kotler (2007), S. 176.
[848] Vgl. Hassan et al. (2003), vgl. Hassan / Craft (2005), S. 82.
[849] Vgl. Kutschker / Schmid (2008), S. 979.
[850] Vgl. Berndt et al. (2005), S. 125.
[851] Vgl. Kutschker / Schmid (2008), S. 982.
[852] Vgl. Kesting / Rennhak (2008), S. V.
[853] Vgl. Wedel / Kamakura (1999), vgl. Bolton / Myers (2003), S. 123, vgl. Steenkamp / Hofstede (2002).

gleichzeitig anstellen sollte. Der nächste Schritt in der Abfolge eines Markteintritts betrifft die unterschiedlichen Timingstrategien, die für die Markterschließung bzw. Marktbearbeitung angewandt werden können. Die Timingstrategien bilden den letzten Schritt in der Ablaufplanung eines Markteintritts.

4.3 Timingstrategien

In diesem Abschnitt werden Timingstrategien als weiteres Element der Internationalisierungsstrategie erläutert. Die Frage nach dem Zeitpunkt des Markteintritts erhält vor dem Hintergrund zunehmender Dynamiken, damit verbundenen unsicheren Marktbedingungen und dem schnelleren technologischen Wandel in Bezug auf den Erfolg einer Kampagne eine wachsende Bedeutung.[854] Hier kann zwischen länderspezifischen und länderübergreifenden Timing-strategien differenziert werden.[855]

4.3.1 Länderspezifische Timingstrategien

Generell hängt ein wettbewerbsstrategischer Vorteil nicht allein von der spezifischen Leistung ab, sondern auch vom Zeitpunkt des Markteintritts.[856] Somit muss jede Unternehmung Überlegungen anstellen, wann sie in einen bestimmten Ländermarkt eintreten will. Prinzipiell lassen sich zwei Varianten zur Wahl des Markteintrittszeitpunktes, die Pionier- sowie die Folgerstrategie, unterscheiden.[857] Viele Studien kommen zu dem Schluss, dass die Pionier- erfolgreicher als die Folgerstrategie sei.[858] Zunehmend häufiger erfolgt mittlerweile jedoch eine weitere Unterteilung in die frühe und späte Folgerstrategie.[859]

Welche der drei Strategien von einem Unternehmen verfolgt wird, hängt letztendlich weniger vom konkreten Zeitpunkt als vielmehr von dem Timing in Relation zum Wettbewerb im Markt ab.[860] So kann eine Unternehmung schneller (Pionier) oder langsamer (Folger) in einen bestimmten Ländermarkt eintreten. Dieser Entschluss muss jedoch bei jedem einzelnen Markeintritt erneut überprüft werden, um sich für den erfolgversprechendsten Zeitpunkt zu entscheiden.[861] Im internationalen Kontext lassen sich hierbei zwei Arten von Wettbewerbern unterscheiden: Zum einen die nationalen Wettbewerber, die nur in einem spezifischen Markt tätig sind und zum ande-

---

[854] Vgl. Kalish / Lilien (1986), S. 194, vgl. Lilien / Yoon (1990), S. 568, vgl. Pinto et al. (2008), S. 156 ff.
[855] Vgl. Pues (1994), S. 237 ff.
[856] Vgl. Remmerbach (1989). S. 173 ff.
[857] Vgl. Maidique (1980), vgl. Zörgiebel (1983), vgl. Specht / Zörgiebel (1985), vgl. Porter (1995), S. 126 ff.
[858] Vgl. Kalyanaram et al. (1992), vgl. Kerin et al. (1992), vgl. Szymanski et al. (1995), vgl. Clement et al. (1998).
[859] Vgl. Remmerbach (1988), S. 40 ff., vgl. Buchholz (1996), vgl. Crawford / di Bennedetto (2000).
[860] Vgl. Lieberman / Montgomery (1988), S. 41 ff., vgl. Fischer et al. (2007), S. 540.
[861] Vgl. Brehm (2008), S. 117.

ren Unternehmungen, die aufgrund der internationalen Tätigkeit in den Markt eintreten.[862]

4.3.1.1   Pionierstrategie

Bei der so genannten Pionierstrategie tritt eine Unternehmung als Erste[863] und damit vor möglichen anderen internationalen Wettbewerbern in einen bestimmten Markt ein.[864] Diese Strategie kann auf etablierten Märkten jedoch nur gegenüber der internationalen Konkurrenz angewendet werden, da sich die nationalen Wettbewerber bereits auf ihrem Heimatmarkt befinden.[865] Tendenziell kann eine internationale Unternehmung nur in seltenen Fällen schneller als nationale Wettbewerber sein, z. B. dann, wenn sich neue Märkte infolge von Produktinnovationen ergeben.

Der Vorteil einer First-Mover-Strategie besteht vor allem im Aufbau von Markteintrittsbarrieren gegenüber potenziellen Konkurrenten.[866] Hieraus können sich zahlreiche weitere Vorteile ableiten lassen.[867] So sichert sich der Pionier einen Bekanntheits- und Imagevorsprung und kann angesichts seiner erlangten Erfahrungskurvenvorteile[868] Netzwerke aufbauen und intensive Beziehungen und Bindungen zu Lieferanten und Kunden knüpfen.[869] Eine Vielzahl wissenschaftlicher Studien belegt darüber hinaus eine hohe Korrelation zwischen dem Zeitpunkt des Markteintritts und der Größe des Marktanteils.[870] Demnach ist der potenzielle Marktanteil für den Early-Starter am größten, da dieser einen Markt frei von internationalem Wettbewerb betritt. Zudem kann er als Folge seines hohen Marktanteils,[871] der zumeist auch beim Eintritt neuer Wettbewerber erhalten bleibt,[872] Monopolgewinne abschöpfen.[873] Generell kann sich ein so genannter 'First-Mover Advantage' jedoch auch durch plötzliche Umfeldveränderungen ergeben.[874] In der Nutzfahrzeugindustrie wäre ein derartiges Phänomen durch die Einführung strikterer Emissionsregularien in den Schwellenländern denkbar. Hierdurch übt zwar der Gesetzgeber erheblichen Druck auf die Nutzfahrzeugindustrie

---

[862]   Vgl. Kutschker / Schmid (2008), S. 984.
[863]   Vgl. Schmalensee (1982), S. 349.
[864]   Vgl. Backhaus / Schneider (2007), S. 143.
[865]   Vgl. Wesnitzer (1993), S. 74 f.
[866]   Vgl. Mitchell (1991), S. 87 f.
[867]   Vgl. Kerin et al. (1992), S. 34.
[868]   Das Konzept der Erfahrungskurve bildet den Zusammenhang zwischen Absatzerfolg und Produktionskosten ab. Als Folge von Lerneffekten, günstigeren Bezugsmöglichkeiten und Fixkostendegression sollen Kostensenkungen pro ausgebrachter Produkteinheit bis zu 30 % möglich sein.
[869]   Vgl. Smiley / Ravid (1983), S. 353 ff., vgl. Conrad (1983), S. 353 ff., vgl. Baker / Becker (1997), S. 89 ff.
[870]   Vgl. Robinson (1988), vgl. Mitchell (1991), vgl. Brown / Lattin (1994), vgl. Kerin et al. (1996), vgl. Coeurderoy / Durand (2004).
[871]   Vgl. Miller et al. (1989), vgl. de Castro / Chrisman (1995), 168 f., vgl. Hajipour / Gholamzadeh (2010), S. 60.
[872]   Vgl. Biggadike (1976), vgl. Dillon et al. (1979), vgl. Robinson / Fornell (1985).
[873]   Vgl. Thompson / Strickland (1999), S. 170.
[874]   Vgl. Lieberman / Montgomery (1988).

aus,[875] jedoch weniger auf die Triade-OEMs, da diese bereits über die notwendige Technologie verfügen und sich somit einen Wettbewerbsvorteil in den Schwellenländern verschaffen können.

Neben den vielen Vorteilen birgt eine derartige Pionierstrategie allerdings auch einigen Spielraum für Nachteile.[876] Diese sind vor allem die hohen Kosten der Markterschließung, die Free-Rider-Effekte[877] und die mögliche Verschlossenheit gegenüber länderspezifischen Problemen.[878] Zudem belegt eine empirische Studie aus dem Jahr 1993, dass Ländermarkteintrittsbarrieren für Pionierunternehmen nicht niedriger sind als für Folgerunternehmungen.[879]

4.3.1.2   Folgerstrategie

Bei der Folgerstrategie tritt ein Unternehmen erst dann in einen bestimmten Markt ein, wenn andere Unternehmen diesen bereits erfolgreich bearbeiten,[880] sodass das Unternehmen dort neben den nationalen Wettbewerbern auch bereits auf internationale Konkurrenz trifft. Wie bereits angedeutet, kann bei diesem Strategietypus zwischen der Frühfolger- oder auch 'Second-to-Market'-Strategie und der Spätfolger- oder auch 'Later-to-Market'-Strategie unterschieden werden.[881] Eine genaue Abgrenzung dieser beiden Eintrittsstrategien gestaltet sich als schwierig, und dennoch haben unterschiedliche Analysen gezeigt, dass es auf den Zeitpunkt des 'Take-Offs'[882] des jeweiligen Marktes ankommt. So treten frühe Folger bereits vor dem Zeitpunkt des Take-Offs und späte Folger erst in der starken Wachstumsphase in den Ländermarkt ein.[883]

Der Vorteil der Follower-Strategie gegenüber der Pionierstrategie ist, dass der Folger von den Fehlern des Pioniers lernen und von dem stabileren Umfeld auf einem stärker wachsenden Markt profitieren kann. Darüber hinaus verfügt er meist bereits über fundierte Informationen, kann somit schon etablierte Standards übernehmen und folglich Kosteneinsparungen und Erlöserhöhungen erzielen.[884]

---

[875]   Vgl. Waldkirch (2006), S. 20.
[876]   Vgl. Porter (1985).
[877]   Die Free-Rider-Effekte kommen dadurch zustande, dass auch später eintretende Folger von bestimmten Investitionen des Pioniers profitieren.
[878]   Vgl. Oelsnitz (2000), S. 205 ff.
[879]   Vgl. Karakaya (1993), S. 7 ff.
[880]   Vgl. Kutschker / Schmid (2008), S. 986.
[881]   Vgl. Becker (2009), S. 379.
[882]   Mit 'Take-Off' wird der Zeitpunkt des ersten großen Absatzanstieges verstanden, bei dem der Markt von der langsam wachsenden Einführungs- in die Wachstumsphase eintritt (vgl. Golder / Tellis (1997).
[883]   Vgl. Fischer et al. (2007), S. 546.
[884]   Vgl. Golder / Tellis (1993), S. 158 ff.

Als nachteilig erweisen sich jedoch die von dem Pionier aufgebauten Markteintrittsbarrieren sowie dessen Erfahrungsvorsprung.[885] Zudem muss sich der Folger in bereits
bestehende Geschäftsbeziehungen, Produkt-Kunden-Beziehungen und in bereits existierende Netzwerke einklinken, um auf diesem Markt zu bestehen und langfristig die
Größenvorteile des Pioniers auszugleichen.[886] Während Frühfolger kurz nach dem
Pionier in den Ländermarkt eintreten und damit noch gute Marktpenetrierungspoten-
ziale besitzen, haben Spätfolger deutlich geringere Erfolgsaussichten, da diese erst
dann in den Ländermarkt eintreten, wenn sie sich dem grundsätzlichen Risiko eines
Scheiterns nicht mehr aussetzen.[887] Aufgrund dieser Nachteile wird speziell der Spätfolger, damit er gegenüber sowohl dem Pionier als auch Frühfolgern bestehen kann,
zunächst in der Regel eine Nischenstrategie verfolgen, um dem starken Wettbewerb
auf den etablierten Märkten auszuweichen.

4.3.2 Länderübergreifende Timingstrategien

Im Gegensatz zu den länderspezifischen Timingstrategien befasst sich länderübergreifende Timingstrategien mit dem Eintritt in mehrere Ländermärkte.[888] Generell werden
drei Varianten bei der Wahl der Abfolge der Markteintrittszeitpunkte in verschiedene
Ländermärkte unterschieden:[889]

- die Wasserfallstrategie,
- die Sprinklerstrategie und
- die kombinierte Wasserfall-Sprinkler-Strategie.

4.3.2.1   Wasserfallstrategie

Bei der Wasserfallstrategie erfolgt der Markteintritt in Ländermärkte kontinuierlich
und sukzessiv, wodurch sich dieser Vorgang über einen längeren Zeitraum erstrecken
kann.[890] Diese Strategie verfolgt das Ziel der Vermeidung eines länderübergreifenden
Flops, da erst nach erfolgreicher Einführung in einen bestimmten Markt der Eintritt in
einen neuen Markt erfolgt.[891] Gleichfalls bietet sich eine derartige Vorgehensweise an,
wenn bestimmte Länder als Brückenköpfe für eine weitere Auslandsmarkterschließung
geschaffen werden müssen.[892] Darüber hinaus können auch stark auseinander liegende
Produktgattungszyklen in den unterschiedlichen Ländern zu dieser Eintrittsvariante

---

[885]   Vgl. Welge / Holtbrügge (2006), S. 135 f.
[886]   Vgl. Oelsnitz / Heinecke (1997), S. 35 ff.
[887]   Vgl. Fischer et al. (2007), S. 542.
[888]   Vgl. Kreutzer (1990), S. 238-253, vgl. Wesnitzer (1993), S. 71-77, vgl. Meffert / Pues (2002), S. 403-416,
         vgl. Swoboda (2002), S. 94 ff.
[889]   Vgl. Ohmae (1985), S. 33 ff.
[890]   Vgl. Backhaus et al. (2003).
[891]   Vgl. Meffert et al. (2008), S. 292.
[892]   Vgl. Müller / Gelbrich (2004), S. 742 f.

führen, um - ausgehend vom Stammland - den Gesamtlebenszyklus des Produktes zu verbessern.[893]

Abbildung 11: Grundmuster der Wasserfallstrategie

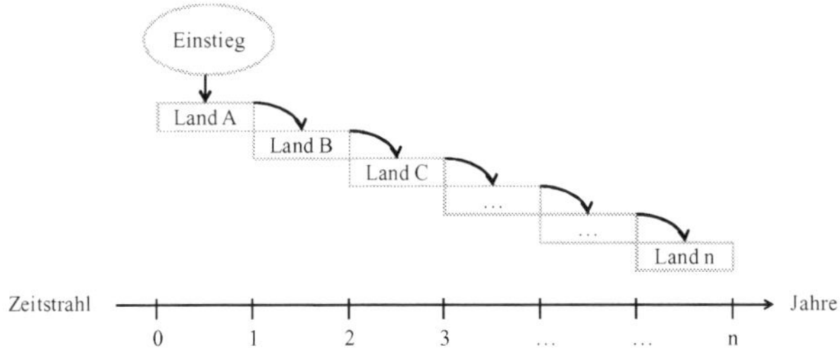

Quelle: Eigene Darstellung in Anlehnung an Kutschker / Schmid (2008), S. 990.

Die obige Abbildung stellt das Grundmuster der Wasserfallstrategie dar, welches sehr eng mit den Aussagen der Uppsala-Schule korrespondiert. Demnach tritt eine Unternehmung konzentrisch vom Heimatmarkt aus in neue Märkte ein. Präferiert werden nach der Psychic Distance Chain zunächst psychisch nahe Ländermärkte um im weiteren Verlauf sukzessiv in psychisch weiter entfernte Ländermärkte einzutreten.[894]

Der größte Vorteil der Wasserfallstrategie besteht in der Begrenzung des Risikos des Scheiterns. Des Weiteren kann die Unternehmung zunächst in vertraute Ländermärkte eintreten, wodurch diese Ländermärkte den Eintritt in neue Ländermärkte mitfinanzieren können. Zudem entsteht ein versetzter Bedarf an Ressourcen. Darüber hinaus kann das Unternehmen den günstigsten Zeitpunkt für den Markteintritt in einen bestimmten Markt anvisieren.[895]

Zu den möglichen Nachteilen zählen ein verspäteter Markteintritt in einzelne Märkte, wodurch Trends verpasst werden können, der Verlust des Überraschungseffektes gegenüber den Konsumenten und eine Frühwarnung an die Wettbewerber, die die verbleibende Zeit bis zum folgenden Markteintritt der fokalen Unternehmung nutzen können, um sich selbst im nächsten anvisierten Markt zu etablieren.[896] Auch besteht die Gefahr, Erfahrungen aus einem bereits etablierten Ländermarkt fälschlicherweise auf einen anvisierten Ländermarkt zu übertragen. Das gilt sowohl für positive als auch für negative Erfahrungen. So kann es bspw. insofern zu Fehleinschätzungen kommen, als dass ein fehlgeschlagener Markteintritt im ersten Land nicht gleichzeitig einen Misserfolg im zweiten Land bedeuten muss.[897]

---

[893] Vgl. Kreutzer (1990), S. 238 ff., vgl. Backhaus et al. (2003), S. 168 ff.
[894] Vgl. Kutschker / Schmid (2008), S. 990.
[895] Vgl. Kreutzer (1990), S. 239 f.
[896] Vgl. Homburg / Krohmer (2009), S. 1060.
[897] Vgl. Kutschker / Schmid (2008), S. 992.

4.3.2.2   Sprinklerstrategie

Im Gegensatz zu der Wasserfallstrategie zeichnet sich die Sprinklerstrategie dadurch aus, dass innerhalb eines kurzen Zeitraums mehrere oder alle anvisierten Ländermärkte von der Unternehmung bearbeitet werden.[898] Diese Vorgehensweise entspricht vor allem der Weltmarktstrategie und somit der geozentrischen Orientierung eines Unternehmens.[899] Das Verfahren der Sprinklerstrategie wird in der nachfolgenden Abbildung dargestellt. Demzufolge gibt es keine zeitliche Differenzierung bei den geplanten Markteintrittszeitpunkten in den einzelnen Ländermärkten.

Abbildung 12: Grundmuster der Sprinklerstrategie

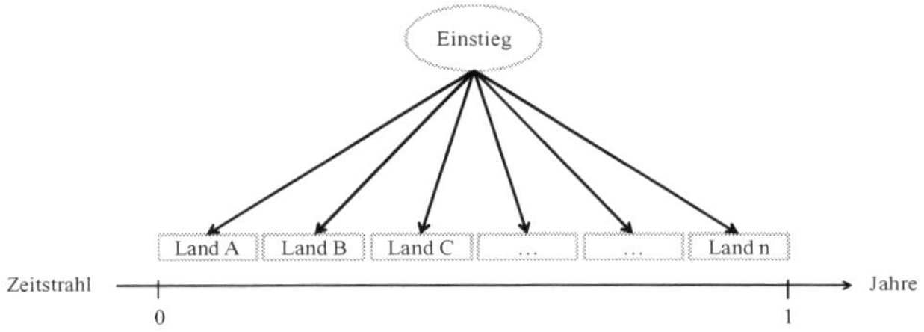

Quelle: Eigene Darstellung in Anlehnung an Kutschker / Schmid (2008), S. 993.

Es wird damit bewusst auf Testphasen in Stellvertreter-Märkten verzichtet, um simultan die wichtigen Schlüsselmärkte zu erschließen.[900]

Vorteilhaft an der Sprinklerstrategie sind der frühzeitige Eintritt in eine Vielzahl von Märkten, die damit verbundene Akquirierung von Pioniervorteilen und ein Imagegewinn, da bereits früh gegenüber bestimmten Ländern eine Verbundenheit gezeigt wird.[901] Darüber hinaus erlaubt die Sprinklerstrategie eine schnelle Amortisation der Fixkosten und den Überraschungseffekt bei Konsumenten und Wettbewerbern.[902] Die Nachteile der Sprinklerstrategie entsprechen weitestgehend den Vorteilen der Wasserfallstrategien, sodass diese hier nicht noch einmal aufgegriffen und erläutert werden.[903] Als Beispiel sei hier auf den Vorteil des versetzten Bedarfs an Ressourcen bei der Wasserfallstrategie verwiesen, der sich in der Sprinklerstrategie aufgrund des gleichzeitigen Bedarfs der Ressourcen als nachteilig erweist.

---

[898]   Vgl. Swoboda (2002).
[899]   Vgl. Wind et al. (1973), S. 20 ff., vgl. Becker (2009), S. 335 f.
[900]   Vgl. Ohmae (1985), S. 44, vgl. Kreutzer (1990), S. 241 f., vgl. Backhaus et al. (2003), S. 173 ff.
[901]   Vgl. Homburg / Krohmer (2009), S. 1060.
[902]   Vgl. Meffert / Pues (2002), S. 407.
[903]   Vgl. Kapitel 4.3.2.1.

4.3.2.3   Kombinierte Wasserfall-Sprinkler-Strategie

Neben den vorgenannten Varianten gibt es noch die Möglichkeit der Kombination der Wasserfall- mit der Sprinklerstrategie.[904] Abbildung 13 gibt einen exemplarischen Ablauf einer derartigen Kombination wieder. Demnach wählt das Unternehmen zunächst eine wasserfallähnliche Strategie, verfolgt dann im weiteren Verlauf eine sprinklerähnliche Strategie um abschließend erneut eine wasserfallähnliche Strategie anzuwenden. Jene Strategie wird insbesondere dann umgesetzt, wenn die Ressourcen für die Sprinkler-Strategie nicht ausreichen und/oder das Risiko eines globalen Fehlschlags als zu hoch eingeschätzt wird.[905] Beispiele für eine solche kombinierte Strategie bieten globale Marken wie Nivea, Marlboro, Nescafé und Coca-Cola.[906]

Abbildung 13: Grundmuster der kombinierten Wasserfall-Sprinkler-Strategie

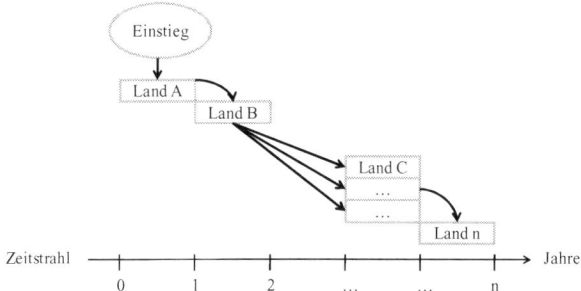

Quelle: Eigene Darstellung in Anlehnung an Kutschker / Schmid (2008), S. 995.

Generell weist diese Kombination die Vor- und Nachteile der vorher erwähnten Varianten in abgeschwächter Form auf. Somit wird eine derartige Wasserfall-Sprinkler-Strategie dann gewählt, wenn einige Ländermärkte als ähnlich wahrgenommen werden und der Markteintritt aufgrund dessen in diesen Ländern zeitgleich erfolgen soll.

Im nachfolgenden Kapitel wird auf die Modifizierung des Markteintritts für einen Zugang in neue Schwellenländer eingegangen, um daran anschließend einen weiteren bedeutenden Aspekt speziell für den Markteintritt in Schwellenländer zu erläutern, nämlich die Anpassung von Produkten an die jeweiligen relevanten Marktbedürfnisse.

---

[904]   Vgl. Kutschker / Schmid (2008), S. 994.
[905]   Vgl. Becker (2009), S. 336.
[906]   Vgl. Kreutzer (1990), S. 250 f., vgl. Müller / Gelbrich (2004), S. 740 ff.

4.4   Modifikation des Ablaufs eines Markteintritts für den Zugang in Emerging Market Economies

Im vorliegenden Kapitel wird ein modifizierter Ablauf eines Markteintritts speziell für multinationale Unternehmen in Emerging Markets vorgenommen. Zwar stellt der Ablauf eines Markteintritts, wie dieser bei Kutschker und Schmid dargestellt ist, die relevanten Aspekte des Markteintritts dar, jedoch sollte speziell vor dem Hintergrund eines möglichen Markteintritts in Schwellen- und Entwicklungsländer eine Veränderung des Ablaufs in Betracht gezogen werden. Nicht umsonst haben unterschiedliche Wissenschaftler bereits auf eine Flexibilisierung des Ablaufs hingewiesen. Demzufolge sollten zu Beginn des Ablaufs die Zielmarktstrategien angewendet werden und erst im Nachgang dazu sollte über potenzielle Markteintritts- bzw. Marktbearbeitungsstrategien entschieden werden. Die Entscheidung über mögliche Timingstrategien verbleibt in diesem Zusammenhang unverändert am Ende dieser Kette. Die Verschiebung der Zielmarktstrategien mit dem klaren Fokus auf die Marktselektionsstrategien verfolgt vor allem das Ziel, bereits zu Beginn ungeeignete Ländermärkte hinsichtlich politischer Unruhen bzw. ungeeigneter makroökonomischer Bedingungen - worunter auch tarifäre Hindernisse fallen - auszuschließen, um erst dann über potenzielle Markteintrittsstrategien zu entscheiden.

Es macht bei der Ausrichtung auf Schwellen- und Entwicklungsländer, die häufig ihren Heimatmarkt durch hohe Zölle schützen, wenig Sinn, sich zu Beginn einer solchen Analyse direkt auf eine Markteintrittsform, bspw. den Export, festzulegen. Durch eine derartige Vorgehensweise werden durchaus attraktive Ländermärkte für die jeweilige Unternehmung nicht bearbeitet, da sie sich aufgrund der bereits feststehenden Markteintrittsform, die mit gewissen gesetzlichen Regelungen oder aber den zu hohen Eintrittsbarrieren des anvisierten Ländermarktes kollidiert, als nicht geeignet herausstellen. Denkbar wäre in diesem Zusammenhang die Vernachlässigung in Form einer Nichtbeachtung bestimmter Märkte angesichts sehr hoher Importzölle oder auch die Festlegung eines Markteintritts in Form eines Joint Ventures mit Mehrheitsbeteiligung, wodurch bspw. der attraktive chinesische Markt aufgrund der gesetzlichen Reglementierungen aus dem Raster der Marktbearbeitung fallen würde. Neben dem Auslassen geeigneter Markteintrittspotenziale geht dies auch mit einer Bündelung und dem damit verbundenen gleichzeitigen Verlust wichtiger Unternehmensressourcen einher.

Multinationale Unternehmen wie die Daimler AG verwenden schon seit geraumer Zeit eine Modifikation des Markteintrittsablaufs. Dies hängt einerseits mit den oben genannten Aspekten zusammen, und andererseits ist auch die globale Aufstellung dieser Unternehmen mit in den Entscheidungsprozess über eine mögliche Markteintrittsstrategie einzubeziehen. Durch eine derartige globale Netzwerkstruktur besitzen diese Unternehmen Möglichkeiten des Markteintritts, die sich kleinen und mittelständischen Unternehmen nicht bieten. Demzufolge sind multinationale Unternehmen generell in

der komfortablen Situation, nicht unbedingt von einer einzigen Markteintrittsform abhängig zu sein, sondern über ein Bündel an unterschiedlichen Alternativen zur Erschließung eines relevanten Marktes zu verfügen. Die globale Aufstellung dieser Unternehmen erhält auch durch die zunehmende Verflechtung einzelner Länder und Regionen, wie es auch bereits in dem Kapitel zu den Emerging Market Economies[907]
bzw. der Emerging Triad[908] aufgezeigt wurde, eine wachsende Bedeutung. Damit in
Verbindung steht auch ein sinkender Unsicherheitsgrad der Unternehmen bezüglich
der Kostenseite, da durch unterschiedliche nationale sowie regionale Verflechtungen
ein Markteintritt in Schwellen- und Entwicklungsländer zukünftig wesentlich kostengünstiger realisiert werden kann. Um jedoch nach einem realisierten Markteintritt auch
von den hohen Wachstumsraten profitieren zu können, genügt es nicht, die bereits auf
anderen Märkten etablierten Produkte auch in dem neuen Ländermarkt einzuführen.
Vielmehr muss vor der Implementierung dieser Produkte eine Anpassung an die jeweiligen länderspezifischen Marktbedürfnisse erfolgen.

4.5   Homologation - die Anpassung von Produkten an die Marktbedürfnisse

Um überhaupt in einem ausgewählten Markt die gewünschten Produkte absetzen zu
können und erfolgreich zu sein, müssen die jeweiligen landesspezifischen Auflagen
und die Bedürfnisse der Kunden erfüllt werden.[909] Für internationale Unternehmen
bietet sich die Möglichkeit, ihre Produkte standardisiert und weltweit einheitlich zu
vertreiben oder aber eine bedürfnisorientierte Produktdifferenzierung vorzunehmen.
Während diese beiden Möglichkeiten Extrempositionen darstellen, kann auch eine
Adaption als partielle Differenzierung in Frage kommen. In Bezug auf die Standardisierung kann zudem zwischen globaler und regionaler Standardisierung unterschieden
werden.[910] Unternehmen entscheiden sich vor allem aus Kostengründen für die Standardisierung, um durch ein einheitliches Produkt Skaleneffekte in der Produktion zu
erzielen. Die Extremform der Standardisierung stellt ein weltweit einheitlicher Markt
mit identischen Produkten dar.[911] Jedoch rückt man von dieser Form, wie sie insbesondere von Levitt propagiert wurde,[912] immer deutlicher ab und wendet sich stattdes-
sen der regionalen Standardisierung zu,[913] bei der Länder mit ähnlichen Bedürfnissen
in ein Ländercluster zusammengefasst werden, für das ein einheitliches Produktkon-

---

[907]   Vgl. Kapitel 2.3.1.
[908]   Vgl. Kapitel 2.3.2.
[909]   Vgl. Christensen et al. (1987), vgl. Sharkey et al. (1989), vgl. Sullivan / Bauerschmidt (1990).
[910]   Vgl. Meffert / Bolz (1998), S. 156.
[911]   Vgl. Toyne / Walters (1989), S. 342 ff.
[912]   Vgl. Levitt (1983).
[913]   Vgl. Head (2007), S. 95.

zept mit geringfügigen lokalen Anpassungen entwickelt wird.[914] In diesem Zusammenhang ist die Umsetzung von Plattformstrategien für bestimmte Ländercluster einer der Erfolgsfaktoren für preissensible Schwellenländer.[915] Demnach werden innerhalb dieses Clusters gleichzeitig Größenvorteile ausgenutzt und die gemeinsamen Bedürfnisse der Länder berücksichtigt.

Im Gegensatz zur Standardisierung ist eine Produktdifferenzierung und -anpassung dann notwendig, wenn in den Ländern unterschiedliche Einsatzbedingungen herrschen und/oder starke staatliche Regelungen sowie unterschiedliche Kundenverhaltensmuster existieren.[916]

Hierbei besteht eine Möglichkeit der Anpassung darin, Produktversionen speziell für Schwellenländer zu konzipieren. Diese müssen aufgrund der geringeren Kaufkraft kostengünstig sein und grundlegende Bedürfnisse befriedigen.[917] Denn in den äußerst preissensiblen Schwellenländern ist kein Konsument bereit, für eine Eigenschaft, die er nicht benötigt, einen höheren Kostenbetrag aufzubringen.[918] Demzufolge ist für die Erschließung von Schwellenländern eine andere strategische Stoßrichtung notwendig, die nicht mit der Ausrichtung in den Industrieländern äquivalent ist.[919] Häufig wird hierbei das Prinzip der Rückwärtsinnovation[920] angewandt. Dieser Prozess, der die Verringerung des Qualitätsniveaus eines bestehenden Produktes darstellt, wird als 'Trading Down' bezeichnet. Ein Effekt dieses Vorgangs ist nicht zuletzt auch eine Verlängerung des Produktlebenszyklus und eine damit einhergehende Gewinnzunahme. Das Verfahren des Trading Downs kann durch die Verwendung von günstigeren Materialien, älteren Techniken oder der Verringerung der Ausstattung[921] erreicht werden. Die daraus entstehenden niedrigeren Preise führen zu einer höheren Akzeptanz auf preissensiblen Märkten, welche auch als Basis der Preispyramide bezeichnet werden.[922] Dieser Aspekt hängt sehr eng mit der Marktsegmentierung, die sich maßgeblich am Preis orientiert, zusammen. So können hier unterschiedliche Länder nach Low-, Medium- und Premium-Märkten differenziert werden.

Durch das Trading Down gelingt es den europäischen Herstellern, nicht allein die Spitzensegmente in den Schwellenländern anzusprechen, sondern sich zusätzlich in den Segmenten am unteren Ende der Einkommenspyramide zu positionieren.[923] Neben dem Ziel des Umsatzwachstums und dem damit verbundenen Einstieg in wachstumsstarke Segmente erhoffen sich Unternehmen langfristig Synergieeffekte zwischen den

---

[914]   Vgl. Hassan / Kaynak (1994).
[915]   Vgl. Halman et al. (2003).
[916]   Vgl. Czinkota / Ronkainen (2002), S. 211.
[917]   Vgl. Head (2007), S. 100 ff.
[918]   Vgl. Hein (2010), S. 13.
[919]   Vgl. Arnold / Quelch (1998), vgl. Hammond (1998).
[920]   Bei der Rückwärtsinnovation werden frühere und einfachere Formen des Produktes wieder eingeführt, die wesentlich kostengünstiger sind und für die Bedürfnisse des jeweiligen Landes angemessen sind.
[921]   Die Verringerung der Ausstattung wird auch als 'Decontenting' bezeichnet.
[922]   Vgl. London / Hart (2004), S. 351.
[923]   Vgl. Hein (2010), S. 13.

so genannten 'No-Frill'- und den Premiumprodukten.[924] Hierfür sind jedoch ein erfolgreicher Markteintritt und eine erhöhte Ausbringungsmenge Grundvoraussetzung.

Im folgenden Kapitel wird das Lead-Country-Konzept vorgestellt, welches sich auch als Element in dem neuen Internationalisierungsprozessmodell wiederfinden wird.

4.6   Lead-Country-Konzept

Das Lead-Country-Konzept erfährt in den vergangenen Jahren eine zunehmende Bedeutung in der weltweiten Unternehmenspraxis. So können Unternehmen wie IBM, Unilever oder Procter & Gamble als Beispiele für die erfolgreiche Umsetzung dieses Verfahrens benannt werden. Doch auch in der Wissenschaft hat dieses Konzept in den vergangenen Jahren auf sich aufmerksam gemacht und somit maßgeblich zur Entwicklung des integrierten Netzwerkmodells[925] beigetragen.

Der Grundgedanke des Lead-Country-Konzepts besteht darin, dass eine Landesgesellschaft für ein Produkt, eine Produktgruppe oder eine bestimmte Region - im Extremfall für den Weltmarkt - die Koordinationsfunktion bzw. die Position des 'Primus inter Pares'[926] übernimmt.[927] Diese Koordinationsfunktion versucht die Vorteile sowohl der zentralen als auch der dezentralen Koordination zu vereinen.[928] Das geht einher mit der Tatsache, dass die Niederlassung, auf die die Verantwortlichkeiten übertragen werden, fortan Konzepte erarbeitet, die auch als Grundlage für die Marktbearbeitung weiterer anvisierter Länder dienen.[929] Es wird somit ein erster Orientierungsrahmen zur Marktbearbeitung in den betroffenen Ländern erarbeitet und ggf. werden länderspezifische Adaptionen vorgenommen.[930] Man spricht in diesem Zusammenhang auch von der Dezentralisierung zentraler Verantwortung.[931] Trotz seiner dominierenden Rolle nimmt das Lead-Country allerdings nur eine Führungsposition mit eingeschränkter Entscheidungsbefugnis ein, sodass nach wie vor der Großteil der Entscheidungen von der Muttergesellschaft getroffen wird.[932] Die Auswahl eines derartigen Lead-Country hängt mit unterschiedlichen Faktoren zusammen. So ist häufig die geografische Lage eines Landes von erheblicher Bedeutung. Als weitere Einflussfaktoren gelten die Regierungspolitik, deren Stabilität und die damit einhergehenden staatlichen Regularien. Darüber hinaus sind auch die Informationsgewinnung über weitere Märkte und nicht

---

[924]   Vgl. Plötner (2010).
[925]   Zur weiteren Vertiefung siehe: Prahalad / Doz (1987), White / Poynter (1989, 1989a, 1990), Bartlett / Goshal (1990, 1990a), Hedlund (1993, 1993a), Kutschker / Schmid (2008).
[926]   'Primus inter pares', lateinisch: „Erster unter Gleichen".
[927]   Vgl. Meffert (1990), S. 103, vgl. Meffert / Bolz (1998), S. 253.
[928]   Vgl. Meffert (1989), Sp. 1425.
[929]   Vgl. Beise (2001).
[930]   Vgl. Jänicke / Jacob (2005), S. 190.
[931]   Vgl. Kerschbaumer (1992), S. 39.
[932]   Vgl. Raffée / Kreutzer (1986), S. 10 ff., vgl. Kreutzer (1987), S. 417.

zuletzt die kostengünstige Möglichkeit des Außenhandels im Sinne des Exports von großer Relevanz.[933] Demzufolge bietet es sich an, den Ländern Brasilien, Indien, Südafrika sowie ggf. China die Rolle der strategischen Führung oder auch des Lead-Country in der jeweiligen Region der Emerging Triad zu übertragen, um in diesen wichtigen Schwellenländern Erfahrungen zu sammeln. Gleichermaßen werden Produkte mit den entsprechenden Kundenbedürfnissen für diese Märkte entwickelt sowie Marketing- und Vertriebskonzepte erstellt und getestet.[934] Folglich sind die einzelnen Produktionsniederlassungen in diesen Ländern die herrschenden Kompetenzzentren für die jeweiligen anzustrebenden Regionen innerhalb der Emerging Triad. Unter der Leitung dieser Lead-Markets können die auf diesen Märkten erprobten Konzepte und Produkte verbessert und auf andere aktuelle oder zukünftige Schwellenländer übertragen werden, sodass lediglich geringfügige länderspezifische Adaptionen vorgenommen werden müssen.[935]

Zwar erscheint ein derartiger Ansatz zunächst als sehr sinnvoll, jedoch sollte hier noch kurz auf die wesentlichen Vor- und Nachteile dieses Ansatzes hingewiesen werden. Nachteilig an diesem Konzept ist sicherlich die Tatsache, dass eine Komplexitätsreduktion nur schwer zu realisieren ist, da die Zahl der Kommunikationswege in der Regel nicht verringert wird. Zudem wird zwar die Muttergesellschaft einerseits durch die Vergabe von Verantwortlichkeiten entlastet, jedoch sind andererseits Anpassungen der Planungs- und Kontrollsysteme notwendig, um die lokalen und globalen Verantwortungsbereiche klar voneinander abzugrenzen.[936] In jedem Fall ist mit einem wachsenden Koordinationsaufwand zu rechnen.[937] Die Vorteile dieses einfachen aber effizienten Systems liegen in der Verbesserung der Entscheidungsergebnisse, in der Entlastung der Zentrale und den niedrigeren Kosten im Vergleich zu anderen Koordinationsformen.[938] Darüber hinaus geht dieses Konzept mit einem hohen Partizipations- und folglich auch Motivationsgrad der Mitarbeiter einher.[939]

4.7   Resümee Kapitel 4

Abschließend bleibt festzuhalten, dass es sich bei einem Markteintritt zumeist um einen langwierigen Prozess handelt, welcher langfristig geplant werden muss; dieser darf jedoch in sich nicht starr sein, sondern muss sich vielmehr flexibel eventuell ändernden Rahmenbedingungen anpassen können. Maßgeblich sind dabei neben der un-

---

[933]   Vgl. Beise (2005), S. 320.
[934]   Vgl. Welge / Holtbrügge (2006), S. 156.
[935]   Vgl. Berndt et al. (2005), S. 304.
[936]   Vgl. Macharzina / Oesterle (1995), S. 332.
[937]   Vgl. Hünerberg (1994), S. 459.
[938]   Vgl. Meffert / Bolz (1994), S. 255.
[939]   Vgl. Frese (2000), S. 308 f.

ternehmensinternen Umwelt auch die erwähnten externen Einflussfaktoren.[940] So sind neben der Industrie und Marktcharakteristik[941] ebenso die Kernkompetenzen[942], die Verbundenheit zu dem ausländischen Markt[943] und die internationale Erfahrung[944] eines Unternehmens entscheidend für den Expansionserfolg und damit auch für den generellen Ablauf eines Markteintritts.[945] Darüber hinaus müssen speziell bei einem Eintritt in ein Schwellenland frühzeitig potenzielle Anpassungen der Produkte ins Auge gefasst werden. Es sollte hierbei auch beachtet werden, dass es - aufgrund der unzähligen Einflussfaktoren, der individuellen Umstände und der industriespezifischen Erfolgsfaktoren - keine perfekte Markteintrittsstrategie geben kann. Folglich ist eine Auslandtätigkeit stets mit einem gewissen Risiko verbunden, das zwar minimiert, aber nie gänzlich ausgeschlossen werden kann. Somit kann der Erfolg eines Markteintritts immer erst ex-post analysiert werden.[946] Darüber hinaus wirkt sich auch die Herkunft der Muttergesellschaft auf die jeweilige Markteintrittsform aus. So zeigten Studien, dass amerikanische und britische Unternehmen Kooperationen bevorzugen,[947] wohingegen deutsche Unternehmen eher zu der Gründung einer Tochtergesellschaft tendieren.[948] Um jedoch das angesprochene Risiko eines Markteintritts möglichst zu verringern, erscheint die Anwendung des Lead-Country-Konzepts durchaus als sinnvoll. Durch diese Vorgehensweise kann nach dem erfolgreichen Markteintritt und dem Aufbau einer Produktionsniederlassung in dem jeweiligen Lead-Market in weitere Ländermärkte unter einer deutlich geringeren Unsicherheit eingetreten werden.

Im nachfolgenden Kapitel wird nun das neue Internationalisierungsprozessmodell ausgearbeitet, welches maßgeblich auf den Kapiteln drei und vier dieser Arbeit aufbaut. So werden sich in diesem Ansatz sowohl Elemente der dargestellten Internationalisierungsprozessmodelle als auch Aspekte aus dem Ablauf eines Markteintritts wiederfinden.

---

[940]   Vgl. Aaby / Slater (1989), S. 7 ff., vgl. Bagchi-Sen (1999), S. 231 ff.
[941]   Vgl. Bilkey (1982), S. 39 ff., vgl. Holzmüller / Kasper (1991), S. 45 ff., vgl. Beamish et al. (1993), S. 121 ff., vgl. Cavusgil / Zou (1994).
[942]   Vgl. Ursic / Czinkota (1984), S. 159 ff., vgl. Christensen et al. (1987), S. 61 ff., vgl. Seifert / Ford (1989), S. 53 ff.
[943]   Vgl. Donthu / Kim (1993), S. 47 ff., vgl. Cavusgil / Zou (1994), vgl. Solberg / Olson (1998).
[944]   Vgl. Madsen (1989), S. 41 ff., vgl. da Rocha et al. (1990), S. 6 ff., vgl. Das (1994).
[945]   Vgl. Madsen (1989), S. 41 ff., vgl. Holzmuller / Kasper (1991), S. 45 ff., vgl. Louter et al. (1991), S. 7 ff., vgl. Donthu / Kim (1993), S. 47 ff. Zwar beziehen sich die hier benannten Studien schwerpunktmäßig auf den Export als Markteintrittsform, jedoch sind die erläuterten Determinanten gleichermaßen auf weitere Markteintrittsformen anwendbar.
[946]   Vgl. Müller-Stewens / Lechner (2002), S. 400.
[947]   Vgl. Wilson / Brennan (2003), S. 3.
[948]   Vgl. Welge / Holtbrügge (2003), S. 122.

5.   Evaluation eines neuen Modells innerhalb der Internationalisierungsprozessforschung

Wie schon zu Beginn dieser Arbeit angedeutet, hat sich im Laufe der Zeit eine zunehmende Forderung nach neuen Erkenntnissen innerhalb der Internationalisierungsprozessforschung (IPF) herauskristallisiert. Dies liegt nicht zuletzt in der Vielzahl an Schwachpunkten der etablierten Modelle begründet, wodurch sich erst die Forderung nach einem neuen, validen und auch praxisnahen Modell ergeben hat.

Gerade deswegen werden bei dem neuen Internationalisierungsprozessmodell nicht nur die Schwachpunkte der etablierten Modelle analysiert und beseitigt, vielmehr erfolgt darüber hinaus eine Implementierung neuer Gedanken, um der Internationalisierungsprozessforschung speziell unter Berücksichtigung der praktischen Anwendbarkeit neue Impulse zu verleihen. So ist es gerade diese Anwendbarkeit, die vor dem Hintergrund einer zweifellos interessanten theoretischen Modellierung in der Entwicklung der existierenden Modelle häufig zu wenig Beachtung fand. Infolgedessen wird das neue Prozessmodell unter besonderer Berücksichtigung der praktischen Anwendbarkeit evaluiert.

Aus diesem Grund werden in diesem Kapitel zunächst ausführlich die Anforderungen an das neue Internationalisierungsprozessmodell, die sich primär aus der vielfachen Kritik an den bereits etablierten Internationalisierungsprozessmodellen ergeben, vorgestellt. Anschließend erfolgt eine Unterteilung nach den Modulen, die auf den bekannten Internationalisierungsmodellen basieren, und den neuen Elementen, die, wie bereits angedeutet, den bedeutendsten Part dieses Internationalisierungsmodells bilden. Nach der Vorstellung der einzelnen Module wird das Internationalisierungsprozessmodell in seiner Gesamtheit dargestellt und gewisse Bezüge und Verbindungen innerhalb dieses Modells werden aufgezeigt. Eine kritische Würdigung des neuen Internationalisierungsprozessmodells basierend auf den Kriterien zur kritischen Beurteilung aus Kapitel 3.3 und den weiteren Anforderungen aus Kapitel 5.1 wird vertiefend im nachfolgenden empirischen Part vorgenommen.

5.1   Anforderungen an ein neues Prozessmodell der Internationalisierungsprozessforschung

Die Anforderungen an das neue Internationalisierungsprozessmodell sind vielfältiger Natur und ergeben sich primär aus den Eindrücken der etablierten Prozessmodelle. So sind es häufig die in diesen Modellen unerfüllten Anforderungen, die gleichsam auf das neue Prozessmodell übertragen werden. Eine weitere Komponente ist in diesem Zusammenhang die vielfach aufkommende Kritik an den etablierten Prozessmodellen, woraus sich schließlich weitere Anforderungen für ein neues Modell ableiten lassen. Aufgrund dessen erfolgt noch einmal eine kurze Zusammenfassung der wesentlichen Kritikpunkte der etablierten Theorien.

So soll in diesem Modell der Kritik der ethnozentrischen Ausrichtung der Unternehmung aus dem Produktlebenszyklus begegnet werden. Bereits eine Vielzahl an Studien hat sich diesem Kritikpunkt angenommen und darauf hingewiesen, dass speziell im Fall von Vernon eine Superiorität der USA bzw. der Industrienationen so nicht mehr gegeben ist. Vernon selbst ist dieser Kritik im Laufe der Jahre begegnet und hat demzufolge die Bedeutung dieses Aspekts deutlich eingeschränkt.[949] Als eine weitere Anforderung kann die Berücksichtigung markteintrittsrelevanter Einflussfaktoren, wie des Marktpotenzials und weiterer Marktumfeld-bedingungen benannt werden, die sich speziell aus der Kritik des Ansatzes der Uppsala-Schule ergeben.[950] Werden solche Aspekte innerhalb eines Internationalisierungsmodells nicht berücksichtigt, so kann in diesem Fall auch nur von einem Partialmodell gesprochen werden. Einen weiteren Kritikpunkt aus diesem Prozessmodell stellt der inkrementelle Verlauf der Internationalisierung dar, der sich vor allem für international erfahrene Unternehmen nicht mehr eignet und dem darüber hinaus auch neue internationalisierende Organisationen nicht folgen.[951] Bestes Beispiel hierfür bilden die Born Internationals- oder Born Global Unternehmen, die bereits zu Beginn ihrer Tätigkeiten internationalisieren.[952] Ein weiterer Aspekt, der sich speziell aus den Ansätzen der skandinavischen Schule ergibt, ist die Berücksichtigung der Anwendbarkeit nicht nur auf kleine und mittelständische Unternehmen, sondern auch auf Großunternehmungen. Eben diese wurden in der bisherigen Internationalisierungsprozessforschung eher vernachlässigt, sodass in diesem Modell der Fokus verstärkt auf große Organisationen gelegt werden soll. Auch die nächste Anforderung stammt aus der Kritik an dem Helsinki-Ansatz, demzufolge das neue Prozessmodell unabhängig von der jeweiligen Größe des Heimatmarktes sein sollte.[953] Die letzte Anforderung aus der Kritik an den bisherigen Ansätzen ergibt sich aus der kritischen Würdigung des GAINS-Ansatzes und betrifft den Aspekt der Oberflächlichkeit.[954] Demzufolge sollten die einzelnen Elemente spezifisch und konkludent, gleichwohl aber allgemein anwendbar sein. Erfüllt das neue Modell diese Anforderungen, so stellt es eine sinnvolle Weiterentwicklung innerhalb der Internationalisierungsprozessforschung dar. In der nachfolgenden Empirie wird das neue, in dieser Arbeit vorgestellte Internationalisierungsprozessmodell noch einer kritischen Analyse unterzogen, und zwar basierend auf den in Kapitel 3.3 definierten Kriterien zur kritischen

---

[949]   Vgl. Kapitel 3.4.1.2 b).
[950]   Vgl. Kapitel 3.4.2.3.
[951]   Vgl. Pedersen / Shaver (2000), S. 21.
[952]   Vgl. Schmidt-Buchholz et al. (2001), vgl. Schmid / Schmidt-Buchholz (2002), vgl. Gassmann / Keupp (2007).
[953]   Vgl. Kapitel 3.4.3.3.
[954]   Vgl. Kapitel 3.4.4.5.

Beurteilung, um somit auch eine Vergleichbarkeit zu den vorherigen Theorien zu gewährleisten.

Im nachfolgenden Kapitel werden nun die einzelnen Determinanten des neuen Prozessmodells vorgestellt, die der Vielzahl der oben benannten Anforderungen begegnen und darüber hinaus Vorteile gegenüber den etablierten Theorien der Internationalisierungsprozessforschung aufzeigen sollen.

5.2   Elemente des neuen Internationalisierungsprozessmodells

In diesem Kapitel werden die bedeutenden Elemente des neuen Internationalisierungsprozessmodells eingehend vorgestellt und charakterisiert. Während sich der erste Teil dieses Kapitels mit Komponenten bereits existierender Internationalisierungsprozessmodelle auseinandersetzt, zeichnet sich der zweite Abschnitt des Kapitels durch den Neuheitsgrad der gewählten Elemente aus. Abgerundet wird dieses Kapitel durch die Vorstellung des neuen Internationalisierungsprozessmodells in seiner Gesamtheit. Hierin erfolgt nicht nur eine Erläuterung zu dem dargestellten Modell, vielmehr sollen in diesem Kapitel auch Verknüpfungen einzelner Elemente und die Vorzüge gegenüber bereits existierender Prozesstheorien aufgezeigt werden.

5.2.1 Auf etablierten Internationalisierungsprozessmodellen basierende Elemente

Die vier Elemente, die - basierend auf den etablierten Internationalisierungsprozessmodellen - in diesem Kapitel vorgestellt werden, sind modular auch im neuen Internationalisierungsprozessmodell integriert und dienen dort als Basis für die neuen Elemente, die in diesem evolutionären Internationalisierungsprozessmodell verankert sind. Nachfolgend werden nun die Establishment Chain der Uppsala-Schule, die Psychic Distance Chain der Helsinki-Schule, der revolutionäre Verlauf der Internationalisierung nach Macharzina und Engelhard sowie die Inward-Outward-Komponente des Helsinki-Ansatzes betrachtet.

5.2.1.1   Establishment-Chain nach der Uppsala-Schule

Das erste Element stellt die Establishment Chain der Uppsala-Schule dar. Dieses Konzept besagt, dass Unternehmen stets schrittweise internationalisieren, da sowohl die psychische Distanz und das damit verbundene Marktwissen als auch die Marktverbundenheit einen sprunghaften Verlauf nicht zulassen. Dieses Element dient jedoch nur als Einstiegselement und wird gleichwohl einigen Modifikationen unterzogen. Auf diese Weise akzeptiert das neue Modell sehr wohl sprunghafte, revolutionäre Verläufe bei der Internationalisierung, wie sie bereits im GAINS-Ansatz nach Macharzina und Engelhard vorgestellt wurden, und begegnet somit auch der Kritik an der ursprünglichen Form der Internationalisierung nach der Uppsala-Schule. Denn speziell international erfahrene Unternehmen werden tendenziell nicht mehr in der Weise internationalisieren, wie es die Establishment Chain vorgibt. Vielmehr werden gewisse Stufen übersprungen, um möglichst frühzeitig die anvisierte Markteintrittsform zu erreichen. In engem Zusammenhang hierzu steht auch die bereits gesammelte Erfahrung - von der Helsinki-Schule auch als laterale Rigidität bezeichnet - die Unternehmen bereits durch vorherige Internationalisierungsvorhaben und -umsetzungen gewonnen haben und die im weiteren Verlauf auch einen Einfluss auf neue Internationalisierungsbestrebungen hat. Demzufolge ist es durchaus möglich, dass sich gewisse Präferenzen in Bezug auf einzelne Markteintrittsformen ergeben haben.

Ebenfalls akzeptiert die modifizierte Form der Establishment Chain die Tatsache, dass es sehr wohl Unternehmen geben kann, die von Beginn an internationalisieren und aufgrund des Aufbaus unterschiedlicher Tochtergesellschaften ebenfalls einige Stufen überspringen. Ein weiterer, in diesem Zusammenhang relevanter Aspekt ist die Akzeptanz der regressiven Internationalisierung, wodurch auch die Möglichkeit der Rückwärtsbewegung innerhalb eines Internationalisierungsprozesses der jeweiligen Unternehmung berücksichtigt wird. Auf eine weitere Vertiefung wird an diesem Punkt jedoch verzichtet, da dieses Prinzip zu einem späteren Zeitpunkt erneut aufgegriffen wird. Eine zusätzliche Modifikation erfolgt durch die Beachtung weiterer Markteintrittsformen, die in der ursprünglichen Form der Establishment Chain keine Beachtung finden. Diese Eintrittsmöglichkeiten sind jedoch nur in Bezug auf die ersten Internationalisierungsschritte von Bedeutung. Denn um den Status eines Lead-Market zu erlangen, ist die Markteintritts- bzw. Marktbearbeitungsform der Produktionsniederlassung, zumindest jedoch der Vertriebsgesellschaft notwendig, da ansonsten die positiven Effekte der geografischen Nähe sowie der geringen Transportkosten nicht umgesetzt werden können. Neben der Möglichkeit einer 100 %-igen Tochtergesellschaft bietet sich noch die Alternative mithilfe eines Kooperationspartners eine derartige Produktionsniederlassung zu gründen.

5.2.1.2   Psychic Distance Chain gemäß der Helsinki-Schule

Die psychische Distanz ist eine Komponente, die erstmalig im Rahmen der Uppsala-Schule definiert und betrachtet wurde.[955] Aufgrund der Kritik, die in der äußerst oberflächlichen Betrachtung begründet ist, wurde diese Thematik von der Helsinki-Schule erneut aufgegriffen und wesentlich differenzierter betrachtet.[956] Demzufolge lässt sich die psychische Distanz fortan unterteilen in die geografische, kulturelle und ökonomi-

---

[955] Vgl. Kapitel 3.4.2.1 b).
[956] Vgl. Kapitel 3.4.3.2.

sche Distanz, wobei die geografische Distanz hierbei den geringsten Einfluss ausübt. Dieser Ansatz wurde später auch von Johanson und Vahlne akzeptiert und als Modifikation in Erweiterungen des Uppsala-Modells implementiert.

Auch in dem neuen Ansatz soll auf diese Form der psychischen Distanz eingegangen werden. Sie bietet, ähnlich ihren Vorgängern der skandinavischen Schule, eine Möglichkeit, potenzielle Markteintrittsländer zu kategorisieren und zu ordnen. Das Element der psychischen Distanz wird jedoch in diesem Ansatz in einer leicht modifizierten Form integriert. So ist die psychische Distanz - ausgehend vom Heimatmarkt - nur bis zu dem Punkt relevant, an dem ein erfolgreicher Lead-Market in einer bestimmten Region implementiert wurde.[957] Dies liegt in der Tatsache begründet, dass ausgehend von diesen Lead-Markets, die zumeist die Verantwortung für die jeweilige Region übernehmen, die psychische Distanz zu weiteren Ländermärkten dieser Region, vor allem gemessen an der geografischen und kulturellen Distanz, wesentlich kürzer erscheint, als wenn weitere Markteintritte erneut vom Heimatmarkt aus geplant würden. Würden nämlich jene Vorbereitungen und Entscheidungen weiterhin maßgeblich von der Zentrale im Heimatland aus getroffen, käme es bei weiteren Markteintritten - auch bedingt durch die größere psychische Distanz und die damit korrelierende größere Unsicherheit bzw. die aus dem Helsinki-Ansatz bekannte laterale Rigidität - zu erheblichen Verzögerungen. Ähnlich dem Helsinki-Ansatz wird der geografischen Distanz in diesem Zusammenhang nur eine untergeordnete Bedeutung zugesprochen. Dies hängt erneut mit der Einführung der Brückenköpfe zusammen, wonach eine geografische Distanz in diesem Zusammenhang nicht mehr eine solche Relevanz besitzt, da sich die für einen weiteren Markteintritt in Frage kommenden Ländermärkte zumeist in unmittelbarer Nähe zum Lead-Market befinden. Hingegen muss den Elementen der kulturellen und der ökonomischen Distanz eine höhere Bedeutung beigemessen werden. Der Stellenwert der kulturellen Distanz wird speziell bei der Betrachtung der Emerging Triad und der hierbei relevanten Regionen deutlich. So weist Indien zu Pakistan zwar eine sehr geringe geografische Distanz auf, jedoch scheidet dieser Markt - hinsichtlich der kulturellen Unterschiedlichkeit und den damit in Verbindung stehenden zurückliegenden und bis heute existierenden politischen Konflikten und kriegerischen Auseinandersetzungen - bedingt durch die große psychische Distanz als potenzieller Ländermarkt für einen Markteintritt aus.

In Bezug auf die ökonomische Distanz liegt dies insbesondere an der Beachtung weiterer markteintrittsrelevanter Aspekte, die in den bisherigen Ansätzen bis auf geringfügige Ausnahmen kaum berücksichtigt wurden. So werden in diesem Zusammenhang alle markteintrittsrelevanten Kosten erfasst, was letztlich dazu führen kann, dass geografisch und kulturell nahe Ländermärkte in der gesamten psychischen Distanz weiter

---

[957] Auf die Thematik der Lead-Markets wird im nachfolgenden Unterkapitel 5.2.2 zum Thema der neuen Elemente des Prozessmodells noch näher eingegangen.

entfernt erscheinen. Vor dem Hintergrund der hier benannten Beispiele wird die Gefahr ersichtlich, die in der Betrachtung lediglich einer Komponente der psychischen Distanz liegt. Aufgrund dessen basiert auch das neue Internationalisierungsprozessmodell auf der etablierten dreiteiligen Geschäftsdistanz der Helsinki-Schule jedoch mit einer anderen Gewichtung. So erfolgte im Helsinki-Ansatz die Abstufung der Bedeutung nach kultureller, geografischer und ökonomischer Distanz, wohingegen im neuen Ansatz die ökonomische Distanz einen größeren Einfluss besitzt als die geografische Distanz. Die kulturelle Distanz besitzt auch im neuen Ansatz die größte Bedeutung.

5.2.1.3   Revolutionärer Verlauf der Internationalisierung nach Macharzina / Engelhard

Das dritte Element basiert auf der Quantum-View-Theorie nach Macharzina und Engelhard. Gemäß diesem Ansatz existieren zwei sich abwechselnde Phasen der Unternehmensentwicklung: die Phasen der Ruhe und die Phasen der Veränderung.[958] Selbiges wirkt sich auch auf den Internationalisierungsverlauf eines Unternehmens aus, der demzufolge revolutionär und nicht schrittweise verläuft. Dieser Revolutionsgedanke - mit der damit verbundenen Veränderung der Gestalt bzw. des Paradigmas - liegt bereits den Studien von Kuhn in Bezug auf den Paradigmenwechsel in der Wissenschaft zugrunde.[959]

Mit dieser Analogie richtet sich der GAINS-Ansatz grundlegend gegen die Establishment Chain der Uppsala-Schule und deren inkrementellen Verlauf. Trotz der bis heute noch ausstehenden empirischen Bestätigung bildet die Quantum-View-Theorie einen wichtigen Aspekt innerhalb des neuen Internationalisierungsprozessmodells, sodass sich diese Theorie gleich an mehreren Stellen in diesem Ansatz wiederfindet und somit zugleich einen der Kerntreiber der Modifikation der Establishment Chain bildet, wodurch in diesem Modell der Versuch einer Kombination dieser beiden zunächst divergierend erscheinenden Ansätze innerhalb der Modifikation der Establishment Chain vorgenommen wird. Dieser sprunghafte Verlauf findet sich in dem neuen Ansatz allerdings nicht nur in der Modifikation der Establishment Chain, sondern auch im weiteren Verlauf ausgehend von den Lead-Markets wieder. Demzufolge akzeptiert auch das neue Modell, dass keine stetige Internationalisierung existiert, sondern Phasen der Ruhe von Phasen der Veränderung abgelöst werden. Eng hiermit in Zusammenhang steht somit auch der Faktor Zeit und das Verweilen auf einer Stufe der Internationalisierung. Diese beiden Faktoren werden in den weiteren neuen Elementen des Internationalisierungsprozessmodells noch näher erläutert. In bestätigender Weise haben Johanson und

---

[958]   Vgl. Melin (1992), S. 101 f.
[959]   Vgl. Kuhn (1970), S. 208.

Vahlne als Gründer des inkrementellen Internationalisierungsverlaufs später selber dessen Gültigkeit bei erfahrenen internationalen Unternehmungen eingeschränkt.[960]

5.2.1.4   Inward-Outward-Komponente der Helsinki-Schule

Für das letzte etablierte Element wird erneut auf den Ansatz von Luostarinen zurückgegriffen. Die darin erläuterte Inward-Outward- oder auch landeinwärts-landauswärts-Komponente weist Gesichtspunkte auf, die bis dahin von keinem anderen Modell beachtet, geschweige denn berücksichtigt wurden. So rückt erstmalig die Bedeutung von Handelspartnern im In- und Ausland in den Fokus der Internationalisierungsprozessforschung.[961] Demzufolge spielt für die Internationalisierung nicht nur die eigene Internationalisierung, sondern auch die der relevanten Handels- und Kooperationspartner - und zwar in Form von Importen in das Heimatland der jeweiligen Unternehmung - eine Rolle. Darüber hinaus können derartige Beziehungen zu einer erfolgreichen Internationalisierung der fokalen Unternehmung beitragen, indem die Handelspartner ihr Wissen und ihre Erfahrungen an die Unternehmung weitergeben. In diesem Zusammenhang wird auch häufig von Relationship-Management[962] gesprochen.

An dieser Stelle wird deutlich, dass nicht mehr unbedingt nur die Erfahrungen und das Wissen der eigenen Unternehmung, sondern auch der Austausch von Erfahrungswerten unterschiedlicher Unternehmen den Internationalisierungsprozess einer Unternehmung beeinflussen können. Folglich kann dieser Erkenntnisgewinn zur Aufnahme weiterer Ländermärkte in den Selektionsprozess führen und damit weitere Alternativen für potenzielle Markteintrittsentscheidungen bieten.

Dieser Aspekt lässt sich insbesondere auf multinationale Unternehmungen übertragen, die aufgrund ihrer globalen Vernetzung mit Kooperations- und Handelspartnern über eben diesen möglichen Wissens- und Erfahrungszufluss verfügen. Neben diesem externen Wissenszufluss können bei multinationalen Unternehmen auch die Eindrücke einer Tochtergesellschaft über einen bestimmten Markt oder eine gesamte Region im weiteren Verlauf durchaus für weitere Geschäftsfelder genutzt werden.

Neben den positiven Eindrücken können in gleichem Maße auch die negativen Erfahrungen zu einer Entscheidung beitragen, nämlich dann, wenn aus bestimmten Gründen das Internationalisierungsvorhaben einer Tochtergesellschaft oder eines Handelspartners gescheitert ist. Letztendlich liegt es an dem Unternehmen, die vorhandenen internen und externen Erfahrungswerte sinnvoll auf die eigenen Geschäftsfelder bzw. neue Internationalisierungsvorhaben anzuwenden.

---

[960]   Vgl. Johanson / Vahlne (2003), S. 83.
[961]   Vgl. Kapitel 3.4.3.2.
[962]   Unter der Bezeichnung 'Relationship-Management' bzw. Beziehungsmanagement versteht man aufeinander abgestimmte Maßnahmen zur Hinführung und Pflege von Kunden- und Geschäftsbeziehungen.

Zusammenfassend handelt es sich bei den hier erwähnten vier Elementen bloß um erste Teilaspekte des Internationalisierungsprozessmodells. Während der Quantum-View, die Inward-Outward-Komponente sowie die psychische Distanz nach dem Helsinki-Ansatz nahezu unverändert übernommen werden, erfolgt bei der Establishment Chain der Uppsala-Schule eine Modifikation. Anschließend werden nun die neuen Elemente des Internationalisierungsprozessmodells vorgestellt und erläutert.

5.2.2 Neue Elemente des Internationalisierungsprozessmodells

Neben den vier etablierten Konzepten basiert das neue Internationalisierungsprozessmodell auf sieben neuen Elementen. Aufgrund dieser Zusammensetzung und dem bestehenden Einfluss der etablierten Konzepte stellt das Modell eher eine eklektische Evolution, denn eine vollkommene Revolution innerhalb der Internationalisierungsprozessforschung dar, auch wenn Aspekte in das Modell integriert werden, die bis zu diesem Zeitpunkt noch in kein Internationalisierungsprozessmodell Eingang gefunden haben. Als erster Aspekt wird hier auf die Zeit als dynamische Komponente verwiesen, deren geringfügige Beachtung in den bisherigen Modellen einen Kernkritikpunkt darstellt. Des Weiteren wird in diesem Kapitel auf die Möglichkeit der Verwendung des multiplen Markteintritts sowie den Zugang über Lead-Markets eingegangen. Das zweitgenannte Verfahren basiert maßgeblich auf dem bereits in Kapitel 4.6 erläuterten Lead-Country-Konzept. Daran anknüpfend wird die Anwendung von Freihandelsabkommen und den damit eng in Verbindung stehenden regionalen Abkommen wieder aufgegriffen und näher beleuchtet. Im Anschluss daran wird das fünfte neue Element, die Beachtung selektionsrelevanter Kriterien zum Zeitpunkt des Markteintritts, erläutert. Hiermit soll insbesondere der Kritik der nur geringen Betrachtung weiterer relevanter Einflussfaktoren neben dem Wissen und der Erfahrung durch alle bisherigen Modelle begegnet werden. Das sechste neue Element bildet die Möglichkeit der Regression innerhalb des Internationalisierunsprozesses, die im Helsinki-Ansatz zumindest eine kurze Erwähnung fand. Abschließend wird noch auf die Bedeutung der multinationalen Struktur für die Anwendbarkeit und Umsetzung dieses Modells eingegangen.

5.2.2.1   Zeit als dynamische Komponente

Dieser Aspekt trägt der Tatsache Rechnung, dass die Komponente Zeit in den bisherigen Modellen nur unzureichend berücksichtigt wurde.[963] Dies liegt jedoch auch darin begründet, dass eine wirkliche Messung sehr schwierig, wenn nicht gar unmöglich ist. So wurde bereits im Produktlebenszyklus von Vernon kritisiert, dass kein genauer Zeitrahmen für die jeweiligen Phasen benannt wird. Dieser Tatsache wird in diesem Modell begegnet, indem durch den Aufbau und die Struktur eine klare Abgrenzung der

---

[963]   Vgl. Kapitel 3.4.1.2.b, vgl. Kapitel 3.4.2.3, vgl. Kapitel 3.4.3.3, vgl. Kapitel 3.4.4.4.

einzelnen Phasen zueinander erfolgt. Darüber hinaus fließt die Zeit als dynamischer Faktor in Form der Timingstrategien in das neue Prozessmodell ein. Demzufolge kann eine zeitliche Reihenfolge aufgezeigt werden, in welcher in die unterschiedlichen Ländermärkte expandiert werden soll. In diesem Zusammenhang ist auch eine parallel verlaufende Marktbearbeitung möglich. Zudem wird Internationalisierung als Teil der Unternehmensentwicklung betrachtet, welche sich über die Zeit vollzieht. Somit erfolgt eine Expansion oder auch Regression der internationalen Aktivitäten oder es kommt zur Ablösung einer bestimmten Eintrittsstrategie durch eine andere Variante.[964] In diesem Zusammenhang erfolgt die Internationalisierung eines Unternehmens nicht unbedingt in kontinuierlicher Form, sondern es kann sich auch um einen schubweisen Internationalisierungsprozess - wie er bereits bei Macharzina und Engelhard in Form der Phasen der Ruhe sowie Phasen der Veränderung aufgezeigt wurde - handeln.[965] Eng hiermit verknüpft ist auch die Akzeptanz der Möglichkeit des längeren Verweilens auf einer bestimmten Stufe des Internationalisierungsverlaufs. Zudem ist in dem neuen Modell - entgegen den Ansätzen der Helsinki-Schule, die sich bloß auf den Anfang der Internationalisierung eines Unternehmens konzentrieren - eine langfristige Betrachtung möglich.

Eine konkrete Benennung bestimmter Zeitpunkte oder Zeiträume ist jedoch nach wie vor nicht möglich. Dies ist dem Umstand geschuldet, dass jeder Internationalisierungsprozess anders verläuft und jedes Internationalisierungsverfahren von unterschiedlichen Variablen beeinflusst wird. Darüber hinaus wird der Prozess auch durch das Unternehmen selbst beeinflusst, da jede Organisation hochgradig individuell ist und demzufolge auch der Internationalisierungsprozess in seinem Ablauf einmalig ist. Es handelt sich bei der Zeit als dynamische Komponente somit um einen Faktor, der seine Beachtung in Form eines Zeitablaufs erfährt. Die einzelnen Phasen der Internationalisierung können hierbei klar voneinander abgegrenzt werden. Des Weiteren wird in diesem Modell versucht der vielfachen Kritik durch Einbeziehung unterschiedlicher Möglichkeiten der Ti-mingstrategien zu begegnen, um eine Verbesserung zu den bisherigen Modellen herzustellen, welche häufig bewusst die zeitliche Komponente aus dem Fokus der Untersuchung ließen.

5.2.2.2   Möglichkeit des multiplen Markteintritts

In dem neuen Internationalisierungsprozessmodell wird erstmals auch die Möglichkeit eines multiplen Markteintritts in Betracht gezogen. Die bisherigen Modelle fokussieren zumeist nur einen gewissen Markt und dessen Bearbeitung. Zunehmend häufiger interessieren sich Unternehmen jedoch auch für einen zeitgleichen Markteintritt in mehrere Ländermärkte. Diese Entwicklung liegt in unterschiedlichen Ursachen be-

---

[964]   Vgl. Höffken / Heuwing-Eckerland (2009), S. 62.
[965]   Vgl. Macharzina / Engelhard (1984), S. 36.

gründet, welche auch durch die einzelnen Bausteine dieses Ansatzes erklärt werden können. Schließlich kommt es durch die Verwendung von Lead-Markets zu einer verringerten psychischen Distanz gegenüber weiteren Ländermärkten in einer bestimmten Region bzw. in bestimmten Regionen. Hierdurch ergeben sich für Unternehmen unterschiedliche Möglichkeiten des multiplen Markteintritts. So können innerhalb einer Region zeitgleich mehrere Ländermärkte bearbeitet werden und zwar entweder mit derselben Markteintrittsstrategie oder durch unterschiedliche Varianten. Möglich ist in diesem Zusammenhang auch, dass dasselbe Vorgehen, ausgehend von einem weiteren Lead-Market in einer anderen bedeutenden Region, durchgeführt wird, oder dass, ausgehend von zwei unterschiedlichen Lead-Markets, jeweils ein bestimmter neuer Markt in derselben oder auch einer unterschiedlichen Marktbearbeitungsform bedient wird. Allerdings ist für eine derartige Anwendung des multiplen Markteintritts die Übertragung der Verantwortung auf die Führungsniederlassungen in den jeweiligen Lead-Markets Grundvoraussetzung. Würden die Niederlassungen allesamt weiterhin vollständig von der Zentrale gesteuert, wäre dies nur sehr schwer umsetzbar bzw. mit einem wesentlich größeren Ressourcen- und auch Zeitaufwand verbunden.

Damit eng im Zusammenhang steht mit der Beachtung regionaler oder auch transregionaler Freihandelsabkommen ein weiterer bedeutender Baustein dieser Theorie. Erst hierdurch entsteht die kostengünstige Alternative eines multiplen Markteintritts in unterschiedliche Ländermärkte aufgrund häufig damit verbundener zollfreier respektive zollsenkender Abkommen. Das Modul des multiplen Markteintritts verdeutlicht, wie stark die einzelnen Elemente dieses Modells miteinander verflochten sind. So bedingt jeder Baustein stets die Beachtung weiterer Bestandteile dieses Modells. Wird in diesem Zusammenhang ein bedeutender Part dieses Ansatzes nicht beachtet, kann dies unter Umständen sogar zu einem Misslingen eines Markteintritts und damit verbundenen hohen Kosten führen.

Schließlich wird mit diesem Baustein auch der Tatsache Rechnung getragen, dass insbesondere multinationale Unternehmen sich nicht mehr mit dem Eintritt in nur einen Ländermarkt, sondern häufig in eine Vielzahl von Ländermärkten - durchaus auch in unterschiedlichen Regionen - beschäftigen. So ist es möglich zum selben Zeitpunkt in den vietnamesischen und den chilenischen Markt mit dem jeweils passenden Produkt einzutreten. Darüber hinaus berücksichtigt dieses Modul unterschiedliche Markteintrittsalternativen und stellt sich somit gegen den Determinismus der bisherigen Modelle, wodurch es einen höheren Praxisbezug ermöglicht. Als Beispiel sei hier auf die Nutzfahrzeugsparte der Daimler AG und deren Strategien für die RIC-Märkte[966] verwiesen. So bearbeitet die Daimler AG die drei Ländermärkte Russland, Indien und

---

[966]   RIC steht für Russland, Indien und China. Im Sinne der Daimler AG wird Brasilien losgelöst von diesen Ländermärkten betrachtet. Dies liegt in dem erheblichen Entwicklungsvorsprung Brasiliens begründet, sodass Brasilien tendenziell eher der nördlichen Triade und somit den Industrieländern als den Schwellenländern zugerechnet wird.

China in unterschiedlicher Art und Weise. In Indien wurde, nachdem die zunächst angestrebte Joint Venture-Unternehmung mit dem indischen Partner Hero scheiterte, eine
100 %-ige Tochtergesellschaft in Form einer Produktionsniederlassung implementiert,[967] wohingegen in China ein Joint Venture-Vertrag mit dem chinesischen Auto-
mobilriesen Foton geschlossen wurde[968]. In Russland hingegen wurde eine strategische
Partnerschaft mit dem russischen Unternehmen Kamaz gegründet. Diese Partnerschaft
führte mittlerweile zu der erfolgreichen Gründung von zwei Joint Venture-
Unternehmungen.[969]

Im nachfolgenden Unterkapitel wird die Thematik der Lead-Markets näher beleuchtet.
Ähnlich dem in diesem Unterkapitel vorgestellten Baustein weist auch das nachfolgende Modul zahlreiche Interdependenzen zu anderen Elementen auf.

5.2.2.3   Verwendung von Lead-Markets

Dieses Element gründet auf dem Lead-Country-Konzept, das bereits in Kapitel 4.6
ausführlich dargestellt wurde. Es hat in den letzten Jahren zunehmend an Bedeutung
sowohl in der Wissenschaft als auch in der Praxis gewonnen. Bei dem Lead-Country-
Konzept übernimmt eine Landesgesellschaft für ein Produkt, eine Produktgruppe oder
eine bestimmte Region die Koordinationsfunktion.[970] In Bezug auf den Internationalisierungsprozess dient dieses Prinzip zur Herausbildung so genannter Internationalisierungs-Hubs. Hierbei handelt es sich um Ländermärkte, die von der jeweiligen Unternehmung bereits erfolgreich bearbeitet werden. Wie im Falle des Hub&Spoke-
Verfahrens[971] dient ein solcher Lead-Market dazu, weitere Ländermärkte erfolgreich
zu bearbeiten. Als Beispiel sei hier auf Indien verwiesen, wo dieses Verfahren in Form
eines (Export-)Hubs für weitere Schwellenländer von unterschiedlichen (Automobil-)
Konzernen bereits genutzt wird.[972]

In diesem Zusammenhang ist jedoch eine Übertragung gewisser Verantwortlichkeiten
von der Zentrale im Heimatland auf die jeweilige Niederlassung in dem besagten
Lead-Market von erheblicher Bedeutung. Dies liegt maßgeblich an der steigenden Anzahl der Entscheidungsträger begründet, sobald die Zentrale die Steuerungsfunktion
übernimmt. In der Unternehmenspraxis sind - basierend auf diesen Erkenntnissen -
besonders große Unternehmen zumeist nach bestimmten Geschäftsbereichen aufgestellt, die größtenteils autark agieren und somit freie Entscheidungsgewalt besitzen.
Einzig bei Entscheidungen, die für den gesamten Konzern von Relevanz sind, ent-

---

[967]   Vgl. o. V. (2009b).
[968]   Vgl. o. V. (2010b).
[969]   Vgl. o. V. (2009c).
[970]   Vgl. Meffert (1990), S. 103, vgl. Meffert / Bolz (1998), S. 253.
[971]   Hierunter versteht man das Prinzip, dass ausgehend von einem zentralen Knotenpunkt – häufig sternförmig
        - weitere Märkte bzw. Kunden bedient werden können (vgl. Mayer (2001)).
[972]   Vgl. Günzing / Trumann (2006), S. 271, vgl. Basu (2009), S. 69.

scheidet nicht die einzelne Geschäftseinheit singulär, sondern im Verbund mit den anderen Geschäftsbereichen und den jeweiligen Vorständen des Gesamtkonzerns. Zudem hängt die Übertragung der Verantwortung im Weiteren mit dem Aspekt der psychischen Distanz zusammen, welche von diesem Internationalisierungs-Hub einerseits wesentlich besser und gleichzeitig auch deutlich geringer als von der Zentrale eingeschätzt wird. Ein verkürzter Zeithorizont sowie eine größere Wissensbasis in Bezug auf einen potenziellen Markteintritt sind positive Folgeerscheinungen. Darüber hinaus werden in diesem Ländermarkt Konzepte erarbeitet, die auch als Grundlage für die Marktbearbeitung weiterer anvisierter Länder dienen.[973] Es wird somit ein erster Orientierungsrahmen zur Marktbearbeitung in den betroffenen Ländern gesteckt, infolgedessen ggf. länderspezifische Adaptionen vorgenommen werden müssen.[974] Zur Bildung eines Internationalisierungs-Hubs sollte eine Tochtergesellschaft gewählt werden. Die unterschiedlichen Arten der Kooperation in Form von Produktionsgesellschaften bedürfen aufgrund der Übertragung gewisser Verantwortlichkeiten und des Know-hows einer gesonderten Prüfung. Da die jeweiligen Produkte erst in den Lead-Markets gefertigt werden, scheiden die unterschiedlichen Formen des Exports von Anfang an aus.

Generell hängt die Auswahl eines solchen Lead-Countrys mit unterschiedlichen Faktoren zusammen. So ist speziell die geografische Lage eines Landes von großer Bedeutung. In Bezug auf die Emerging Triad würden sich in diesem Fall die Länder Brasilien, Indien, Südafrika und ggf. China anbieten, um die jeweiligen Regionen SADC, ASEAN und Mercosur bzw. Unasur sinnvoll und erfolgreich zu bearbeiten. Als weitere Einflussfaktoren gelten die jeweilige Regierungspolitik, deren Stabilität und die damit einhergehenden staatlichen Regularien. Darüber hinaus sind auch die Informationsgewinnung über weitere Märkte und nicht zuletzt die kostengünstige Möglichkeit des Außenhandels im Sinne des Exports bzw. des allgemeinen Markteintritts von großer Relevanz.[975]

Grundsätzliches Ziel ist es, ausgehend von diesen Internationalisierungs-Hubs eine Vielzahl weiterer Ländermärkte in bestimmten Regionen zu bearbeiten. Diese Vorgehensweise hängt sehr eng mit der bereits erwähnten inselförmigen Marktpräsenzstrategie zusammen, wonach bestimmte Brückenköpfe in den jeweiligen Regionen dazu dienen, weitere Ländermärkte zu erschließen.[976] Bei einer großen Anzahl derartiger Lead-Markets sollte jedoch im weiteren Verlauf darauf geachtet werden, dass keine Überschneidungen der bearbeitenden Ländermärkte auftreten. Dies könnte womöglich zu Kannibalisierungseffekten der ggf. unterschiedlichen Produkte im gleichen Seg-

[973] Vgl. Beise (2001).
[974] Vgl. Jänicke / Jacob (2005), S. 190.
[975] Vgl. Beise (2005), S. 320.
[976] Vgl. Kapitel 4.2.1.2.

ment führen, was letzten Endes Verluste des Gesamtkonzerns zur Folge hat. Hierbei handelt es sich jedoch wieder um den Verantwortungsbereich der Zentrale, die in diesem Bereich die Steuerung übernehmen muss, um derartige Effekte frühzeitig zu verhindern.

Abschließend bleibt festzuhalten, dass es sich bei diesem Element um einen maßgeblichen Baustein des neuen Internationalisierungsprozessmodells handelt. Schließlich bildet die Internationalisierung bis zu diesem Internationalisierungs-Hub lediglich eine Vorstufe. Der weitreichende neue Internationalisierungsprozess beginnt prinzipiell erst mit der Evaluation dieser Lead-Markets und der daran anknüpfenden weiteren Internationalisierung.

5.2.2.4   Anwendung von Freihandelsabkommen

Wie bereits mehrfach angedeutet, besteht ein Hauptkritikpunkt der bisherigen Internationalisierungsprozessmodelle in der Nichtbeachtung relevanter Einflussfaktoren. Um diesem Umstand zu begegnen, findet dieser Aspekt in diesem Modell gleich in zweifacher Ausführung Eingang. Einerseits im Kapitel 5.2.2.5 mit der Beachtung selektionsrelevanter Kriterien sowie in diesem Kapitel mit der Anwendung von Freihandelsabkommen. Dieser Aspekt wird separat ausgeführt, weil dieser sich bei den vorher durchgeführten Analysen als ein Kriterium von gehobener Relevanz herauskristallisierte. Eben der zunehmenden Bedeutung wird in diesem Modell Rechnung getragen, indem die Freihandelsabkommen ein Kernelement des Modells bilden. In den letzten Jahren zeigt sich hierbei eine zunehmende Verflechtung von einzelnen Ländern und Regionen, im Speziellen bei den aufstrebenden Ländern der südlichen Hemisphäre. Bereits in Kapitel 2.3.2 bzw. 2.3.3 wurde auf die zunehmende Bedeutung regionaler und transregionaler Freihandelsabkommen hingewiesen, sodass an dieser Stelle auf eine erneute ausführliche Darstellung verzichtet wird.

So wurde basierend auf diesen Kenntnissen bereits der neue Ansatz der Emerging Triad implementiert. Maßgeblich in Verbindung mit dem Lead-Country-Konzept[977], welches sich auch in dem Element der Lead-Markets wiederfindet, bedingt diese Komponente durchaus auch die Möglichkeit eines multiplen Markteintritts. So werden in diesem Zusammenhang vor allem die regionalen Handelsabkommen beachtet, um ausgehend von den Lead-Markets eine Vielzahl von weiteren Ländermärkten sowohl in der Region selbst als auch regionenübergreifend zu bearbeiten. Als die sinnvollste Bearbeitungsform ausgehend von Internationalisierungs-Hubs äußert sich der Export, für den gerade dieses Element des Internationalisierungs-prozessmodells von immenser Bedeutung ist, entscheidet doch die Höhe der Zölle, ob ein Markt in Form des Export überhaupt bearbeitbar scheint. An dieser Stelle müssen jedoch die weiteren selek-

---

[977]   Vgl. Kapitel 4.6.

tionsspezifischen Kriterien zur Analyse hinzugezogen werden, da Freihandelsabkommen nicht automatisch mit dem freien Handel zwischen einzelnen Ländermärkten gleichgesetzt werden können. So können Local-Content-Vorschriften oder auch 'Rules of Origins' ganz zu schweigen von möglichen weiteren tarifären und nicht-tarifären[978] Handelshemmnissen zu einer möglichen Importbeschränkung und aus Sicht des Unternehmens zu einer Exportreglementierung führen. Auf diese Komponenten wird im nachfolgenden Kapitel ausführlich eingegangen.

5.2.2.5   Beachtung selektionsrelevanter Kriterien zum Zeitpunkt des Markteintritts

Bei diesem Element erfahren erstmalig in der Internationalisierungsprozessforschung selektionsrelevante Kriterien für eine Markteintrittsentscheidung Einzug in ein Prozessmodell. Dies liegt nicht zuletzt darin begründet, dass eine erfolgreiche Expansionsstrategie in weitere Ländermärkte stets die Kenntnis und Abwägung einer Vielzahl von Einflussfaktoren voraussetzt.[979] So ist eine Marktselektion, die allein auf subjektiven und irrationalen Kriterien beruht,[980] wie dies in der Praxis häufiger vorkommt, äußerst fehlerbehaftet.[981] Ebenso wenig zielführend ist eine Bewertung auf der Basis von Kriterien, die sich einzig auf Absatz- und Marktpotenzial sowie dessen Volumen beziehen.[982] Demzufolge dient das Element der Beachtung selektionsrelevanter Kriterien dazu, unter weitgehender Berücksichtigung aller unternehmens- und produktrelevanter Einflussgrößen sowie der größtmöglichen Eliminierung subjektiver Faktoren, diejenigen Märkte zu identifizieren, die ein Optimum aus Marktrisiko und -attraktivität bieten.[983] Somit sieht dieser Ansatz - entgegen der in der Vergangenheit vorherrschenden Meinung - die Umwelt als beeinflussbaren und somit interdependenten Faktor an und nicht etwa als exogen gegeben.[984]

Der Fokus liegt bei diesem Element insbesondere auf den makroökonomischen Faktoren eines Landes sowie den industriespezifischen Einflussfaktoren, wie u. a. Absatzhöhe und Kundenanforderungen. Ähnlich wie schon an anderen Stellen in diesem Kapitel[985] wird die enge Verbindung zu den einzelnen Strategien des Ablaufs eines Markteintritts deutlich. So bezieht sich eben dieses Element im Speziellen auf die Marktselektion. Zwar existieren derartige Parallelen auch u. a. bereits bei dem Uppsala-Modell im Zusammenhang mit der Timing-Strategie[986] sowie den Marktbearbei-

---

[978]   Vgl. Onkvist / Shaw (2004), S. 62.
[979]   Vgl. Bovensiepen / Rumpff (2006), S. 235.
[980]   Vgl. Young et al. (1989), vgl. Brewer (2001).
[981]   Vgl. Arnold (2004), S. 27 ff.
[982]   Vgl. Ghemawat (2007), S. 60.
[983]   Vgl. Lasserre (2007), S. 60, vgl. Fuchs / Apfelthaler (2009), S. 300.
[984]   Vgl. Prashantham (2005), S. 38 f.
[985]   Vgl. Kapitel 5.2.2.2.
[986]   Vgl. Kapitel 4.3.2.1.

tungsstrategien[987], derart intensiv und ausführlich haben der Ablauf - und hier im Speziellen sowohl die Markteintritts- als auch Marktselektionsstrategien - jedoch noch in keinem Modell Einzug gefunden. An dieser Stelle wird rückblickend erneut deutlich, aus welchem Grund der Ablauf eines Markteintritts bereits vor der Vorstellung des eigentlichen Prozessmodells erläutert wurde.

Prinzipiell sollen in diesem Zusammenhang nicht unmittelbar spezifische, selektionsrelevante Kriterien erläutert und diskutiert werden, sondern vielmehr auf deren Relevanz im Gesamtzusammenhang des Internationalisierungsprozessmodells und damit einhergehend der Marktauswahl hingewiesen werden. Zwar werden häufig auf makroökonomischer Seite das BIP-Wachstum, das Pro-Kopf-Einkommen, das BIP eines Vergleichsjahres sowie das Bevölkerungswachstum als Kriterien herangezogen, jedoch gibt es darüber hinaus industriespezifische Faktoren innerhalb der Makroökonomie, die für andere Industrien nur bedingt relevant sind. Gleichermaßen gilt dies auch für die oben erläuterten Kennziffern. So ist für die Nutzfahrzeugindustrie das Pro-Kopf-Einkommen der Bevölkerung längst nicht so relevant wie bspw. für die PKW-Branche. Demzufolge bedarf es je nach Untersuchungsgegenstand einer separaten, individuellen Betrachtung der jeweiligen relevanten Einflussfaktoren. Nachdem bereits im Rahmen der Marktselektion ausführlich auf unterschiedliche Verfahren und Kennziffern der Marktselektion hingewiesen wurde,[988] wird an dieser Stelle von einer weiteren Vertiefung dieser Komponente abgesehen. Der Aspekt der Marktselektion wird in der empirischen Überprüfung des Modells intensiv aufgegriffen, um dann die für die Nutzfahrzeugindustrie relevanten makroökonomischen und industriespezifischen Kennziffern auszuwählen, um neue, attraktive Ländermärkte mithilfe des Prozessmodells zu identifizieren.

Zwar kann durch die Beachtung selektionsrelevanter Kriterien der Unsicherheitsgrad bei einem Internationalisierungsvorhaben deutlich minimiert werden, ganz auszuschließen ist die Gefahr des Scheiterns wiederum nicht. Aus diesem Grund akzeptiert das neue Internationalisierungsprozessmodell auch die Möglichkeit des regressiven Verlaufs der Internationalisierung, die im nachfolgenden Unterkapitel nähere Erläuterung erfahren wird.

5.2.2.6   Regressiver Verlauf innerhalb des Internationalisierungsprozesses

Das neue Internationalisierungsprozessmodell berücksichtigt neben dem fortschreitenden Verlauf einer Internationalisierung durchaus auch die Möglichkeit eines regressiven Ablaufs innerhalb eines Internationalisierungsprozesses. So wird dies zwar bereits im Ansatz der Helsinki-Schule und im GAINS-Ansatz angedeutet, jedoch wird auf

---

[987]   Vgl. Kapitel 4.1.1 und Kapitel 4.1.2.
[988]   Vgl. Kapitel 4.2.2.

eine weitergehende Vertiefung dieses Aspekts verzichtet.[989] Andere Internationalisierungsprozessmodelle sehen die Möglichkeit eines regressiven Verlaufs nicht als gegeben an und gehen vielmehr von einer stetigen Höherentwicklung der Internationalisierung aus,[990] sodass selbst ein längeres Verweilen auf einer Stufe der Internationalisierung bisher kaum Eingang in die Forschung gefunden hat. Sowohl das Verweilen auf
einer Stufe als auch der regressive Faktor werden in dem neuen Internationalisierungsprozessmodell aus unterschiedlichen Gründen wieder aufgegriffen. So liegt der Hauptgrund in der Praxisnähe dieses Modells und dem damit verbundenen Abgleich mit der
Realität begründet. Schließlich gibt es kaum ein global tätiges Unternehmen, welches
in seinem Internationalisierungsbestreben eine ungebrochene Aufwärtsentwicklung
erfahren hat. Häufig internationalisieren Unternehmen erst dann äußerst erfolgreich,
wenn sie zu Beginn oder auch während ihres Internationalisierungsprozesses schlechte
Erfahrungen gesammelt und sich deshalb aus einem Auslandsmarkt vorerst zurückgezogen haben. Ein derartiges Phänomen hat sich - branchenübergreifend - insbesondere
bei dem Eintritt in den chinesischen Markt gezeigt. So zog sich im Jahr 2008 das Unternehmen Steiff mit seiner Produktionsniederlassung aus dem chinesischen Markt
zurück und produziert seine Waren fortan wieder verstärkt in Deutschland, Portugal
und Tunesien, nur um den chinesischen Markt nun erfolgreich in Form des Exports zu
bedienen.[991] Dieses Beispiel ließe sich durch unzählige weitere Unternehmen ergän-
zen.

Die Tatsache, dass ein Internationalisierungsvorhaben scheitert, kann unterschiedliche
Ursachen haben. Hauptgrund sind häufig ausbleibende Gewinne, die sich ein Unternehmen durch den Markteintritt erhofft. Jedoch spielen auch weitere Aspekte in diesem Zusammenhang eine wesentliche Rolle. So hat sich beispielsweise ein Großteil
der multinationalen Unternehmen, die im Irak ansässig waren, kurz vor den dort be-
ginnenden Auseinandersetzungen zurückgezogen, nur um wenig später erneut in diesen Markt einzutreten. Neben kriegerischen Auseinandersetzungen gibt es noch eine
Vielzahl weiterer externer Faktoren, die einen Rückzug aus einem Ländermarkt erklären können. Es können aber auch unternehmensinterne Beweggründe maßgebend für
einen Rückzug aus einem bestimmten Markt sein: ausbleibende Gewinne können eine
Ursache sein, ebenso kann aber auch eine Veränderung des Unternehmensportfolios
für eine derartige Entwicklung verantwortlich sein, genauso wie ein Rückzug auch im
nahenden Ende eines Produktlebenszyklus und dem fehlenden Nachfolgeprodukt begründet liegen kann.

Aus der Sicht eines multinationalen Unternehmens kann es jedoch auch sinnvoll sein,
sich mit einem bestimmten Produkt aus einem Markt zurückzuziehen, nur um diesen
Markt im weiteren Verlauf in Form einer anderen oder derselben Markteintrittsform

---

[989]   Vgl. Kapitel 3.4.3.2 sowie Kapitel 3.4.4.4.
[990]   Vgl. Kapitel 3.4.2.
[991]   Vgl. o. V. (2008a).

mit einem identischen oder einem anderen Produkt erneut zu bearbeiten. Denkbar wäre ein derartiges Vorgehen bei Schwellen- und Entwicklungsländern, die man zunächst mit Low Cost-Produkten versorgt hat, um diese aufgrund der sinkenden Nachfrage durch höher-preisige Produkte zu ersetzen (Bottom-Up-Strategie). Sollte sich die bei den Low Cost-Produkten gewählte Markteintrittsstrategie als wenig geeignet herausgestellt haben, wäre in diesem Zusammenhang auch eine Modifikation bzw. ein Rückzug auf eine weniger kostenintensive Markteintrittsform möglich.

Demzufolge akzeptiert das neue Internationalisierungsprozessmodell den in der Praxis durchaus existierenden regressiven Phasenverlauf. Dieser kann in zweifacher Weise auftreten und zwar zum einen in der Form, dass sich ein Unternehmen gänzlich aus einem Markt zurückzieht und zum anderen, dass bloß eine weniger ressourcenintensive Markteintrittsform gewählt wird und es somit zum Rückschritt innerhalb des Internationalisierungsprozesses kommt. Gleichermaßen akzeptiert das Modell aber auch die Tatsache, dass ein Auslandsengagement durchaus über einen längeren Zeitraum oder auch für den gesamten Planungszeitraum auf einer gewissen Stufe der Internationalisierung verweilen kann. Ein derartiges Vorgehen ist u. a. bei der Internationalisierung von kleinen und mittelständischen Unternehmen durchaus üblich, da diese Unternehmen häufig nicht über die notwendigen Mittel verfügen, um einen erfolgreich aufgebauten Ländermarkt zukünftig nicht mehr nur in Form des Exports, sondern fortan durch eine Vertriebs- oder Produktionsgesellschaft zu bearbeiten. Damit stellt sich das neue Internationalisierungsprozessmodell gegen seine berühmten Vorgänger und deren Annahme der stetigen Höherentwicklung innerhalb des Internationalisierungsprozesses.

5.2.2.7   Multinationale Struktur der Unternehmung

Für eine geeignete Umsetzung dieses Modells bietet sich grundsätzlich eine multinationale Struktur der Unternehmung an. Dies resultiert bereits aus dem bereits erläuterten Lead-Country-Konzept, welches sich in diesem Ansatz in der Form der Internationalisierungs-Hubs wiederfindet. Allerdings ist dieses neue Modell durchaus auch auf Unternehmen anwendbar, die sich am Beginn der Internationalisierung befinden und in diesem Zusammenhang frühzeitig die Implementierung einer Auslandsniederlassung in Erwägung ziehen. Tendenziell ist es für Unternehmen jedoch von Vorteil, bereits seit einem längeren Zeitraum in Form einer internationalen Unternehmung Erfahrungen auf Auslandsmärkten gesammelt zu haben. Somit fließen relevante Informationen und Erfahrungen in die multinationale Unternehmensstruktur ein und beeinflussen im Sinne der Geschäftsdistanz das weitere Vorgehen der Organisation.

Eine Unternehmung gilt gemäß der für diese Arbeit relevanten Definition als multinational, sobald sie in mindestens einem ausländischen Ländermarkt durch eine Niederlassung vertreten ist. Jedoch sollten unter Berücksichtigung des drohenden Know-how-Abflusses und der Übertragung von Verantwortung im Zusammenhang mit der Herausbildung von Lead-Markets 100 %-ige Tochtergesellschaften den unterschiedlichen Kooperationsarten vorgezogen werden.

Es handelt sich demzufolge bei der multinationalen Struktur der Unternehmung nicht nur um ein Element des neuen Prozessmodells, sondern auch um eine Randbedingung, die von der jeweiligen fokalen Unternehmung für die Anwendung dieses Ansatzes erfüllt sein muss und zwar in dem Sinne, dass das multinationale Unternehmen zumindest in einem ausländischen Markt in Form einer Produktionsgesellschaft - entweder als 100 %-ige Tochtergesellschaft oder in Form einer Kooperation - vertreten ist. Generell ist eine breit gefächerte multinationale Struktur zwar vorteilhaft, jedoch nicht unbedingt notwendig. Vorteilhaft hieran ist die Tatsache, dass die Unternehmung hierdurch die Möglichkeit besitzt, aus einer Vielzahl potenzieller Ländermärkte zunächst diejenigen auszuwählen, die als Lead-Markets für eine jeweilige Region in Frage kommen. Besteht sogar eine globale Netzstruktur der Organisation, so besitzt das Unternehmen - eine sinnvolle und geeignete Diversifizierung und Auswahl der Ländermärkte vorausgesetzt - die Möglichkeit, weltweit nahezu jeden geeigneten Ländermarkt mit dem passenden Produkt zu bedienen. An dieser Stelle greift dann die Marktselektion, um aus der Vielzahl der Ländermärkte die geeignetsten Märkte auszuwählen und dann im weiteren Selektionsschritt diese Länder noch einer intensiveren Analyse zu unterziehen, um somit die margenträchtigsten Potenzialmärkte zu identifizieren. Hintergrund dieser Vorgehensweise ist die Tatsache, dass das Unternehmen an dieser Stelle einen gewissen Grenzfaktor - das verfügbare Kapital - besitzt. Aufgrund dessen ist die Unternehmung bei der Anzahl der neu zu bearbeitenden Ländermärkte in gewisser Weise limitiert und strebt demzufolge danach, im ersten Schritt bloß die Ländermärkte zu bedienen, die allem Anschein nach den höchsten Gewinn versprechen.

Auch anhand dieses Elements wird erneut deutlich, wie eng die einzelnen Komponenten dieses neuen Ansatzes zusammenhängen und sich mitunter auch gegenseitig bedingen. Aus diesem Grund werden im nachfolgenden Unterkapitel, neben der Darstellung des Modells in seiner Gesamtheit, zudem die unterschiedlichen Verbindungen der einzelnen Elemente dieses Prozessmodells aufgezeigt.

5.3　Das Internationalisierungsprozessmodell in seiner Gesamtheit

Nach einer ausführlichen Darstellung der einzelnen Komponenten dieses Ansatzes soll das Modell nun noch einmal in seiner Gesamtheit beleuchtet werden, um hierbei auch den generellen Ablauf innerhalb dieses Internationalisierungsprozesses darzustellen. Demzufolge beginnt eine Unternehmung, in diesem Fall eine multinationale Unternehmung, ausgehend von ihrem Heimatmarkt in ausgewählte Ländermärkte zu internationalisieren. Hierbei existieren durch das Element der modifizierten Establishment Chain unterschiedliche Möglichkeiten: So kann das Unternehmen nach dem klassischen Prinzip der Uppsala-Schule und somit der Establishment-Chain schrittweise internationalisieren oder wie nach dem GAINS-Ansatz eher sprunghaft neue Ländermärkte erschließen. In diesem Zusammenhang wird auch die Möglichkeit des regressiven Markteintrittsverlaufs, welcher sich entgegen der Establishment Chain bewegt, postuliert. Die beiden letztgenannten Möglichkeiten werden in der Abbildung durch gestrichelte Pfeile dargestellt und mit dem Zusatz der Revolution bzw. Regression versehen. Innerhalb dieser Modifikation der ursprünglichen Establishment-Chain erfolgt noch eine Erweiterung mit zusätzlichen Markteintrittsvarianten in Form von strategischen Allianzen und Joint Venture-Unternehmungen, die vor allem für die Markteintrittsformen der Vertriebs- oder Produktionsgesellschaft relevant sind. Eine gewisse Begrenzung erfährt das Modell durch die Elemente Zeit und psychische Distanz, welche sich an der linken sowie an der rechten Seite des Modells befinden und im Laufe des Internationalisierungsprozesses zunehmen. Wie bereits erläutert, bezieht sich die psychische Distanz auf die Definition der Helsinki-Schule, wonach die Geschäftsdistanz nach der geografischen, kulturellen sowie ökonomischen Distanz unterteilt werden kann. Eine gewisse zeitliche Trennung zwischen den einzelnen Phasen ist durch die klare Abfolge der einzelnen Schritte und Komponenten dieses Modells erkennbar. Verdeutlicht wird dies zudem anhand der Berücksichtigung und Verwendung vorgenannter Timingstrategien bei der finalen Zielmarktdefinition sowie -bearbeitung. Nachdem eine Unternehmung erfolgreich internationalisiert hat und bestenfalls eine Produktionsniederlassung in Form einer 100 %-igen Tochtergesellschaft im Zielmarkt implementieren konnte, erfolgt im weiteren Verlauf die Internationalisierung in weitere Ländermärkte. Hierbei sei kurz darauf hingewiesen, dass es sich bei der gewählten Darstellung mit den drei Internationalisierungs-Hubs bloß um eine beispielhafte Veranschaulichung handelt. So ist derselbe Ablauf gemäß der in dieser Arbeit zugrunde gelegten Definition multinationaler Unternehmen auch mit nur einem Lead-Market und somit auch zu Beginn der Internationalisierung durchführbar. Ab dem Zeitpunkt der erfolgreichen Implementierung dieser Brückenköpfe erfolgt jedoch ein Umbruch in der Betrachtung der psychischen Distanz.

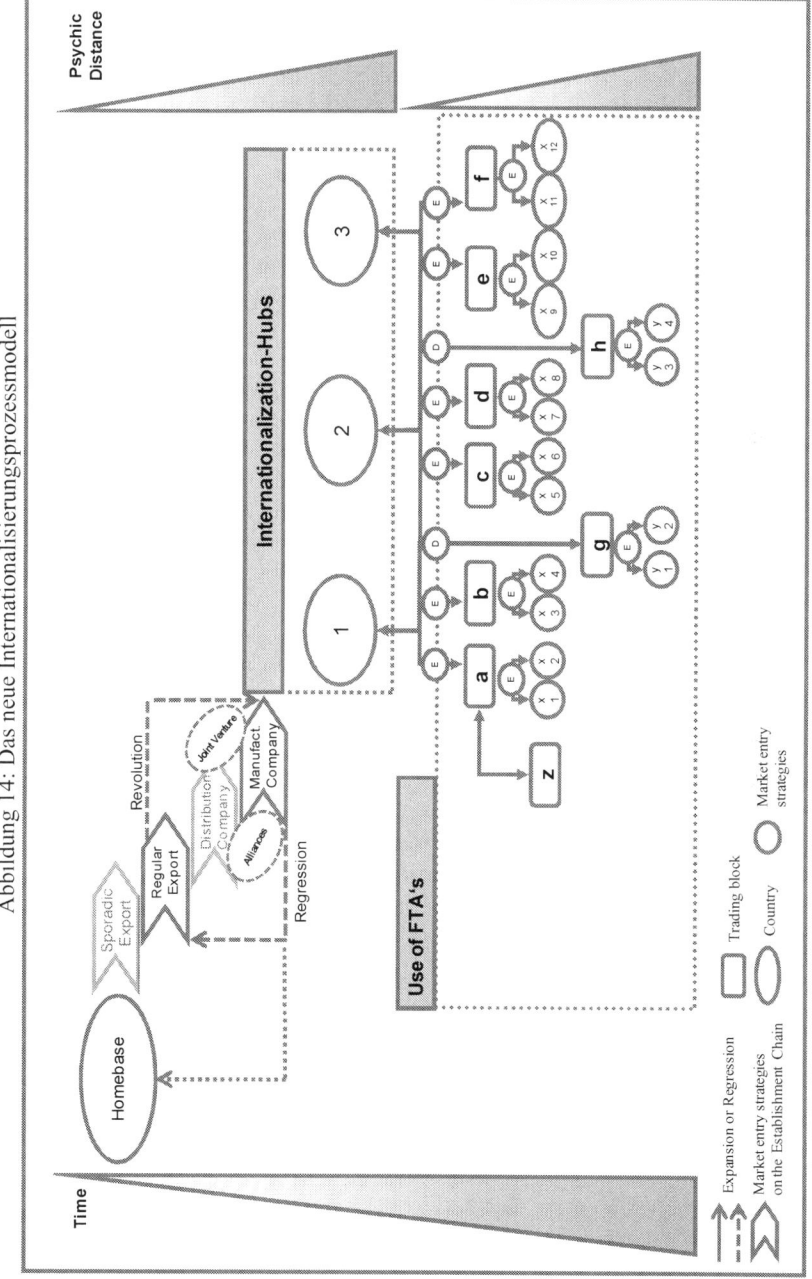

Abbildung 14: Das neue Internationalisierungsprozessmodell

So ist ab diesem Zeitpunkt nicht mehr die psychische Distanz ausgehend vom Heimatmarkt, sondern von den Internationalisierungs-Hubs relevant. Dies hängt damit zusammen, dass bspw. die psychische Distanz Malaysias aus Sicht der Produktionsgesellschaft in Indien wesentlich kleiner erscheint als aus der Zentrale in Deutschland. Im weiteren Verlauf der Internationalisierung machen sich Unternehmen Freihandelsabkommen respektive regionale Handelsabkommen zunutze, um in weitere Ländermärkte - zumeist in Form des Exports - einzutreten.

Hierbei ist zu beachten, dass bei optimalem Verlauf direkt mehrere, ggf. sogar alle Ländermärkte innerhalb eines solchen Verbundes in Form eines multiplen Markteintritts bearbeitet werden können, ein solcher, ganze Regionen umfassender Marktzugang allerdings eher die Seltenheit darstellt. Es ist eher von Bedeutung, die Existenz dieser Abkommen zu nutzen, um möglichst kostengünstig in weitere, selektive Ländermärkte einzutreten und diese zu bearbeiten.

Welche Ländermärkte bearbeitet werden, wird in Form von Marktanalysen anhand von selektionsspezifischen Kriterien untersucht. Anhand dieser Kriterien - bspw. die Höhe der Importzölle - wird letztlich auch entschieden, welche Markteintrittsform sich für den jeweiligen Ländermarkt am Geeignetsten herausstellt. An diesem Punkt sowie auch bereits in den Internationalisierungsbestrebungen hin zu den Internationalisierungs-Hubs können erste Internationalisierungsimpulse auch durch Kontakte zu Zulieferern oder Kooperationspartnern und deren Erfahrungen und Wissen maßgeblich initiiert werden. Basierend auf der regionalen Nähe und einer häufig bereits implementierten Produktionsniederlassung innerhalb des Lead-Marketes bietet sich häufig der Export als kostengünstigste Markteintrittsform in die geografisch umliegenden Regionen an. Werden im weiteren Verlauf - wie auch in der Abbildung dargestellt- zusätzliche Regionen anvisiert, welche sich womöglich sogar auf einem anderen Kontinent befinden, so könnte sich auch vor dem Hintergrund der Marktanalysen und möglichen Markteintrittsbarrieren eine andere Markteintrittsform als geeignet herausstellen. Demzufolge sind die in der Darstellung aufgezeigten potenziellen Markteintrittsformen bloß beispielhafter Natur.

Zudem werden auch bei den Internationalisierungsschritten, welche von den Internationalisierungs-Hubs ausgehen, stets mögliche regressive Internationalisierungsprozesse oder aber größere Verweildauern auf unterschiedlichen Stufen der Internationalisierung berücksichtigt. So zeigen die Pfeile nicht bloß in die Richtung der weiteren Internationalisierung, sondern auch wieder zurück zu den Lead-Markets.

Letztlich besteht das hier vorgestellte Internationalisierungsprozessmodell aus sieben neuen und vier bereits etablierten Elementen. Zum Teil wurden die einzelnen Komponenten der etablierten Theorien leichten Modifikationen unterzogen, um der teils deutlichen Kritik an ihnen zu begegnen. Die neuen Elemente haben sich sowohl aus den allgemeinen Anforderungen als auch aus der Kritik an den alten Modellen gebildet.

Wie bereits bei der Erläuterung zu den einzelnen Elementen deutlich wurde, bestehen zahlreiche Überschneidungen und Interdependenzen zwischen den einzelnen Elementen. So bündelt der Internationalisierungsprozess - ausgehend von dem jeweiligen Internationalisierungs-Hub - die Elemente der Nutzung von Freihandelsabkommen, der Beachtung der Inward-Outward-Komponente, der Möglichkeit der regressiven Internationalisierung und der Berücksichtigung selektionsspezifischer Kriterien bei einem Markteintritt sowie den sprunghaften Verlauf der Internationalisierung nach Macharzina und Engelhard. Wenn nun noch die Zeit ebenso wie auch die psychische Distanz, die als Randbedingungen auf diesen Prozess einwirken, hinzugezogen werden, zeigt dies die interdependente Bedeutung jedes einzelnen in diesem Modell identifizierten Faktors für den Internationalisierungsprozess eines Unternehmens.

5.4   Resümee Kapitel 5

Zusammenfassend basiert das neue Modell auf elf Elementen, den vier Modulen aus den etablierten Theorien sowie den sieben neu implementierten Elementen. Jedoch wurden die vier etablierten Elemente nicht bloß übernommen, sondern - wie bereits erläutert - auch in Bezug auf bekannte Schwachstellen adaptiert. Darüber hinaus bringen die neuen Elemente zum Teil vollkommen neue Aspekte in das Themenfeld der Internationalisierungsprozessforschung ein. So zeigt dieses Modell nicht nur die Möglichkeit eines parallelen Markteintritts in mehrere Ländermärkte und gesamte Regionen auf, sondern berücksichtigt auch die zunehmende Relevanz von Freihandelsabkommen. Demzufolge soll mithilfe der neuen Elemente nicht nur der Kritik an den etablierten Modellen begegnet werden, sondern auch eine größere Praxisnähe erzielt werden. Ob anhand dieses Modells tatsächlich eine höhere Praxisnähe erreicht wird, wird nachfolgend in dem empirischen Part dieser Arbeit anhand der Nutzfahrzeugsparte der Daimler AG näher erörtert.

Auf Grundlage der theoretischen Evaluation dieses Modells lässt sich somit zunächst festhalten, dass es sich hierbei durchaus um eine Weiterentwicklung innerhalb der Internationalisierungsprozessforschung handelt. Allerdings würde es zu weit gehen dieses Modell als Grund für eine Revolution innerhalb der Internationalisierungsprozessforschung zu bezeichnen. Vielmehr handelt es sich hierbei um eine eklektische Evolution innerhalb der Internationalisierungsprozessforschung, da sowohl neue, revolutionäre Elemente in das Modell integriert wurden, die etablierten Elemente jedoch noch immer die Basis des neuen Modells bilden.

Im nachfolgenden Kapitel wird die Methodik des qualitativen Interviews näher erläutert und die Auswertung der durchgeführten Experteninterviews vorgenommen, durch die das neue Internationalisierungsprozessmodell zusätzliche Validierung erfahren soll.

6.   Methoden der empirischen Sozialforschung

In diesem Kapitel erfolgt eine Analyse der Methoden der empirischen Sozialforschung. So wird zunächst eine Gegenüberstellung der qualitativen und der quantitativen Sozialforschung vorgenommen, um daran anknüpfend das Experteninterview näher zu beleuchten, indem auch eine genaue Darstellung des Leitfadens, der einem derartigen Experteninterview zugrunde liegt, und der Gütekriterien erfolgt. Abschließend
werden in diesem Zusammenhang die Bedeutung und das Verfahren der Transkription
sowie die Bewertungsmethode der qualitativen Inhaltsanalyse vorgestellt. Das dritte
Unterkapitel beschäftigt sich schließlich mit der praktischen Umsetzung des Experteninterviews. Hierin wird zunächst auf die getroffene Expertenauswahl eingegangen.
Daran anknüpfend wird der gewählte Leitfaden, der als Grundlage für die Interviews
dient, vorgestellt, um abschließend bereits gewisse thematische Gruppen zu bilden, in
die die unterschiedlichen Aspekte der Interviews integriert werden.

6.1   Quantitative vs. Qualitative Sozialforschung

In diesem Kapitel wird eine Differenzierung zwischen der qualitativen und der quantitativen Sozialforschung vorgenommen. Eben diese Kontroverse von quantitativer und
qualitativer Sozialforschung ist das Resultat der speziellen wissenschaftsgeschichtli-
chen Entwicklung, insbesondere im späten 19. und frühen 20. Jahrhundert.[992] Allerdings wurden bis in die 1960 Jahre nicht-standardisierte Erhebungsverfahren sowie
nicht-quantifizierbare Auswertungsmethoden lediglich beiläufig eingesetzt. Zu dieser
Zeit hatten diese Verfahren bestenfalls eine vorklärende, explorative Bedeutung in
quantitativen Untersuchungen.[993] Der Gegensatz qualitativer und quantitativer Verfahren liegt an den grundlegend unterschiedlichen Orientierungen dieser beiden Verfahren. So untersucht die qualitative Forschung die Gemeinsamkeiten von zwei oder mehr
Gegebenheiten, indem sie die existierenden Unterschiede zwischen diesen Tatsachen
überwindet, wohingegen die quantitative Sozialforschung Differenzen dadurch erfasst,
dass Übereinstimmungen als Vergleichsbasis festgesetzt werden.[994]
In den letzten Jahren hat sich vermehrt die Möglichkeit der Methodenkombination
durchgesetzt. Bei diesem Methodenmix wird ein Gegenstand durch die Kombination
eines oder mehrerer Erhebungsverfahren aus der quantitativen sowie der qualitativen
Sozialforschung untersucht. Um die wesentlichen Aspekte dieser beiden Forschungsrichtungen zu erfassen, werden diese im nachfolgenden Unterkapitel näher erläutert.

---

[992]   Vgl. Heinze (2001), S. 28.
[993]   Vgl. ebenda.
[994]   Vgl. Kleining (1982), S. 227.

6.1.1 Quantitative Sozialforschung

Gemäß der quantitativen Forschung basiert der Ausgangspunkt wissenschaftlicher Erkenntnisbemühungen auf einer speziellen Frage- oder Problemstellung. Typisch quantitative Methoden zur Datenerhebung sind u. a. das Experiment sowie die quantitativen Formen der Befragung und Beobachtung. Nach den Messungen innerhalb dieser Datenerhebung erfolgt die Auswertung mithilfe statistischer Programme.[995] Die quantitative Sozialforschung ist in gewisser Weise den Naturwissenschaften sehr ähnlich, suchen doch beide nach Gesetzen, um soziale Phänomene erklären zu können. Im Allgemeinen werden quantitative Erhebungen zumeist bei größeren Stichproben angewandt und dann in Form der strukturierten und standardisierten Befragung, der nicht teilnehmenden, strukturierten Beobachtung oder der quantitativen Inhaltsanalyse durchgeführt.

Wie bereits angedeutet werden bei dem quantitativen Paradigma subjektive und kontextuelle Faktoren so weit wie möglich standardisiert und minimiert oder - sofern möglich - komplett ausgeschaltet.[996] Demgegenüber sind gerade dieser subjektive Einfluss und die Kommunikation zwischen Interviewer und Befragtem ein Kernbestandteil der qualitativen Sozialforschung,[997] auf die im Weiteren vertiefend eingegangen werden soll.

6.1.2 Qualitative Sozialforschung

Seit Anfang der 1980er Jahre lässt sich ein Wiederaufleben der lange Zeit als unwissenschaftlich abgewerteten qualitativen Sozialwissenschaften beobachten.[998] Qualitative Sozialforschung kann zunächst als eine Sozialforschung bezeichnet werden, die sich verbalisierter oder verschriftlichter Daten sowie Texten bedient.[999] In diesem Zusammenhang bietet sich qualitative Forschung insbesondere dann an, wenn die Gegenstände und Themen, nach allgemeinem Wissensstand oder nach dem Kenntnisstand des Forschers, komplex, differenziert, wenig überschaubar oder widersprüchlich erscheinen. Aufgrund dessen wird die qualitative Forschung häufig auch als Eingangsforschung bezeichnet.[1000] Innerhalb der qualitativen Sozialforschung gibt es unterschiedliche Methoden:[1001] So können die qualitativen Interviews, Gruppendiskussionen und Beobachtungen unterschieden werden. In der vorliegenden Arbeit wird jedoch der Fokus lediglich auf die qualitativen Interviews und hier speziell auf das Experteninterview gelegt. Bei diesen

---

[995]   Vgl. Lettau / Breuer (2009), S. 4.
[996]   Vgl. Bergold / Breuer (1992), S. 27.
[997]   Vgl. Mruck (1999).
[998]   Vgl. Flick et al. (1995), S. 3, vgl. Reichertz (2007), S. 195.
[999]   Vgl. Heinze (2001), S. 12.
[1000] Vgl. Kleining (1995), S. 16.
[1001] Vgl. Lamnek (2005), S. 356.

qualitativen Interviews handelt es sich um Kommunikationssituationen, sodass die Daten in einer hochkomplexen und die Subjektivität der Beteiligten einbeziehenden Situation erzeugt werden.[1002] Qualitative Interviews umfassen eine Vielzahl ähnlicher, aber nicht identischer Erhebungsverfahren. So nennt Kohli die Begriffe Intensiv-, Tiefen-, unstrukturiertes, qualitatives, detailliertes, zentriertes und offenes Interview.[1003] Neben diesen Bezeichnungen gibt es noch eine weitere Unterteilung nach der Art der jeweiligen Interviewform. So werden u. a. das narrative[1004], das episodische[1005], das problemzentrierte[1006], das fokussierte[1007], das rezeptive[1008], situationsflexible Interview[1009] und das Experteninterview[1010] voneinander unterschieden. Diese Interviewtypen werden häufiger auch als teilstrukturierte, semistrukturierte oder auch als Leitfadeninterviews bezeichnet.[1011] Entscheidendes Kriterium für die Abgrenzung zu den standardisierten Interviews ist die Tatsache, dass auf eine vorgegebene Kategorisierung der Antworten verzichtet wird[1012]. Als ein entscheidender Vorteil qualitativer Interviewformen gegenüber standardisierten Verfahren hat sich speziell die höhere Kontextsensitivität herausgebildet.[1013]

Die bereits angedeutete Kommunikationssituation ist hochkomplex und beeinflussbar, sodass vor allem bei qualitativen Erhebungsformen wie den Face-to-Face Interviews eine neutrale Haltung des Interviewers gegenüber den Antworten des Befragten unabdingbar ist. So ist die Maxime der neutralen Interviewtechnik dem Befragten das Gefühl zu vermitteln, dass die Antwort des Interviewten weder in der Interviewsituation selbst, noch zu einem späteren Zeitpunkt sanktioniert wird. Allerdings ist Neutralität ein nicht erreichbares Ideal, da die Gestik, Mimik und die verbale Reaktion des Interviewers von dem Befragten stets als Signale der Zustimmung oder Ablehnung interpretiert werden.[1014] Auch vor diesem Hintergrund wird die weitere Etablierung von Gütekriterien innerhalb der qualitativen Sozialforschung ein zentraler Punkt sein. So werden von qualitativen Sozialforschern die in der quantitativen Sozialforschung etablierten Gütekriterien der Objektivität, Reliabilität und Validität abgelehnt, gleichwohl müssen in diesem Zusammenhang Kriterien entwickelt werden, die zu intersubjektiv nachvollziehbaren Resultaten führen.[1015]

[1002] Vgl. Helfferich (2005), S. 7.
[1003] Vgl. Kohli (1978).
[1004] Vgl. Schütze (1977).
[1005] Vgl. Flick (1995), vgl. Flick (1996), S. 124 ff.
[1006] Vgl. Witzel (1985), vgl. Mayring (2002), S. 67 ff.
[1007] Vgl. Merton et al. (1956).
[1008] Vgl. Kleining (1988).
[1009] Vgl. Hoffmann-Riem (1980).
[1010] Vgl. Meuser / Nagel (1991).
[1011] Vgl. Hopf (1995), S. 177.
[1012] Vgl. Atteslander (2010), S. 145.
[1013] Vgl. Trinczek (2009), S. 227.
[1014] Vgl. Diekmann (2008), S. 439 f.
[1015] Vgl. Aufenanger (1995), S. 233 ff.

6.2   Experteninterviews als eine Form der qualitativen Erhebung

Das Experteninterview ist ein häufig eingesetztes Verfahren in der empirischen Sozialforschung, welches des Öfteren im Rahmen eines Methodenmix, u. a. in Kombination
mit einer Dokumentenanalyse, eingesetzt wird. Neben dieser Kombinationsmöglich-
keit ist dieses Verfahren jedoch vor allem eigenständig anwendbar.[1016]

6.2.1 Prinzip des Experteninterviews

Zwar erfreut sich dieser Interviewtyp in der Praxis großer Beliebtheit, in der Metho-
denliteratur wird das Experteninterview jedoch kaum behandelt.[1017] Aufgrund dieser
bisher nur geringfügigen methodologischen Reflexion folgt die Expertenauswahl keinen klar definierten Kriterien.[1018] Dies korreliert auch mit der Tatsache, dass der Ex-
pertenbegriff gleichsam nur wenig systematisch diskutiert wird. Allgemein erfolgt
nach der Wissenssoziologie eine Unterscheidung von Experten sowie Laien und demzufolge nach Allgemeinwissen und Sonderwissen.[1019] Folglich stellt ein Experte eine
Person dar, die sich durch eine institutionalisierte Kompetenz zur Konstruktion von
Wirklichkeit auszeichnet.[1020] Anders ausgedrückt beschreibt der Begriff Experte die
spezifische Rolle einer Person als Quelle von speziellem Sonderwissen über die zu
erforschenden Sachverhalte.[1021] Demnach stellt das Experteninterview eine Methode
dar, um dieses Wissen zu erschließen.

Die systematische Anpassung der sozialwissenschaftlichen Forschung an die gängigen
Regeln der alltagsgebräuchlichen Kommunikation bildet eine unabdingbare Voraussetzung erfolgreicher Interviewführung.[1022] Diesbezüglich haben sich Offenheit und
Kommunikation als Basisnormen für den erfolgreichen Prozess der Datenerhebung in
Form eines Interviews herauskristallisiert.[1023] Da das Expertenwissen jedoch angesichts der nicht unbedingt diskursiven[1024] Verfügbarkeit nicht einfach abgefragt werden kann, muss es aus den Äußerungen der Experten im späteren Verlauf der Datenerhebung rekonstruiert werden.[1025]

Im Allgemeinen hat sich das leitfadengestützte offene Interview als sinnvolles Erhe-
bungsinstrument zur Durchführung eines Experteninterviews bewährt.

[1016]   Vgl. Meuser / Nagel (2006), S. 57.
[1017]   Vgl. Meuser / Nagel (1991), S. 441 ff.
[1018]   Vgl. Meuser / Nagel (2006), S. 57.
[1019]   Vgl. Schütz (1972), S. 85 ff., vgl. Sprondel (1979), S. 140 ff.
[1020]   Vgl. Hitzler et al. (1994).
[1021]   Vgl. Gläser / Laudel (2009), S. 12.
[1022]   Vgl. Schütze et al. (1981), S. 434.
[1023]   Vgl. Hoffmann-Riem (1980).
[1024]   Diskursiv verfügbar bedeutet „klar und deutlich präsent". Diskursiv verfügbar sind jedoch nur erinnerte
         Entscheidungsverläufe, nicht aber die fundierte Logik des Entscheiders.
[1025]   Vgl. Meuser / Nagel (2006), S. 58.

6.2.2 Interviewleitfaden

Dieser Leitfaden wird flexibel und nicht im Sinne eines standardisierten Ablaufschemas angewandt, um vor allem unerwartete Erläuterungen und Themenbezüge des Experten nicht zu unterbinden.[1026] Gleichwohl soll ein derartiger Leitfaden garantieren,
dass alle forschungsrelevanten Themen auch tatsächlich angesprochen werden, um
eine gewisse Vergleichbarkeit der Interviewergebnisse zu gewährleisten.[1027] Dementsprechend enthält ein Leitfaden so genannte Schlüsselfragen, die in jedem Interview gestellt werden sollen, und Eventualfragen, die je nach Verlauf des Interviews
gestellt werden können.[1028] Jedoch werden diese Fragen häufig nur stichpunktartig
festgehalten, sodass die Ausformulierung und die Reihenfolge der Fragen vom Interviewer häufig während des Interviews geleistet werden, um einen natürlichen Interaktionsfluss zu erreichen. Somit wird das Leitfadengespräch mit abnehmendem Standardisierungsgrad zu einem Prozess permanenter spontaner Operationalisierung,[1029] indem laufend konkrete Interviewfragen evaluiert und gleichzeitig Bewertungen der
Antworten des Befragten erfolgen müssen, um weitere, vertiefende Fragen zu entwickeln.[1030] Demzufolge bietet der Leitfaden lediglich ein Gerüst, welches sicherstellt,
dass in einer größeren Anzahl von Interviews gleichartige Informationen erhoben werden.[1031] Generell sollte der Interviewleitfaden übersichtlich gestaltet sein und einen
Umfang von 8-15 Fragen nicht überschreiten. Zudem sollten die gewählten Fragen, ob
stichpunktartig oder bereits ausformuliert, klar und leicht verständlich sowie in der
Alltagssprache des zu Befragenden formuliert sein.[1032] Bereits ausformulierte Fragen
besitzen den Vorteil, dass jeder Experte die Frage in gleicher Form gestellt bekommt
und somit zumindest Varianzen aufgrund der Fragestellung ausgeschlossen werden
können.

Generell vorteilhaft an einem Leitfadeninterview sind die offene Gesprächsführung
und die Erweiterung von Antwortspielräumen. Allerdings existieren auch einige Nachteile des Prinzips des Leitfadeninterviews. So werden wie bereits angedeutet, höhere
Anforderungen an den Interviewer gestellt. Darüber hinaus untersteht das Leitfadengespräch einerseits einem wesentlich höheren Zeitaufwand und andererseits wesentlich
stärkeren Interviewereinflüssen als standardisierte Befragungen. Des Weiteren bestehen höhere Anforderungen an die sprachliche und soziale Kompetenz des Befragten
sowie seine Bereitschaft zur Mitarbeit.[1033] Einen weiteren Kritikpunkt bilden die womöglich zu starke Struktur des Leitfadens und die bedingten Interventionen des Inter-

---

[1026] Vgl. Meuser / Nagel (2006), S. 58.
[1027] Vgl. Schnell et al. (2005), S. 387.
[1028] Vgl. Friedrichs (1973), S. 227.
[1029] Vgl. Hopf (1978), S. 111.
[1030] Vgl. Creswell (2007), vgl. Turner (2010), S. 758.
[1031] Vgl. Gläser / Laudel (2009), S. 143.
[1032] Vgl. Gläser / Laudel (2009), S. 145.
[1033] Vgl. Schnell et al. (2005), S. 388.

viewers, woraus eine eingeschränkte Entfaltung der subjektiven Relevanzstrukturen des Interviewten resultiert.[1034]

6.2.3 Gütekriterien

Wie bereits angedeutet wurde, sind die Gütekriterien der quantitativen Forschung Objektivität, Reliabilität und Validität nicht auf die qualitativen Erhebungsformen anwendbar. Dennoch lässt sich in diesem Zusammenhang festhalten, dass Zuverlässigkeit, wie sie in der quantitativen Forschung existiert, auch in der qualitativen Sozialforschung angestrebt wird.[1035] Innerhalb der qualitativen Forschung wird von einer bestimmten Vorgehensweise gesprochen, nachdem die Untersuchungen insbesondere vor dem Hintergrund der Prinzipien der Offenheit und Kommunikation sowie des Fremdheitspostulats erfolgen sollen.[1036] Neben diesen Prinzipien soll die Sicherung der wissenschaftlichen Erkenntnisproduktion durch qualitativ methodisches Vorgehen, welches auf Transparenz, Reflexivität und Kritik aufbaut, erfolgen.[1037] Dementsprechend soll der Forschungsprozess für den Leser transparent und nachvollziehbar gemacht werden. Hierin enthalten sind sowohl die ausführliche Dokumentation der Erhebungsmethoden und der verwendeten Auswertungsverfahren als auch die Darstellung des forschungspraktischen Vorgehens. Unter dem Kriterium der Kritik wird vor allem die Überprüfung der Gegenstandsangemessenheit der verwendeten Verfahren verstanden. Demzufolge soll hier hinterfragt werden, ob der gewählte Forschungsansatz in dem jeweiligen Fall begründet und geeignet ist bzw. war und ob dieser methodologisch begründet realisiert wird bzw. wurde. Das dritte Kriterium, die Reflexivität muss den gesamten Verlauf des Forschungsprozesses begleiten. Hierbei sollen nicht nur die eigene Position und die Positionen der Untersuchungspartner, sondern auch sämtliche Entscheidungen innerhalb des gesamten Forschungsprozesses kritisch hinterfragt werden.[1038]

Neben diesen haben sich drei weitere Gütekriterien in der qualitativen Forschungspraxis etabliert. So soll demnach die methodische Kontrolle innerhalb der qualitativen Forschung durch die Prinzipien Offenheit, Reflexivität und intersubjektive Nachvollziehbarkeit erzielt werden.[1039] Gerade durch ein offenes, bloß gering standardisiertes Interview wird ein hohes Maß an methodischer Kontrolle erzielt. Dies liegt in der Tatsache begründet, dass der Befragte umfassender seine Sichtweisen in seiner Sprache ausdrücken kann und somit das Risiko deutlich sinkt, dass der Interviewer den Befrag-

---

[1034] Vgl. Trinczek (2009), S. 228.
[1035] Vgl. Lamnek (2005).
[1036] Vgl. Mey (2001), S. 5, vgl. Mruck / Mey (2005), S. 9.
[1037] Vgl. Breuer (1996), S. 36 ff.
[1038] Vgl. Lettau / Breuer (2009), S. 21 f.
[1039] Vgl. Helfferich (2005), S. 138.

ten missversteht.[1040] Methodische Kontrolle über Reflexivität wird dadurch erreicht, dass das Vorwissen des Interviewenden in die Situation eingebracht, bewusst gemacht und dessen Einfluss explizit diskutiert und nachvollzogen wird.[1041] Das Kriterium der intersubjektiven Nachvollziehbarkeit hingegen soll eine gewisse Überprüfbarkeit der Ergebnisse ermöglichen. Dieses Prinzip umfasst demnach die Dokumentation des gesamten Forschungsprozesses.[1042] Bezogen auf die Interviewsituation bedeutet dies, dass die Regeln des Interviewerverhaltens geklärt, festgehalten und überprüft werden.[1043]

Zwar besitzen diese unterschiedlichen Gütekriterien noch längst nicht die Bekanntheit und Verbreitung wie die drei Gütekriterien der quantitativen Forschung und dennoch erscheint deren Anwendung durchaus als sinnvoll. Aufgrund dessen werden die erläuterten Gütekriterien der Offenheit, Reflexivität und intersubjektiven Nachvollziehbarkeit auch auf die hier zugrunde gelegten Experteninterviews und deren Auswertungen angewendet.

6.2.4 Transkription

Im Wesentlichen bezeichnet Transkription die Verschriftlichung audiovisuell aufgezeichneter Daten. Ziel der Transkription ist es, die geäußerten Wortfolgen, häufig aber auch deren lautliche Gestaltung, u. a. Lautstärke und Tonhöhe sowie redebegleitendes nichtsprachliches Verhalten, wie bspw. Räuspern oder Lachen, möglichst genau wiederzugeben.[1044]

In diesem Zusammenhang bieten sich vier unterschiedliche Arten der Transkription an, die auch richtungsweisend für die weiterführenden Analysen sind. So besteht die Möglichkeit einer Transkription, die Aspekte wie den Dialekt, Umgangssprache und andere akustische Elemente außer Acht lässt. Eine derartige Standardorthografie ermöglicht die Analyse von Themen und Inhalten, jedoch nicht von Betonungen, interaktiven Abläufen oder Intervieweinflüssen. Die literarische Umschrift als zweite Variante beachtet eben diese Besonderheiten der gesprochenen Sprache und erfasst somit Elisionen[1045] und Assimilationen[1046]. Die beiden weiteren Möglichkeiten, 'eye dialect' und 'phonetische Umschrift' stellen in diesem Zusammenhang noch wesentlich detailliertere und aufwendigere Transkriptionsarten dar. So wird hier die Umgangssprache möglichst lautgetreu bzw. in phonetisch-phonologischen Kategorien abgebildet.[1047] In diesem Zusammenhang sollte beachtet werden, dass die Genauigkeit der Transkription

---

[1040] Vgl. Bohnsack (1999), S. 21.
[1041] Vgl. Steinke (2007), S. 330 f.
[1042] Vgl. Steinke (1999).
[1043] Vgl. Helfferich (2005), S. 140.
[1044] Vgl. Kowal / O'Connell (2007), S. 438.
[1045] Elision bezeichnet die Auslassung einzelner Laute.
[1046] Assimilation bezeichnet die Angleichung aufeinander folgender Laute.
[1047] Vgl. Kowal / O'Connel (2007), S. 441.

grundsätzlich einen großen Einfluss auf die Analyseebene hat. Andererseits muss hierbei auch beachtet werden, dass Transkriptionen umso aufwendiger sind, je detaillierter diese ausgestaltet sind. Infolgedessen wird im Allgemeinen die Transkriptionsregel aufgestellt: „So fein wie nötig, aber immer einen kleinen Schritt feiner als gedacht"[1048]. Somit sind Transkripte lediglich Ergänzungen und nicht als Ersatz für elektronische Aufnahmen zu verstehen.

Da bei den in dieser Arbeit durchgeführten Experteninterviews vornehmlich die inhaltliche Komponente von Relevanz ist, wird das Transkriptionsverfahren der Standardorthografie verwendet und auf weitergehende Analysen phonetischer Besonderheiten verzichtet. Die erstellten Transkriptionen werden nachfolgend mit dem Verfahren der qualitativen Inhaltsanalyse untersucht.

6.2.5   Qualitative Inhaltsanalyse als Bewertungsmethode

Generell steht die quantitative Inhaltsanalyse für ein spezifisches Erhebungs- und Auswertungsverfahren im Rahmen standardisierter Methoden und deduktivnomologischer Methodologie.[1049] Demgegenüber ist der Begriff der qualitativen Inhaltsanalyse recht unbestimmt. So wird im Allgemeinen jede über eine Frequenzanalyse hinausgehende Auswertung, welche semantische Aspekte einbezieht, als qualitative Inhaltsanalyse verstanden.[1050] Dieses Prinzip stellt jedoch bloß eine von vielen Techniken der Interviewauswertung dar. Für welches der vielen Verfahren sich der Forscher im Endeffekt entscheidet, hängt nicht zuletzt auch von der generellen Zielsetzung, den Fragestellungen, dem methodischen Ansatz, aber auch vom Faktor Zeit, Forschungsmitteln und personellen Ressourcen ab.[1051]

6.2.5.1   Prinzip der qualitativen Inhaltsanalyse

Die qualitative Inhaltsanalyse stellt ein Verfahren dar, bei dem ausgewählten Texten gewisse Daten entnommen werden, um diese im weiteren Verlauf einer tiefergehenden Auswertung zu unterziehen. Diese Analyse zielt darauf ab über - in diesem Fall - die einzelnen Interviews hinweg, gemeinsame Wissensbestände hervorzuheben. Im Gegensatz zum einzelfallanalytischen Vorgehen orientiert sich die Interpretation an thematischen Einheiten bzw. inhaltlich zusammengehörigen, über die einzelnen transkribierten Interviews verstreute Passagen und nicht an individuellen Aussagen der jeweiligen Interviews.[1052] Demzufolge ist es in diesem Zusammenhang auch nicht relevant,

---

[1048]   Meuser / Nagel (2006), S. 160.
[1049]   Vgl. Merten (1995), vgl. Früh (1998).
[1050]   Vgl. Merten (1995), S. 50 ff.
[1051]   Vgl. Schmidt (2007), S. 447.
[1052]   Vgl. Meuser / Nagel (2006), S. 58.

an welcher Stelle des Interviews bestimmte Aussagen getroffen werden. Demzufolge wird mithilfe der qualitativen Inhaltsanalyse eine Informationsbasis geschaffen, die nur noch die Informationen enthalten soll, die für die allgemeine Beantwortung der Forschungsfrage geeignet sind.[1053] Der Kern dieses Verfahrens bildet die Extraktion, also die Entnahme der benötigten Informationen aus dem zur Verfügung stehenden Textmaterial.

Das Prinzip der qualitativen Inhaltsanalyse weist einige Stärken auf. So sind hier vor allem die Systematik und der in der Regel vorher festgelegte Ablauf zu nennen. Hierdurch wird das Verfahren transparent, leicht erlernbar, nachvollziehbar und gut auf neue Fragestellungen übertragbar. Durch das regelgeleitete Vorgehen lassen sich auch Gütekriterien besser anwenden. Des Weiteren können mithilfe der Inhaltsanalyse auch größere Materialmengen verarbeitet werden.

Neben den Vorteilen soll hier auch noch kurz auf einen wesentlichen Kritikpunkt hingewiesen werden. So sollte bei einer offenen Fragestellung – zumeist ohne Leitfaden - auf die Verwendung dieses Verfahrens verzichtet werden, da eine Kategorienbildung innerhalb einer sehr explorativen Studie zu einschränkend oder auch theoretisch nicht schlüssig zu begründen wäre. Bei einer derartigen offenen Fragestellung bietet sich bspw. eher das Konzept der 'Grounded Theory' an.[1054]

6.2.5.2   Techniken einer qualitativen Inhaltsanalyse

Generell können vier unterschiedliche Vorgehensweisen der qualitativen Inhaltsanalyse voneinander unterschieden werden und zwar die zusammenfassende, die explizierende, die strukturierende Inhaltsanalyse sowie die induktive Kategorienbildung.[1055]

Bei der zusammenfassenden Inhaltsanalyse wird das transkribierte Textmaterial in der Art reduziert, dass nur noch die wesentlichen Textinhalte in Form eines überschaubaren Kurztextes erhalten bleiben. Diese Form der Inhaltsanalyse bietet sich immer dann an, wenn bloß die inhaltliche Komponente des Materials von Relevanz ist.[1056]

Die induktive Kategorienbildung baut auf der zusammenfassenden Inhaltsanalyse auf, sodass aus den Zusammenfassungen der einzelnen Materialien schrittweise Überkategorien gebildet werden. Diese Überkategorien ergeben sich aus den bereits vor der Erhebung entwickelten Kategoriendefinitionen.[1057]

Die explizierende Inhaltsanalyse hingegen zielt auf das genaue Gegenteil der zusammenfassenden Inhaltsanalyse ab. So sollen hier unklare Textbestandteile durch Zusatzmaterial näher erläutert und somit erklärbar gemacht werden. In diesem Zusam-

---

[1053]   Vgl. Gläser / Laudel (2009), S. 200.
[1054]   Vgl. Mayring (2007), S. 474.
[1055]   Vgl. Mayring (2007), S. 472.
[1056]   Vgl. Mayring (1995), S. 212.
[1057]   Vgl. Mayring (2007), S. 472 f.

menhang lässt sich noch eine weitere Unterteilung zwischen einer engen, die nur das direkte Textumfeld einschließt, und einer weiten Kontextanalyse, die zusätzliches Material über den Text hinaus umfasst, vornehmen.[1058] Die letzte Form der qualitativen Inhaltsanalyse bildet die strukturierende Inhaltsanalyse. Diese dient dazu bestimmte Aspekte aus den Materialien zu extrahieren sowie anhand zuvor bestimmter Kriterien einen Querschnitt durch das Material zu legen. In diesem Sinne kommt neben einer formalen auch eine inhaltliche sowie typisierende als auch skalierende Vorgehensweise in Betracht. Dies ist stets von der Art der theoriegeleitet-entwickelten Strukturierungsdimensionen, die nachfolgend in einzelne Kategorien unterteilt werden, abhängig. Der generelle Grundgedanke hierbei ist, dass durch die exakte Formulierung gewisser Definitionen, typischer Textpassagen und Codierregeln, ein Codierleitfaden entsteht, der die weitere Strukturierungsarbeit entscheidend vereinfacht und präzisiert.[1059]

Zur Analyse der Experteninterviews wird in der vorliegenden Arbeit die Technik der induktiven Kategorienbildung angewendet. So werden die relevanten Aspekte aus den zusammengefassten transkribierten Interviews schrittweise den jeweiligen, zuvor entwickelten Kategorien zugeordnet.

6.2.5.3   Programme zur qualitativen Inhaltsanalyse

Wie aus den bisherigen Erläuterungen schon hervorging, ist eine qualitative Erhebung ein sehr umfangreiches Verfahren. Im Hinblick auf die Transkription und weiteren schriftlichen Materialien, die im Verlauf eines Forschungsprozesses anfallen, ist eine sorgfältige Ordnung und Organisation notwendig. Neben den Standard-Textverarbeitungsprogrammen gibt es mittlerweile unterschiedliche Programme, die als Hilfestellung bei der Verwaltung und Auswertung qualitativer Daten genutzt werden können.[1060] Dabei geht es jedoch nicht um eine automatische Auswertung wie in quantitativen Computerinhaltsanalysen, sondern vielmehr um die Unterstützung und Dokumentation der einzelnen Analyseschritte sowie Hilfsfunktionen der Suche, Ordnung und Aufbereitung für qualtitative Analysen.[1061] Durch die Verwendung derartiger Programme wird somit die Vernetzung unterschiedlicher Texte und einzelner inhaltlicher Aspekte wesentlich vereinfacht. Aus der Sicht mancher Wissenschaftler der Sozialwissenschaften „adelt" die Verwendung solcher Software das Ausüben qualitativer Methodik, da die Ergebnisse durch die computergestützte Durchführung glaubwürdiger oder gar prestigeträchtiger erscheinen.[1062] In diesem Zusammenhang hat sich das

---

[1058] Vgl. Mayring (2007), S. 473.
[1059] Vgl. Mayring (1995), S. 213.
[1060] Vgl. Kelle (2005).
[1061] Vgl. Mayring (2007), S. 475.
[1062] Vgl. Lettau / Breuer (2009), S. 20.

an der Technischen Universität Berlin entwickelte Programm 'Atlas/ti' besonders bewährt.[1063]

In der vorliegenden Arbeit erfolgt die Ausarbeitung, Organisation sowie Analyse der
Interviews auch unter Zuhilfenahme unterschiedlicher Software. So werden die transkribierten Interviews in der Datenbank 'Mendeley Desktop' hinterlegt, wodurch eine
dokumentenübergreifende Suche nach bestimmten Begriffen und Äußerungen wesentlich erleichtert wird. Für die ausführliche Analyse der qualitativen Experteninterviews
wird das bereits angesprochene Programm Atlas/ti verwendet, unter dessen Zuhilfenahme die Aufbereitung der wesentlichen Aussagen der Experten erarbeitet werden
soll.

6.3   Experteninterview in der Forschungspraxis

Nachdem in den vorigen Abschnitten die einzelnen Elemente des Experteninterviews
und der gewählten Analyseform ihre Erwähnung fanden, soll im nachfolgenden Unterkapitel kurz auf die wesentlichen Aspekte des Experteninterviews in der Forschungspraxis eingegangen werden. Demnach wird zunächst der Fokus auf die Expertenauswahl gelegt, um daran anknüpfend den angefertigten Leitfaden darzustellen und
abschließend auf die ausgewählten Themengruppen einzugehen.

6.3.1 Expertenauswahl

Die Auswahl der Interviewpartner entscheidet generell über die Art und die Qualität
der Informationen.[1064] Generell sollte beachtet werden, dass zwischen dem Interviewer
und dem Befragten eine gewisse Distanz nötig ist, um nicht durch persönliche Beziehungen verzerrte Informationen zu erhalten.[1065]
Anhand dieser Kriterien und Fragen wurde vom Autor eine Stichprobengröße von fünf
Experten gewählt, wovon einer an einer deutschen Hochschule als Dozent arbeitet und
somit der theoretischen Schule entstammt. Vier weitere Experten stammen aus der
Unternehmenspraxis. Bei dem wissenschaftlichen Experten handelt es sich um Herrn
Dr. Frank Zimmermann vom Lehrstuhl Automobilwirtschaft der Fachhochschule Nür-
tingen-Geislingen. Als Experten aus der Unternehmenswelt wurden vier leitende An-
gestellte der Daimler AG aus unterschiedlichen Fachgebieten ausgewählt. Neben Martin Hirnich - aufgrund seiner Expertise für den afrikanischen Markt - wurden weitere
Interviews mit dem Verantwortlichen für Südamerika, Herrn Siegfried Salzmann, und
dem Geschäftsführer (CEO) von Daimler India Commercial Vehicles, Herrn Marc

---

[1063] Vgl. Mayring (2007), S. 475.
[1064] Vgl. Gorden (1975), S. 203.
[1065] Vgl. Seidman (1991), S. 33.

Llistosella y Bischoff, sowie dem für die Internationalisierungsstrategien des Geschäftsfeldes DICV Verantwortlichen, Herrn Marc Kuntz, geführt.

6.3.2 Leitfaden

Der in den Interviews verwendete Leitfaden enthält sechs Hauptfragen, die in jedem
der geführten Interviews abgefragt werden. Die Hauptfragen enthalten noch weitere
Unterfragen, die je nach Gesprächsverlauf angewendet werden, um relevante und
interessante Informationen herauszuarbeiten. Neben diesen sechs Kernfragen ermöglicht die siebte Frage dem Experten, auf potenzielle Themen und Aspekte hinzuwei-
sen, die seiner Meinung nach noch nicht berücksichtigt wurden, jedoch in der jeweiligen Betrachtung Erwähnung finden sollten.

Ausgehend von diesen sechs Fragen gliedert sich der Leitfaden in vier Themenschwerpunkte, nach denen im weiteren Verlauf auch die Interviews ausgewertet und
die relevanten Informationen den jeweiligen Themenschwerpunkten zugeordnet werden.

Der erste Themenschwerpunkt liegt auf den neuen Schwellenländern. Durch gezielte
Fragen soll hierbei herausgearbeitet werden, ob die unterschiedlichen Experten eine
ähnliche Entwicklung für die Regionen SADC, Mercosur und ASEAN erwarten, oder
sich ihrer Ansicht nach andere Regionen, wie bspw. die Arabische Welt oder Osteuropa, stärker hervorheben. Zudem sollen die Experten ihre Einschätzung in Bezug auf
die allgemeine Entwicklung der südlichen Hemisphäre abgeben. So war insbesondere
in der globalen Wirtschaftskrise der Jahre 2008 und 2009 eine gewisse Angleichung
des Südens hin zum Norden erkennbar. In diesem Zusammenhang sollen auch die Folgen bzw. Möglichkeiten von Unternehmen abgeschätzt werden, die sich durch die zunehmende wirtschaftliche Integration des Südens ergeben.

Als zweites Themenfeld haben sich in diesem Zusammenhang die selektionsspezifischen Kriterien bei der Marktauswahl herausgebildet. Schließlich ist es gerade diese
häufig mangelhafte Betrachtung von Kriterien innerhalb des Marktselektionsverfah-
rens, die letztendlich zu einem Scheitern eines Auslandsengagements führen kann. Aus
diesem Grund sollen an dieser Stelle die jeweiligen Experten mögliche Selektionskriterien hervorheben und gleichermaßen auf mögliche Gründe für gescheiterte Investitionsvorhaben hinweisen.

Im dritten Punkt liegt der Fokus auf der Implementierung eines Internationalisierungsprozessmodells. Hierbei sollen vor allem die Gründe für den Anwendungsverzicht eines solchen Modells in der Praxis analysiert werden. Des Weiteren sollen hier Kriterien genannt werden, die aus Sicht der Experten ein solches Modell enthalten sollte.

Als vierter und letzter Themenschwerpunkt hat sich das Thema der potenziellen Brückenköpfe herausgebildet. Dabei stellt sich insbesondere die Frage, welche Internationalisierungs-Hubs die Experten für die jeweiligen Regionen - Südamerika, Subsahara-

Afrika und Südostasien - als geeignet ansehen und ob ihres Erachtens neben den in dieser Arbeit gewählten noch weitere, potenziell geeignete Lead-Markets existieren. Als abschließendes Element dieses Themenpunktes sollen die Experten eine Einschätzung in Bezug auf notwendige Maßnahmen abgeben, um die jeweiligen Kundenpräferenzen in den entsprechenden Regionen zu erreichen.

Die Auswertung und Analyse der Experteninterviews erfolgt im nachfolgenden Unterkapitel.

6.4   Auswertung der Experteninterviews

In diesem Kapitel werden die durchgeführten Experteninterviews nach den zuvor benannten Themengruppen analysiert und ausgewertet. Generell wurden die Experteninterviews unter Zuhilfenahme eines Aufnahmegeräts durchgeführt. Ausnahme hiervon bildeten die Expertengespräche mit Herrn Llistosella y Bischoff, in seiner Funktion als CEO von DICV sowie Herrn Kuntz als Verantwortlicher für die Internationalisierungsstrategie von DICV, sodass an dieser Stelle auf die getätigten Mitschriften während des Interviews zurückgegriffen wird.[1066]

6.4.1 Zuordnung relevanter Interviewaspekte zu ausgewählten Themengruppen

Wie bereits zuvor angedeutet lässt sich der Leitfaden in vier Themenschwerpunkte - neue Schwellenländer, selektionsspezifische Kriterien, Implementierung eines Internationalisierungsprozessmodells und Brückenköpfe - untergliedern, anhand derer nachfolgend die Auswertung vorgenommen wird.

6.4.1.1   Neue Schwellenländer

Generell werten alle Experten die Entwicklung der neuen Schwellenländer als durchweg positiv und erwarten eine deutliche Zunahme in der weltweiten Bedeutung in den kommenden Jahren. So erwartet Martin Hirnich eine Entwicklung der Staaten aus den Regionen Südamerika und Subsahara-Afrika „ähnlich der Entwicklung der BRIC-Staaten". Dr. Frank Zimmermann sieht zwar auch eine positive Entwicklung der neuen Schwellenländer, weißt jedoch auch darauf hin, dass diese „aber mehr Zeit brauchen und aufgrund ihrer Größe auch nicht ganz die Volumina" erreichen werden. Herr Salzmann und Herr Llistosella y Bischoff sagen speziell für die Region Südostasien ein überdurchschnittliches Wachstum voraus, speziell im Vergleich zu den Regionen Südamerika und südliches Afrika. Herr Dr. Zimmermann sieht in diesen Ländern

---

[1066] Die Transkriptionen der durchgeführten Interviews befinden sich im Anhang.

ebenfalls großes Entwicklungspotenzial, weist jedoch auch auf die Schwachstelle der vorherrschenden schlechten Infrastruktur hin. Herr Kuntz hingegen erwartet zukünftig eine Verbesserung der Infrastruktur und sieht aufgrund dessen langfristig auch eine steigende Nachfrage nach Heavy-Duty-Trucks[1067] in diesen Märkten. Für den südamerikanischen Markt erwarten alle Experten weiterhin eine positive Entwicklung, die auch durch Brasilien als bedeutendsten Markt beeinflusst wird. Denn nach Aussage von Herrn Dr. Zimmermann kann man Südamerika nicht losgelöst von Brasilien betrachten, da Brasilien „auf jeden Fall positive Auswirkungen auf seine Nachbarstaaten" hat.

Positiv an den afrikanischen Ländern bewertet Herr Salzmann den Rohstoffreichtum, den er als „Treiber bei Angola und bei anderen Ländern" sieht und aufgrund dessen diese Länder der bekannten 'Rohstofflogik'[1068] folgen, die bereits Brasilien und Russland gezeigt haben. Denn nach Aussage von Herrn Salzmann kann „über die Rohstofflogik auch eine wirtschaftliche Entwicklung" stattfinden.

Insgesamt gesehen sieht Herr Dr. Zimmermann eine Notwendigkeit in diese Regionen einzutreten, denn „wenn man wachsen will (…), dann muss man in die Länder rein, weil sonst akzeptiere ich die Stagnation und dann geht es nicht weiter".

Als weitere zukünftige Potenzialmärkte sieht Herr Hirnich speziell den Nahen Osten, der seiner Meinung nach „immer unterschätzt wird". Auch Herr Salzmann tendiert zu der Region des Nahen Ostens, ist aber auch der Meinung, dass man mit den Regionen der Emerging Triad richtig liegt. Herr Dr. Zimmermann erwartet hingegen speziell für Osteuropa erhebliche Wachstumsschübe. Herr Kuntz sieht überdies Potenziale in den SAARC-Staaten[1069], da mit Ausnahme von Pakistan die politische Situation durchaus als stabil bezeichnet werden kann.

Generell positiv bewerten alle Experten einen potenziellen Zusammenschluss der Staatenverbände Mercosur, SADC und ASEAN, da nach Aussage von Herrn Salzmann hierdurch „zusätzlicher Wohlstand und für uns im LKW-Geschäft damit Nachfrage nach Frachtguttransport und damit Verkauf von LKWs" entsteht. Ebenso erwartet Herr Llistosella y Bischoff hierdurch deutliche Expansionspotenziale im Truckgeschäft, die speziell „durch Low Cost-Produkte bedient werden müssen". Herr Dr. Zimmermann sieht durch einen solchen Zusammenschluss eine positive Entwicklung, da man „in die entsprechenden Länder natürlich auch produktionsseitig rein investieren kann", um

---

[1067] Hierbei handelt es sich um LKWs mit einer Tonnage größer 16 Tonnen. In Bezug auf die genaue Segmentierung nach L/M/HDT herrschen regionale Unterschiede (vgl. Abbildung 16).

[1068] Nach der Rohstofflogik können Staaten - und hier speziell Schwellenländer - eben diesen Reichtum an Rohstoffen nutzen, um dadurch eine Industriekultur aufzubauen, um langfristig von dem Rohstoffreichtum zu profitieren.

[1069] SAARC steht für South Asian Association for Regional Cooperation (dt.: Südasiatische Vereinigung für regionale Kooperation). Sie wurde am 08. Dezember 1985 von den Staaten Indien, Pakistan, Bangladesch, Nepal, Bhutan, Sri Lanka und den Malediven gegründet. Im April 2007 trat zudem Afghanistan dem Bündnis bei. Ihr Ziel ist die Kooperation in wirtschaftlichen und technischen Angelegenheiten, insbesondere die Koordination von Zöllen und dem grenzüberschreitenden Handel.

diese als Brückenköpfe für weitere Zielmärkte zu verwenden. In eine ähnliche Richtung gehen die Aussagen von Herrn Hirnich, der in diesen spezifischen Brückenköpfen bestenfalls „die entsprechenden Second-Level-Produkte auch spezifisch für die ausgewählten Länder und Segmente" produzieren würde. Herr Kuntz sieht diesen Zusammenschluss durchaus positiv, weist jedoch darauf hin, dass man „in der Region durch einen Produktionsstandort vertreten sein muss, um die Vorteile des Zusammenschlusses - keine Zölle - nutzen zu können".

Zwar sehen alle Experten eine gewisse Annäherung des Südens an den Norden, jedoch nicht in den kommenden Jahren. So handelt es sich nach Aussage von Herrn Salzmann trotz der teils zweistelligen Wachstumsraten „um einen langen Prozess von 30-40 Jahren". Auch Herr Dr. Zimmermann verweist immer wieder auf den zu beachtenden zeitlichen Faktor.

Insgesamt sehen die Experten demzufolge eine äußerst positive Entwicklung in den Ländern des Südens und hier auch im Speziellen für das Nutzfahrzeuggeschäft, wenngleich eine deutliche Annäherung an die nördliche Triade noch einen längeren Zeitraum umfassen wird.

6.4.1.2   Selektionsspezifische Kriterien

Bei den Fragen nach den selektionsspezifischen Kriterien hat sich eine gewisse Einheitlichkeit, zumindest auf Seiten der makroökonomischen Kriterien, herausgebildet. So nannten alle Experten das BIP-Wachstum als einen entscheidenden Faktor, da dieses eine generelle Aussage über den Markt bietet. Als weitere makroökonomische Kriterien wurden in diesem Zusammenhang von Herrn Salzmann noch die Marktgröße, die Kaufkraft der Bevölkerung und das Thema der Importzölle genannt. In diesem Zusammenhang weist auch Herr Kuntz auf die rechtlichen Rahmenbedingungen und die Markteintrittshürden in Form von Zöllen und Emissionsnormen hin. Herr Dr. Zimmermann hat zudem noch Aspekte wie Import-Exportvolumen, infrastrukturelle Investitionen und ökonomische Förderprogramme genannt. Überdies erwähnte Herr Llistosella in diesem Zusammenhang noch den Aspekt der Kultur, der seiner Meinung nach „auf keinen Fall zu unterschätzen ist". Herr Hirnich legte den Fokus unmittelbar auf die Themen der „Größe des adressierbaren Marktes" und des Markwachstums sowie der potenziellen Markteintrittsbarrieren.

Trotz des Bewusstseins über die Notwendigkeit dieser Kriterien scheitert eine Vielzahl an Investitionsvorhaben. Herr Salzmann begründet dies mit der häufig „etwas oberflächlich" durchgeführten Selektionsentscheidung. Als weiteren Grund nennt er die Schwierigkeiten zwischen Kooperationspartnern, die sich erst im Laufe eines Internationalisierungsvorhabens ergeben. Ebenso wie Herr Salzmann, sehen auch Herr Hirnich und Herr Llistosella y Bischoff die mangelhafte Vorbereitung als einen Hauptgrund für das Scheitern eines Internationalisierungsvorhabens. Jedoch weist Herr Hir-

nich noch darauf hin, dass „bei so einer Internationalisierung die einzelnen Abhängig-
keitsfelder so vielfältig sind, dass die von uns Menschen schon fast nicht mehr gesteuert werden können". Dasselbe Argument mit dem Vergleich eines Eisbergs, bei
dem „der große Teil noch unter Wasser hängt", bringt Herr Dr. Zimmermann vor. Als
weiteren Aspekt nennt er in diesem Zusammenhang die häufig fehlende regionale Erfahrung.

Zusammenfassend sehen die Experten eine Vielzahl unterschiedlicher Faktoren - neben den makroökonomischen Kriterien - als relevant an und deuten hiermit bereits auf
die Problematik einer solchen Internationalisierungsentscheidung mitsamt der nicht
mehr beherrschbaren Menge an Selektionskriterien hin.

6.4.1.3   Implementierung eines Internationalisierungsprozessmodells

Expertenübergreifend wurde die fehlende praktische Umsetzbarkeit dieser Internationalisierungsprozessmodelle als Grund für deren Nichtberücksichtigung in der Praxis
genannt. So akzeptiert Herr Salzmann zwar, „dass sie ja theoretisch und in der modell-
haften Welt ganz gut, aber leider nicht für die Praxis geeignet sind". Er gibt aber auch
zu, dass er nicht auf dem neuesten Stand der wissenschaftlichen Forschung ist und sich
tendenziell eher auf die Erfahrung aus den einzelnen Märkten beruft. Auch Herr Dr.
Zimmermann und Herr Llistosella y Bischoff weisen darauf hin, dass zwischen der
Theorie und Praxis doch ein Unterschied besteht, sodass häufig für Internationalisierungsentscheidungen auch subjektive Kriterien, wie bspw. der persönliche Bezug relevant sind, die aber in so einem Modell nicht abgedeckt werden. Gleichermaßen akzeptieren beide jedoch auch, dass ein theoretisches Modell dies eben nicht abbilden kann.
Für Herrn Dr. Zimmermann dient ein solches Modell vielmehr zur Risikominimierung
bei einer Investitionsentscheidung und somit als Instrument, um eine Vorauswahl und
eine Vorentscheidung zu treffen, denn „am Ende ist halt trotzdem noch der Mensch
der Faktor, der gucken muss, dass es funktioniert". Herr Hirnich weist zudem darauf
hin, dass die „Entscheider und entscheidenden Personen nicht mehr unbedingt diese
sehr theoretische, strategische Vorgehensweise wollen", sondern nur noch am Ergebnis interessiert sind.

Zusammenfassend ist von allen Experten speziell die fehlende praktische Umsetzbarkeit kritisiert worden, und zwar vor allem aufgrund der häufig ausschlaggebenden subjektiven Komponente, die in diesen Modellen eben nicht abgebildet werden kann.
Dennoch weist speziell Herr Dr. Zimmermann auf die Notwendigkeit solcher Modelle
hin, um bereits eine gewisse Vorauswahl bzw. Vorentscheidung zu treffen und damit
gleichzeitig das Risiko des Scheiterns eines Internationalisierungsvorhabens deutlich
zu senken.

6.4.1.4   Potenzielle Brückenköpfe

Generell weisen alle Experten auf dieselben Ländermärkte - Indien, Brasilien und Südafrika - hin, von denen ausgehend die Regionen der Emerging Triad erschlossen werden könnten. So nennt Herr Hirnich die Länder Indien und China für Asien, Ägypten für die Region Middle East, Brasilien für Lateinamerika und Südafrika für das südliche Afrika. Neben Südafrika sieht er zudem noch Marokko als weiteren Brückenkopf zur Erschließung des afrikanischen Kontinents. Auch Herr Dr. Zimmermann sieht sowohl Südafrika als auch die Länder des nördlichen Afrikas für eine solche Funktion in Afrika als geeignet an. Um den südostasiatischen Markt bedienen zu können, eignet sich seiner Meinung nach Indien als Export-Hub, wenngleich womöglich regionalspezifische Adaptionen vorgenommen werden müssten. Als einen weiteren Lead-Market - insbesondere zur Erschließung Osteuropas - verweist Herr Dr. Zimmermann auf Russland. Während Herr Salzmann speziell zum südafrikanischen Hub tendiert, da „Südafrika eben in einer Wirtschaftsgemeinschaft ist mit anderen Ländern" und diese dann relativ kostengünstig ausgehend von Südafrika versorgt werden könnten, sieht Herr Llistosella y Bischoff vor dem Hintergrund der unterschiedlichen Produktpositionierungen vor allem den indischen Hub als bedeutend an, da „ausgehend von diesem, die gesamten südlichen Regionen mit den nachgefragten Low Cost-Produkten bedient werden können". Demzufolge sieht er Bharat Benz als derzeit einzig existierende Marke im Daimler Truck-Portfolio, um diese Nachfrage nach den Niedrigpreis-LKW zu bedienen. Eine ähnliche Sichtweise vertritt in diesem Zusammenhang auch Herr Hirnich, der neben den indischen Produkten lediglich noch den Mitsubishi Fuso Canter[1070] als geeignet ansieht, um die Nachfrage in den Regionen der Emerging Triad zu bedienen. Für Mercedes-Benz sieht er „weiterhin ein Premium-Angebot wie heute auch", da diese Fahrzeuge speziell in der Minenindustrie[1071] nachgefragt werden. Ebenso sieht Herr Salzmann in diesen Regionen eher eine Nischenpositionierung von Mercedes-Benz, in der man jedoch „fantastisches Geld verdienen" kann. Auch er sieht Bharat Benz als die geeignetste Marke - „wir haben im Konzern ja nichts vergleichbares" - für die südlichen Regionen an, weist jedoch darauf hin, dass sich die Marke zunächst auf dem indischen Markt etablieren muss. Auch Herr Dr. Zimmermann erwartet sich exportseitig sehr viel von der Marke Bharat Benz, mahnt jedoch, „dass der Produktpreis richtig niedrig" bleiben muss. Herr Kuntz sieht überdies in dem Zusammenspiel zwischen der Premium-Marke Mercedes-Benz als Nischenprodukt und der Second-Layer-Marke Bharat Benz als Massenprodukt einen Wettbewerbsvorteil von Daimler Trucks.

[1070] Hierbei handelt es sich um den Light-Duty-Truck (3,5-8,0 Tonnen) der japanischen Tochtergesellschaft Mitsubishi Fuso.

[1071] Speziell für die Minenindustrie werden die Fahrzeuge des Super Heavy-Segments verwendet. Diese Fahrzeuge, die derzeit nahezu ausschließlich von den europäischen und amerikanischen Premiumherstellern angeboten werden, erhalten weltweit die gleichen Spezifikationen und werden demzufolge auch für einen ähnlichen Preis vertrieben.

Neben der Möglichkeit die Zielmärkte der Emerging Triad mit Low Cost-Produkten zu versorgen, wird auch dem Used-Truck-Geschäft großes Potenzial zugesprochen. Herr Salzmann setzt dies erneut in Zusammenhang mit der Rohstofflogik, durch die sich eine steigende Gütertransportnachfrage entwickelt, welche dann zunächst durch die gebrauchten Nutzfahrzeuge gestillt wird. Herr Hirnich erwartet speziell in Afrika ein hohes Absatzvolumen für gebrauchte Nutzfahrzeuge, „weil was die Leute davon abhält einen Mercedes zu kaufen, ist dann ja immer der Preis". Ebenso sehen Herr Dr. Zimmermann und Herr Llistosella hohe Absatzpotenziale für das Used-Truck-Geschäft, jedoch halten beide dieses Segment - ähnlich wie auch das Low Cost-Segment - für äußerst preissensitiv. Nach der Meinung von Herrn Kuntz existiert insbesondere in Afrika und der Middle-East-Region hohes Absatzpotenzial für gebrauchte europäische Nutzfahrzeuge.

Zusammenfassend bleibt festzuhalten, dass die Experten in Bezug auf potenzielle Brückenköpfe zumindest im Kern eine einheitliche Meinung vertreten. So wird den Ländern Südafrika, Indien und Brasilien eine Schlüsselrolle zugesprochen. Vor dem Hintergrund der notwendigen Low Cost-Produkte wird speziell Indien eine Schlüsselfunktion zugewiesen, um die Märkte der Emerging Triad mit den geeigneten Produkten zu bedienen. Neben diesen drei Ländermärkten - Brasilien, Indien und China – sind von den Experten allerdings noch eine Reihe weiterer Ländermärkte genannt worden, die sich aus ihrer Sicht für eine Brückenkopffunktion eignen könnten. So wird speziell Russland für Osteuropa und Ägypten für das nördliche Afrika sowie den Mittleren Osten genannt. Für das Used-Truck-Geschäft sehen die Experten in den Regionen der südlichen Hemisphäre allgemein großes Absatzpotenzial.

6.4.2 Ergebnisse der Experteninterviews

Die durchgeführten Interviews haben die bereits zu Beginn dieser Arbeit aufgestellten Thesen bestätigt. So wird der südlichen Hemisphäre in der Zukunft eine immer größere Bedeutung beigemessen und dies speziell vor dem Hintergrund eines potenziellen Zusammenschlusses in Form der Emerging Triad. Zudem sehen es die jeweiligen Experten als notwendig an, in diesen Regionen in Form einer Produktionsgesellschaft Fuß zu fassen, um durch eine Pionier- oder zumindest Fast-Follower-Strategie die sich ergebenden Marktpotenziale abzuschöpfen. Somit konnte durch diese Experteninterviews auch die Relevanz der Internationalisierungs-Hubs bestätigt werden. Zudem sehen die Experten langfristig betrachtet eine gewisse Angleichung des Südens an den Norden.

Darüber hinaus messen die Experten den selektionsspezifischen Kriterien eine hohe Bedeutung bei, akzeptieren aber gleichermaßen auch die Tatsache, dass es eine Vielzahl von Kriterien gibt und man häufig bloß die Spitze des Eisbergs sieht, bei dem „der große Teil noch unter Wasser hängt". Eng hiermit in Verbindung steht auch die

Begründung für den Verzicht eines Internationalisierungsprozessmodells in der Praxis. Denn ein Hauptkritikpunkt liegt nach Meinung der Experten in der fehlenden praktischen Anwendbarkeit solcher Modelle, die auch darin gründet, dass ein derartiges Modell zwar eine Vielzahl an Komponenten enthalten kann, jedoch niemals die subjektiven Kriterien, die zweifellos in eine solche Entscheidung mit einfließen, erfassen kann. Dennoch misst speziell Herr Dr. Zimmermann solchen Modellen als eine Form der Vorentscheidung eine wichtige Rolle bei, da hierdurch das Risiko des Scheiterns eines Investitionsvorhabens erheblich gesenkt werden kann. In diesem Zusammenhang hat Herr Salzmann noch einmal darauf hingewiesen, dass „dieser modellhafte Ansatz wichtig ist und hilfreich für mich und für viele andere, die sich mit der Frage der Internationalisierung (…) auseinandersetzen". Als weiteren wichtigen Faktor benennt Herr Salzmann die Beachtung möglicher Exit-Strategien und Herr Dr. Zimmermann die Bedeutung von existierenden und sich entwickelnden Freihandelsabkommen, wodurch noch zwei weitere Elemente des neuen Internationalisierungsprozessmodells ihre Bestätigung erfahren.

Darüber hinaus haben alle Experten auf die Länder Brasilien, Indien und Südafrika als potenzielle Brückenköpfe für die Regionen SADC, Mercosur und ASEAN genannt. Zusätzlich nannten die Experten noch weitere Brückenköpfe für zusätzliche Regionen, u. a. Herr Dr. Zimmermann Russland für Osteuropa und Herr Hirnich Ägypten für das nördliche Afrika und den Mittleren Osten.

Zusammenfassend bleibt festzuhalten, dass die geführten Experteninterviews zu einer gewissen Validierung der in dieser Arbeit aufgestellten Thesen - zukünftige Bedeutung der südlichen Hemisphäre in Form der Emerging Triad und Implementierung eines praxisnahen, neuen Internationalisierungsprozessmodells - beigetragen haben.

6.5   Resümee Kapitel 6

Abschließend bleibt festzuhalten, dass sich das Experteninterview als eine Form der qualitativen Forschung bei Untersuchungsgegenständen anbietet, bei denen ein bestimmtes Sonderwissen notwendig ist. In diesen Fällen dient der Experte als Quelle von speziellem Sonderwissen über die zu erforschenden Sachverhalte. Häufig erfolgt ein solches Interview unter Zuhilfenahme eines Leitfadens, der so genannte Schlüssel- und Eventualfragen enthält. Aufgrund eines solchen Leitfadens wird eine gewisse Vergleichbarkeit zwischen den einzelnen Experteninterviews erzielt, da jeder Experte eine Basis an Fragen in gleicher oder ähnlicher Form gestellt bekommt. Für die Auswertung der transkribierten Expertengespräche wurde auf die qualitative Inhaltsanalyse in der Form der induktiven Kategorienbildung zurückgegriffen.

Die in dieser Untersuchung durchgeführten fünf Experteninterviews ermöglichten interessante Einblicke und zwar aus unterschiedlichen unternehmerischen und wissenschaftlichen Perspektiven. Interessant hierbei ist sicherlich die Tatsache, dass trotz unterschiedlicher Arbeitsgebiete und damit verbundener Perspektiven häufig übereinstimmende Aussagen getätigt wurden. So erwarten die Experten eine Zunahme der weltwirtschaftlichen Bedeutung der südlichen Regionen und messen speziell den Ländern Brasilien, Indien, China und Südafrika als Brückenköpfe eine große Bedeutung bei. Darüber hinaus misst Herr Dr. Zimmermann bei der Vorauswahl einem praxisnahen Internationalisierungsprozessmodell eine hohe Relevanz bei.

Abschließend bleibt somit festzuhalten, dass die Experten die in dieser Arbeit behandelten Themen größtenteils bestätigen konnten. So sehen die Experten langfristig eine Annäherung des Südens an den Norden und hier insbesondere durch die Regionen der Emerging Triad. Darüber hinaus haben einzelne Elemente, wie die Verwendung selektionsspezifischer Kriterien und die Internationalisierungs-Hubs, eine Bestätigung erfahren. Das Gesamtmodell sehen die Experten eher in der Vorauswahl von Internationalisierungsstrategien als sinnvoll an. Als Grund hierfür wird in diesem Zusammenhang vor allem die fehlende subjektive Komponente genannt, da Entscheidungen nicht rational getroffen werden.

Im nachfolgenden Kapitel beginnt nun die Überprüfung des in dieser Dissertation eingeführten Internationalisierungsprozessmodells. So wird unter Berücksichtigung der Argumente aus den Experteninterviews eine Markteintrittsstrategie für die Daimler AG als exemplarisches Beispiel für ein multinationales Unternehmen - unter Anwendung des neuen Internationalisierungsprozessmodells - in bestimmte Ländermärkte der Emerging Triad entwickelt. Anhand dieser näheren Analyse wird sowohl die praktische Anwendbarkeit des neuen Internationalisierungsprozessmodells analysiert als auch die zunehmende Bedeutung der Emerging Triad im weltwirtschaftlichen Zusammenhang hervorgehoben.

7.   Entwicklung einer Internationalisierungsstrategie für Emerging Markets

Die empirische Überprüfung des neuen Internationalisierungsprozessmodells erfolgt anhand des Nutzfahrzeuggeschäfts der Daimler AG. Die Daimler AG gehört nicht nur zu den führenden Anbietern von PKW im Premium-Segment, sondern sie ist darüber hinaus der weltweit größte Nutzfahrzeughersteller und bietet entsprechende Dienstleistungen entlang der automobilen Wertschöpfungskette an. Die Daimler AG ist mit ihrem Produktportfolio in nahezu allen Ländern der Welt vertreten und beschäftigte im Jahr 2010 weltweit mehr als 260.000 Mitarbeiter.[1072]

Die Zielsetzung mit dem existierenden Mehrmarkenportfolio besteht in der erfolgreichen Abdeckung aller anvisierten Produkt- und Käufersegmente, um so die Marktposition und -macht zu stärken.[1073] Die Geschäftsfelder der Daimler AG lassen sich einteilen in Mercedes-Benz Cars, Daimler Trucks, Vans, Buses und Others sowie Financial Services. Ihren heutigen Namen erhielt die Daimler AG im Oktober 2007, nachdem sie den US-Automobilhersteller Chrysler nach einer zehnjährigen Kooperation an Cerberus Capital Management verkaufte.[1074] Im April 2009 gab die Daimler AG schließlich auch noch die Minderheitsbeteiligung in Höhe von 19,9 % ab.[1075]

Im Jahr 2010 setzte das Unternehmen insgesamt 1,9 Mio. Fahrzeuge[1076] ab und erreichte einen Umsatz von 97,8 Mrd. Euro.[1077] Der EbIT[1078] betrug im vergangenen Jahr 7,3 Mrd. Euro. Im Vergleich zum Vorjahr war dies eine Ergebnissteigerung in Höhe von 8,8 Mrd. Euro.[1079] Damit hat sich das Geschäft nach der weltweiten Wirtschaftskrise zwar wesentlich schneller erholt als noch zu Jahresbeginn erwartet, jedoch lag der Konzernumsatz insgesamt erst in der Größenordnung des Jahres 2008 und noch unterhalb des Rekordniveaus aus dem Jahr 2007.[1080] Das Produktportfolio des Geschäftsfeldes Daimler Trucks, welches im Fokus der nachfolgenden Untersuchung steht, umfasst die Nutzfahrzeuge der Marken Mercedes-Benz, Mitsubishi Fuso, Freightliner, Western Star Trucks, Bharat Benz und Thomas Built Buses sowie die Komponenten der Marken Mercedes-Benz, Mitsubishi Fuso und Detroit Diesel.[1081] Im vergangenen Jahr wurden insgesamt 355.263 Nutzfahrzeuge abgesetzt und ein Umsatz

---

[1072]   Vgl. Daimler AG (2011), S. 62.
[1073]   Vgl. Grube (2005), S. 509.
[1074]   Vgl. Daimler AG (2008), S. 32.
[1075]   Vgl. o. V. (2009i).
[1076]   Vgl. Daimler AG (2011), S. 71.
[1077]   Vgl. Daimler AG (2011), S. 73.
[1078]   EbIT ist ein Akronym für 'Earnings before interest and taxes' (Gewinn vor Zinsen und Steuern). Hierbei handelt es sich um eine betriebswirtschaftliche Kennzahl, die den betrieblichen Gewinn eines Unternehmens innerhalb eines bestimmten Zeitraums definiert.
[1079]   Vgl. Daimler AG (2011), S. 74.
[1080]   Vgl. Daimler AG (2011), S. 73.
[1081]   Auf die detaillierte Darstellung der anderen Geschäftsfelder der Daimler AG wird hier verzichtet, da diese für die vorliegende Arbeit nicht relevant sind.

in Höhe von 24,2 Mrd. € sowie ein EbIT von 1,3 Mrd. € erzielt.[1082] Im Jahr 2010 hat sich die weltweite Konjunktur gegenüber dem Vorjahr deutlich erholt. Dieser Aufschwung führte zu einem starken Anstieg der Nachfrage nach Nutzfahrzeugen und Transportdienstleistungen, sodass Daimler Trucks in diesem Umfeld eine kräftige Absatz- und Ergebnissteigerung verbuchen konnte.[1083] Speziell durch die Nutzung des Mehrmarkenportfolios sollen zukünftig neue Absatzpotenziale - vor allem in den Emerging Markets - generiert werden. Durch die neue Marke Bharat Benz und die Joint Ventures mit Kamaz und Foton verfügt Daimler Trucks mittlerweile über ein sehr gutes Portfolio, um insbesondere in den Emerging Markets der Vielzahl an Low Cost-Anbietern begegnen zu können. Gerade dieses zukünftige Absatzpotenzial steht im Fokus der vorliegenden Untersuchung, da nach der Erholung der Triade-Märkte in diesen erneut eine Sättigung eintreten wird.

7.1 Analyse der relevanten Kriterien des neuen Internationalisierungsprozessmodells

An dieser Stelle erfolgt die detaillierte Überprüfung des Internationalisierungsprozessmodells anhand des Nutzfahrzeuggeschäfts der Daimler AG. Zu Beginn werden die einzelnen Elemente dieses Modells unter Berücksichtigung des Geschäftsfelds Daimler Trucks evaluiert, um diese anschließend in dem Internationalisierungsprozessmodell zusammenzuführen und im nachfolgenden Kapitel eine Handlungsempfehlung für weitere Internationalisierungsschritte für das Geschäftsfeld Daimler Trucks abzugeben.

7.1.1 Auswahl der Internationalisierungs-Hubs

Die Auswahl der Internationalisierungs-Hubs eines multinationalen Konzerns bedarf vorheriger sinnvoller, detaillierter Analysen, da sich mit der Auswahl auch die jeweilige Produktart verändern kann. In der LKW-Industrie äußert sich dies bspw. bei den Haubenfahrzeugen des nordamerikanischen Raumes. Neben der Beachtung der jeweiligen Produktkategorie muss bei der Auswahl der Brückenköpfe insbesondere der regionale Faktor berücksichtigt werden. Demzufolge korreliert die Verwendung solcher Brückenköpfe sehr stark mit der inselförmigen Präsenzstrategie, welche eine Sonderform der geografischen Marktpräsenzstrategien darstellt.[1084] Hierbei werden bestimmte Lead-Markets in unterschiedlichen Regionen ausgewählt, die sowohl räumlich vom

[1082] Vgl. Daimler AG (2011), S. 74.
[1083] Vgl. Daimler AG (2011), S. 126.
[1084] Vgl. Kapitel 4.2.1.2.

Heimatmarkt als auch untereinander getrennt sind.[1085] Unter Verwendung des neuen Ansatzes und unter Berücksichtigung vorgenannter Kriterien werden somit als Brückenköpfe die Länder Brasilien, Indien und Südafrika ausgewählt. Dies hat unterschiedliche Gründe. So erfolgt die empirische Überprüfung dieses Modells anhand des Geschäftsfelds Daimler Trucks, das speziell in diesen Ländern über Produktionsgesellschaften verfügt, sodass sich diese deshalb für die Funktion eines derartigen Brückenkopfs[1086] zur Bearbeitung von Schwellenländern besonders eignen. Die Daimler AG besitzt bereits seit 1956 eine Produktionsniederlassung in Brasilien mit Sitz in São Bernardo do Campo.[1087] Das Produktionswerk in Indien befindet sich derzeit noch im Bau und wird erst 2012 in Betrieb genommen,[1088] sodass potenzielle Ländermärkte - ausgehend von Indien - erst ab dem Jahr 2012 mit Produkten bedient werden können. Im Zusammenhang mit der Markterschließung Afrikas und den drohenden Local-Content-Vorschriften sowie Rules of Origin bietet sich die Nutzung und Einbeziehung des Produktionsstandortes in Südafrika an. In dem Werk in East London, welches bereits seit 1958 existiert, werden neben PKW auch importierte Mercedes-Benz Actros und Axor nach dem CKD-Prinzip[1089] montiert. Darüber hinaus werden von East London ausgehend LKWs der Marken Freightliner, Western Star und Mitsubishi Fuso vermarktet.[1090] Diese drei Werke weisen den Vorteil auf, dass sie nicht auf ein bestimmtes Produkt oder Segment beschränkt sind, sodass eine Erweiterung oder Neueinführung weiterer Produkte in den Produktionsprozess keine großen Schwierigkeiten darstellen dürfte.

In diesem Zusammenhang soll noch kurz auf einen weiteren potenziellen Lead-Market hingewiesen werden. So verfügt Daimler in China zwar über kein eigenes Produktionswerk, allerdings stellt Daimler dem Kooperationspartner Foton Motoren zur Verfügung, wodurch langfristig nicht nur der chinesische Markt, sondern auch Exportländer in den Fokus der Joint Venture-Unternehmung rücken.[1091] Aufgrund der bereits im Zusammenhang mit Kooperationen erläuterten potenziellen Schwierigkeiten und des schon als Basis der Emerging Triad erläuterten IBSA-Bündnisses wird China als Brückenkopf in dieser Arbeit fortan nur beiläufig betrachtet. Dennoch soll hier noch einmal darauf hingewiesen werden, dass im neuen Prozessmodell die Herausbildung eines Lead-Markets auch in unterschiedlichen Kooperationsformen möglich ist. Angesichts der hier beschriebenen verschiedenen Brückenköpfe und deren unterschiedlichen Arten des Markteintritts werden in Abbildung 15 sowohl die aus der Uppsala-

[1085] Vgl. Kutschker / Schmid (2008), S. 950.
[1086] Vgl. Kapitel 5.2.2.3.
[1087] Vgl. Daimler AG (2010).
[1088] Vgl. Daimler AG (2010a).
[1089] Unter dem CKD-Prinzip wird eine Fahrzeugproduktion verstanden, bei der die Fahrzeuge nicht komplett montiert, sondern als vollständig zerlegter Bausatz in weitere Märkte exportiert werden. Mit dieser Variante wird häufig versucht, die zum Teil sehr hohen Importzölle auf vollständige Fahrzeuge zu umgehen.
[1090] Vgl. Daimler AG (2010c).
[1091] Vgl. Daimler AG (2010b).

Schule bekannte 'Establishment Chain' als auch die Formen der Kooperation und des Joint Ventures dargestellt. Ein weiterer Vorteil der IBSA-Standorte ist die Möglichkeit eines schnellen Außenhandels aufgrund der unmittelbaren Nähe zum Atlantischen bzw. Indischen Ozean. So stellen Chennai und East London bedeutende Hafenstädte ihrer Region dar. Neben den Produktionswerken sind die existierenden Freihandelsabkommen - auch begründet durch das IBSA-Bündnis - ein weiterer Grund zur Auswahl dieser Ländermärkte als Internationalisierungs-Hubs. Hierdurch können sowohl bestimmte als auch alle Ländermärkte in den einzelnen Regionen innerhalb der Emerging Triad flächendeckend bearbeitet werden. Dabei muss jedoch beachtet werden, dass in den Werken in Chennai und Brasilien die Fahrzeuge gefertigt werden, wohingegen in dem Produktionswerk in East London bloß einzelne CKD-Komponenten wieder zusammengesetzt werden. Um potenzielle Local-Content-Vorschriften sowie - infolge der zunehmenden Integration innerhalb der SADC - Zölle zu umgehen, wäre es demzufolge denkbar, Fahrzeuge in den Werken in Brasilien und Indien als CKD-Fahrzeugkonzepte zu fertigen und diese nach Südafrika zu verschiffen, wo die einzelnen Komponenten anschließend im Werk in East London wieder zusammengesetzt werden. Ob sich diese Vorgehensweise anbietet oder womöglich ein direkter Export von Brasilien und Indien in die SADC-Region erfolgen sollte, wird im weiteren Verlauf noch näher untersucht. Fest steht jedoch, dass im oben beschriebenen Fall der Brückenkopf in Südafrika in der Wertschöpfungskette hinter den Lead-Markets Indien und Brasilien zurückstehen müsste. Bezogen auf das neue Internationalisierungsprozessmodell würde sich das - wie Abbildung 15 aufzeigt - folgendermaßen darstellen.

Abbildung 15: Die Ausgestaltung der Internationalisierungs-Hubs

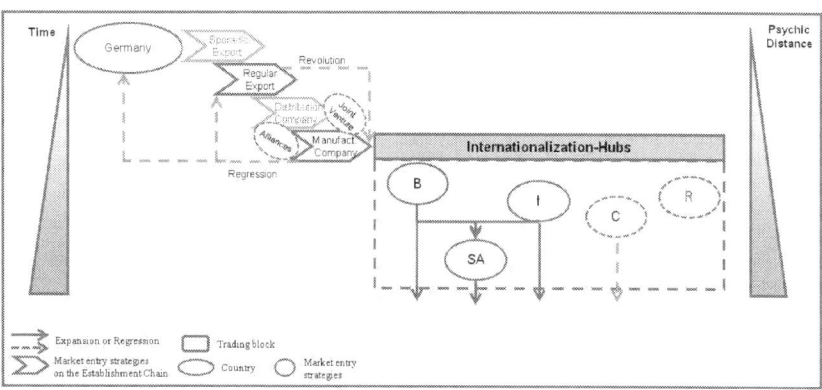

Quelle: Eigene Darstellung.

Diese Abbildung verdeutlicht, dass sowohl die psychische Distanz als auch die zeitliche Komponente innerhalb des Modells seine Berücksichtigung findet. Auch wenn die Distanz Südafrikas in der Abbildung zunächst größer als die Chinas erscheint, so ist dies primär der weiteren Brückenkopffunktion Südafrikas geschuldet. Schließlich ist in dieser Abbildung bereits die Verwendung des Produktionswerks in East London für CKD-Produkte und somit als weiterer Hub für die Werke in Brasilien und Indien berücksichtigt. Indien liegt sowohl aufgrund der größeren psychischen Distanz als auch hinsichtlich der späteren Gründung dieses Produktionswerkes hinter dem brasilianischen Hub zurück.

Generell würde sich aus der Sicht der Daimler AG eine Erweiterung dieses Internationalisierungsprozesses um den Lead-Market Russland anbieten. Da sich die Kooperation mit Kamaz jedoch aus Sicht des Autors eher zur Markterschließung Osteuropas eignet und der Fokus dieser Arbeit speziell auf die südliche Halbkugel und dort auf die Emerging Triad ausgerichtet ist, wird sowohl Russland als Brückenkopf als auch dem Joint Venture mit Kamaz im weiteren Verlauf keine weitere Beachtung geschenkt.

Basierend auf dieser Darstellung und der damit verbundenen Herausbildung der relevanten Brückenköpfe erfolgt nun im weiteren Unterkapitel eine detaillierte Analyse der Marktsegmentierung sowohl nach den Kriterien des zulässigen Gesamtgewichts in Tonnen als auch des Preises. Anschließend wird eine genaue Analyse des Marktselektionsprozesses anhand selektionsspezifischer Kriterien vorgenommen, die sich speziell auf die Nutzfahrzeugindustrie konzentrieren. Als potenzielle Ländermärkte für einen Markteintritt werden innerhalb des Selektionsprozesses ausschließlich die Länder, welche der Emerging Triad entstammen, beachtet und untersucht, um daran anknüpfend eine detaillierte Analyse geeigneter Markteintrittsstrategien aufzuzeigen.

7.1.2 Marktsegmentierung unter besonderer Berücksichtigung des Homologationsgedankens

In der Nutzfahrzeugindustrie wird primär die Segmentierung nach Gewichtsklassen verwendet, auch wenn hierbei keine einheitliche, weltweit gültige Definition existiert. So wird bspw. bei Global Insight nur zwischen 'Light' und 'Heavy Commercial Vehicles' unterschieden. Unter erstgenanntem werden alle Fahrzeuge mit einer Tonnage bis sechs Tonnen und bei zweiterem alle Fahrzeuge mit einer Tonnage von mehr als sechs Tonnen ausgewiesen. Demzufolge werden unter den leichten Nutzfahrzeugen nicht nur Lastkraftwagen, sondern auch Pick-ups sowie Vans und Transporter erfasst. Eine derartige Segmentierung ist jedoch für ein Unternehmen wie die Daimler AG ungeeignet, da sie eine überschneidungsfreie Segmentierung zum Transporter sowie PKW-Geschäft benötigt. Daher wird für die vorliegende Marktanalyse eine Daimlerspezifische Einteilung in Light- (LDT), Medium- (MDT) und Heavy-Duty-Trucks (HDT) verwendet. Durch diese Einteilung nach Gewichtsklassen können die einzelnen Segmente bestimmten Einsatzbereichen zugeordnet werden. Während leichte Nutzfahrzeuge vor allem für den Verteilerverkehr in den engen asiatischen Straßen der großen Ballungszentren bestimmt sind, werden schwere LKWs primär für den Langstrecken- und Schwertransport eingesetzt.

Abbildung 16: Segmentierung des Nutzfahrzeugmarkts

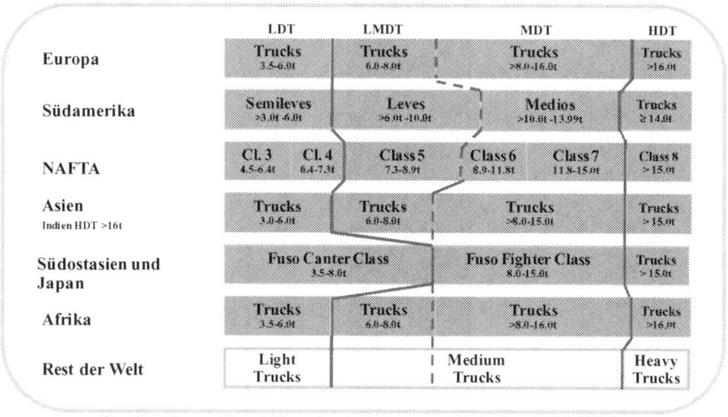

Quelle: Eigene Darstellung in Anlehnung an Daimler AG (2008a).

Diese Abbildung stellt die regionalen Unterschiede dar. Für die Analyse der selektierten Zielländer orientiert sich die Arbeit an der jeweiligen regionalen Segmentierung. Demnach werden für die Länder aus dem südostasiatischen Raum die Fahrzeuge in die Segmente Light-Duty-Truck (LDT: 3,5-8,0 t), Medium-Duty-Truck (MDT: 8,0-15,0 t) und Heavy-Duty-Truck (HDT: über 15,0 t) eingeteilt.[1092] Bei den afrikanischen und südamerikanischen Ländermärkten endet das LDT-Segment bereits bei sechs Tonnen. Diese beiden Regionen unterscheiden sich dann jedoch bei der Einteilung der schweren Nutzfahrzeuge, so beginnt bei den südamerikanischen Ländermärkten das HDT-Segment bereits bei 14 Tonnen, wohingegen dies bei den afrikanischen Märkten erst bei 16 Tonnen anfängt.

Darüber hinaus kann der Nutzfahrzeugmarkt nach dem Kriterium „Preis" segmentiert werden: Es bieten sich die Segmente 'Low Budget', 'Medium Budget' und 'High Budget' an. Diese Einstufung korreliert sehr stark mit der unterschiedlichen Homolo-

---

[1092] Fahrzeuge des LDT-Segments dienen hauptsächlich dem innerstädtischen Verkehr, Fahrzeuge des MDT-Segments primär dem interurbanen Transport und HDT-Fahrzeuge vor allem dem Langstreckenverkehr.

gation[1093] der einzelnen Ländermärkte. Demzufolge ist der Low-Budget-Markt durch LKWs gekennzeichnet, bei denen der niedrige Kaufpreis das entscheidende Kaufkriterium darstellt. Auch Herr Dr. Zimmermann als Experte weist darauf hin, dass die „entsprechenden Anforderungen des Landes im Sinne des Fahrzeuges aber auch des Preises" erfüllt sein müssen. Diese Nutzfahrzeuge sind häufig durch ein veraltetes Design und eine nicht mehr zeitgemäße Technik sowie eine geringe Motorleistung charakterisiert. Die Fahrzeuge des Medium-Budget-Marktes verfügen über eine aktuellere Antriebstechnik, eine durchschnittliche Motorleistung und eine höhere Haltbarkeit. Neben dem Medium-Budget-Segment wird sich nach neuesten Untersuchungen speziell in den Schwellenländern ein weiteres Segment, das 'New Middle Market'-Segment, herausbilden. Dieses Segment liegt preislich leicht über dem bisherigen Medium-Budget-Segment, sodass fortan eine Unterteilung in 'Upper' und 'Lower Medium' vorgenommen wird; es entsteht insbesondere durch gezielte Investitionen in infrastrukturelle Verbesserungen - vornehmlich Straßenbau. Durch die verbesserte Infrastruktur müssen die Nutzfahrzeuge vollkommen neue Bedürfnisse befriedigen können. So sind aufgrund der wesentlich längeren und deutlich besseren Strecken bspw. ein größerer Tank und eine größere Nutzlast notwendig. Ein weiterer Faktor ist der steigende Wohlstand der Bevölkerung, wodurch die Kundenbedürfnisse steigen und somit gleichermaßen höherpreisige Produkte nachgefragt werden. Dieser Prozess zeichnet sich durch eine Absatzverschiebung vom Low Cost- hin zum New Middle Market-Segment aus. So wird das Segment des New Middle Markets im Jahr 2020 50 % des weltweiten Volumens ausmachen. Alleine in den RIC-Staaten wird ein jährliches Wachstum dieses Segments in Höhe von 11 % und somit eine Steigerung von 435.000 Einheiten im Jahr 2009 auf 1.433.000 Einheiten im Jahr 2020 erwartet. Wie bereits angedeutet, korrespondiert diese Entwicklung mit der Schrumpfung des Low Cost-Segments um jährlich 12 % von 637.000 Einheiten im Jahr 2009 auf 165.000 Einheiten im Jahr 2020. Dieses neuartige Middle Market-Segment liegt zwar preislich leicht über dem Medium-Budget-Segment, allerdings weiterhin deutlich unter dem Premium-Segment. Eben diese LKWs des High-Budget-Marktes zeichnen sich durch moderne Sicherheits- und Umweltstandards, den neuesten Stand der Technik und eine hohe Motorleistung aus.

Die benannten Segmente Low Cost, New Middle Market und Premium weisen in den einzelnen Regionen unterschiedliche Preisspannen auf.[1094] Während die Regionen Südostasien und Afrika hierbei noch über ein ähnliches Niveau verfügen, unterstreicht die Region Südamerika - maßgeblich beeinflusst durch Brasilien - seine Vorreiterrolle auch im Preisgefüge innerhalb der Emerging Triad. Demzufolge werden im südost-

---

[1093] Unter Homologation wird die technische Anpassung der Fahrzeuge an spezifische Ländermärkte verstanden. Maßgeblich hierfür sind insbesondere gesetzliche Vorschriften in Form von Abgasregularien, Längenbeschränkungen u. Ä.

[1094] Die hierbei aufgezeigten Preisspannen basieren auf Experteninformationen sowie auf eigenständig durchgeführten regionenspezifischen Preisanalysen.

asiatischen und afrikanischen Low-Budget-Segment LDT-Fahrzeuge mit einem Kaufpreis von 6.000-14.000 Euro, MDT-LKWs mit 14.000-20.000 Euro und HDT-Fahrzeuge mit einem Preis über 25.000 Euro taxiert. Fahrzeuge des New Middle Markets bewegen sich im LDT-Bereich zwischen 10.000 und 18.000 Euro, als MDT zwischen 15.000 und 30.000 Euro und als HDT ab 30.000 Euro. Im Premium-Segment liegen die Preise für LDT-Fahrzeuge zwischen 15.000 und 25.000 Euro, für MDTs zwischen 23.000 und 60.000 Euro und für HDT-Fahrzeuge ab 60.000 Euro. Der südamerikanische Markt hingegen zeigt bereits eine deutlich fortgeschrittene Entwicklung und Annäherung an die Industrieländer der Triade. So werden Low Cost-Fahrzeuge des LDT-Bereichs mit 8.000-31.000 Euro, des MDT-Segments mit 25.000-50.000 Euro sowie des HDT-Segments mit einem Preis über 45.000 Euro taxiert. Fahrzeuge des New Middle Market-Segments bewegen sich im LDT-Bereich zwischen 25.000-40.000, als MDT zwischen 36.000-65.000 Euro und als HDT über 60.000 Euro. Im Premium-Segment liegen die Preise für ein LDT-Fahrzeug zwischen 35.000-55.000 Euro, für ein MDT zwischen 48.000-75.000 Euro sowie für ein HD-Fahrzeug ab 70.000 Euro. Für den südamerikanischen Markt wurde beispielhaft eine detaillierte Darstellung ausgearbeitet, die sich im Anhang befindet.[1095] Bei diesen Darstellungen sind die preislichen Unterschiede der einzelnen Produkte und deren Volumen in den einzelnen Segmenten sowohl für das Jahr 2010 als auch für das Jahr 2015 exemplarisch gegenübergestellt. Aufgrund der sehr dünnen Informationslage in Bezug auf die unterschiedlichen Preisgefüge sowie Wettbewerberdaten war eine ähnliche Ausarbeitung sowohl für den südostasiatischen als auch den afrikanischen Markt nicht möglich.

Nachfolgend werden nun die selektionsspezifischen Kriterien näher erläutert und anhand dieser ein Ranking der Ländermärkte der Emerging Triad erstellt. Daran anknüpfend erfolgt eine kurze Analyse der interessantesten Märkte und eine damit einhergehende Ausarbeitung einer Markteintrittsstrategie.

7.1.3 Länderauswahl anhand selektionsspezifischer Kriterien

Die Länderauswahl wurde innerhalb des Prozessmodells anhand eines mehrstufigen Selektionsprozesses vorgenommen.

7.1.3.1 Erste Selektionsstufe

In diesem Zusammenhang wurde nicht die Gesamtheit der weltweiten Ländermärkte in den Selektionsprozess integriert, sondern der Fokus lediglich auf die Märkte der Emerging Triad gelegt. Hiervon ausgenommen sind jedoch Brasilien und Südafrika, da diese bereits zuvor als Internationalisierungs-Hubs definiert wurden und demzufolge

---

[1095] Siehe Abbildung 19 und 20 im Anhang A.9, S. 383-384.

nicht mehr als weitere Zielmärkte in Betracht kommen. Des Weiteren wird auch von den Experten darauf hingewiesen, dass es durchaus auch großes Potenzial in weiteren Schwellen- und Entwicklungsländern außerhalb der Emerging Triad gibt (z. B. Pakistan, Bangladesch, Saudi-Arabien, Sri Lanka, Südkorea, Oman, Kenia). Dieses Potenzial sollte in einer weiteren Arbeit vertiefend analysiert werden.

7.1.3.2   Zweite Selektionsstufe

In der zweiten Selektionsstufe wurden die verbliebenen 32 Mitgliedsländer der Emerging Triad anhand unterschiedlicher makroökonomischer und nutzfahrzeugspezifischer Faktoren untersucht. Für diese Untersuchung wurden dreizehn makroökonomische Kriterien und acht truckspezifische Einflussfaktoren herangezogen. Zu den makroökonomischen Kriterien zählen: die Bevölkerungsgröße, das BIP nach offiziellem Wechselkurs[1096], das BIP-Wachstum bis 2015, das Pro-Kopf-Einkommen und dessen Wachstum bis zum Jahr 2015, die Höhe der ausländischen Direktinvestitionen und deren Wachstum bis zum Jahr 2015 sowie der Transparency Korruptions-Index.[1097] All diese Daten basieren auf US-Dollar im Jahr 2010. Neben diesen Aspekten wurden noch fünf weitere makroökonomische Faktoren erfasst, die jedoch schon verstärkt auf den Nutzfahrzeugbereich ausgerichtet sind. Hierunter fallen die Kriterien der Infrastruktur, und zwar: Straßen in Kilometer, davon asphaltiert und deren Anteil an der gesamten Infrastruktur.[1098] Zudem wurden die industrielle Produktionswachstumsrate[1099] und der generelle Industriesplit der Volkswirtschaft[1100] in die Untersuchung integriert.[1101] Die beiden letztgenannten Faktoren sind der Tatsache geschuldet, dass sich Schwellen- und Entwicklungsländer nur dann nachhaltig entwickeln, wenn sie - worauf auch die Experten hingewiesen haben - über eine ausgeprägte Industriekultur verfügen.

Eine Analyse für die ausgewählten Länder gestaltete sich angesichts der geringen Informationsdichte als äußerst schwierig. So wurden unterschiedliche Quellen zur Erfassung der Daten herangezogen, jedoch wurde stets versucht, für das jeweilige Kriterium - sofern möglich - eine einheitliche Quelle heranzuziehen. Bei einigen Kriterien lässt sich jedoch aufgrund der fehlenden Datenbasis ein Quellenwechsel zur Erfassung dieser Daten nicht vermeiden. Zu den verwendeten Quellen zählen 'The Economist Intel-

---

[1096] Aufgrund der Schwierigkeit, valide Daten für die Angabe des BIPs nach Kaufkraftparitäten (KKP) aus Schwellen- und Entwicklungsländern zu erhalten, wird in der vorliegenden Untersuchung das BIP nach offiziellem Wechselkurs verwendet. So weist das BIP nach KKP in Entwicklungs- und Schwellenländern häufig ein Vielfaches des Wertes nach offiziellem Wechselkurs auf. Schuld ist oft die geringe Zahl an Produkten, die für die jeweilige Berechnung herangezogen werden oder auch die fehlende Teilnahme am Weltbank KKP-Projekt, sodass das jeweilige Ergebnis sehr unpräzise ist.

[1097] Prinzipiell wird für die Berechnung sämtlicher Zukunftszahlen und Wachstumszahlen das Instrument der 'Compound Annual Growth Rate' (CAGR) verwendet.

[1098] Für die Berechnung des Anteils werden noch das Bahnnetz und das Wasserverkehrsnetz betrachtet.

[1099] Basiert auf Daten des Jahres 2009.

[1100] Basiert auf Daten des Jahres 2008.

[1101] Die letztgenannten beiden Faktoren liegen in der Korrelation des Anstiegs des Nutzfahrzeugabsatzes mit dem Wachstum der Wirtschaft begründet (vgl. Diez / Krauss (2006), S. 12).

ligence Unit'[1102], 'Transparency International Corruption Index'[1103], 'UNCTAD'[1104] und 'CIA World Factbook'[1105] sowie 'Global Insight'[1106].

Zu den truckspezifischen Kriterien zählen sowohl das Marktvolumen insgesamt als auch das der Segmente Low-, Medium- und Heavy-Duty sowie deren jeweiliges Wachstum bis zum Jahr 2015. Im Hinblick auf die hier betrachteten Länder sei jedoch darauf hingewiesen, dass für einige Länder keine Absatzzahlen zur Verfügung stehen, u. a. Madagaskar und Mauritius, oder aber für die jeweiligen Segmente keine Daten existieren, u. a. im Falle von Singapur und Vietnam. Speziell für die afrikanischen Länder wird eine Schlüsselung verwendet, da ansonsten sämtliche afrikanischen Ländermärkte aus der Untersuchung ausgeschlossen werden müssten. Diese Schlüsselung basiert auf der bereits angesprochenen Korrelation zwischen BIP-Wachstum und Wachstum des Nutzfahrzeuggeschäfts sowie dem Abgleich mit nahe gelegenen Ländern, die eine ähnliche Entwicklung wie die fokalen Länder aufzeigen und bei denen die entsprechenden Daten zur Verfügung stehen. Abgesehen von dieser Vorgehensweise wird Global Insight[1107] als durchgängige Quelle in Bezug auf die jeweiligen Markt- und Segmentvolumen verwendet.

Anschließend werden die Kriterien mit dem Ziel gewichtet, den truckspezifischen Kriterien trotz geringerer Anzahl gegenüber den makroökonomischen Faktoren die gleiche Bedeutung in der Bewertung zukommen zu lassen. Aufgrund dessen werden die makroökonomischen Faktoren mit dem Faktor 0,62 bzw. 8/13 gewichtet. Dieser Faktor ergibt sich aus der Anzahl der Nutzfahrzeugkriterien gegenüber den makroökonomischen Kriterien. Die LKW-Kriterien hingegen werden mit dem Faktor 1 gewichtet. Daran anknüpfend werden die jeweiligen Daten in ein Punktesystem transformiert. Jeweils das Land, welches bei einem Kriterium den Bestwert erzielt, erhält auch im Punktesystem die höchstmögliche Punktzahl.[1108] Anschließend wird der Punktwert jeder einzelnen Kategorie ins Verhältnis zum jeweiligen kategorialen Bestwert gesetzt. An dieser Stelle wird jedoch noch eine weitere Gewichtung vorgenommen. So verfügen, wie bereits angedeutet, nicht sämtliche aufgeführten Länder über die gesamten notwendigen Informationen. Um jedoch ein möglichst unverfälschtes Ranking zu erhalten, werden die landesspezifischen Endwerte, welche aus der Aufsummierung der

---

[1102] Vgl. o. V. (2011).
[1103] Vgl. o. V. (2010c), S. 3.
[1104] Vgl. o. V. (2011a).
[1105] Vgl. o. V. (2011b).
[1106] Aufgrund der Möglichkeit die Global Insight Daten auf die Daimler-Segmentierung zu überführen, werden in der vorliegenden Untersuchung, um eine bessere Vergleichbarkeit zu ermöglichen, die Global Insight-Daten für die Absatzzahlen und das Marktvolumen verwendet. Zwar liegen für den Zeitraum durchaus auch Daimler-interne Daten vor, jedoch können diese aufgrund der Veröffentlichung dieser Arbeit nicht verwendet werden.
[1107] Vgl. Global Insight (2011).
[1108] Im Falle der makroökonomischen Faktoren stellt der maximal zu erreichende Punktwert 62 Punkte und auf Seiten der nutzfahrzeugspezifischen Kriterien 100 Punkte dar.

Punkte innerhalb des Punktesystems resultieren, noch durch die tatsächlich zur Verfügung stehende Anzahl der Kriterien dividiert. Vor dem Hintergrund des hier dargestellten Verfahren hat sich das in Abbildung 17 dargestellte Ranking ergeben. Diese Darstellung offenbart die vergleichsweise große Bedeutung der ASEAN-Region innerhalb der Emerging Triad. So belegen Länder der ASEAN-Region (Indonesien, Singapur, Vietnam, Thailand, Malaysia) fünf der ersten sechs Plätze des vorliegenden Rankings. Ebenso deutlich wird die vergleichsweise geringe Bedeutung der SADC innerhalb dieses Verbundes. Demzufolge schafft es Angola als einziges Land der SADC unter die ersten acht Positionen, während die letzten fünf Ränge ausschließlich von afrikanischen Ländern (Tansania, Namibia, Lesotho, Swasiland, Simbabwe) eingenommen werden.

Des Weiteren zeigt diese Abbildung die besondere Stellung Indonesiens im Vergleich zu den anderen Ländern. So weist Indonesien mit einem Punktwert von 553 bereits mehr als doppelt so viele Punkte auf wie die drittplatzierte Nation Vietnam mit 267 Punkten. Damit belegt dieses Ranking zudem die bereits in Kapitel 2.3.2 bzw. 2.3.3 erläuterten Tendenzen. So wurde in diesen Kapiteln schon auf die besondere Stellung Indonesiens innerhalb der ASEAN-Region und gleichermaßen auf die noch hinter den Regionen Mercosur und ASEAN zurückstehende Entwicklung der SADC hingewiesen.

Abbildung 17: Ranking der Emerging Triad-Länder

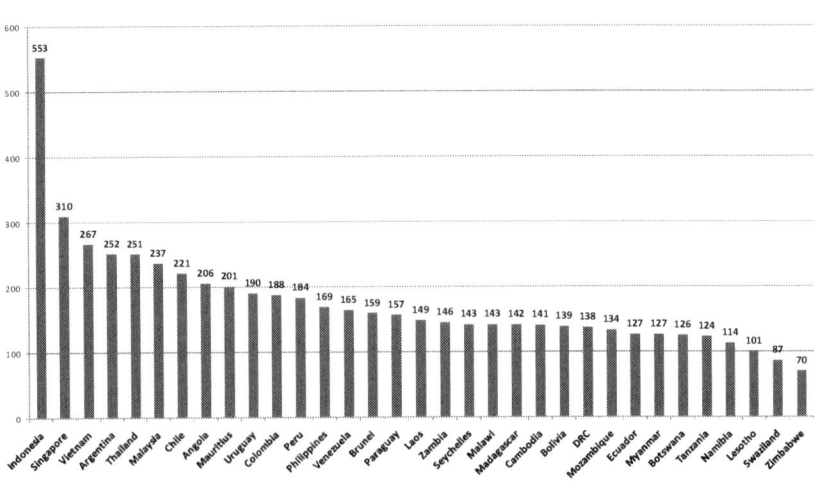

Quelle: Eigene Darstellung.

7.1.3.3 Dritte Selektionsstufe

Die Auswahl der jeweiligen Ländermärkte erfolgt auf der 3. Selektionsstufe, bei der für zwei makroökonomische und zwei nutzfahrzeugspezifische Kriterien sogenannte Schwellenwerte definiert werden. Entgegen der bisherigen Entwicklung in der Praxis werden diese K.o.-Kriterien erst nach der ganzheitlichen Analyse angewandt, um zu vermeiden, dass potenziell geeignete Länder bereits an der ersten Selektionsstufe scheitern. Ohne Zweifel ist dies mit einem ungleich größeren Aufwand verbunden, jedoch umgeht man hiermit das vorgenannte Szenario. So ist es nun aufgrund der ganzheitlichen Betrachtung möglich, ein Land - auch wenn es einen Schwellenwert nicht erfüllt - weiter im Fokus der Betrachtung zu belassen und dieses ggf. als potenziellen Zielmarkt auszumachen.

In dieser Arbeit werden als Schwellenwerte jeweils zwei makroökonomische und zwei truck-spezifische Kriterien herangezogen. Die Auswahl dieser Kriterien liegt erneut in der besonderen Bedeutung für die Nutzfahrzeugindustrie begründet:

• Bruttoinlandsprodukt	> 70 Milliarden US-Dollar
• Industrielle Produktionswachstumsrate	> 4 %
• Marktvolumen	> 10.000 Einheiten
• Volumenwachstum bis 2015	> 5.000 Einheiten

Während der erste Faktor einen generellen makroökonomischen Status des jeweiligen Landes in Form des Bruttoinlandsproduktes aufzeigt, sind die letzten drei Kriterien verstärkt auf die Nutzfahrzeugindustrie ausgerichtet.

7.2 Deep-Dive Analyse der ausgewählten Ländermärkte

Aufgrund der vorgenannten Anforderungskriterien beschränkt sich die Auswahl auf die Ländermärkte Indonesien, Vietnam, Argentinien, Thailand, Angola und Kolumbien, die nachfolgend kurz näher betrachtet werden sollen.[1109]

7.2.1 Argentinien

Argentinien, der achtgrößte Staat der Erde und der zweitgrößte des südamerikanischen Kontinents, ist seit dem Staatsbankrott Anfang des neuen Jahrtausends auf dem Weg zur Wiedergewinnung der wirtschaftlichen Solidität. Diese Entwicklung wird auch bei dem Ranking des Doing Business Index deutlich, bei dem Argentinien im Jahr 2011

[1109] Siehe Tabelle 9 im Anhang A.8, S. 382.

bereits auf Rang 115 rangiert und somit zwölf Ränge vor Brasilien liegt.[1110] Hierbei profitiert Argentinien im Speziellen von einer hohen Ressourcenausstattung, einem stark exportorientierten Agrarsektor und einer diversifizierten Industrie.[1111] Angesichts der Verfügbarkeit wichtiger Rohstoffe profiliert sich der Bergbau zunehmend als eine der wichtigsten Zukunftsbranchen Argentiniens.

In der wirtschaftlichen Gesamtbetrachtung zeigt sich eine deutliche Abschwächung der Wirtschaftsleistung im Jahr 2009 mit einem Wachstum von lediglich 0,9 %. Vor der weltweiten Wirtschaftskrise verzeichnete Argentinien sechs Jahre in Folge Wachstumsraten von bis zu 8,5 % und auch nach der Krise wurde im Jahr 2010 erneut ein Wachstum von 8 % erzielt.[1112] Maßgeblich verantwortlich für diesen deutlichen Aufschwung waren die steigende internationale Nachfrage nach argentinischen Agrarrohstoffen sowie Exporte der Kfz-Industrie und zwar vornehmlich in den Nachbarstaat Brasilien.[1113] Für das Jahr 2011 wird jedoch erneut mit einer deutlichen Abschwächung des Wirtschaftswachstums auf 5 % gerechnet.[1114] Ein Grund hierfür dürfte in den erschwerten Importbedingungen liegen. So sind für eine steigende Anzahl von Waren nicht-automatische Einfuhrlizenzen erforderlich. Die argentinische Regierung will hierdurch Importe drosseln und diese durch heimische Substitutionsprodukte ersetzen oder die steigenden Importe durch ein höheres Exportvolumen ausgleichen. Hintergrund ist der enorme Anstieg der Importe des vergangenen Jahres, der den Überschuss der Handelsbilanz erheblich minimierte.[1115] Inwiefern sich diese Maßnahmen tatsächlich auf die Wirtschaftsleistung Argentiniens auswirken, ist noch nicht genau abzusehen.

Maßgeblich für den Anstieg der Industrieproduktion in Höhe von 9,3 % sind vornehmlich die starke Erholung der Kfz-Industrie (+43,5 %) sowie der deutliche Zuwachs der Stahlproduktion (+35,4 %).[1116] In Anbetracht des guten konjunkturellen Umfelds und der verbesserten Finanzierungsbedingungen wird ein Anstieg des Investitionswachstums für das Jahr 2011 in Höhe von 8 % prognostiziert. Bereits im Jahr 2010 nahmen die Investitionen um 15 % zu.[1117]

Die argentinische Kfz-Industrie erreichte im abgelaufenen Jahr sowohl in der Produktion als auch im Absatz ein neues Rekordhoch. Als Hauptgrund für diese Entwicklung gilt der Export nach Brasilien, da neun von zehn Exportautos nach Brasilien geliefert werden. So verwundert es nicht, dass der Mercosur, allen voran Brasilien, der wich-

---

[1110] Vgl. o. V. (2011e), S. 2.
[1111] Vgl. o. V. (2010e).
[1112] Vgl. Moses (2010), S. 1.
[1113] Vgl. o. V. (2010f).
[1114] Vgl. o. V. (2011d).
[1115] Vgl. o. V. (2011f).
[1116] Vgl. Moses (2010), S. 3.
[1117] Vgl. Moses (2010), S. 6.

tigste Handelspartner Argentiniens ist.[1118] Lediglich 26 % der Produktion sind für den Heimatmarkt bestimmt. Zudem können ausländische Fahrzeuganbieter nur dann am lokalen Markt partizipieren, wenn sie mit einer eigenen Produktion im Land vertreten sind. Grund ist die Abschottung des argentinischen Marktes durch die hohen Außenzölle des Mercosur in Höhe von 35 %.[1119] Neben der Kfz-Industrie zeigen jedoch auch das Baugewerbe und der Bergbau deutliche Wachstumstendenzen. So sind in den kommenden fünf Jahren Investitionen in Höhe von zwölf Milliarden US-Dollar in den Bergbau Argentiniens vorgesehen. Neben den öffentlichen Investitionen plant der brasilianische Bergbaukonzern Vale zusätzliche Investitionen von 4,5 Milliarden US-Dollar.[1120]

Die argentinische Infrastruktur weist in einigen Bereichen erhebliche Mängel auf. So bedarf das Eisenbahnnetz immenser Investitionen, da wesentliche Strecken stillgelegt wurden, und demzufolge der Personenverkehr mittlerweile nur noch im Großraum Buenos Aires für Pendler eine Rolle spielt. Bei längeren Strecken, wie bspw. von Buenos Aires nach Córdoba, werden tendenziell eher Fernreisebusse genutzt. Das Straßennetz weist eine Länge von etwa 231.000 km auf, wovon lediglich knapp 70.000 km asphaltiert sind.[1121] Jedoch kann - aufgrund des zunehmenden Bewusstseins über diesen Mangel - zukünftig mit Investitionen in diesen Bereich gerechnet werden.

Wie bereits die heimische Kfz-Industrie aufzeigt, kann auch zukünftig mit einem Wachstum sowohl des PKW- als auch des Nutzfahrzeugabsatzes gerechnet werden. Speziell die zunehmende Bedeutung von Bergbau und weiterer verarbeitenden Industrien wird langfristig zu einer Zunahme des Transportaufkommens führen, welches infolge des sehr schlechten Schienenverkehrs maßgeblich auf der Straße stattfinden wird. Demzufolge wird vor allem die Nachfrage an Fahrzeugen des Medium- und des Heavy-Duty-Segments für den Langstreckenverkehr steigen. Bis zum Jahr 2015 wird der Gesamtmarkt für LKWs um 50 % auf knapp 40.000 Einheiten wachsen. Kerntreiber für diese Entwicklung sind die Fahrzeuge des MDT- Segments mit einem Zuwachs von 7 % auf über 12.000 Einheiten und das HDT-Segment mit einem Anstieg ebenfalls von 7 % auf über 25.000 Einheiten. Das LDT-Segment hingegen wächst bloß um 800 Einheiten in den kommenden fünf Jahren. Jedoch zeigen bereits andere Schwellenländer Tendenzen von Einfuhrbeschränkungen für Fahrzeuge über 7,5 Tonnen in Groß- bzw. Megastädte. In den kommenden Jahren dürfte mit einer derartigen Entwicklung auch in Argentinien zu rechnen sein, wodurch die Nachfrage nach Light-Duty-Fahrzeugen ebenfalls ansteigen wird. In diesem Zusammenhang wird häufig von

---

[1118] Vgl. o. V. (2010f).
[1119] Vgl. Moses (2010), S. 9.
[1120] Vgl. Moses (2010), S. 12.
[1121] Vgl. CIA (2011).

dem Hub&Spoke-Verfahren gesprochen, bei dem schwere LKWs die Ladung bis zu einem bestimmten Verladepunkt am Stadtrand transportieren, an dem anschließend die Ware auf leichte Nutzfahrzeuge verladen wird, um die Abnehmer - in diesem Fall zumeist Händler - innerhalb der Stadt zu beliefern.

Im Hinblick auf das bestehende Freihandelsabkommen zwischen Argentinien und Brasilien bietet sich für die Daimler AG zur Marktpenetration Argentiniens der Hub in Brasilien an. Schließlich können hierdurch die Fahrzeuge aufgrund des bilateralen Abkommens zollfrei in den Nachbarstaat exportiert werden und mithilfe des bereits existierenden Vertriebsnetzes an die Kunden weiterveräußert werden. Eben jenes Prinzip wird durch die Daimler AG bereits erfolgreich umgesetzt. Daimler ist sowohl mit dem Atego im MDT-Segment mit einem Marktanteil von 44,3 % als auch mit dem Axor im HDT-Segment mit 30,8 % Marktführer.[1122] Neben Argentinien ist Mercedes vor allem in Brasilien stark vertreten, jedoch wurde die Entwicklung hin zum Super Heavy-Segment[1123] nicht beachtet[1124], wodurch Mercedes-Benz seine Marktführerschaft im HDT-Segment im vergangenen Jahr verloren hat. Um diese Entwicklung hin zum Super Heavy-Segment auf dem argentinischen Markt nicht zu verpassen, wurde auch der argentinische Markt in diese Untersuchung integriert.

Aufgrund der Erfahrungen auf dem brasilianischen Markt sollte unter Berücksichtigung der wachsenden Minenindustrie umgehend neben dem Axor auch der Actros exportiert werden, um diesen speziellen Markt frühzeitig mit den geeigneten Produkten zu bedienen.[1125] Ohnehin ist angesichts der ähnlichen Kundenanforderungen und Emissionsregularien (Euro III) kein Downsizing der Fahrzeuge notwendig.[1126] Eine womöglich aufkommende Nachfrage nach LDT-Produkten kann durch Mercedes-Benz Brasilien derzeit durch den Accelo befriedigt werden. Ein Import anderer Daimler-Produkte für den argentinischen Markt scheidet nach derzeitigem Stand aus. Dies hängt einerseits mit der starken Markenpositionierung von Mercedes-Benz und den drohenden Kannibalisierungseffekten sowie andererseits mit den hohen Importzöllen zusammen. So wird für Fahrzeuge aus Drittländern ein Importzoll von 35 % fällig.[1127] Ein weiteres Hindernis für die Lieferung aus Drittländern stellt die im Mercosur übliche Mehrfachverzollung dar. Auch wenn im Jahr 2010 eine Einigung über die Abschaffung der Mehrfachverzollung innerhalb der Mercosur-Region erzielt werden konnte, wird diese Zollharmonisierung erst im Jahr 2012 eingeführt.[1128] Demzufolge

---

[1122]   Vgl. Global Insight (2011a), S. 11.
[1123]   Dieses Segment beginnt erst bei einer Größenordnung von 40 Tonnen.
[1124]   Vgl. Daimler AG (2010e).
[1125]   Aufgrund der Entwicklung auf dem brasilianischen Markt wird seit dem Jahr 2011 in Brasilien neben dem Axor nun auch der Actros als Heavy-Duty-Truck gefertigt.
[1126]   An Abbildung 21 im Anhang A.11 wird deutlich, dass es langfristig zu einer Angleichung der weltweiten Emissionsregularien kommen wird. Dies wird zum Teil auch durch das Auslassen einer Abgasstufe, wie im Falle von Lateinamerika mit Euro IV, erreicht. Dennoch besteht momentan noch eine deutliche Differenzierung zwischen den Abgasregularien der Triade und denen der Nicht-Triade.
[1127]   Vgl. o. V. (2011h).
[1128]   Vgl. o. V. (2010g).

ist bis dahin ein möglicher Markteintritt - ausgehend von den Internationalisierungs-Hubs Südafrika und Indien - vollkommen unattraktiv.

Abschließend bleibt festzuhalten, dass sich - aufgrund des Mercedes-Benz Werks in Brasilien in Verbindung mit dem existierenden Vertriebsnetz in Argentinien - eine Exportstrategie anbietet. Neben dem steigenden Absatz und der allgemein recht positiven Entwicklung Argentiniens muss jedoch auch auf die beiden Kernprobleme, die teils marode Infrastruktur und die hohe und steigende Inflationsrate, die Ende 2009 bei 7 % und im Jahr 2010 bei 11,2 % lag, hingewiesen werden.[1129] Trotz dieser angesprochenen Probleme bietet Argentinien in den kommenden Jahren sicherlich auch weiterhin einen interessanten Absatzmarkt für die Daimler AG. Zudem wird aufgrund der bereits angesprochenen Minenindustrie ein neues Segment entstehen, welches frühzeitig bedient werden sollte. Ebenfalls sollte in diesem Zusammenhang auch die Möglichkeit von Einfuhrbeschränkungen in Großstädte bedacht und der damit verbundene Anstieg der LDT-Nachfrage nicht vernachlässigt werden.

7.2.2 Kolumbien

Neben Argentinien hat sich Kolumbien als weiteres südamerikanisches Land als potenzieller Markt für eine Expansionsstrategie anhand der selektiven Kriterien herauskristallisiert. Ähnlich wie Argentinien befindet sich auch Kolumbien wieder auf Wachstumskurs. Kerntreiber des Wachstums in Höhe von 4,8 % waren im vergangenen Jahr die öffentlichen Investitionen, die wachsende Bauwirtschaft, die anziehende Industrieproduktion und die damit verbundene gute Binnenkonjunktur. Zur Vermeidung eines deutlichen Wirtschaftsabschwungs während des Krisenjahres 2009 richtete die kolumbianische Regierung erfolgreich steuerbegünstigte Sonderwirtschaftszonen ein.[1130] Für das Jahr 2011 wird bereits wieder mit einem Wachstum von 5 % gerechnet;[1131] auch für das Jahr 2012 wird ein Anstieg von 4,2 % erwartet.[1132] Aufgrund der positiven Entwicklung zählte HSBC-Vorstandschef Michael Geoghegan Kolumbien gemeinsam mit Indonesien, Vietnam, Ägypten, der Türkei und Südafrika zu den sechs aufstrebenden Staaten mit den besten Zukunftsperspektiven. Demzufolge handelt es sich bei diesen so genannten Schleichkatzen-Staaten (CIVETS-Staaten) um Ländermärkte, die ähnliche Wachstumsraten wie die BRIC-Staaten erreichen könnten.[1133]

Die Kfz-Industrie hat im vergangenen Jahr ein Wachstum von über 40 % gegenüber dem Vorjahr erzielt; auch für das kommende Jahr wird mit einer positiven Entwick-

[1129] Vgl. Moses (2010), S. 3.
[1130] Vgl. o. V. (2009e).
[1131] Vgl. o. V. (2010h).
[1132] Vgl. Global Insight (2011a), S. 138.
[1133] Vgl. Mikosch (2010).

lung gerechnet.[1134] Im Bereich des Maschinenbaus holen Unternehmen nun Investitionen nach, die sie bedingt durch die Krise aufgeschoben haben. Im Baugewerbe werden insbesondere im kommenden Jahr deutliche Wachstumsraten erwartet. Dies liegt nicht zuletzt in dem Mangel der schlecht ausgebauten Infrastruktur begründet.[1135] Ähnlich wie schon Argentinien verfügt Kolumbien nur über ein sehr beschränktes Schienennetz. Dies in Verbindung mit dem 164.000 km Straßennetz, von dem lediglich 14 % asphaltiert sind, macht Kolumbien zum Land mit der schlechtesten Verkehrsinfrastruktur Süd- und Mittelamerikas.[1136] Die Regierung versucht dieser Problematik durch unterschiedliche Großprojekte zu begegnen. Eines davon ist das Autobahnvorhaben 'Ruta del Sol' mit einer Länge von 940 km und einem Investitionsvolumen von 2,5 Milliarden US-Dollar.[1137] Neben diesem Projekt wird noch in den Ausbau der Häfen Buenaventura, Santa Marta und Barranquilla sowie verschiedene weitere Autobahnprojekte und die Metro von Bogotá investiert.[1138]

Kolumbien verfügt mit rund 21 Millionen Tonnen über die größten Kohlereserven in Südamerika,[1139] deren Abbau und Produktion in den vergangenen Jahren ausgebaut wurde, sodass Kolumbien weltweit den 11. Platz bei der Kohleproduktion belegt. Zudem ist Kolumbien auch ein bedeutender Hersteller von Nickel. Dennoch muss auch beachtet werden, dass ein großer Teil der kolumbianischen Wirtschaft direkt oder indirekt vom Anbau und der Produktion illegaler Drogen beeinflusst wird. So entfällt 70 % der weltweiten Kokainproduktion auf Kolumbien.[1140]

Speziell die erheblichen Investitionen in verschiedene Infrastrukturprojekte in Verbindung mit der Bedeutung der Minenindustrie führen zu ähnlichen Tendenzen wie bereits in Argentinien. So profitiert auch in Kolumbien die Nutzfahrzeugindustrie in zweierlei Hinsicht von dieser Entwicklung: Primär werden für den Bau der unterschiedlichen Großprojekte spezielle Baufahrzeuge ('Tipper') benötigt. Anschließend steigt das Transportvolumen, welches aufgrund der besseren Verkehrsinfrastruktur über die Straße abgewickelt wird; hierdurch wiederum wird die Nachfrage an Nutzfahrzeugen des mittelschweren und schweren Segments steigen. Somit zeigt sich auch auf dem kolumbianischen Markt ein deutlicher Anstieg des schweren und mittelschweren Segments, wenngleich das Absatzpotenzial nicht die Größe des argentinischen Marktes erreicht. Im Jahr 2010 konnten 14.865 Einheiten abgesetzt werden. Der Großteil entstammte mit 7.680 Einheiten dem MDT- sowie mit 6.439 Einheiten dem HDT-Segment. Das LDT-Segment ist mit einer Größe von 746 Einheiten im Jahr 2010 eher

---

[1134] Vgl. Kriele (2010), S. 8.
[1135] Vgl. o. V. (2010h).
[1136] Vgl. CIA (2011a).
[1137] Vgl. Kriele (2010), S. 9.
[1138] Vgl. ebenda.
[1139] Vgl. Fuchs / Schiel (1997), S. 14.
[1140] Vgl. o. V. (2009f).

zu vernachlässigen. Beim zukünftigen Wachstum zeigt sich jedoch bereits eine Verschiebung vom mittelschweren hin zum schweren Segment. So wächst das MDT-Segment nur noch um 5,1 % in den kommenden fünf Jahren, während das HDT-Segment um 7,7 % auf einen Absatz von mehr als 10.000 Einheiten ansteigt.[1141] Generell bietet sich zur Marktbearbeitung sinnvollerweise bloß der Internationalisierungs-Hub Brasilien mit den Mercedes-Benz Produkten an. Schließlich ist auch zur Markterschließung Kolumbiens kein Downsizing im Sinne einer Homologation notwendig, da auch die Abgasregularien (Euro III) mit denen Brasiliens und Argentiniens übereinstimmen. Da jedoch Kolumbien derzeit bloß als Assoziationsstaat des Mercosur gilt und ein endgültiger Beitritt in den Mercosur oder eine endgültige Zusammenführung des Mercosur- und des Andenabkom-mens noch aussteht, beträgt ausgehend von Brasilien der Importzoll 15 % auf Nutzfahrzeuge mit Dieselmotor und einem Gewicht über 4,537 Tonnen.[1142] Für Fahrzeuge unter 4,537 Tonnen beträgt der Importzoll 35 %. Für Nutzfahrzeuge, die mit einem Ottomotor betrieben werden, gilt gewichtsunabhängig ein Importzoll von 35 %.[1143] Da in die LKWs von Mercedes-Benz, Mitsubishi Fuso und Bharat Benz aufgrund des geringeren Verbrauchs ohnehin nur Dieselmotoren verbaut werden, wird der Möglichkeit des Imports von Fahrzeugen mit einem Ottomotor im weiteren Verlauf keine weitere Beachtung geschenkt.

Sobald der Beitritt Kolumbiens in das südamerikanische Bündnis erfolgreich vollzogen ist und im weiteren Verlauf auch eine Freihandelszone implementiert wird, sollten die Bemühungen noch weiter intensiviert werden, um das zur Verfügung stehende Marktpotenzial möglichst effizient auszuschöpfen.

Zusammenfassend kann festgehalten werden, dass Kolumbien ein großes ökonomisches Potenzial besitzt, was maßgeblich in der fortgeschrittenen Industrialisierung und der großen Menge an Rohstoffen begründet liegt. So ist die Zukunftsaussicht Kolumbiens, damit eng verbunden auch die Absatzpotenziale des Nutzfahrzeuggeschäfts, durchaus positiv zu bewerten, was sich nicht allein in der bereits etablierten Industriestruktur und dem Rohstoffreichtum äußert, sondern sich auch in dem baldigen Beitritt in das südamerikanische Staatenbündnis sowie den angestoßenen Großprojekten zeigt.

7.2.3 Angola

Das Erscheinen Angolas in dem zugrunde gelegten Ranking mag zunächst ein wenig überraschen, zeigt aber auch die Stabilisation der politischen Lage und den starken Anstieg der Wirtschaftsleistung des an der Westküste im Süden Afrikas gelegenen

---

[1141] Siehe Tabelle 8 im Anhang A.7, S. 378 ff.
[1142] Vgl. Daimler AG (2011b).
[1143] Vgl. o. V. (2011i).

Staates seit dem Ende des Bürgerkriegs im Jahr 2002.[1144] So war die angolanische Wirtschaft mit Wachstumsraten im zweistelligen Bereich vor der weltweiten Wirtschaftskrise eine der am stärksten wachsenden Ökonomien der Welt.[1145] Dies liegt maßgeblich in der Ölindustrie begründet, die für mehr als 80 % der ausländischen Einnahmen Angolas verantwortlich ist und aufgrund der steigenden weltweiten Nachfrage auch weiterhin Kernwachstumstreiber nicht nur für Angola, sondern für den gesamten afrikanischen Kontinent sein wird.[1146] Neben diesem Sektor kristallisieren sich andere Wirtschaftsbereiche heraus, u. a. das Minengewerbe, die doppelt so schnell wie der Sektor der Ölindustrie wachsen (+8,8 % im Jahr 2010).[1147] So stellt der Diamantenabbau mittlerweile eine weitere wesentliche Stütze für die angolanischen Wirtschaft dar. Nachdem der krisenbedingte Rückgang der Erdölpreise zu einer Kontraktion des Bruttoinlandsprodukts führte, wird für die Jahre 2011 und 2012 wieder mit einem Wirtschaftswachstum von mindestens 7 % gerechnet.[1148] Gleichsam mit dem generellen Wachstum wird auch ein erneuter Anstieg der Investitionszuflüsse nach Angola erwartet. Bereits vor der Krise war Angola der afrikanische Staat mit den meisten Investitionszuflüssen, die größtenteils in infrastrukturelle Projekte flossen und weiterhin fließen werden.[1149] So wird maßgeblich in die durch den 27 Jahre währenden Bürgerkrieg zerstörten Straßen und Bahnstrecken investiert. Diese Investitionen umfassen ein Volumen von mehreren hundert Millionen US-Dollar.[1150] Hierunter fallen u. a. auch neue Projekte wie die Via peripherica[1151], wodurch die Infrastruktur in der Hauptstadt Luanda verbessert werden soll.[1152] Insgesamt sollen bis zum Jahr 2011 mehr als zwei Milliarden US-Dollar in den Straßen- und Brückenbau investiert werden.[1153] Darüber hinaus werden die wichtigsten Hafenanlagen des Landes erneuert und zwei neue Handelshäfen bei Luanda und Cabinda bis zum Jahr 2013 erbaut, um die chronisch überfüllten Häfen deutlich zu entlasten.[1154] Die Finanzierung derartiger investitionsintensiver Projekte stammt größtenteils aus bilateralen Krediten, hauptsächlich aus China[1155], Brasilien, Portugal sowie neuerdings aus Russland und Kanada. Die gewährten Finanzierungslinien Chinas werden mittlerweile auf 13 bis 20 Milliarden US-Dollar geschätzt.[1156] In Verbindung mit den erheblichen Investitionen in die Infrastruktur erlebt die angolanische Bauwirtschaft momentan gleichermaßen eine erhebliche Boomphase, wohingegen sich andere Industrien wie die Chemieindustrie erst noch in den Anfängen

---

[1144] Vgl. Röbke et al. (2007), S. 54.
[1145] Vgl. o. V. (2010d).
[1146] Vgl. Roxburgh et al. (2010), S. 3.
[1147] Vgl. ebenda.
[1148] Vgl. Hackenbroch (2011), S. 1.
[1149] Vgl. Hackenbroch (2011), S. 5.
[1150] Vgl. Mosebach (2010), S. 3.
[1151] Bei diesem Projekt handelt es sich um einen Verkehrsring, der sich um Luanda zieht.
[1152] Vgl. o. V. (2010d).
[1153] Vgl. Mosebach (2010), S. 1.
[1154] Vgl. Hackenbroch (2011), S. 6.
[1155] Vgl. Kragelund / van Dijk (2009), S. 95.
[1156] Vgl. Hackenbroch (2011), S. 4.

befinden. Neben der allgemeinen positiven Entwicklung Angolas sind die verbesserten Beziehungen zu Südafrika, die sich in zahlreichen neu abgeschlossenen bilateralen Abkommen mit daran gekoppelten südafrikanischen Investitionsvorhaben zeigen, zu nennen.[1157]

Trotz dieser äußerst positiven Entwicklung weist Angola jedoch nach wie vor noch einige erhebliche Schwachstellen auf. Neben der sehr hohen Inflationsrate, die im Jahr 2010 bei 14 % lag und sich auch in den folgenden zwei Jahren voraussichtlich bei 12 % einpendeln wird,[1158] liegt ein weiteres Kernproblem in der schwelenden Korruption. In der Erhebung von Transparency International erscheint Angola mit einem Wert von 1,9 auf Rang 168 von 178 Staaten.[1159] Mittlerweile versucht die Regierung jedoch durch unterschiedliche Programme der Korruption im Land in zunehmendem Maße zu begegnen. Dies liegt nicht zuletzt darin begründet, dass weitere, über den derzeitigen Stand hinausgehende, ausländische Direktinvestitionen ausbleiben, die jedoch von großer Relevanz für die weitere Entwicklung der angolanischen Volkswirtschaft sind.[1160]

Insgesamt ist allerdings eine sehr positive Entwicklung in den vergangenen Jahren ersichtlich, wodurch auch die Nachfrage nach Kraftfahrzeugen erheblich steigt. Eben diese steigende Nachfrage nach Personenkraftwagen und Nutzfahrzeugen liegt insbesondere in der Vielzahl der angestoßenen Infrastrukturprojekte begründet, wodurch ein erhebliches Transportaufkommen entsteht. Auch die zunehmende Diversifizierung der Wirtschaft, mit stärkerer Ausrichtung auf die Minenindustrie und die damit in Verbindung stehenden verarbeitenden Industrien, wird zukünftig zu einem erheblichen Anstieg des Nutzfahrzeugvolumens führen.[1161] Auf die Notwendigkeit diesen Rohstoffreichtum für den Aufbau der weiteren Industrien zu nutzen, haben auch die Experten in den einzelnen Gesprächen vermehrt hingewiesen. Insbesondere durch das verstärkte Bemühen zur Verbesserung der Infrastruktur profitiert das Nutzfahrzeuggeschäft. So werden zunächst Nutzfahrzeuge benötigt, die maßgeblich am Ausbau der Infrastruktur beteiligt sind. Hierbei kommen primär Baumaschinen des so genannten Off-Highway-Segments[1162] zum Einsatz. Nach Abschluss der Infrastrukturprojekte steigt dann die Nachfrage nach LKWs - insbesondere des M/HDT-Segments - rapide an, da sich in Form des Landtransports eine neue Alternative gegenüber dem Schienen- und Wasserverkehr ergeben hat. Darüber hinaus siedelt sich eine Vielzahl ausländischer Unter-

[1157] Vgl. ebenda.
[1158] Vgl. o. V. (2011c).
[1159] Vgl. o. V. (2010c), S. 3.
[1160] Vgl. Dzhumashev (2009), S. 14, vgl. Javorcik / Wei (2009), S. 620.
[1161] Vgl. Hackenbroch (2011), S. 8.
[1162] Hierbei handelt es sich um ein Segment, in dem maßgeblich Fahrzeuge beheimatet sind, die verstärkt auf Baugelände und schwierig zu befahrendem Gelände eingesetzt werden.

nehmungen aufgrund der kostengünstigen Produktionsbedingungen verbunden mit einer ansprechenden Infrastruktur in diesem Land an.[1163]

Neben den bereits angedeuteten Entwicklungen und Problemen ist auch den institutionellen Markteintrittsbarrieren - wie sie auch von Herrn Hirnich im Expertengespräch angedeutet wurden - eine hohe Bedeutung beizumessen. Schließlich nehmen bestehende Freihandelsabkommen sowie weitere Abkommen Einfluss auf die Höhe der Einfuhrzölle und sind damit von erheblicher Relevanz für die spätere Entscheidung der potenziellen Markteintrittsform. So ist Angola zwar Mitglied der SADC-Gemeinschaft, jedoch noch kein Mitglied des im Jahr 2008 gegründeten Freihandelsabkommens. Aufgrund dessen gelten für die Internationalisierungs-Hubs Brasilien, Südafrika und Indien identische Zollvorschriften. Aus den angolanischen Zollregelungen ergeben sich für neue Nutzfahrzeuge Zölle in Höhe von 2 % und für gebrauchte Nutzfahrzeuge in Höhe von 15 %.[1164] Diese Zölle sind unabhängig von der jeweiligen Fertigungsart, Tonnage und Herkunft, sodass keine Local-Content-Vorschriften oder ähnliche Bedingungen erfüllt sein müssen.[1165]

Aufgrund der sehr niedrigen Zollbestimmungen und dem vergleichsweise geringen Marktvolumen empfiehlt sich am ehesten der Export als Markteintrittsform. So verfügt Angola über ein Marktvolumen von 16.367 Einheiten im Jahr 2010. Lediglich 2.631 Einheiten entstammen aus dem LDT-Segment wohingegen 7.140 Einheiten dem Medium und 6.596 Einheiten dem Heavy Duty Segment zugerechnet werden können. Bis zum Jahr 2015 wird der Absatzmarkt auf mehr als 21.500 Einheiten pro Jahr ansteigen, wobei sich das Wachstum unterschiedlich auf die einzelnen Segmente verteilt. Ähnlich wie schon bei den BRIC-Staaten ist auch in Angola mit zunehmender Entwicklung der Volkswirtschaft eine prozentual stärkere Zunahme des LDT- sowie des HDT-Segments im Vergleich zu MDT-Fahrzeugen zu erwarten. So wird das LDT-Segment um 7,1 % auf 3.978 Einheiten, das HDT-Segment um 4,6 % auf 8.618 Einheiten und das MDT-Segment um 3,8 % auf 8.911 Einheiten wachsen.[1166] Langfristig gesehen werden Light-Duty- und Heavy-Duty-Trucks auch in absoluten Zahlen den Großteil des Marktes bestimmen.[1167]

Nach der im vorigen Kapitel aufgezeigten Analyse der Preissegmente wird der Großteil des Marktvolumens im Niedrigpreissegment angesiedelt sein, sodass zumindest dieses Segment durch einen Markteintritt ausgehend von Brasilien oder Südafrika mit der Premium-Marke Mercedes-Benz nicht erreichbar ist. Mercedes-Benz könnte somit

---

[1163] Vgl. Asiedu (2002), S. 111.
[1164] Vgl. Daimler AG (2011b), vgl. o. V. (2011j).
[1165] Vgl. ebenda.
[1166] Siehe Tabelle 8 im Anhang A.7, S. 378 ff.
[1167] Insbesondere in Indien und China umfasst allein das LDT-Segment mehr als 50 % des gesamten Marktvolumens. Auf das HDT-Segment entfallen noch 35 % und auf das MDT-Segment 15 %.

einzig als Nischenanbieter für Sonderfahrzeuge aufgrund des zunehmenden Minengewerbes auftreten. Diese Sonderfahrzeuge des Super Heavy-Segments, welche speziell für derartige Einsatzgebiete entwickelt wurden, werden weltweit für einen nahezu identischen Preis verkauft. Trotz des hohen Preises erfreut sich der Mercedes-Benz Actros als Spezialfahrzeug - nach Aussage von Herrn Salzmann - besonders in dem wachsenden Minengewerbe Chinas großer Beliebtheit.

Für die Belieferung des Niedrigpreissegments hingegen eignen sich vielmehr die Marken Bharat Benz[1168] aus Indien und mit Abstrichen Mitsubishi Fuso als Downsizing-Version. Die zweitgenannte Marke wird mitunter auch in Südafrika anhand der CKD-Fertigung montiert. Die Marken Bharat Benz und Mitsubishi Fuso sind in der Lage den angolanischen Markt in allen drei Segmenten mit Produkten zu bedienen. Darüber hinaus sind die Emissionsregularien (Euro II)[1169] der Region Südafrika mit denen Südostasiens vergleichbar, sodass hierdurch keine größeren motorenspezifischen Modifikationen vorgenommen werden müssten.[1170] Neben dem Absatz von Neufahrzeugen wäre gleichsam auch der Vertrieb von zwar gebrauchten, jedoch vollkommen überarbeiteten Fahrzeugen nach Angola möglich. Im südafrikanischen Daimler-Werk wird bereits heute das so genannte Remanufacturing-Verfahren angewandt. Bei diesem Verfahren werden gebrauchte Fahrzeuge vollkommen neu aufbereitet und weitervertrieben. Im südafrikanischen Werk geschieht dies - wie schon bei den Neufahrzeugen - in Form von CKD-Kits, allerdings werden diese aufbereiteten Gebrauchtfahrzeuge bislang nur auf dem südafrikanischen Markt abgesetzt. Angesichts des wesentlich niedrigeren Anschaffungspreises auch unter Beachtung des höheren Importzolls (15 %) wäre auch ein weiterer Vertrieb dieser Fahrzeuge nach Angola denkbar und zudem äußerst profitabel.

Als Ausgangsbasis, um den angolanischen Markt mit Produkten zu bedienen, bietet sich neben Südafrika somit auch Indien und - wie eben angedeutet - Brasilien an. Ausgehend von Südafrika ergeben sich zwei Möglichkeiten, um in den angolanischen Markt einzutreten. Auf der einen Seite wäre der Landweg denkbar, der jedoch durch mindestens zwei weitere Länder führt und sich aufgrund der nach wie vor unbefriedigenden Infrastrukturbedingungen Afrikas eher als ungeeignet herausstellt. Viel sinnvoller ist in diesem Fall sicherlich die Lieferung per Schiffstransport, insbesondere vor dem Hintergrund der zwei neuen Handelshäfen bei Luanda und Cabinda, die bis zum Jahr 2013 fertiggestellt werden.

Ausgehend von Indien und Brasilien wäre ohnehin nur der Schiffstransport möglich und zwar mit zwei unterschiedlichen Varianten: Zum einen ist der direkte Transport

---

[1168] Vgl. Hein (2011).

[1169] Ab dem Jahr 2014 gilt in der gesamten SADC-Region die Emissionsvorschrift Euro IV. Vor dieser gesetzlichen Änderung kommt es jedoch zu Vorzugskäufen der Kunden von Euro III-Fahrzeugen, da diese auch noch nach der Implementierung der neuen Abgasnorm zulässig sind. Aufgrund dessen kann bereits ab dem Jahr 2012 mit guten Absatzmöglichkeiten für Euro III-Fahrzeuge in Angola gerechnet werden.

[1170] Siehe Abbildung 21 im Anhang A.11, S. 385.

nach Angola denkbar, gleichsam aber auch die Lieferung nach Südafrika in Form der CKD-Kits, welche anschließend im südafrikanischen Werk in East London montiert werden, um anschließend nach Angola erneut per Schiffstransport geliefert zu werden. Die zweite Variante dürfte speziell vor dem Hintergrund zunehmender institutioneller Handelsbarrieren in Form von Local-Content-Vorschriften und dem Eintritt Angolas in das Freihandelsabkommen der SADC zukünftig von zunehmender Relevanz sein.

7.2.4 Thailand

Neben Thailand haben sich noch Indonesien und Vietnam als weitere potenzielle südostasiatische Ländermärkte innerhalb des Selektionsprozesses herausgebildet. Mit drei Ländermärkten stellt die Region ASEAN somit die Hälfte der zu bedienenden Märkte dar. Hauptgründe für die Wahl dieser Länder waren neben dem sehr hohen Absatzvolumen - diese drei Länder vereinen 80 % des Nutzfahrzeugabsatzes der gesamten ASEAN-Region auf sich - gleichzeitig das geringe wirtschaftliche und rechtliche Risiko, welches für Unternehmen neben dem Absatzvolumen einen maßgeblichen Faktor darstellt.[1171]

Die thailändische Wirtschaft erzielte im vergangenen Jahr ein Wachstum von 7 %, was maßgeblich von der Wirtschaftsleistung des ersten Halbjahres mit einem Wachstum von 10,6 % beeinflusst wurde. Der Wert des ersten Quartals in Höhe von 12,0 % repräsentiert gar die höchste Wachstumsrate Thailands der vergangenen 15 Jahre.[1172] Auch für das Jahr 2011 wird ein Wachstum in Höhe von 4,8 % prognostiziert.[1173] Wichtigste Treiber dieser Entwicklung sind neben dem wieder anziehenden Tourismus die landwirtschaftlichen Exporte. Speziell die Exporte werden - trotz der Stärkung der Währung Baht - aufgrund der zunehmenden ASEAN- Integration weiter zulegen. Bereits heute ist die ASEAN-Region der wichtigste Abnehmer thailändischer Produkte.[1174] So verwundert es nicht, dass eine weitere Vertiefung der Integration innerhalb der ASEAN angestrebt wird.[1175]

Neben dem Export bildet der erhebliche staatliche Mittelzufluss in Form des 30 Milliarden umfassenden Konjunkturpaketes der Regierung in den Ausbau der Infrastruktur einen weiteren Wachstumstreiber.[1176] So verfügt Thailand über ein Straßennetz von 180.053 Kilometern, von denen jedoch schätzungsweise lediglich 30 % asphaltiert sind.[1177] Insgesamt wird für das Jahr 2011 mit einem Wachstum der Investitionstätig-

---

[1171] Vgl. Sakarya et al. (2007), S. 229.
[1172] Vgl. Hirschle (2010), S. 1.
[1173] Vgl. Global Insight (2010), S. 104.
[1174] Vgl. Hirschle (2010), S. 2.
[1175] Vgl. o. V. (2010i).
[1176] Vgl. Hirschle (2010), S. 1.
[1177] Siehe Tabelle 8 im Anhang A.7, S. 378 ff.

keit von 3,5-5 % gerechnet, nachdem die globale Wirtschaftskrise zu drastischen Einbrüchen der Investitionen führte.[1178]

Einen kritischen Aspekt des thailändischen Marktes, der auch von den Experten benannt wurde, stellt die unsichere politische Lage des Landes dar. Zwar hat sich nach den wochenlangen Demonstrationen mit zahlreichen Todesopfern zu Beginn des Jahres 2010 die Lage wieder beruhigt, eine langfristige Lösung steht jedoch noch aus und wird womöglich erst durch die in diesem Jahr stattfindenden Wahlen erreicht.[1179] Als weitere Wachstumsbremsen können in diesem Zusammenhang noch der gestiegene Wert des Baht und die anziehenden Preise für Rohstoffe genannt werden. Einen weiteren kritischen Aspekt neben der schwachen Infrastruktur bildet der hohe Grad der Korruption. So belegt Thailand im Jahr 2010 auf dem internationalen Korruptionsindex Rang 78 von 178.[1180]

In der Automobilindustrie, die als Kernsektor Thailands gilt und maßgeblich von der staatlichen Industriepolitik profitiert, wird mit einem Produktionsvolumen von 1,8 Millionen Fahrzeugen im Jahr 2011 gerechnet. Ein Großteil der produzierten Fahrzeuge wird ausgehend von Thailand in die ASEAN-Region geliefert.[1181] Kerntreiber dieser Entwicklung sind Light Commercial Vehicles und hier im Speziellen Pick-ups mit einem Anteil von mehr als 90 % am Produktionsvolumen. Nur ein verhältnismäßig geringer Anteil entfällt auf mittelschwere und schwere Nutzfahrzeuge mit einer Tonnage größer acht Tonnen.[1182]

Im Jahr 2010 weist der thailändische Nutzfahrzeugmarkt ein Gesamtvolumen von mehr als 19.000 Einheiten auf, wovon mehr als 12.500 Einheiten auf das margenstärkste Segment der Heavy Duties entfallen. Lediglich 2.138 Einheiten entstammen dem Segment der leichten Nutzfahrzeuge[1183] und 4.872 Einheiten dem mittelschweren Segment.[1184] Das stärkste Wachstum weist in den kommenden Jahren das MDT-Segment mit einem Anstieg um 7,8 % auf, dicht gefolgt vom LDT-Segment mit einem Zuwachs um 6,2 %. Das HDT-Segment steigt lediglich noch um 2,8 % jährlich bis zum Jahr 2015. Dies wird mit zyklischen Bewegungen innerhalb der einzelnen Trucksegmente begründet, sodass durchaus in den folgenden Jahren wieder mit einer Zunahme des Absatzvolumens im HDT-Segment gerechnet werden kann.[1185] So zeigte sich bereits im Zeitraum 2005-2007 nach einer vorhergehenden Schwächephase ein

---

[1178] Vgl. Hirschle (2010), S. 6.
[1179] Vgl. Hirschle (2010), S. 2.
[1180] Vgl. o. V. (2010c), S. 3.
[1181] Vgl. Global Insight (2010), S. 108.
[1182] Vgl. Hanley / Puntawong (2006), S. 16.
[1183] Hierbei sei erneut auf die unterschiedliche Verständlichkeit des LDT-Segments verwiesen: So werden in den zuvor erläuterten 90 % des LCV-Segments auch Fahrzeuge wie Pick-ups und Multi-Purpose-Fahrzeuge erfasst, die jedoch nicht für Nutzfahrzeughersteller mit der Ausrichtung auf das LKW-Geschäft von Relevanz sind. In den hier aufgezeigten 2.138 Einheiten handelt es sich um Nutzfahrzeuge mit einem Gesamtgewicht >3,5 Tonnen.
[1184] Siehe Tabelle 8 im Anhang A.7, S. 378 ff.
[1185] Vgl. o. V. (2007b), S. 281.

erhebliches Wachstum des HDT-Segments in Höhe von 135 %, was einer Zunahme von 3.046 Fahrzeugen auf 11.639 entspricht.[1186] Neben der Zyklizität des Truckgeschäfts kann als weiterer Grund die verbesserte Infrastruktur Thailands und das damit verbundene höhere Transportaufkommen, insbesondere des HDT-Segments aufgrund der höheren Lade- und Transportkapazität, genannt werden.

Wie bereits im theoretischen Teil dieser Arbeit angedeutet, ist den institutionellen Markteintrittsbarrieren in allen Ländern eine hohe Bedeutung beizumessen. Damit einher geht die Beachtung bestehender Trade-Agreements und Freihandelszonen. Des Weiteren müssen die Transportmöglichkeiten von Indien nach Südostasien berücksichtigt werden. Bei einem grenzüberschreitenden Handel entfallen auf Komplettfahrzeuge (CBU) sehr hohe Zölle. Daher erscheint es sinnvoll, Bausätze zu fertigen, diese in das jeweilige Zielland zu exportieren und die Fahrzeuge - möglicherweise ergänzt durch lokale Bauteile - anschließend erst dort endgültig zu montieren. Durch diese CKD-Fertigung kann die Höhe der Zollabgaben deutlich gesenkt werden. Innerhalb der Freihandelszone der ASEAN werden beim Handel Zollabgaben in Höhe von 0 % bis maximal 5 % verlangt. In den nächsten Jahren sollen die gesamten Zollabgaben innerhalb der Freihandelszone entfallen, sodass der zwischenstaatliche Handel unter den ASEAN-Staaten wesentlich erleichtert wird.[1187] Auch zwischen Indien und der ASEAN wurde im Februar 2009 ein Handelsabkommen vereinbart, das eine Abschaffung der Zölle bis 2012 vorsieht.[1188] Hiervon ausgenommen sind allerdings Automobile und Automobilteile, da Indien seine Automobilindustrie, die als Kernindustrie angesehen wird, schützen will. Aufgrund dessen kommen bei dem Export von Automobilen und deren Komponenten die allgemeinen Einfuhrzölle und die bilateralen Verträge zwischen Indien und den jeweiligen Ländern zur Anwendung. Infolge eines derartigen bilateralen Handelsabkommens zwischen Indien und Thailand, das auch den Import von Automobilen und deren Komponenten einbezieht, werden importierte CBU-Fahrzeuge mit einem Zoll in Höhe von 40 % belegt, wohingegen der Import von CKD-Fahrzeugen zollfrei ist.[1189] In Thailand müssen jedoch bestimmte Komponenten (u. a. Batterien, Reifen) von thailändischen Automobilzulieferern stammen. Dies stellt sich aber im Hinblick auf die dort ansässige starke Zuliefererindustrie als unproblematisch dar.

Neben der Beachtung institutioneller Markteintrittsbarrieren müssen für den Export der Fahrzeuge von Indien nach Südostasien spezifische Transportkonzepte entwickelt werden, um die Fahrzeuge möglichst kostengünstig, sicher und zuverlässig in die jeweiligen Zielländer zu überführen. Der Transport nach Thailand könnte über den

---

[1186] Vgl. Global Insight (2010), S. 115 ff.
[1187] Vgl. Kotler et al. (2007), S. 56.
[1188] Vgl. o. V. (2009g).
[1189] Vgl. Daimler AG (2011b), vgl. o. V. (2011k).

Landweg durchgeführt werden. Dies stellt sich bei näherer Betrachtung jedoch aufgrund der sehr schlechten Straßenverhältnisse und der politisch instabilen Situation im Nachbarstaat Myanmar als ungeeignet heraus. Daher werden die Fahrzeuge per Schiffstransport in die jeweiligen Zielmärkte geliefert. In Frage kommen die Häfen in Chennai und in Mumbai.

Unter Berücksichtigung der Zollbefreiung für den Import von CKD-Fahrzeugen nach Thailand und der Möglichkeit diese aus Thailand ohne Einfuhrzölle in die ASEAN-Region zu liefern, erscheint diese Maßnahme als sinnvollste (Export-) Strategie. Die Knocked-Down-Kits werden in diesem Fall kostengünstig per Containerschiff nach Thailand exportiert, um dort mit Komponenten von lokalen Zulieferern ergänzt und montiert zu werden. Diese Montage könnte in den thailändischen Montagewerken erfolgen. Im Krisenjahr 2009 wurde jedoch zunächst beschlossen, die LKW-Montage für die LKW-Sparte Fuso in Thailand vorläufig stillzulegen, um jährlich 760 Millionen Euro einzusparen.[1190] Angesichts der zunehmenden Nachfrage innerhalb der gesamten ASEAN-Region und den geplanten Exportaktivitäten des Geschäftsfeldes DICV wird mittlerweile über die Weiterführung dieses Montagewerkes diskutiert. In diesem Zusammenhang belegen zudem zahlreiche Studien, dass die CKD-Fertigung zwar einen Mehraufwand im Stammland (hier: Indien) aufweist, sich dieser Aufwand aufgrund der geringeren Kosten und Abgaben in Übersee letzten Endes aber trotz allem lohnt.[1191]

Zur Bedienung des thailändischen Marktes bietet sich somit der Export ausgehend von Indien in Form von CKD-Fahrzeugen an, um anschließend die einzelnen Komponenten im thailändischen Fuso-Werk wieder zusammenzuführen und weiter zu vertreiben. Aufgrund des zollfreien Abkommens zwischen Indien und Thailand und den ansonsten sehr hohen Zollvereinbarungen kommen nach derzeitigem Stand keine Markteintritte ausgehend von den beiden anderen Internationalisierungs-Hubs Südafrika und Brasilien in Frage. Zudem sind die Einsatzbedingungen, legislativen Regularien (Abgasnorm: Euro II-III) und Kundenanforderungen in Indien und den südostasiatischen Schwellenländern vergleichbar, sodass die für den indischen Markt entwickelten und produzierten Fahrzeuge ohne größere Anpassungen nach Thailand exportiert werden können. Diese Standardisierung ermöglicht im Hinblick auf die Produktion erhebliche Kosteneinsparungen. Die unterschiedlichen kulturellen und rechtlichen Besonderheiten der jeweiligen Länder müssen jedoch berücksichtigt werden, um gegebenenfalls kleine Anpassungen vorzunehmen.

[1190] Vgl. o. V. (2009h).
[1191] Vgl. Goydke (2008).

7.2.5 Indonesien

Indonesien, weltweit größter Inselstaat sowie mit einer Bevölkerungsgröße von mehr als 236 Millionen Einwohnern der viertgrößte Staat der Welt und somit gleichzeitig größter ASEAN-Staat[1192], bildet in der vorliegenden Untersuchung den mit Abstand attraktivsten Zielmarkt. Maßgeblich hierfür ist vor allem die starke wirtschaftliche Entwicklung dieses Inselstaates. So wurde im Jahr 2010 ein reales Wachstum von 6 % erzielt, wodurch erstmals ein Pro-Kopf-Einkommen in Höhe von 3.000 US-Dollar in Sichtweite erscheint. Eben diese Grenze wird von vielen Analysten als Ausgangspunkt für einen weiteren wirtschaftlichen Aufschwung betrachtet.[1193] Durch die begrenzte Integration in die Weltwirtschaft und den vergleichsweise großen Binnenmarkt wurde Indonesien nur sehr eingeschränkt von der Weltwirtschaftskrise erfasst, sodass selbst im Jahr 2009 ein reales Wirtschaftswachstum von 4,5 % erzielt wurde.[1194] Im Jahr 2011 wird mit einer weiteren Steigerung auf 6,3 % gerechnet.[1195]

Im vergangenen Jahr erreichten vor allem die Sektoren Kommunikation, Handel, Transport sowie Bauwirtschaft überdurchschnittliche Wachstumsraten. Eine Vielzahl an Projekten zur Entwicklung der öffentlichen Infrastruktur[1196], zur Errichtung von Wohn- und Wirtschaftsgebäuden und zum Ausbau der industriellen Kapazitäten lösten Multiplikator-Effekte auf unterschiedliche Branchen aus.[1197] Eines dieser Großprojekte stellt die Sunda Strait Bridge mit einem Investitionsvolumen von 18,9 Milliarden US-Dollar dar. Bei diesem Projekt handelt es sich um eine 29 km lange Hängebrücke, die die Inseln Java und Sumatra miteinander verbinden soll. Der Umfang dieser Großprojekte verdeutlicht jedoch auch die derzeitig verhältnismäßig schwache Infrastruktur. Analysten gehen in den kommenden fünf Jahren von Investitionen in Höhe von 218 Milliarden US-Dollar aus, um einen sinnvollen Ausbau der Infrastruktur zu gewährleisten.[1198] Neben der Bauwirtschaft - nicht zuletzt aufgrund der hohen öffentlichen Investitionen - profitiert die indonesische Volkswirtschaft insbesondere von der reichen Ressourcenausstattung. So verfügt Indonesien über erhebliche Reserven an mineralischen und metallischen Erzen, u. a. Kohle, Zinn, Nickel, Kupfer, Eisen, Bauxit, Mangan, Gold und Silber. Bis 2014 wird mit einer Ausweitung der Minenindustrie um durchschnittlich 10 % gerechnet.[1199] Neben der schlechten Infrastruktur leidet die wirtschaftliche Planung erheblich unter der grassierenden Korruption, die selbst für Schwellenländer-Verhältnisse nicht mehr berechenbar scheint.[1200] Mittlerweile werden

---

[1192] Vgl. Sen / Srivastava (2009), S. 196.
[1193] Vgl. Bagoglu (2010), S. 1.
[1194] Vgl. Global Insight (2010), S. 153
[1195] Vgl. ebenda.
[1196] Vgl. o. V. (2010j).
[1197] Vgl. Bagoglu (2010), S. 3.
[1198] Vgl. Bagoglu (2010), S. 7.
[1199] Vgl. Bagoglu (2010), S. 14.
[1200] Vgl. Heese (2009), S. 109.

jedoch erste Maßnahmen ergriffen, um die starke Korruption im öffentlichen Sektor zu bekämpfen.[1201]

Indonesien weist mit einem Absatz von über 100.000 Einheiten im Jahr 2010 den mit Abstand attraktivsten Nutzfahrzeugmarkt innerhalb der Emerging Triad auf. Mit 64.500 Einheiten entfallen mehr als 60 % des gesamten Volumens auf Fahrzeuge des Medium-Duty-Segments. In der Vergangenheit entfiel stets ein überproportionaler Anteil in Höhe von 80 % des Gesamtvolumens auf das LDT-Segment, jedoch ist diese Absatzverschiebung nicht sehr überraschend, da die leichten MD-Trucks nicht viel teurer als die schweren LDT-Fahrzeuge sind, gleichzeitig aber über eine höhere Qualität verfügen. Aufgrund dessen konnte mit einem stärkeren Wachstum des MDT- im Vergleich zum LDT-Segment gerechnet werden. Nach dem bereits erklärten deutlichen Rückgang umfasste der LDT-Markt im Jahr 2010 ein Volumen von 29.000 Einheiten. Das HDT-Segment zeigt mit einer Stückzahl von 11.000 Einheiten weitestgehend einen konstanten Wachstumsverlauf auf. Langfristig werden in diesem Segment auch keine vergleichbaren Steigerungsraten wie im MDT-Segment zu erwarten sein, da sich die schweren LKW vor allem für Langstrecken eignen und sich für Indonesien bedingt durch die inselförmige Struktur eher Fahrzeuge des leichten oder mittelschweren Segments anbieten. Auch zukünftig wird mit einem deutlichen Wachstum des indonesischen Nutzfahrzeugmarktes - im Durchschnitt 6 % bis 2015[1202] - gerechnet und zwar vor allem aufgrund der zunehmenden Integration des ASEAN-Verbundes.[1203] Bis zum Jahr 2015 wird der indonesische Markt um 50 % auf ca. 153.500 anwachsen, wovon 92.000 Einheiten aus dem MDT-Segment entstammen werden. 39.000 Einheiten entfallen auf das LDT und 22.500 Einheiten auf das HDT-Segment.[1204]

Um in diesen hochattraktiven Markt möglichst frühzeitig mit den entsprechenden Produkten eintreten zu können, bietet sich speziell der Internationalisierungs-Hub Indien an. Dies liegt nicht zuletzt in dem ähnlichen Käuferverhalten und den Marktanforderungen an die Produkte begründet. Jedoch werden bei einem Export ausgehend von Indien auf CKD-Fahrzeuge Zölle in Höhe von 10 % und auf CBU-Fahrzeuge Abgaben in Höhe von 40 % berechnet.[1205] Infolge dieser relativ hohen Zölle und der bereits dargestellten Möglichkeit des freien CKD-Imports nach Thailand dürfte sich demzufolge ein Export ausgehend von Indien nach Thailand in das dortige Werk anbieten. In diesem Werk werden dann die einzelnen CKD-Komponenten erneut zusammengefügt, um anschließend die Produkte in den indonesischen Markt zu liefern. Da sowohl Indonesien als auch Thailand Mitglieder des ASEAN-Verbundes sind und seit dem

---

[1201] Vgl. Bagoglu (2010a).
[1202] Vgl. o. V. (2010k), S. 3.
[1203] Vgl. Global Insight (2010), S. 155.
[1204] Siehe Tabelle 8 im Anhang A.7, S. 378 ff.
[1205] Vgl. o. V. (2011l).

01.01.2010[1206] keine intraregionalen Zölle mehr auf Fahrzeuge und Komponenten erhoben werden dürfen, wird hierdurch ein zollfreier und äußerst kostengünstiger Eintritt in den indonesischen Markt ermöglicht.[1207] Ähnlich wie bereits bei dem thailändischen Markt bedarf es aufgrund des kostengünstigen Handels, der ähnlichen Kundenpräferenzstrukturen und Emissionsregularien (Euro II[1208]) keiner zusätzlichen Analyse ausgehend von einem weiteren Brückenkopf. Im weiteren Verlauf bietet sich die Nutzung der bereits existierenden Fuso-Vertriebsstruktur an, da auch aufgrund der unterschiedlichen Segmentbearbeitung sowie Preisstruktur[1209] kaum Kannibalisierungspotenzial besteht.

7.2.6 Vietnam

Im Zuge der weltwirtschaftlichen Erholung hat auch Vietnam wieder deutlich an Fahrt aufgenommen und ist mit einem durchschnittlichen Wachstum von 6,7 % im Jahr 2010 dem Ziel, bis 2020 in die Liga der Industrieländer aufzusteigen, wieder ein Stück näher gekommen.[1210] In den vergangenen 20 Jahren wuchs weltweit nur China stärker als Vietnam, das durchschnittlich eine BIP-Steigerung von 7,5 % jährlich aufweisen konnte.[1211] Zudem stieg die Kaufkraft vietnamesischer Konsumenten im Jahr 2008 erstmalig auf über 1.000 US-Dollar pro Kopf.[1212] Diese Tendenz wird auch durch den Ease of Doing Business Index bestärkt, in dem Vietnam auf Rang 78 liegt und somit deutlich vor Ländern wie u. a. Indonesien, das auf Position 121 rangiert.[1213] Auch bei der Industrieproduktion konnte im Jahr 2010 ein Wachstum von 12,5 % verzeichnet werden, nachdem im Vorjahr lediglich 7,9 % erzielt wurden.[1214] Für das Jahr 2011 wird mit einem Wirtschaftswachstum von 7-7,5 % gerechnet.[1215] Dennoch bereiten nach wie vor das hohe Handelsdefizit, die starke Inflation und die nur langsame Verbesserung der Infrastruktur große Probleme.

Vietnams Straßen haben eine Länge von insgesamt 171.000 km, 75 % davon asphaltiert, und dennoch gibt es keine Straßen in Vietnam, die man als Autobahn bezeichnen

---

[1206] Ab diesem Datum wurden auf alle Produkte, die in der 'Common Effective Preferential Tariff List' standen, die Zölle erlassen.
[1207] Vgl. Global Insight (2010), S. 155.
[1208] Im Jahr 2014 erfolgt für die ASEAN-Region die legislative Angleichung an die Emissionsregularien, die in Indien gelten. Allerdings wird es bereits vor diesem Zeitpunkt zu Vorzugskäufen der Kunden innerhalb der ASEAN-Region von Euro III-Fahrzeugen kommen, da deren Nutzung auch noch nach der Implementierung der Euro IV-Regularien zulässig ist.
[1209] Die Marke Bharat Benz richtet sich je nach Produkt verstärkt auf das Preissegment 'Low Cost' und 'Lower Medium' aus, wohingegen die Marke Fuso je nach Produkt eher in das Preisgefüge 'Upper Medium' sowie 'Premium' einzuordnen ist.
[1210] Vgl. Schmitt (2010), S. 1.
[1211] Vgl. Heese (2009), S. 113.
[1212] Vgl. Gudorf (2010), S. 230.
[1213] Vgl. o. V. (2011g), S. 2.
[1214] Vgl. Vostroknutova et al. (2010), S. 84.
[1215] Vgl. Schmitt (2010), S. 3.

könnte.[1216] Die wichtigste Straße Vietnams, die sich bei einer Länge von mehr als 2.100 km durch das ganze Land zieht, ist eine einfache Landstraße. Dessen ungeachtet ist die marktwirtschaftliche Öffnung Vietnams zweifelsohne eine Erfolgsgeschichte. So gehören die Wachstumsraten seit Jahren zu den höchsten weltweit. Damit einher geht der Rückgang der absoluten Armut von 58 % im Jahr 1993 auf 10 % im Jahr 2010.[1217]

Trotz der zunehmend besseren Rahmenbedingungen blieb der Zufluss ausländischer Direktinvestitionen erneut hinter den Erwartungen zurück und dennoch zeigen bestimmte Sektoren seit Jahren erhebliche Wachstumstendenzen. Hierunter fällt die Bauwirtschaft, die maßgeblich von zahlreichen Infrastrukturmaßnahmen - schätzungsweise 8-9 % des BIP fließen jährlich in Infrastrukturprojekte - profitiert.[1218] Neben diesen Investitionen unterstützt auch die Asian Development Bank (ADB) unterschiedliche Verkehrsinfrastrukturprojekte, wie den Ausbau des Straßennetzes, aber auch die Erneuerung von Brücken.[1219] Wie auch schon bei den vorher genannten Ländern haben derartige Projekte innerhalb der Bauwirtschaft stets Multiplikator-Effekte. So profitiert von diesen Projekten nicht alleine die Bauzuliefererindustrie, sondern auch das Transportgewerbe. Der wichtigste Devisenbringer Vietnams ist jedoch die Textil- und Bekleidungsindustrie. Im Jahr 2010 wurden Waren im Wert von elf Milliarden US-Dollar exportiert. Für das Jahr 2011 wird mit einem weiteren Wachstum um 30 % gerechnet. Für das Jahr 2015 wurde jüngst ein Exportziel von Einnahmen in Höhe von 16-18 Milliarden US-Dollar ausgegeben.[1220] Ein nicht zu unterschätzender Standortvorteil Vietnams ist dabei die ungewöhnlich hohe Verfügbarkeit qualifizierter Arbeitskräfte zu niedrigen Kosten. So liegt der Monatslohn für einen Facharbeiter zwischen 350 und 1.000 US-Dollar.[1221]

In Bezug auf das Nutzfahrzeuggeschäft bewegen sich Thailand und Vietnam auf einem ähnlichen Niveau. So weist der vietnamesische Gesamtmarkt des Jahres 2010 ein Volumen von 17.377 Einheiten auf. Bis zum Jahr 2015 wird auf diesem Markt mit einer Wachstumszunahme von 7,4 % auf über 26.700 Einheiten gerechnet.[1222] Angesichts fehlender Informationen kann hier keine weitere Analyse in Form segmentspezifischer Aussagen über den vietnamesischen Nutzfahrzeugmarkt erfolgen. An dieser Stelle würden sich aufgrund der Attraktivität dieses Marktes durchaus nähere Analysen in Form von Surveys o. Ä. vor Ort anbieten. Prinzipiell kann jedoch resultierend aus bereits vorhandenen Erfahrungen von anderen Schwellenländern von einer deutli-

[1216] Vgl. CIA (2011b).
[1217] Vgl. Schmitt (2010), S. 2.
[1218] Vgl. Schmitt (2010), S. 8.
[1219] Vgl. ADB (2009), S. 87.
[1220] Vgl. Schmitt (2010), S. 11.
[1221] Vgl. o. V. (2010l), S. 36.
[1222] Siehe Tabelle 8 im Anhang A.7, S. 378 ff.

chen Zunahme des LDT- und des HDT-Segments - wie u. a. in Argentinien - ausgegangen werden. Dies hängt mit der bereits thematisierten Zunahme des einerseits Langstrecken- und andererseits innerstädtischen Verteilerverkehrs zusammen. Indonesien bildet hinsichtlich seiner einzigartigen insularen Struktur eine absolute Ausnahme. Generell bietet sich zur Bedienung dieses Marktes - wie schon bei Thailand und Indonesien - lediglich Indien als Internationalisierungs-Hub an, von dem ausgehend die CKD-Produkte nach Thailand geliefert werden, um die einzelnen Komponenten in dem thailändischen Werk zusammenzusetzen und daran anschließend in weiteren Ländermärkten zu vertreiben. Bei einem direkten Export ausgehend von Indien oder den anderen Internationalisierungs-Hubs wäre ein Importzoll in Höhe von 54 % zu berücksichtigen.[1223] Neben den deutlich niedrigeren Kosten in Form der Importzölle greifen auch hier wieder die Argumente der ähnlichen Einsatzbedingungen, legislativen Regularien (Abgasnorm: Euro II) und Kundenanforderungen in den südostasiatischen Schwellenländern, sodass die für den indischen Markt entwickelten und produzierten Fahrzeuge ohne größere Anpassungen nach Vietnam exportiert werden können.

Abschließend bleibt festzuhalten, dass die hier vorgestellten sechs Länder äußerst attraktive Ländermärkte mit einem deutlichen Anstieg des Nutzfahrzeugvolumens in den kommenden Jahren darstellen. Trotz dieser wirtschaftlich hervorragenden Aussichten dürfen jedoch hierbei nicht die bestehenden Hindernisse missachtet werden. So weisen alle Staaten gleichermaßen deutliche Korruptionsproblematiken auf, die schlimmstenfalls zu einem Ausbleiben sowohl eines Markteintritts als auch der damit verbundenen ausländischen Direktinvestitionen führen kann. Zudem verfügen diese sechs Staaten über eine wenig ausgereifte Verkehrsinfrastruktur, was sich nachhaltig als Wachstumsbremse herausstellen könnte. Man sieht jedoch bei diesen Ländern ein zunehmendes Bewusstsein dieser existierenden Probleme, sodass in all diesen Ländern bereits intensive Infrastrukturprojekte initiiert und darüber hinaus Regularien und striktes Vorgehen gegen Korruption eingeleitet wurden.

Trotz dieser Probleme bietet sich in diesen ausgewählten Ländermärkten, insbesondere im New Middle Market-Segment und im Low Cost-Bereich, ein enormes Absatzpotenzial, speziell in der Region Südostasien, welches durch Bharat Benz-Fahrzeuge aus Indien optimal bedient werden kann. Auch aus Sicht der Daimler-Experten bietet sich - nicht zuletzt aufgrund der derzeitigen weltweiten Emissionsregularien und der niedrigen Downsizing-Notwendigkeit[1224] - das indische Produkt speziell für den Export nach Südostasien und Afrika an. In diesen Ländern kann Mercedes-Benz folglich nur als Nischenanbieter für Minenfahrzeuge auftreten. Auch Mitsubishi Fuso kann in diesen Ländern nur die Preissegmente des 'Upper Medium' und 'Premium' bedienen. In

---

[1223] Vgl. Daimler AG (2011b), vgl. o. V. (2011m).
[1224] Siehe Abbildung 21 im Anhang, A.11, S. 385.

den nachfolgenden Unterkapiteln werden nun die Auswahl der relevanten Markteintrittsstrategien und das Timing näher thematisiert.

7.2.7 Auswahl relevanter Markteintrittsstrategien für die ausgewählten Ländermärkte

Die Auswahl der richtigen Markteintrittsstrategie wird in diesem Modell bewusst als eines der letzten Module in diesem Internationalisierungsprozessmodell behandelt, um unter Berücksichtigung der selektiven Kriterien - u. a. Importzölle oder andere legislative Regularien - eine sinnvolle Markteintrittsstrategie zu evaluieren. Bei der detaillierten Darstellung der ausgewählten Ländermärkte sind bereits potenzielle Markteintrittsstrategien angesprochen worden, sodass in diesem Unterkapitel bloß noch eine kurze Vertiefung der einzelnen Varianten und weiterer Handlungsschritte erfolgt.

In Südamerika und hier im Speziellen Argentinien bietet sich prinzipiell nur die Belieferung ausgehend von Brasilien in das argentinische Mercedes-Benz Vertriebsnetz an. Dies liegt maßgeblich in dem bilateralen Abkommen, welches zollfreien Handel zwischen diesen beiden Staaten ermöglicht, begründet. Aufgrund des Produktionswerks in Brasilien und dem vorhandenen Vertriebsnetz in Argentinien verbunden mit dem zollfreien Handel erscheint auch zukünftig die Veränderung der Marktbearbeitungsstrategie als nicht notwendig. Auf Grundlage der bereits existierenden Marktbearbeitung wird in dieser Arbeit bloß die Empfehlung der Erweiterung der Produktpalette um den Mercedes-Benz Actros aufgezeigt.

Bei Kolumbien als derzeitigem Assoziationsmitglied des Mercosur wird eine schrittweise Implementierung des Freihandelsabkommens angestrebt. Infolge der in diesem Zusammenhang wegfallenden Importzölle[1225] innerhalb der Mercosur-Gemeinschaft bietet sich zukünftig speziell der Internationalisierungs-Hub Brasilien an. Da jedoch bisher herkunftsirrelevante Zollbestimmungen gelten, wäre des Weiteren ein Markteintritt ausgehend von Indien in Form von DICV-Fahrzeugen denkbar. Demzufolge könnte der kolumbianische Markt im Premium-Segment von Mercedes-Benz und im New Middle Market- bzw. Low Cost-Segment von DICV bedient werden. Zukünftig sollten die Potenziale für einen CKD-Export von Indien nach Brasilien mit dortiger Fertigung analysiert werden, um - anhand der in den nächsten Jahren zunehmenden Integration Kolumbiens in die Mercosur-Gemeinschaft - an dem zollfreien Handel zu partizipieren. Aufgrund der allerdings noch vergleichsweise geringen Absatzpotenziale sollte der Markt zunächst nur in Form des Exports bedient werden.

Entgegen den südamerikanischen Märkten bieten sich für den angolanischen Markt unterschiedliche Marktbearbeitungsstrategien an. So kann der Markt angesichts der für

---

[1225] 15 % auf Nutzfahrzeuge mit Dieselmotor und einem Gewicht über 4,537 Tonnen. 35 % auf Fahrzeuge unter 4,537 Tonnen. Für Nutzfahrzeuge, die mit einem Ottomotor betrieben werden, gilt gewichtsunabhängig ein Importzoll von 35 %.

die einzelnen Internationalisierungs-Hubs identischen Importzölle sowohl aus Indien und Südafrika als auch Brasilien bedient werden.[1226] Denkbar ist in diesem Fall die unmittelbare Belieferung ausgehend von Indien und Brasilien oder aber die Nutzung des Internationalisierungs-Hubs Südafrika. Diese Alternative wird insbesondere vor dem nahenden Beitritt Angolas in die Freihandelszone der SADC zunehmend interessant. Darüber hinaus können zukünftig drohende Local-Content-Vorschriften durch die CKD-Fertigung im südafrikanischen Werk umgangen werden, sodass der angolanische Markt, der in Zukunft deutlich an Bedeutung gewinnen wird, sinnvoll ausgehend von Südafrika bedient werden kann. Zunächst sollte hierbei der Export als Markteintrittsstrategie verfolgt werden, jedoch stets mit der Möglichkeit weitere Marktbearbeitungsstrategien wie bspw. Vertriebsniederlassung im Zuge der weiteren Marktentwicklung zu prüfen.

Zur Bearbeitung der drei südostasiatischen Ländermärkte wird ein Intermediär in Form einer Produktionsniederlassung zwischengeschaltet. Da zwischen Indien und der ASEAN-Region derzeit noch kein Freihandelsabkommen für Kraftfahrzeuge und deren Komponenten besteht, scheidet infolge der relativ hohen Zölle eine direkte Belieferung der Märkte Indonesiens und Vietnams aus.[1227] Zwischen Thailand und Indien existiert jedoch ein bilaterales Abkommen, welches den zollfreien Handel von CKD-Fahrzeugkomponenten ermöglicht, sodass sich in diesem Fall die Wiederaufnahme der CKD-Fertigung im thailändischen Produktionswerk anbietet. Von diesem ausgehend können nachfolgend die weiteren ASEAN-Staaten Indonesien und Vietnam zollfrei[1228] in Form des Exports über den Schiffsweg in das bereits existierende Fuso-Vertriebsnetz beliefert werden.[1229] Hinsichtlich der unterschiedlichen Marktsegmente - Fuso beliefert eher den LDT-Bereich und Bharat Benz eher die schwereren Segmente - sowie der Unterschiedlichkeit der besetzten Preissegmente werden sich die Marken nicht kannibalisieren, sodass eine optimale Ausschöpfung vorhandener Marktpotenziale erzielt werden kann.

7.2.8 Anwendung unterschiedlicher Timingstrategien

Aufgrund der bereits existierenden Vertriebsstrukturen in Argentinien und der Produktion des Actros in Brasilien sollte möglichst umgehend auch der argentinische Markt im HDT-Segment nicht alleine mit dem Mercedes-Benz Axor, sondern auch mit dem Actros versorgt werden und zwar insbesondere vor dem Hintergrund sich neu entwickelnder Absatzpotenziale, wie dies bereits in der Vergangenheit auf dem brasiliani-

---

[1226] Aus den angolanischen Zollregelungen ergeben sich für neue Nutzfahrzeuge Zölle in Höhe von 2 % und für gebrauchte Nutzfahrzeuge in Höhe von 15 % (vgl. Tabelle 10 im Anhang A.12, S. 386).
[1227] 10 % auf CKD-Fahrzeuge und 40 % auf CBU-Fahrzeuge.
[1228] Seit dem 01.01.2010 dürfen keine intraregionalen Zölle mehr auf Fahrzeuge und Komponenten erhoben werden.
[1229] Vgl. Global Insight (2010), S. 155.

schen Markt zu beobachten war. In Bezug auf Kolumbien wird ein potenzieller Markt-eintritt aufgrund existierender Importzölle erschwert, sodass eine vollumfängliche Marktabdeckung erst bei vollständiger Aufnahme Kolumbiens in die Freihandelszone des Mercosur sinnvoll erscheint. Die Marktbearbeitung wird jedoch zumindest bis zum Jahr 2012 lediglich aus Brasilien mit der Marke Mercedes-Benz erfolgen. Demzufolge wird bis dahin einzig das Premium-Segment bedient, da erst im Jahr 2012 der Produk-tionsstart der Marke Bharat Benz in Indien erfolgt. Zur Bearbeitung des New Middle Markets sollte in jedem Fall der Export der indischen Fahrzeuge nach Kolumbien di-rekt, bzw. im weiteren Verlauf über Brasilien nach Kolumbien zur Umgehung von Zollbeschränkungen erfolgen.

Zur Bearbeitung des angolanischen Marktes bedarf es der Produkte aus Indien, um das Low Cost- und New Middle Market-Segment, die den Großteil des Marktvolumens ausmachen, zu bedienen. Neben diesen Produkten steigt jedoch auch die Nachfrage nach Sonderfahrzeugen und hier speziell Bau- und Minenfahrzeugen des Super Heavy-Segments, die angesichts der anlaufenden Produktion in Brasilien optimal abgedeckt werden kann. Um auch in den Segmenten New Middle Market und Low Cost frühzei-tig präsent zu sein, bietet sich zudem die Möglichkeit des Verkaufs von Gebrauchtwa-gen an. Dadurch können die bereits existierenden Erfahrungen nachfolgend sinnvoll für die Marktbearbeitung ausgehend von Indien umgesetzt werden.

Sobald die Produktion in Indien anläuft, sollte umgehend die Marktbearbeitung der Ländermärkte Indonesien, Thailand und Vietnam umgesetzt werden, um die dort ana-lysierten Marktpotenziale frühzeitig abzuschöpfen. Da die einzelnen Komponenten im thailändischen Werk zunächst erneut zusammengesetzt werden müssen, um damit zu-nächst die thailändische Nachfrage zu bedienen, kommt es hier zu einer geringfügig verschleppenden Marktbearbeitung Indonesiens und Vietnams. Für diese beiden Län-der ist allerdings von einer parallelen Marktbearbeitung auszugehen. Erst danach er-scheint - auch vor dem Hintergrund derzeit noch geringer Absatzpotenziale - die Marktbearbeitung Angolas und Kolumbiens aus Indien als sinnvoll. Vor der dann ans-tehenden Marktbearbeitung sollte jedoch eine erneute Evaluation in Bezug auf mögli-che Fortschritte innerhalb der regionalen Integrationsprozesse vorgenommen werden.

Wie bereits vermehrt angedeutet wird sich zukünftig sicherlich noch weiteres Absatz-potenzial auf unterschiedlichen Märkten innerhalb der Emerging Triad ergeben, wel-ches auch aufgrund der zunehmenden Verflechtung und Entwicklung von unterschied-lichen Freihandelsabkommen wesentlich besser abdeckbar sein wird. In diesem Zu-sammenhang wird es zukünftig sicherlich auch zur Anwendung der bereits erläuterten Sprinkler-Strategie kommen, bei der mehrere Ländermärkte gleichzeitig bedient wer-den. In einer vereinfachten Form ist dies bereits durch die gleichzeitige Marktbearbeitung Indonesiens und Vietnams umgesetzt worden, wie sie auch in der nachfolgenden Zieldarstellung des neuen Internationalisierungsprozessmodells aufgezeigt wird.

7.3   Zieldarstellung anhand des neuen Internationalisierungs prozessmodells

Abbildung 18 gibt einen Überblick über die zuvor erläuterten Elementen und den damit verbundenen Ergebnissen. So sind in einem ersten Schritt die relevanten Internationalisierungs-Hubs ausgewählt worden, um von diesen ausgehend spezifische, im weiteren Verlauf der Untersuchung selektierte Ländermärkte mit bestimmten Produkten zu bedienen. Als Internationalisierungs-Hubs sind basierend auf den Produktionsstätten des multinationalen Unternehmens der Daimler AG die Länder Indien, Brasilien und Südafrika ausgewählt worden. Dass es sich hierbei um dieselben Länder handelt, die bereits zuvor als Grundlage der Emerging Triad in Form des IBSA-Bündnisses benannt wurden, zeigt erneut deren große Bedeutung für multinationale Unternehmen. Neben diesen Ländermärkten bieten sich jedoch gleichsam China und Russland als Internationalisierungs-Hubs an, die jedoch im weiteren Verlauf der empirischen Analyse nicht weiter beachtet werden. Allerdings zeigen diese beiden Ländermärkte auf, dass einerseits ein Markteintritt unmittelbar und somit unabhängig von der Establishment Chain in Form eines Joint Ventures vollzogen werden kann und andererseits zwar ein derartiges Kooperationsunternehmen nicht unbedingt als Internationalisierungs-Hub ratsam ist, generell aber dennoch umsetzbar erscheint. Ausgehend von diesen beiden Brückenköpfen mit den Produkten von Kamaz und Foton sollte in weitergehenden Untersuchungen insbesondere das vorhandene Potenzial in Osteuropa und dem Mittleren Osten analysiert werden.

Nachdem die Internationalisierungs-Hubs definiert sind, erfolgt im weiteren Schritt eine genaue Analyse potenzieller Ländermärkte aus der Emerging Triad, die ausgehend von den Brückenköpfen bedient werden sollen. An dieser Stelle beginnt ein mehrstufiger Selektionsprozess, an dem sich anschließend von den zunächst betrachteten 32 Ländermärkten sechs finale Staaten für einen Markteintritt bzw. eine intensivere Marktbearbeitung herauskristallisiert haben. Die jeweiligen Selektionsprozesse und -kriterien sind an dieser Stelle sehr stark nutzfahrzeugorientiert und sollten - wie bereits im theoretischen Part angedeutet - je nach Indus-trie- bzw. Dienstleistungsunternehmen unterschiedlich ausgewählt werden. Basierend auf der Inward-Outward-Komponente können mögliche Ländermärkte bereits vor dem Selektionsprozess in den Fokus rücken, jedoch sollte das Selektionsverfahren in jedem Fall durchgeführt werden, um negative Folgen zu vermeiden und das Scheiterrisiko zu verringern.

Die sechs Staaten, die sich auf Grundlage des Selektionsprozesses für eine tiefergehende Analyse eigneten, sind Angola, Argentinien, Indonesien, Kolumbien, Thailand

und Vietnam, für die sich interessanterweise unterschiedliche Markteintrittsmöglichkeiten ergeben haben. So sollte in Thailand eine Wiederaufnahme der Produktionsgesellschaft angestrebt werden, um von dort ausgehend die CBU-Fahrzeuge nach Indonesien und Vietnam in das bereits existierende Fuso-Vertriebsnetz zu exportieren. Im
Falle von Kolumbien und Angola bietet sich - auch aufgrund des derzeit noch vergleichsweise geringen Absatzes - lediglich der Export als Markteintrittsmöglichkeit an.
In Argentinien handelt es sich vielmehr um einen Ausbau der Marktbearbeitung in
Form der Implementierung einer weiteren Produktpalette und dem Vertrieb über das
bereits bestehende Mercedes-Benz Vertriebsnetz.

Demzufolge handelt es sich hierbei nicht um ein Modell, das sich ausschließlich auf
eine Markteintrittsform ausrichtet, wie bspw. die Exportstufenmodelle, sondern vielmehr um ein Modell, welches unteschiedliche Markteintrittsszenarien gleichzeitig berücksichtigt.

Ein weiterer Aspekt, der sich in dem neuen Modell zeigt, ist die Möglichkeit der Exit-
Strategie, die bisher lediglich im Ansatz der Helsinki-Schule tangiert wurde. Ein interessantes Szenario hierfür zeigt sich auf dem thailändischen Markt: Hier wurde im Jahr
2009 beschlossen, dass Fuso-Produktionswerk für einen undefinierten Zeitraum zu
schließen, um in der Krise erhebliche Einsparpotenziale zu generieren. Es handelt sich
hierbei somit um eine Exit-Strategie, da eine bisher gewählte Marktbearbeitungsform
nicht mehr weiter betrieben wird. Mittlerweile wird allerdings über die Wiederaufnahme dieses Werks aufgrund der enormen Potenziale, die in der südostasiatischen
Region zu erwarten sind, diskutiert. In Abbildung 18 werden zudem weitere Möglichkeiten der Marktbearbeitung mit gestrichelten Pfeilen dargestellt. Hierbei handelt es
sich um weitere Alternativen einen Markt mit bestimmten Produkten zu bedienen. In
gleichem Maße sind hier jedoch auch Exit-Strategien möglich.

In diesem Zusammenhang stellt sich vor allem die zunehmende regionale Integration
als bedeutender Stellhebel weiterer Expansionsmaßnahmen - nicht nur in weitere Länder, sondern auch in der jeweiligen Marktbearbeitungsform - heraus. Zudem hat bereits das Beispiel Thailand verdeutlicht, dass auch ausgehend von den zunächst gewählten Zielmärkten durchaus im weiteren Verlauf eine Marktbearbeitung weiterer
Ländermärkte nicht ausgeschlossen ist und womöglich - wie im Fall von Thailand -
erhebliche Vorteile generiert.

Es bleibt somit festzuhalten, dass das hier zugrunde gelegte Modell einer empirischen
Überprüfung standhält. Jedoch sollten in Zukunft noch zusätzliche empirische Analysen erfolgen, um das Modell in weitergehenden Untersuchungen zu validieren.

Abbildung 18: Zieldarstellung des neuen Internationalisierungsprozessmodells

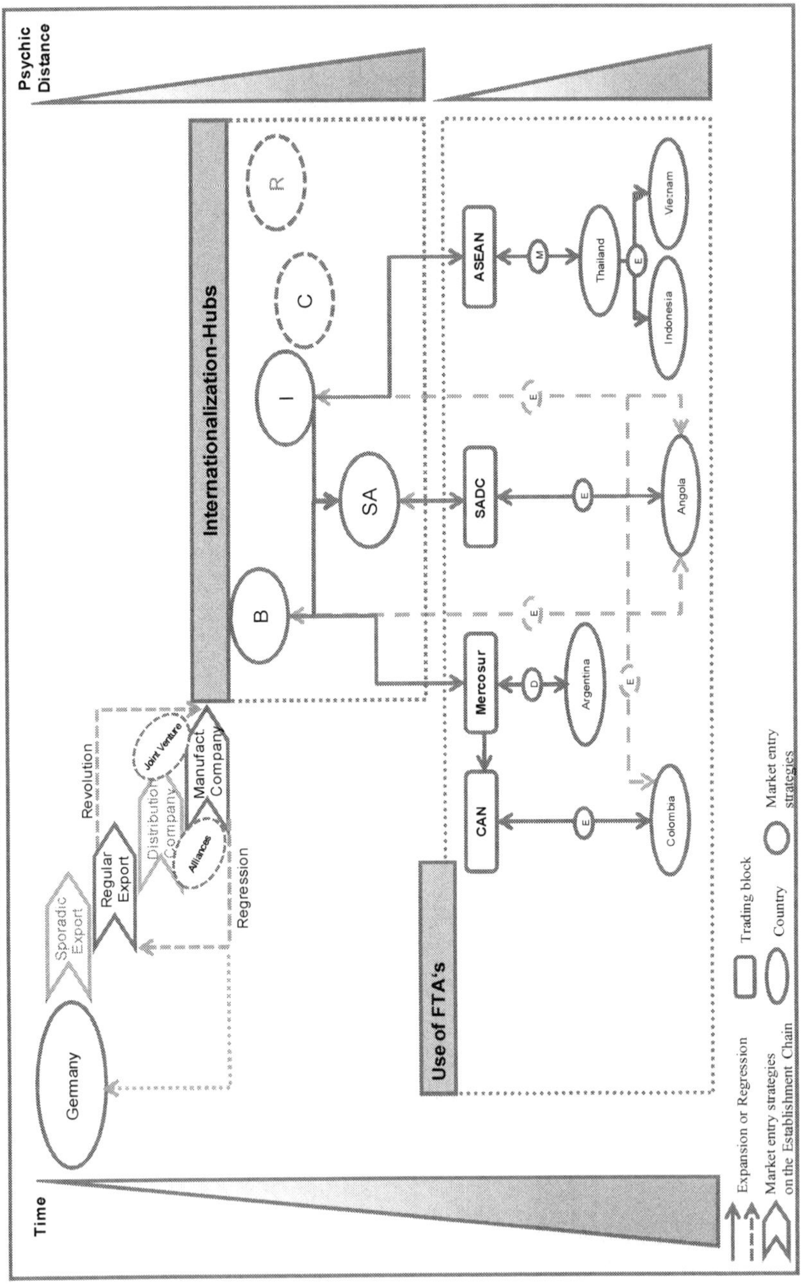

7.4   Resümee Kapitel 7

In dem zurückliegenden Kapitel erfolgte die empirische Überprüfung des neuen Internationalisierungsprozessmodells. Kernbestandteil dieses Kapitels bildete der Selektionsprozess relevanter Ländermärkte innerhalb der Emerging Triad. Zwar kann in diesem Zusammenhang Kritik an der Vorgehensweise geübt werden, dass zunächst alle Länder ausführlich analysiert werden, um daran anknüpfend einen Selektionsprozess unter Zuhilfenahme bestimmter K.o.-Kriterien vorzunehmen, jedoch wird durch eine derartige Vorgehensweise das Ausscheiden relevanter Ländermärkte bereits an der ersten Selektionsstufe verhindert. Des Weiteren führt eine derartige intensive Analyse zu einer Verringerung des Risikos des Scheiterns einer geplanten Auslandstätigkeit, sodass womöglich nicht mehr jedes fünfte Investitionsvorhaben weltweit scheitert.[1230] Vor diesem detaillierten Selektionsprozess erfolgte die Auswahl der Internationalisierungs-Hubs. In diesem Zusammenhang wurden die Ländermärkte Indien, Brasilien und Südafrika angesichts der von der Daimler AG betriebenen Produktionsstätten ausgewählt. Neben diesen drei Standorten verfügt die Daimler AG für das Nutzfahrzeuggeschäft noch über eine Vielzahl weiterer Produktionsstandorte, von denen jedoch zur Bearbeitung weiterer Emerging Market Regionen lediglich die Joint Venture-Unternehmen in China mit Foton sowie in Russland mit Kamaz interessant erscheinen. Aufgrund der unmittelbaren Nähe zu den Regionen der Emerging Triad wurde der Fokus auf die eben benannten drei Staaten als Brückenköpfe gelegt. Dennoch sollten hieran anknüpfend durchaus weitere Untersuchungen durchgeführt werden, die potenzielle Ländermärkte, ausgehend von den Brückenköpfen Russland und China, untersuchen. So wäre dies aus der Sicht Russlands bspw. für den osteuropäischen Raum denkbar.

In einem weiteren Schritt erfolgte die genaue Darstellung der Marktsegmentierung, welche in diesem Fall nach zwei unterschiedlichen Gesichtspunkten erfolgte, und zwar nach der Tonnage in die Segmente Light, Medium und Heavy Duty einerseits sowie nach den Preissegmenten in Low Budget, Medium Budget bzw. New Middle Market sowie Premium andererseits. Nach der ausführlichen Darstellung des Marktselektionsprozesses erfolgte die Analyse der sechs selektierten Zielmärkte, in denen auch die Marktsegmentierung erneut aufgegriffen wurde. Hierbei stellte sich heraus, dass der lateinamerikanische Markt insgesamt bereits wesentlich höherpreisig orientiert ist, wohingegen sowohl in Südostasien als auch in Afrika die indischen Niedrigpreisprodukte das größte Absatzpotenzial versprechen. Vorteilhaft gestalten sich in diesem Zusammenhang auch die nahezu identischen Emissionsregularien in den einzelnen Regionen, wodurch tendenziell nur geringe Anpassungen in Form der Homologation für die jeweiligen Ländermärkte vorgenommen werden müssen. Abgesehen von Thai-

---

[1230]   Vgl. Pike / Neale (2009), S. 160.

land, wo bereits eine Produktionsniederlassung existiert, ist die vorherrschende Internationalisierungsstrategie entweder die Vertriebsniederlassung in Verbindung mit dem Export (Argentinien, Indonesien, Vietnam) oder aber der reine Export wie im Fall von Angola und Kolumbien.

Abschließend bleibt festzuhalten, dass das neue Internationalisierungsprozessmodell viele neue Aspekte in die Internationalisierungsprozessforschung integriert und hierdurch gleichzeitig einer Vielzahl an bisherigen Schwachpunkten der internationalen Prozessforschung begegnet. Allerdings muss an dieser Stelle akzeptiert werden, dass auch dieses Modell nicht gänzlich kritikfrei ist. Auf diese Kritik wird im anschließenden Kapitel anhand der Kriterien, die bereits bei den etablierten Internationalisierungsprozesstheorien zugrunde gelegt wurden, ausführlich eingegangen.

8.   Kritische Bewertung des neuen Internationalisierungsprozessmodells

Ähnlich wie schon die Theorien der nordischen Schule, der GAINS-Ansatz und der Produktlebenszyklusansatz von Vernon, wird auch das neue Modell anhand der Kriterien Allgemeingültigkeit, revolutionäre Internationalisierungsprozesse, Beachtung externer Einflussfaktoren und empirische Bestätigung untersucht, um einen geeigneten Vergleich zwischen den einzelnen Theorien zu ermöglichen und somit festzustellen, ob das neue Internationalisierungsprozessmodell tatsächlich eine Verbesserung innerhalb der Internationalisierungsprozessforschung darstellt. Neben diesen Kriterien erfolgt zudem noch ein in eben diesen Aspekten integrierter Abgleich mit den in Kapitel 5.1 gestellten Anforderungen an das neue Internationalisierungsprozessmodell.

8.1   Allgemeingültigkeit

Die Prüfung der Allgemeingültigkeit erfolgt an dieser Stelle anhand der in Kapitel 3.3 definierten Kriterien. So wird in diesem Zusammenhang die Anwendbarkeit auf verschiedene Unternehmensgrößen, -typen und deren Herkunft sowie unterschiedliche Markteintrittsstrategien überprüft. Speziell die Ansätze der skandinavischen Schule sind häufig der Kritik ausgesetzt, dass sie bloß auf kleine und mittelständische Unternehmen anwendbar sind bzw. Großunternehmen in die damalige Untersuchung nicht mit eingeschlossen wurden. Der neue Ansatz hingegen richtet sich zwar im vorliegenden Fall auf multinationale Unternehmungen aus, ist prinzipiell aber auf jedes Unternehmen - unabhängig von der eigentlichen Unternehmensgröße und dem Stand der Internationalisierung - anwendbar. So kann dieser Internationalisierungsprozess durchaus den Ablauf eines kleinen oder mittelständischen sowie großen Unternehmens darstellen bzw. einen Ablaufplan für zukünftige Internationalisierungsprozesse aufzeigen. Zudem erfolgt in diesem Zusammenhang auch die Akzeptanz weiterer Markteintrittsvarianten innerhalb der Establishment Chain. Im weiteren Verlauf des Internationalisierungsprozessmodells wird keine Fokussierung auf bestimmte Markteintrittsformen vorgenommen. Vielmehr eignet sich jede Markteintrittsform in gleichem Maße für den Markteintritt, wobei der Export in diesem Zusammenhang wohl die präferierte und häufigste Markteintrittsvariante darstellen wird. Damit antwortet das Modell auf einen weiteren Kritikpunkt der etablierten Prozessmodelle, welcher in der beschränkten Anwendbarkeit unterschiedlicher Markteintrittsformen besteht, da die bisherigen Ansätze bloß den Export (z. B. Exportstufenmodelle) oder lediglich unterschiedliche Arten der Direktinvestitionen fokussieren. Demzufolge stellt das Modell an dieser Stelle durchaus eine Erweiterung zu den bisherigen Modellen dar, die sich zumeist auf einige wenige Markteintrittsformen beschränkt haben.

Eine Bedingung des neuen Modells ist jedoch die Tätigkeit der fokalen Unternehmung auf mindestens einem weiteren Auslandsmarkt, da ansonsten das Prinzip der Internationalisierungs-Hubs nicht zur Anwendung kommt. Eng mit diesem Ansatz verknüpft ist zudem die Empfehlung einer Vertriebsniederlassung oder Produktionsniederlassung in Form einer 100 %-igen Tochtergesellschaft im Lead-Market. Diese beiden Aspekte schränken somit die Allgemeingültigkeit des Modells zunächst ein Stück weit ein, wenngleich einer der beiden Kritikpunkte lediglich eine Empfehlung darstellt. Darüber hinaus handelt es sich um ein Internationalisierungsprozessmodell, somit wird eine Auslandstätigkeit des jeweiligen Unternehmens implizit angenommen und zudem wird dieser Status - aufgrund der bereits zu Beginn sehr weit gefassten Definition der multinationalen Unternehmen - nahezu von jedem Unternehmen mit einer Niederlassung im Ausland erfüllt.

Der Heimatmarkt und dessen Größe spielen hingegen für das neue Prozessmodell, im Gegensatz zu den Ansätzen der skandinavischen Schule, die von kleinen nordeuropäischen Heimatmärkten ausgingen,[1231] oder auch dem Produktlebenszyklus-Ansatz, welcher sich speziell für den amerikanischen Markt als Heimatmarkt aussprach, keine Rolle. So ist dieses Modell auf Unternehmen anwendbar, die sowohl kleinen und mittelgroßen als auch großen Heimatmärkten entstammen. Auch in Bezug auf die Differenzierung zwischen Industrienation und Schwellen- oder Entwicklungsland ist keine Einschränkung bei der Anwendbarkeit ersichtlich. Demzufolge handelt es sich hier um ein Modell, welches sich gleichermaßen für Unternehmen sowohl aus den Industrie- als auch aus den Schwellen- und Entwicklungsländern eignet. Während eben dieser Verlauf schon heute immer öfter zutrifft, wird er künftig tendenziell noch häufiger auftreten, nämlich dann, wenn die BRIC-Staaten und weitere Länder aus der Emerging Triad nicht mehr nur in der südlichen Hemisphäre internationalisieren, sondern auch über die aufstrebende Triade hinaus in nördliche Industrieländer expandieren.

In der empirischen Analyse wurde jedoch der „klassische" Ablauf der Internationalisierungsprozessforschung, im Speziellen des Produktlebenszyklus, gewählt. So internationalisiert eine Unternehmung - ausgehend von den Industriestaaten der Triade - in die Schwellenländer des Südens[1232], um von dort dann weitere Ländermärkte in Form von Schwellen- als auch Entwicklungsländern oder sogar gesamte Regionen bedienen zu können. Des Weiteren ist dieses Modell sowohl auf Industrie- als auch auf Dienstleistungsunternehmen anwendbar, da die jeweiligen Markteintrittsstrategien durch die Begriffe 'keine Auslandsaktivitäten', 'reaktive Auslandsaktivitäten' und 'selbstbestimmte Auslandsaktivitäten' für Dienstleistungsunternehmen, wie auch bereits im

---

[1231] Vgl. Kapitel 3.4.2 sowie Kapitel 3.4.3.
[1232] Hierbei sei darauf hingewiesen, dass unter den Begriff Schwellenländer des Südens u. a. auch die Schwellenländer China und Indien fallen.

GAINS-Ansatz, ersetzt werden können.[1233] Da der Fokus dieser Arbeit jedoch auf Industrieunternehmen lag, wurden die bekannten Markteintrittstermini verwendet.

Einen weiteren Aspekt, der vor allem an den bisherigen Modellen kritisiert wurde, stellt die zeitliche Komponente dar. Eben diese zeitliche Komponente wurde in dem GAINS-Ansatz sowie den Ansätzen der skandinavischen Schule überhaupt nicht bzw. nur geringfügig berücksichtigt.[1234] In der Produktlebenszyklustheorie nach Vernon wird die Zeit zwar ausgewiesen, jedoch ohne eine genauere Differenzierung. So werden keine Angaben zur Dauer der einzelnen Phasen unterbreitet und ebenso wenig wird darauf hingewiesen, wann eine bestimmte Phase als offiziell beendet angesehen werden kann und wann somit ein Produkt in eine neue Phase eintritt.[1235] Entgegen dem GAINS-Ansatz und der skandinavischen Schule wird die zeitlich dynamische Komponente in diesem Modell aufgegriffen und nimmt ähnlich der psychischen Distanz eine tragende Rolle ein. So wird Internationalisierung als Teil der Unternehmensentwicklung betrachtet, welche sich über die Zeit vollzieht, sodass eine Expansion oder auch Regression der internationalen Aktivitäten oder eine Ablösung einer bestimmten Eintrittsstrategie durch eine andere Variante als möglich erscheint.[1236] Darüber hinaus richtet sich dieses Modell entgegen den Ansätzen der skandinavischen Schule nicht alleine auf den Anfang der Internationalisierung aus, vielmehr ermöglicht dieses neue Prozessmodell auch eine gewisse langfristige Betrachtung der Unternehmung. Es erfolgt jedoch auch hier keine genaue Definition über die jeweilige Dauer der einzelnen Phasen. Dies liegt primär in der Vielzahl an unterschiedlichen und unwägbaren Einflüssen begründet, durch die die zeitliche Dynamik bestimmt wird. So sind es nicht alleine die verschiedenen makroökonomischen Ausstattungen und Voraussetzungen sowohl im Ziel- als auch im Heimatmarkt, sondern als weitere Unwägbarkeiten müssen in diesem Zusammenhang noch die industrie-, branchen- und unternehmensspezifischen Einflussfaktoren berücksichtigt werden. Aufgrund dessen ist eine genaue zeitliche Bestimmung, innerhalb derer die einzelnen Phasen ablaufen, nicht möglich. So ist in diesem Modell zwar eine genaue Abgrenzung der einzelnen Phasen ersichtlich, von einer weiteren Differenzierung wurde an dieser Stelle aufgrund der oben genannten Unwägbarkeiten jedoch Abstand genommen. Zudem erfolgt eine Anwendung des timingstrategischen Gedankens, gemäß dem die neuen Ländermärkte gleichzeitig oder nach und nach einzeln bearbeitet werden.

Eine weitere Anforderung, die sich aus der Kritik an den bisherigen Ansätzen ergibt, stammt aus der kritischen Würdigung des GAINS-Ansatzes und betrifft den Aspekt der Oberflächlichkeit.[1237] Demzufolge sollten die einzelnen Elemente spezifisch und konkludent, gleichwohl aber auch allgemein anwendbar sein. Diese Anforderung kann

---

[1233] Vgl. Kapitel 3.4.4.5.
[1234] Vgl. Kapitel 3.4.2.3, Kapitel 3.4.3.3 und Kapitel 3.4.4.4.
[1235] Vgl. Kutschker / Schmid (2008), S. 438.
[1236] Vgl. Höffken / Heuwing-Eckerland (2009), S. 62.
[1237] Vgl. Kapitel 3.4.4.5.

ebenfalls in dem neuen Modell als erfüllt angesehen werden. So weisen die einzelnen Elemente ein hohes Maß an Spezifität und Diversifikation auf. Gleichermaßen weisen die spezifischen Elemente untereinander zahlreiche Interdependenzen und Überschneidungen auf, was zu einem konkludenten Elementemix innerhalb des neuen Prozessmodells führt.

Zusammenfassend bleibt festzuhalten, dass das neue Internationalisierungsprozessmodell nicht nur auf die gestellten Anforderungen der bisherigen Ansätze in Bezug auf die Allgemeingültigkeit antwortet, sondern gleichermaßen auch das in Kapitel 3.3 definierte Kriterium der Allgemeingültigkeit erfüllt.

8.2   Empirische Bestätigung

Zunächst sei an dieser Stelle auf die empirische Anwendbarkeit hingewiesen, da mit dem neuen Internationalisierungsprozessmodell der Fokus nicht mehr nur auf Produktionsunternehmen gelegt wird, sondern gleichzeitig auch die Anwendung auf Dienstleistungsunternehmen möglich erscheint. So wurde hiermit speziell der Kritik an dem Produktlebenszyklusansatz von Vernon und der Kritik an den Ansätzen der nordischen Schule begegnet.[1238] In diesem Zusammenhang kann ein Brückenkopf auch die Form einer Vertriebsgesellschaft darstellen, um davon ausgehend weitere Ländermärkte mit gewissen Dienstleistungen zu versorgen. Für ein multinationales Unternehmen wie die Daimler AG ist ohnehin nicht nur die Produktion der einzig entscheidende Faktor, sondern vielmehr ist auch ein flächendeckendes Servicenetzwerk in den spezifischen Ländermärkten von sehr hoher Bedeutung, da speziell im Servicesektor sehr hohe Gewinnmargen liegen. Als Beispiel sei hier auf das Unternehmen Scania verwiesen, das aufgrund seines breit aufgestellten globalen Servicenetzwerks als einziger europäischer Nutzfahrzeughersteller Gewinne im Krisenjahr 2009 erzielte.[1239]

Im Zusammenhang mit dem neuen Internationalisierungsprozessmodell ist eine empirische Überprüfung erfolgt, wodurch auch die einzelnen Elemente, deren Zusammenspiel und das Modell in seiner Gesamtheit bestätigt werden konnten. Allerdings erscheint die empirische Bestätigung anhand eines einzigen Unternehmens wenig fundiert. So wird im direkten Vergleich dazu die empirische Bestätigung des Uppsala-Ansatzes kritisiert, wenngleich eine empirische Analyse anhand der Internationalisierungsverläufe von vier schwedischen Unternehmen erfolgte und zudem bei noch weiteren Unternehmen ein derartiger Verlauf nachgewiesen wurde.

Zweifellos hat das neue Modell durch die Analyse anhand der Nutzfahrzeugsparte der Daimler AG bereits eine gewisse empirische Bestätigung erfahren, jedoch sollte dies

---

[1238]   Vgl. Kapitel 3.4.1.3, vgl. Kapitel 3.4.2.3, vgl. Kapitel 3.4.3.3.

[1239]   Vgl. o. V. (2009d), S. 7.

durch weitere Untersuchungen noch weiter verifiziert werden. Zudem wird zwar darauf hingewiesen, dass das Modell auch auf Unternehmen aus Schwellenländern anwendbar sei, jedoch entbehrt auch diese Aussage jedweder empirischen Bestätigung. Ähnliches gilt in diesem Zusammenhang für die Anwendbarkeit auf Dienstleistungsunternehmen. Infolgedessen sollten im Anschluss an diese Arbeit noch weitere, unterschiedliche Analysen erfolgen, um der Kritik der schwachen empirischen Verifizierung zu begegnen. Sinnvoll wäre im ersten Schritt die Untersuchung von weiteren Triade-Unternehmungen, um zu überprüfen, ob sich der Verlauf bestätigt. Des Weiteren sollten die Internationalisierungsverläufe von Unternehmungen aus Schwellenländern und Dienstleistungsunternehmen anhand des neuen Modells überprüft werden.

Basierend auf dieser Kritik bleibt festzuhalten, dass zwar eine empirische Bestätigung des Modells erfolgt ist, diese jedoch nicht ausreicht, um das Kriterium der empirischen Bestätigung zu erfüllen.

8.3   Beachtung externer Einflussfaktoren

An den bisherigen Modellen wurde häufig die Missachtung markteintrittsrelevanter Einflussfaktoren, wie z. B. Marktpotenzial und Wettbewerbsbedingungen, benannt. Aufgrund dessen kann nach Meinung vieler Experten bspw. der Ansatz der Uppsala-Schule lediglich ein Partialmodell darstellen.[1240] Schließlich basiert nach dem Uppsala-Modell eine Markteintrittsentscheidung einzig und allein auf den Kriterien der Erfahrung und Verbundenheit zu einem bestimmten Markt.

Dieser Kritik wird speziell durch das Element der Beachtung selektionsspezifischer Kriterien während des Markteintritts begegnet. Bei diesem Element besteht somit die Möglichkeit sowohl makroökonomische als auch industriespezifische Kriterien bei der Länderauswahl zu definieren, um anschließend die anhand dieser Kriterien selektierten Länder zu bearbeiten. Somit sieht dieser Ansatz - im Gegensatz zur in der Vergangenheit vorherrschenden Meinung - die Umwelt als beeinflussbaren und in diesem Sinne interdependenten Faktor an und nicht etwa als exogen gegeben.[1241] In diesem Element wird jedoch auf eine Vorauswahl oder Festsetzung spezifischer Selektionskriterien verzichtet, um den Gedanken der Allgemeingültigkeit zu erfüllen und sich demzufolge nicht möglichen Industrien aufgrund einer zu engen Faktorauswahl zu verschließen. Vielmehr können diese Kriterien spezifisch ausgewählt werden und sind damit auf jeden potenziellen Internationalisierungsprozess unterschiedlichster Unternehmen anwendbar.

[1240]   Vgl. Kapitel 3.4.2.3.
[1241]   Vgl. Prashantham (2005), S. 38 f.

In diesem Zusammenhang ist allerdings kritisch anzumerken, dass es sich bei dem gewählten Selektionsverfahren um einen vergleichsweise langwierigen Prozess handelt. Die hier zugrunde gelegte Analyse - basierend auf 21 Einflussfaktoren - ist sehr zeitaufwendig und wird bei einer größeren Anzahl an Ländern noch zeitintensiver. Denkbar wäre in diesem Zusammenhang eine Vorselektion anhand von bspw. zehn selektiven Kriterien, um anhand derer ein vorläufiges Ranking vorzunehmen. Daran anschließend könnte eine vertiefende Analyse an einer größeren Anzahl von Einflussfaktoren für die zuvor selektierten Zielmärkte erfolgen. Durch eine solche Vorgehensweise würde sich der Kosten- und Zeitaufwand erheblich reduzieren und zugleich das Risiko einer drohenden Fehlinvestition deutlich gesenkt werden. In diesem Zusammenhang sei zudem noch einmal darauf hingewiesen, dass bewusst auf eine definitive Auswahl an Selektionskriterien verzichtet wurde, da sich diese je nach Industrie oder Dienstleistungsgewerbe deutlich voneinander unterscheiden. So wurden in dieser Untersuchung u. a. das industrielle Produktionswachstum sowie der Prozentsatz asphaltierter Straßen herangezogen, die bspw. für das Tourismusgewerbe keine ausschlaggebenden Faktoren darstellen würden.

Zusammenfassend erfüllt das neue Internationalisierungsprozessmodell das Kriterium zur Beachtung externer Einflussfaktoren, da die Umwelt - entgegen den bisherigen Modellen - ausdrücklich als beeinflussbarer und in diesem Sinne interdependenter Faktor angesehen wird.

8.4   Revolutionäre Internationalisierungsprozesse

In den letzten Jahren hat bereits eine Vielzahl von Forschern darauf hingewiesen, dass inkrementelle Internationalisierungsprozesse in der Realität nicht mehr unbedingt gegeben sind.[1242] Demzufolge kritisiert das Kriterium der revolutionären Internationalisierungsprozesse vor allem den inkrementellen Verlauf der Uppsala-Schule, da sich dieser speziell für international erfahrene Unternehmen als nur noch bedingt geeignet herausstellt. Darüber hinaus folgen auch neu internationalisierende Organisationen nicht zwangsläufig einem solchen inkrementellen Verlauf.[1243] Bestes Beispiel hierfür bilden die Born Internationals- oder Born Global- Unternehmen, die bereits zu Beginn ihrer Tätigkeiten internationalisieren.[1244] Diese Entwicklung wird im neuen Internationalisierungsprozess beachtet und zwar durch die Modifikation der Establishment Chain. So berücksichtigt die neue Establishment Chain die Möglichkeit eines schrittweisen Internationalisierungsverlaufs von Unternehmen und das Verweilen auf einer

---

[1242] Vgl. Dana (2001), S. 58, vgl. Johanson / Vahlne (2003), S. 83.
[1243] Vgl. Pedersen / Shaver (2000), S. 21.
[1244] Vgl. Schmidt-Bucholz et al. (2001), vgl. Schmid / Schmidt-Buchholz (2002), vgl. Gassmann / Keupp (2007).

Stufe, akzeptiert gleichsam aber auch den durch den GAINS-Ansatz postulierten sprunghaften Verlauf der Internationalisierung. Durch eben diese Veränderung werden auch die Born Global-Unternehmen in diesem Ansatz erfasst. Zudem ist im weiteren Verlauf der Internationalisierung ausgehend von den Lead-Markets ohnehin tendenziell eher ein sprunghafter Verlauf zu erwarten. So konnte dieser Prozess auch bereits in der empirischen Analyse anhand des Geschäftsfelds Daimler Trucks belegt werden. Darüber hinaus akzeptiert das neue Internationalisierungsprozessmodell auch den Aspekt, dass Internationalisierungsvorhaben - ähnlich dem GAINS-Ansatz - aus Phasen der Ruhe und Phasen der Veränderung bestehen. Damit wendet sich das neue Internationalisierungsprozessmodell ausdrücklich gegen die Ansätze der nordischen Schule, die von einer evolutionären, stetigen Internationalisierung ausgehen.

Abschließend bleibt festzuhalten, dass das neue Internationalisierungsprozessmodell auch das Kriterium des revolutionären Internationalisierungsverlaufs erfüllt. Zudem ist positiv zu bewerten, dass einem drohenden Modelldeterminismus in der Art begegnet wird, dass gleichzeitig auch die Möglichkeit eines inkrementellen Verlaufs weiterhin gegeben ist.

8.5 Resümee Kapitel 8

In dem vorliegenden Kapitel wurde auf der Grundlage der zuvor definierten Kriterien eine ausführliche Kritik des neuen Modells vorgenommen. Durch die identischen Kriterien, die bei der kritischen Würdigung der einzelnen Theorien zugrunde gelegt wurden, ist es nun möglich, die einzelnen Theorien miteinander zu vergleichen.
Wie die nachfolgende Tabelle verdeutlicht, wird basierend auf den zugrunde gelegten Kriterien durch das neue Prozessmodell durchaus eine sinnvolle Weiterentwicklung innerhalb der Internationalisierungsprozessforschung erreicht.
So erfüllt das neue Modell drei der vier definierten Kriterien und zwar die Allgemeingültigkeit, die Beachtung selektionsrelevanter Kriterien und den Aspekt der revolutionären Internationalisierungsprozesse. Einzig bei dem Kriterium der empirischen Bestätigung bleibt dem Modell die Erfüllung versagt, wenngleich an dem Beispiel der Daimler AG dieses Prozessmodell bestätigt wurde. An dieser Stelle muss jedoch noch einmal darauf hingewiesen werden, dass die Analyse bloß anhand eines Unternehmens nicht ausreicht, um das Kriterium der empirischen Bestätigung zu erfüllen. Speziell vor dem Hintergrund der genannten Thesen in Bezug auf die Anwendbarkeit dieses Modells sowohl auf Dienstleistungs- als auch auf Produktionsunternehmen sollten noch weitere empirische Untersuchungen durchgeführt werden, um diese Annahmen zu bestätigen. Selbiges gilt für die Anwendbarkeit auf Emerging Market-

Unternehmungen, die in dem Ansatz zwar postuliert, jedoch noch nicht durch eine empirische Überprüfung validiert ist.

Tabelle 7: Vergleich der Internationalisierungstheorien anhand definierter Kriterien

Kriterium / IP-Modelle	Allgemein-gültigkeit	Empirische Bestätigung	Revolutionäre Internationalisie-rungsprozesse	Unternehmens-externe Betrachtung
Produktlebens-zyklusansatz	X	✓	X	X
Uppsala-Ansatz	X	✓	X	X
Helsinki-Ansatz	X	✓	X	X
GAINS-Ansatz	✓	X	✓	X
Neues IPM	✓	X	✓	✓

Quelle: Eigene Darstellung.

Hervorzuheben ist an dem neuen Modell sicherlich die Berücksichtigung externer Einflussfaktoren, womit erstmals in ausführlicher Art und Weise die externe Umwelt als potenzieller Einflussfaktor von Internationalisierungsstrategien innerhalb der Internationalisierungsprozessforschung akzeptiert wird.

Interessant ist bei dem Vergleich der einzelnen Theorien sicherlich der Aspekt, dass das Internationalisierungsprozessmodell der Uppsala-Schule, welches das am weitesten verbreitete und berühmteste Internationalisierungsmodell darstellt, lediglich eins der vier benannten Kriterien erfüllt.

Der höhere Erfüllungsgrad des neuen Internationalisierungsprozessmodells liegt sicherlich auch darin begründet, dass sich das neue Modell sowohl Stärken als auch Schwächen der zugrunde gelegten Theorien zunutze macht. Demzufolge ist neben der Berücksichtigung der dynamischen Komponente die stark ausgeprägte Integrationskraft dieses Ansatzes hervorzuheben. Damit ist die Fähigkeit angesprochen, mehrere Erklärungsansätze der Internationalisierung in dem neuen Ansatz zu berücksichtigen bzw. zu integrieren.

Allerdings bündelt das neue Internationalisierungsprozessmodell nicht alleine Elemente bisheriger Modelle in modifizierter Art und Weise, sondern implementiert zudem auch vollkommen neue Instrumente innerhalb der Internationalisierungsprozessforschung, um vor allem den gestiegenen Anforderungen an den Modellen der internationalen Prozessforschung zu begegnen.

Basierend auf diesen zugrunde gelegten Kriterien, durch die ein sinnvoller Vergleich der einzelnen Theorien ermöglicht wurde, lässt sich festhalten, dass das neue Internationalisierungsprozessmodell in jedem Fall eine erfolgreiche Weiterentwicklung innerhalb der Internationalisierungsprozessforschung darstellt.

9.   Handlungsempfehlung für multinationale Unternehmen der Nutzfahrzeugindustrie

In Kapitel 7 wurde das neue Internationalisierungsprozessmodell auf die Nutzfahrzeugsparte des Unternehmens der Daimler AG in Verbindung mit der Emerging Triad
angewendet.
Ausgehend von den drei Internationalisierungs-Hubs - Indien, Brasilien und Südafrika
– sollten anschließend ausgewählte Ländermärkte aus der Emerging Triad bedient
werden. Als stärkste Region hat sich in diesem Zusammenhang die ASEAN-
Gemeinschaft herausgebildet, für die im Vergleich zu den anderen Regionen ein verhältnismäßig komplexer Markteintrittsverlauf gewählt werden muss, um die Zielmärkte möglichst kostengünstig zu erschließen. Im Allgemeinen bestehen relativ hohe Zölle
für Importe in die ASEAN-Region. So entfallen für den Zielmarkt Indonesien auf
CKD-Fahrzeuge Zölle in Höhe von 10 % und auf CBU-Fahrzeuge Abgaben in Höhe
von 40 %.[1245] In Vietnam gelten Importzölle in Höhe von 54 %;[1246] in Thailand werden für CKD-Fahrzeuge 5 % und für CBU-Fahrzeuge 40 % Importzoll berechnet.[1247]
Nachdem jedoch zwischen Thailand und Indien ein Freihandelsabkommen besteht,
können CKD-Fahrzeuge zollfrei nach Thailand importiert werden. Die Montage könnte somit in den thailändischen Montagewerken von Fuso erfolgen. Von Thailand, als
Mitglied der ASEAN-Gemeinschaft, können die Fahrzeuge anschließend ohne Zollge-
bühren in die jeweiligen Zielländer verteilt werden. Diesbezüglich müsste jedoch die
Wiederinbetriebnahme der thailändischen Produktionsstätte in naher Zukunft umgesetzt werden. In den jeweiligen Ländermärkten erfolgt der Vertrieb über das bestehende Fuso-Netzwerk. Aufgrund der unterschiedlich besetzten Preissegmente durch die
Marken Bharat Benz und Fuso können die ausgewählten südostasiatischen Ländermärkte ohne Kannibalisierungseffekte optimal bedient werden. Als beste Markteintrittsform stellt sich somit der Export in das bestehende Fuso-Netzwerk dar. Aufgrund
der bereits vorhandenen Service- und Vertriebsstrukturen kann der Einstieg relativ
unproblematisch und kostengünstig vollzogen werden, da kaum Investitionen getätigt
werden müssen. Bei einem eventuellen Scheitern könnte sich DICV schnell und ohne
große 'sunk costs' aus den Märkten wieder zurückziehen.
Des Weiteren sollte ein früher und schneller Markteintritt unmittelbar nach dem Pro-
duktionsstart im Jahr 2012 in die Zielländer Thailand, Vietnam und Indonesien verfolgt werden. Hierdurch kann sich DICV einen Wettbewerbsvorteil gegenüber den
indischen und chinesischen Konkurrenten, die in den kommenden Jahren auch den
Markteintritt in Form des Exports in den südostasiatischen Raum planen, verschaffen.

[1245] Vgl. o. V. (2011l).
[1246] Vgl. Daimler AG (2011b), vgl. o. V. (2011m).
[1247] Vgl. o. V. (2011k).

Da der Erfolg in Schwellenländern primär von den Kosten abhängt, sollte versucht werden, durch ein hohes Absatzvolumen schnellstmöglich von Skaleneffekten zu profitieren, um einen Vorsprung vor anderen Wettbewerbern aus Indien und China zu erlangen. Ein weiterer Vorteil eines schnellen Markteintritts ist die Möglichkeit, frühzeitig intensive Kunden- und Lieferantenbeziehungen aufzubauen sowie weitere Markteintrittsbarrieren zu errichten.

Da die Einsatzbedingungen und Kundenanforderungen in den einzelnen Schwellenländern sehr ähnlich sind, können die für den indischen Markt entwickelten und produzierten Fahr-zeuge ohne größere Anpassungen in die südostasiatischen Zielmärkte exportiert werden. Die-se Standardisierung ermöglicht im Hinblick auf die Produktion erhebliche Kosteneinsparun-gen. Zudem müssen - wie auch von Herrn Llistosella an-gesprochen - die unterschiedlichen kulturellen und rechtlichen Besonderheiten der jeweiligen Länder berücksichtigt und gegebenenfalls Anpassungen vorgenommen werden.

Im Gegensatz zu den komplizierten Voraussetzungen Südostasiens bietet sich in Südamerika ein wesentlich einfacheres Bild. So können hier, resultierend aus dem bilateralen Abkommen zwischen Argentinien und Brasilien, Fahrzeuge zollfrei in den argentinischen Markt ausgehend von dem brasilianischen Mercedes-Benz Werk importiert werden. Da Mercedes-Benz bereits in dem argentinischen Markt mit einem Vertriebsnetz vertreten ist, erfolgte die Analyse schwerpunktmäßig anhand der bereits getätigten Entwicklungserfahrungen auf dem brasilianischen Markt. Auf eben diesem wurde die Entwicklung hin zum Super Heavy-Segment verpasst, sodass erst in diesem Jahr der Mercedes-Benz Actros in Brasilien gefertigt wird, um der steigenden Nachfrage nach Fahrzeugen insbesondere des superschweren Segments zu begegnen. Da nicht nur in Brasilien, sondern auch in Argentinien die Bedeutung der Bergbau- und Minenindustrie zunehmend wächst, sollte möglichst umgehend die derzeitige Produktion ausgeweitet werden, um die aufkeimende Nachfrage in Argentinien zeitnah mit den notwendigen Fahrzeugen - in diesem Fall Mercedes-Benz Actros - zu bedienen.

Im Gegensatz zu Argentinien besteht zwischen Brasilien und Kolumbien kein bilaterales Abkommen. Darüber hinaus ist Kolumbien noch nicht über den Status eines Assoziationsmitgliedes des Mercosur hinausgekommen. Aufgrund dessen bestehen auch ausgehend von dem brasilianischen Markt Importzölle in Höhe von 15 % auf Nutzfahrzeuge mit Dieselmotor und einem Gewicht über 4,537 Tonnen. Für Fahrzeuge unter 4,537 Tonnen beträgt der Importzoll 35 %.[1248] Folglich sollte verstärkt der Export unter Zuhilfenahme eines Vertriebspartners von Fahrzeugen des Medium- und des Heavy-Segments angestrebt werden. Da bisher herkunftsirrelevante Zollbestimmungen gelten, wäre des Weiteren ein Markteintritt ausgehend von Indien in Form von DICV-

---

[1248] Vgl. o. V. (2011i).

Fahrzeugen denkbar. Damit könnte der kolumbianische Markt im Premium-Segment von Mercedes-Benz und im New Middle Market- sowie im Low Cost-Segment von DICV bedient werden. Hierfür sollten jedoch in einer weitergehenden Analyse die vorhandenen Potenziale geprüft werden. Sobald der Beitritt Kolumbiens in das südamerikanische Bündnis erfolgreich vollzogen ist und im weiteren Verlauf auch eine Freihandelszone implementiert wurde, sollten die Bemühungen noch weiter intensiviert werden, um das zur Verfügung stehende Marktpotenzial möglichst effizient auszuschöpfen. In diesem Fall wäre auch ein Markteintritt in Form einer Vertriebsgesellschaft denkbar, um sich von dem Abhängigkeitsverhältnis eines Vertriebspartners zu lösen.

Schließlich verbleibt mit Angola noch ein Land, das im vergangenen Jahrzehnt einen extremen Wandel vollzogen hat und daher auch für die Truckindustrie von zunehmender Bedeutung ist. Angola ist zwar Mitglied der SADC-Gemeinschaft, jedoch noch kein Mitglied des im Jahr 2008 gegründeten Freihandelsabkommens. Aufgrund dessen gelten für die Internationalisierungs-Hubs Brasilien, Südafrika und Indien identische Zollvorschriften. Aus den angolanischen Zollregelungen ergeben sich für neue Nutzfahrzeuge Zölle in Höhe von 2 % und für gebrauchte Nutzfahrzeuge in Höhe von 15 %.[1249] Angesichts dieser sehr niedrigen Zollbestimmungen und dem vergleichsweise geringen Marktvolumen empfiehlt sich der Export als Markteintrittsform. Darüber hinaus ist der Großteil des Marktvolumens im Niedrigpreissegment bzw. New Middle Market-Segment angesiedelt, sodass zumindest der Kernmarkt nicht mit der Premium-Marke Mercedes-Benz erreichbar ist. Mercedes-Benz könnte somit einzig als Nischenanbieter für Sonderfahrzeuge aufgrund des zunehmenden Minengewerbes auftreten. Für die Belieferung des Kernmarktes hingegen eignen sich vielmehr die Marken Bharat Benz aus Indien sowie für das 'Upper Medium-Segment' Mitsubishi Fuso ausgehend von Südafrika. Die Marken Bharat Benz und Mitsubishi Fuso sind in der Lage den angolanischen Markt in den Segmenten Light, Medium und Heavy mit Produkten zu versorgen. Darüber hinaus sind die Emissionsregularien der Region Südafrika mit denen Südostasiens vergleichbar, sodass hierdurch keine größeren motorenspezifischen Modifikationen vorgenommen werden müssen.[1250]

Letztlich bieten sich unterschiedliche Möglichkeiten, um in den angolanischen Markt einzutreten. Neben Südafrika und Indien wäre auch Brasilien zumindest für Sonderfahrzeuge denkbar. Ausgehend von Südafrika bietet sich aufgrund der nach wie vor unbefriedigenden Verkehrsinfrastrukturbedingungen lediglich die Lieferung über den Seeweg an, insbesondere vor dem Hintergrund der zwei neuen Handelshäfen bei Luanda und Cabinda, die bis zum Jahr 2013 fertiggestellt werden. Ausgehend von Indien und Brasilien wäre ohnehin nur der Schiffstransport möglich, jedoch mit zwei unterschiedlichen Varianten: Zum einen ist der direkte Transport nach Angola denk-

---

[1249] Vgl. o. V. (2011j).
[1250] Siehe Abbildung 21 im Anhang A.11, S. 385.

bar, gleichsam aber auch die Lieferung nach Südafrika in Form der CKD-Kits, welche danach im südafrikanischen Werk in East London montiert werden, um anschließend erneut per Schiffstransport nach Angola geliefert zu werden. Die zweite Variante dürfte speziell vor dem Hintergrund zunehmender institutioneller Handelsbarrieren in Form von Local-Content-Vorschriften und dem baldigen Eintritt Angolas in das Freihandelsabkommen der SADC von zunehmender Relevanz sein. So sollte ähnlich wie schon bei den südostasiatischen Märkten versucht werden, durch ein hohes Absatzvolumen schnellstmöglich intensive Kunden- und Lieferantenbeziehungen aufzubauen sowie weitere Markteintrittsbarrieren zu errichten, um den bereits in den Markt eingetretenen Wettbewerbern Volvo Global Trucks sowie Iveco zu begegnen, die mit Ihren Produkten die identischen Preissegmente wie Mercedes-Benz respektive Bharat Benz oder Mitsubishi Fuso bedienen. Neben dem Markteintritt durch Neufahrzeuge wäre gleichsam der Vertrieb von gebrauchten, vollkommen überarbeiteten Fahrzeugen nach Angola denkbar. Bereits heute werden in Südafrika auch Gebrauchtfahrzeuge in Form von CKD-Kits zusammengesetzt und auf dem südafrikanischen Markt vertrieben. Infolge des wesentlich niedrigeren Anschaffungspreises wäre auch ein weiterer Vertrieb dieser Fahrzeuge noch Angola möglich und äußerst profitabel.

Abschließend bleibt festzuhalten, dass sich für einen multinationalen Konzern stets unterschiedliche Alternativen und Möglichkeiten bieten, um einen Ländermarkt zu bedienen. So können aufgrund unterschiedlicher Standorte Freihandelsabkommen genutzt werden. Darüber hinaus können unterschiedliche Segmente, seien es preisliche oder gewichtsrelevante, von unterschiedlichen Standorten und Marken bedient werden. Anhand dieser Analyse der gewählten Ländermärkte ausgehend von der Emerging Triad unter besonderer Berücksichtigung des neuen Internationalisierungsprozessmodells ist jedoch auch deutlich geworden, dass eine solche Analyse stetigen Änderungen unterliegt. So ergeben sich durch weitere Freihandelsabkommen bzw. Beitritte unterschiedlicher Länder stets neue Möglichkeiten, aber ebenso potenzielle Gefahren in den unterschiedlichen Märkten. Aufgrund dessen sollte der Fokus sowohl innerhalb der Emerging Triad auf weitere Ländermärkte als auch außerhalb der Emerging Triad auf weitere Regionen und Länder gelegt werden. Außerhalb der Emerging Triad wären u. a. die Ländermärkte Pakistan, Oman, Bangladesch in Asien und in Afrika Länder wie Nigeria und Kenia denkbar. Aus regionalspezifischer Sicht dürften sich für weitere Untersuchungen - wie auch von den Experten bestätigt - insbesondere die Regionen des Nahen und Mittleren Ostens sowie die arabische Welt anbieten.
Zusammenfassend ist die Daimler AG, die bereits über ein weltweites Netzwerk mit Produktionsstandorten in Schwellenländern verfügt, gut beraten, die Expansion und Internationalisierung in zukunftsträchtige Märkte weiter voranzutreiben, um sich bereits frühzeitig in den Zukunftsmärkten zu etablieren.

10. Zusammenfassung, Implikationen und Ausblick

In dem abschließenden Kapitel erfolgt nun die Zusammenfassung der wesentlichen Ergebnisse dieser Dissertation sowie der Implikationen, die sich aus dieser Arbeit sowohl für die Forschung als auch für die Praxis ergeben.

10.1 Zusammenfassung der Arbeit

Der Markteintritt in Schwellen- und Entwicklungsländer erfordert eine Vielzahl von Entscheidungen, von denen die Bedeutendste die Auswahl der Länder anbelangt. So wurde in der vorliegenden Arbeit der Fokus bereits frühzeitig auf die Süd-Süd-Kooperationen und hier im Speziellen das IBSA-Bündnis gelegt. Gerade diese Länder - Indien, Brasilien und Südafrika - bilden die Stützen des neuen Ansatzes der Emerging Triad, der sich aus den Staatenverbänden des Mercosur, des SADC und der ASEAN zusammensetzt. Es handelt sich demzufolge um einen Zusammenschluss von 34 unterschiedlich weit entwickelten Staaten, die langfristig einen Gegenpol zur auf der nördlichen Hemisphäre existierenden Triade darstellen werden. Kernproblem der Emerging Triad bleiben die nach wie vor existenziellen Konflikte zwischen einzelnen Staaten in den jeweiligen Regionen, die speziell in der südafrikanischen Entwicklungsgemeinschaft zu einer erheblichen Verschleppung der Integration führen. Ebenso bleibt hinsichtlich der Entwicklung auf dem südamerikanischen Markt abzuwarten, ob sich die Staaten des Andenabkommens und des Mercosur tatsächlich vollends zusammenschließen und sich dadurch eine südamerikanische Gemeinschaft unter dem Namen Unasur bildet.

Diese Arbeit legt den Fokus bewusst auf aktuelle und zukünftige Schwellenländer, da bisher kaum über die zunehmende Relevanz dieser Staaten und Regionen in der Forschung berichtet wurde, es aber gerade diese Staaten sind, die zukünftig die globale Wirtschaftsentwicklung sowie das Wirtschaftswachstum prägen werden. So erwarten auch die befragten Experten für diese Länder und Regionen in den kommenden Jahren erhebliche Wachstumsschübe und langfristig eine gewisse Angleichung dieser südlichen Schwellenländer an die Triade des Nordens. Ein Beleg für diese langfristige Angleichung ist nicht zuletzt die erhebliche Zunahme von Direktinvestitionsströmen in Emerging Markets. So flossen im Jahr 2010 erstmals mehr Direktinvestitionen in die Länder der südlichen Hemisphäre als in die Industriestaaten des Nordens.[1251]

Um jedoch diese Ländermärkte bereits frühzeitig mit geeigneten Produkten bedienen zu können, bedarf es einer sinnvollen Internationalisierungsstrategie, die in Form des neuen Internationalisierungsprozessmodells entwickelt wurde. Dieses Modell gründet

---

[1251] Vgl. Bárcena et al. (2010), S. 74.

sowohl auf der Basis bereits etablierter Theorien als auch auf neuen, bisher nicht betrachteten Aspekten. So wurden die Schwachstellen und häufig erläuterten Kritikpunkte der unterschiedlichen Modelle aufgegriffen und in dem neuen Ansatz berücksichtigt. Positiv am neuen Ansatz ist somit neben der dynamischen Komponente die stark ausgeprägte Integrationskraft zu nennen. Schließlich werden mehrere Erklärungsansätze bzw. Elemente der Internationalisierungsprozessforschung im neuen Ansatz berücksichtigt. So dienten als Basis in diesem Zusammenhang das Uppsala Internationalisierungsprozessmodell, der Ansatz der Helsinki-Schule, der Produktlebenszyklus nach Vernon und der GAINS-Ansatz nach Macharzina und Engelhard. Die Auswahl wurde an dieser Stelle bewusst auf diese Ansätze gelegt, da diese eine explizite dynamische Komponente aufweisen und überdies als die etabliertesten und am meisten diskutierten Ansätze der Internationalisierungsprozessforschung gelten. In dem neuen Ansatz wurde zwar einer Fülle von Kritik und Schwachstellen begegnet, jedoch nimmt auch der neue Internationalisierungsansatz nicht für sich in Anspruch, jedweder Kritik bereits etablierter Modelle sowie neuartigen Schwachstellen zu begegnen.

Insgesamt besteht das neue Internationalisierungsprozessmodell aus vier etablierten Modulen der bekannten Internationalisierungsprozesstheorien und sieben neuen Elementen, sodass das neue Prozessmodell zwar durchaus revolutionäre Gedanken beinhaltet, letztlich aber auf der Basis der etablierten Theorien gründet und demzufolge eine sinnvolle Weiterentwicklung innerhalb der Internationalisierungsprozessforschung darstellt.

Eines der bedeutendsten neuen Elemente stellt die Berücksichtigung so genannter Internationalisierungs-Hubs dar. Hierbei handelt es sich um das bereits im Lead-Country-Konzept angedeutete Prinzip, bestimmte Brückenköpfe in gewissen Regionen zu implementieren, die in der Folge die Führerschaft für eben diese Region übernehmen. Ausgehend von diesen Internationalisierungs-Hubs besteht für das jeweilige Unternehmen aufgrund der existierenden Freihandelsabkommen nicht bloß die Möglichkeit einzelne Ländermärkte, sondern potenziell eine gesamte Region gleichzeitig mit den jeweils geeigneten Produkten zu bedienen.

Als Internationalisierungs-Hubs wurden in diesem Zusammenhang die Staaten Indien, Brasilien und Südafrika ausgewählt. Neben diesen drei Ländern hätten durchaus noch weitere Schwellenländer als Brückenköpfe dienen können, jedoch bieten sich diese drei Ländermärkte für die Marktbearbeitung innerhalb der Emerging Triad an, da gerade diese drei Staaten als Stützen und Kerntreiber der aufstrebenden Triade ausgemacht wurden. Einen weiteren Grund für diese Auswahl bildet die empirische Überprüfung des Modells anhand der Daimler AG, die in diesen drei Ländern Produktionsstrukturen besitzt.

In diesem Zusammenhang ist die Verwendung von Freihandelsabkommen, unter Berücksichtigung der zunehmenden Bedeutung der Schwellen- und Entwicklungsländer

und den auf diesen Märkten äußerst preissensiblen Kundenpräferenzen, von zunehmender Relevanz.

Da die Länder der Emerging Triad unterschiedlich weit entwickelt sind und sich die
wirtschaftliche, politische und rechtliche Situation unter den Ländermärkten stark voneinander unterscheidet, ist an dieser Stelle eine detaillierte Analyse der potenziellen
Zielmärkte unerlässlich. In diesem Zusammenhang wurde ein neues Verfahren angewandt, welches auf der einen Seite zwar wesentlich zeitaufwendiger ist, auf der anderen Seite jedoch einen vorzeitigen Ausschluss relevanter Ländermärkte verhindern
kann. So wird zunächst eine ganzheitliche Analyse über alle Ländermärkte unternom-
men, um erst daran anknüpfend anhand des entwickelten Rankings einen Selektionsprozess durchzuführen. Dieser ausgeweitete und modifizierte Selektionsprozess bildet
ein weiteres wesentliches Element des neuen Internationalisierungsverfahrens. Als
potenzielle Zielmärkte haben sich letztlich die Märkte Angola, Argentinien, Indonesien, Kolumbien, Thailand und Vietnam herauskristallisiert.

Für den erfolgreichen Markteintritt müssen die länderspezifischen Rahmenbedingungen berücksichtigt werden. Hierunter fallen nicht nur das jeweilige Marktumfeld, sondern auch die entsprechenden rechtlichen Regelungen. Dabei wird der Fokus vor allem
auf die Einfuhrbestimmungen und die Höhe der Zollabgaben gelegt. In diesem Zusammenhang sind auch die bereits zuvor angedeuteten bestehenden und geplanten
Handelsabkommen von großer Bedeutung, bieten sie doch Möglichkeiten und Wege,
widrige Vorschriften zu umgehen oder zumindest die Abgaben deutlich zu reduzieren.
Nicht ohne Grund wird als Ergebnis der Untersuchung Thailand als weiterer Brückenkopf vorgeschlagen, von dem ausgehend weitere Ländermärkte innerhalb der ASEAN-
Region beliefert werden sollen. Schließlich besteht zwischen Thailand und Indien ein
Freihandelsabkommen, welches zollfreien Handel von CKD-Fahrzeugen ermöglicht,
die anschließend im thailändischen Fuso-Werk wieder zusammengesetzt werden. Letztlich entscheiden diese Rahmenbedingungen, ob ein Produkt in dem Zielmarkt zu einem wettbewerbsfähigen Preis angeboten werden kann. Im Allgemeinen handelt es
sich bei Entwicklungs- und Schwellenländern um sehr preissensible Zielmärkte, sodass die jeweiligen Produkte, in diesem Fall Nutzfahrzeuge, nur über den Preis erfolgreich abgesetzt werden können. Für eine entsprechend kostengünstige Produktion bedarf es eines hohen Grades an Standardisierung und einer Herabstufung der Qualität.
Zudem müssen die Produkte gegebenenfalls an die kulturellen und rechtlichen Anforderungen der einzelnen Länder angepasst werden.

Aufgrund dieser unterschiedlichen Einflussfaktoren wird ein modifizierter Ablauf des
Markteintritts angewandt, in dem die Entscheidung über die Form des Markteintritts
erst nach dem Selektionsprozess erfolgt, um die jeweiligen Markteintrittsbedingungen,
u. a. hohe Importzölle, bei der Entscheidung über die Markteintrittsform berücksichtigen zu können. Demzufolge hat sich für die Länder Kolumbien und Angola eine Ex-

portstrategie herausgebildet. Selbiges gilt für die Länder Indonesien, Vietnam und Argentinien, wobei bei diesen Staaten der Export in das jeweilige bereits existente Vertriebsnetz von Mercedes-Benz bzw. Mitsubishi Fuso erfolgt. Lediglich bei Thailand wird eine andere Strategie in Form der Produktionsniederlassung gewählt. Dies liegt speziell in der weiteren Brückenkopffunktion für den südostasiatischen Markt und dem damit kostengünstigen Weitervertrieb begründet.

In der vorliegenden Arbeit wird zu einem frühen und schnellen Eintritt in die jeweiligen ausgewählten Ländermärkte geraten, um sich einen Vorteil gegenüber den Wettbewerbern zu verschaffen. Dieser Vorteil lässt sich mit der Realisierung von Skaleneffekten durch eine im Vergleich zu den Konkurrenten höhere Produktion begründen, wodurch ein Kostenvorsprung erzielt werden kann, was wiederum in den preissensiblen Schwellenländern ein entscheidender Wettbewerbsvorteil ist. Darüber hinaus können durch einen frühzeitigen Markteintritt gewisse Barrieren errichtet und Kundenbeziehungen aufgebaut werden, die es den nachfolgenden Wettbewerbern erschweren auf dem Zielmarkt Fuß zu fassen.

Der Erfolg eines Markteintrittes in Schwellen- und Entwicklungsländer hängt von vielerlei Faktoren ab. Eine genaue Analyse dieser Einflussfaktoren sowie eine gründliche Vorbereitung

und Planung können dabei helfen, einen Markteintritt in diese Länder erfolgreich zu gestalten. Eben diese Tatsache greift das neue Internationalisierungsprozessmodell auf, indem es derartige Faktoren konsolidiert betrachtet und berücksichtigt. Jedoch sollte hierbei auch beachtet werden, dass es - aufgrund der unzähligen Einflussfaktoren, individuellen Umstände und den industriespezifischen Erfolgsfaktoren - keine perfekte Markteintrittsstrategie geben kann. Folglich ist eine Auslandstätigkeit stets mit einem gewissen Risiko verbunden, das zwar durch dieses neue Internationalisierungsprozessmodell minimiert, aber nie gänzlich ausgeschlossen werden kann.

Abschließend bleibt festzuhalten, dass das neue Internationalisierungsprozessmodell speziell für die Unternehmenspraxis einen erheblichen Fortschritt bedeutet, da erstmalig nicht alleine der Internationalisierungsprozess, sondern auch eine Vielzahl der jeweiligen relevanten Markteintrittsfaktoren berücksichtigt wird.

10.2 Implikationen für die Forschung

Das neue Internationalisierungsprozessmodell, welches auf Basis bisheriger Ansätze entwickelt wurde, versucht nicht nur eine stetige Weiterentwicklung bereits vorhandenen Wissens darzustellen, sondern auch neue, revolutionäre Elemente zu implementieren, wie es bereits im Werk von Kuhn erläutert wird.[1252] So hat eine Vielzahl von Wissenschaftlern eine derartige Revolution respektive Evolution innerhalb der Internationalisierungsprozessforschung gefordert, in der maßgeblich der Kritik der etablierten Modelle begegnet wird und darüber hinaus neuere Entwicklungen gleichsam Berücksichtigung finden.[1253] Das Kapitel zum Stand der Forschung[1254] greift diese Thematik auf, indem es erheblichen Handlungsbedarf im Bereich der Internationalisierungsstrategien und den damit verbundenen Prozessmodellen aufzeigt. Die gleichzeitige Benennung potenzieller Schwachstellen der etablierten Modelle sowie die Integration neuer Aspekte der globalen Wirtschaft bilden die Grundlage des neuen, eklektischen Internationalisierungsprozessmodells. Dieses neue Internationalisierungsprozessmodell, welches den Allgemeingültigkeitsanspruch anstrebt, bedarf noch weiterer Analysen und Untersuchungen, um potenzielle Schwachstellen, neben den bereits erwähnten, aufzuzeigen und möglicherweise zu modifizieren. Sinnvoll wäre in diesem Zusammenhang insbesondere die Nutzung weiterer empirischer Analysen, um die in dieser Arbeit aufgezeigte Praxisfähigkeit noch weiter zu stützen. Nicht zuletzt aufgrund der fehlenden empirischen Überprüfung erfährt eine Vielzahl existierender Modelle erhebliche Kritik.

In diesem Zusammenhang sollte speziell die Anwendbarkeit auf weitere Markteintrittsformen sowie den potenziellen regressiven Verlauf einer Internationalisierung überprüft werden. Neben diesen Aspekten sollten darüber hinaus weitere Untersuchungen anhand von unterschiedlichen Unternehmenstypen erfolgen. So wird zwar von einer Allgemeingültigkeit sowohl für Produktions- als auch Dienstleistungsunternehmen ausgegangen, die empirische Bestätigung für diese Annahme steht jedoch noch aus. Darüber hinaus sollte in einer weiteren Untersuchung analysiert werden, ob dieses Modell auch auf Unternehmen anwendbar ist, die aus Schwellenländern entstammen. Denkbar wären in diesem Zusammenhang Analysen von chinesischen oder indischen Unternehmen und deren Vorgehensweise in Bezug auf Expansionsstrategien in weitere Schwellen- und Entwicklungsländer sowie Industrieländer. Sinnvoll wäre in diesem Zusammenhang bspw. das Unternehmen Tata aus Indien, da dieser Konzern bereits durch einige Produkte in mehreren Schwellenländern vertreten ist und zunehmend den Schritt in die Industrieländer zumindest bei den PKWs anvisiert. In Bezug auf die Nutzfahrzeugindustrie beginnen sowohl die indischen als auch die chinesischen Hersteller bereits in den Ländern der Emerging Triad im Low Cost-Segment Fuß zu fassen. Für einen Markteintritt in die Industrieländer der nördlichen Triade hingegen fehlt es den Unternehmen aus Indien und China noch an technologischem Know-how, sodass ein dortiger Markteintritt bloß in Form eines Joint Ventures oder durch den Aufkauf eines in diesen Regionen heimischen Unternehmens möglich wäre. Als po-

---

[1252] Vgl. Kuhn (1979), S. 104, vgl. Bayertz (1981), S. 61, vgl. Poser (2004), S. 149 f.
[1253] Vgl. Höffken / Heuwing-Eckerland (2009), S. 11.
[1254] Vgl. Kapitel 3.2.

tenzielle Zielunternehmen kämen in diesem Zusammenhang Navistar in den USA, Iveco in Europa und Hino, Hyundai und Isuzu in Ostasien in Frage.

Demzufolge sollte dieses Modell durch weitere empirische Untersuchungen weiter validiert werden, um die aufgezeigten Annahmen zu verifizieren und somit das neue Internationalisierungsprozessmodell - sofern nötig - zu modifizieren und damit der Wahrheit ein Stück näher zu bringen[1255].

Neben dem neuen, eklektischen Internationalisierungsprozessmodell wird in dieser Arbeit jedoch noch ein weiterer neuer Ansatz vorgestellt: die Emerging Triad. Hierbei handelt es sich wie bereits in Kapitel 2.3.2 und 2.3.3 ausführlich dargestellt, um den Zusammenschluss der Staatenverbände Mercosur, ASEAN und SADC. Bis zum jetzigen Zeitpunkt wurde den Schwellenländern abseits der BRIC-Staaten nur eine geringe Bedeutung beigemessen, sodass durch diese Arbeit der Fokus verstärkt auf die nächst aufkommenden Schwellenländer gerichtet wurde, die durchaus das Potenzial besitzen, einen ähnlichen Wachstumspfad wie die BRIC-Staaten einzuschlagen. Zwar existiert eine Vielzahl an Literatur, die sich mit der Thematik der Süd-Süd-Kooperationen auseinandersetzt, jedoch bezieht sich dies zumeist auf die Staaten Indien, Brasilien, Südafrika innerhalb des IBSA-Bündnisses oder aber auf Kooperationen zwischen China und anderen Ländermärkten. Das konsolidierte Potenzial der einzelnen Regionen als Süd-Süd-Achse fand bisher kaum ausführlich Eingang in die Forschungsliteratur. An dieser Stelle bieten sich natürlich weitere interessante Möglichkeiten der Vertiefung. So können in weiteren Analysen die Entwicklungen und Potenziale der einzelnen Regionen noch detaillierter und intensiver beleuchtet werden und darüber hinaus weitere intra- und interregionale Freihandelsverträge sowie bilaterale Handelsabkommen von Staaten untereinander betrachtet werden. In diesem Zusammenhang erscheint zudem eine weitergehende Untersuchung der Verflechtungen der Emerging Triad-Regionen als interessant und notwendig.

Ein weiteres interessantes Handlungsfeld, das in der vorliegenden Arbeit nur kurz beleuchtet wurde, stellen die Nord-Süd-Kooperationen dar. Diese Kooperationen, die zumeist aus umfangreichen Direktinvestitionsflüssen bestehen, haben einen bedeutenden Einfluss auf die zukünftige wirtschaftliche Entwicklung einzelner Entwicklungs- und Schwellenländer sowie deren Regionen. Ein Beispiel hierfür ist Angola, das von den immensen Direktinvestitionen und Abkommen mit den Vereinigten Staaten profitiert.

Ein weiterer Aspekt, der einer anknüpfenden Untersuchung bedarf, ist die ausführliche Darstellung der BRIC-Staaten als Brückenköpfe. In der vorliegenden Arbeit sind diese

---

[1255]   Vgl. Popper (1994), vgl. Popper (1994a), S. 27 f., vgl. Schmid (2002), S.172.

Länder nicht mehr als Zielmärkte, sondern bereits als Internationalisierungs-Hubs für weitere Ländermärkte aufgezeigt worden. Insbesondere für die Lead-Markets Russland und China wurde bereits mehrfach auf die Notwendigkeit weiterer Analysen hingewiesen, da diese Staaten in dieser Arbeit kaum Beachtung fanden. In Bezug auf China sollte des Weiteren der Einfluss in Form des ASEAN+3-Bündnisses auf die Emerging Triad und allgemein die Region Ostasien näher untersucht werden.

Zusammenfassend bleibt festzuhalten, dass die vorliegende Arbeit zwar einen Großteil der aufgekommenen Fragen beantworten konnte, jedoch gleichzeitig einige neue Implikationen für die Forschung aufgeworfen hat und zwar sowohl im Bereich der Internationalisierungsprozessforschung als auch im Bereich der strukturellen Zusammenschlüsse von Nationen und Staatenverbänden verbunden mit deren Einfluss auf die Entwicklung der einzelnen Regionen.

10.3 Implikationen für die Praxis

Es wurde bereits mehrfach darauf hingewiesen, dass Investitionsvorhaben ein hohes Risiko des Scheiterns besitzen und zwar insbesondere dann, wenn sie im Ausland getätigt werden. Häufig hängen derartige Fehlinvestitionen mit einer fehler- oder lückenhaften Informationsbasis zusammen, anhand derer die jeweiligen Marktselektionsentscheidungen getroffen werden. Basierend auf diesen empirischen Erfahrungen ist in der vorliegenden Arbeit ein neues Internationalisierungsprozessmodell entwickelt worden, welches einen ausführlichen Marktselektionsprozess beinhaltet, um das Risiko des Scheiterns einer Investition möglichst gering zu halten.

Zwar findet in dieser Arbeit bereits eine empirische Überprüfung des Modells anhand der Nutzfahrzeugsparte der Daimler AG statt, allerdings bedarf es noch weiterer empirischer Überprüfungen aus weiteren Wirtschaftszweigen, um durch das Auffinden potenzieller Schwachstellen das Modell durch bestimmte Modifikationen zu verbessern. Darüber hinaus sollte neben den in dieser Arbeit bereits analysierten Ländermärkten durchaus der Fokus auf weitere Märkte innerhalb der Emerging Triad gelegt werden. Zudem sollten neben den Regionen Mercosur, ASEAN und SADC noch weitere Regionen und Märkte betrachtet werden, die, aufgrund der Fokussierung auf diese drei Regionen, außer Acht gelassen wurden. In diesem Zusammenhang empfiehlt sich insbesondere die Untersuchung der Länder im arabischen Raum, in Osteuropa sowie im Mittleren Osten. Speziell für die Länder in Osteuropa und dem arabischen Raum sollten die in der Arbeit bereits aufgezeigten und durch die Experten bestätigten Internationalisierungs-Hubs China und Russland als potenzielle Brückenköpfe untersucht und die hiervon ausgehenden Potenziale abgeleitet werden.

Neben diesen umfassenden weiteren Forschungsansätzen sollten jedoch auch an die Ergebnisse dieser Arbeit anknüpfende Untersuchungen stattfinden. So werden basierend auf dem zuvor entwickelten Internationalisierungsprozessmodell unterschiedliche Markteintrittsszenarien für die jeweiligen selektierten Zielmärkte innerhalb der Emerging Triad analysiert, jedoch nur um einen ersten Überblick über die Thematik und deren Komplexität aufzuzeigen sowie infolgedessen potenzielle Handlungsempfehlungen abzuleiten. Die bei diesem Prozess aufgezeigten unterschiedlichen Alternativen sollten jedoch einzeln in anschließenden, umfassenden Analysen untersucht werden, um durch eine vertiefende Betrachtung eine detailliertere Bewertung der Chancen und Risiken der ausgearbeiteten Strategien zu ermöglichen. Anhand derartiger Analysen können die technischen Anpassungen, die aufgrund rechtlicher Regelungen notwendig sind, festgestellt werden. Des Weiteren können die anfallenden Kosten für die Produktion und die damit einhergehende rechtliche Anpassung der Nutzfahrzeuge geklärt werden. Im Hinblick auf die Abstimmung der Produkte mit den länderspezifischen Kundenbedürfnissen sollten in den Zielländern Kundenbefragungen in Form von Surveys durchgeführt werden.

Anhand dieses detaillierten Analysematerials kann abschließend ein Geschäftsszenario mit einem Ablaufplan für den jeweiligen Markteintritt erstellt werden. Eine empirische Studie über den Erfolg unterschiedlicher Markteintrittsformen im Nutzfahrzeugmarkt könnte zudem Aufschluss über die Erfolgsaussichten unterschiedlicher Markteintrittsstrategien liefern.

Abschließend bleibt festzuhalten, dass durch die Anwendung des neuen Prozessmodells durchaus das Risiko des Scheiterns eines Internationalisierungsvorhabens deutlich minimiert werden kann und infolgedessen dieses Modell womöglich innerhalb der Unternehmenspraxis vermehrt zur Anwendung kommen wird.

10.4 Ausblick

Die vorliegende Arbeit hat sich intensiv mit wesentlichen Aspekten der Internationalisierung auseinandergesetzt und neue Ansätze sowohl im Bereich der Prozessforschung als auch der potenziellen Zusammenschlüsse bedeutender Schwellenregionen aufgezeigt. So legt die Arbeit verstärkt den Fokus auf Regionen, die bis jetzt weder in der Forschung noch in der Unternehmenspraxis ausführlich beachtet wurden. Dies liegt aus Unternehmenssicht maßgeblich darin begründet, dass die in dieser Arbeit betrachtete Nutzfahrzeugindustrie mitsamt den international-agierenden Herstellern erst jetzt oder aber erst vor kurzem mit einer Internationalisierungsstrategie für die BRIC-Staaten begonnen hat und daher ihre volle Konzentration zunächst auf die Umsetzung dieser Markteintrittsstrategien legt. Die Forschung hingegen orientiert sich vermehrt an weiteren Ländermärkten, was bereits durch die Next Eleven basierend auf Goldman Sachs deutlich wurde. Allerdings wird der Fokus hierbei lediglich auf einzelne, selektive Ländermärkte innerhalb unterschiedlicher Regionen gelegt. Dabei wird zukünftig das Interesse insbesondere an den regionalen Staatenverbänden mitsamt den Potenzialmärkten, die in dieser Arbeit ausführlich anhand des Ansatzes der Emerging Triad analysiert und beleuchtet wurden, noch zunehmen. Denn wie in dieser Arbeit deutlich wurde, wird die weltweite Bedeutung dieser Regionen, durch deren zunehmende Integration und gegenseitige internationale Verflechtungen, langfristig deutlich ansteigen. Auch das in dieser Arbeit auf die IBSA-Staaten angewandte Lead-Country-Konzept wird zukünftig vermehrt Eingang in die Forschungslektüre aber auch in die Vorgehensweisen der Unternehmenspraxis finden, da sich wie diese Arbeit aufgezeigt hat, speziell die IBSA und auch die BRIC-Staaten als solche Brückenköpfe eignen. Trotz der in dieser Arbeit bereits ausführlichen Darstellung des neuen Internationalisierungs-prozessmodells haben sowohl die Implikationen für die Praxis als auch für die Forschung bereits aufgezeigt, dass es noch weiterer Untersuchungen bedarf, um das Prozessmodell letztendlich auf eine breitere empirische Basis zu stellen. Hieran eng geknüpft sind potenzielle, notwendige Anpassungen, um im Anschluss daran dieses Modell zu verifizieren und zu validieren. Darüber hinaus hat sich durch den Ansatz der Emerging Triad eine Vielzahl neuer interessanter Themenfelder in Bezug auf strukturelle Zusammenschlüsse und deren Folgen aufgetan, die intensiven Analysen bedürfen.

Zusammenfassend bleibt festzuhalten, dass diese Arbeit sowohl für die Forschung als auch für die Unternehmenspraxis neue Forschungsansätze und Untersuchungsobjekte hervorgebracht hat, denen in Zukunft ein verstärktes Interesse zuteilwerden wird.

Literatur- und Quellenverzeichnis

Aaby, Nils-Erik / Slater, Stanley F. (1989): Management influences on export performance: A review of the empirical literature. In: International Marketing Review, 6. Jg., Nr. 1, 1989, S. 7-22.

Abbott, Kenneth W. / Snidal, Duncan (1998): Why States Act Through Formal International Organizations. In: Journal of Conflict Resolution, 42. Jg., Nr. 1, 1998, S. 3-32.

Abdelal, Rawi / Kirshner, Jonathan (2000): Strategy, Economic Relations and the Definition of National Interests. In: Security Studies, 9. Jg., Nr. 2, 2000, S. 119-156.

Ablin, Eduardo R. / Bouzas, Roberto (2004): Argentina's foreign trade strategy: The curse of asymmetric integration in the world economy. In: Aggarwal,Vinod K. / Espach, Ralph / Tulchin, Joseph S. (Hrsg.): The strategic dynamics of Latin American trade. Stanford: Stanford University Press, S. 159-174.

ADB (2009): Asian Development Bank - Annual Report 2009. Volume 1, Neu-Delhi 2009.

Aderinwale, Ayodele (2000): Afrika und der Globalisierungsprozess. In: Tetzlaff, Rainer (Hrsg.): Weltkulturen unter Globalisierungsdruck. Bonn: Dietz, S. 232-259.

Adongo, Jonathan (2005): External Actors and SADC-Regional Integration. In: SADC Barometer, o. Jg., Nr. 8, 2005, S. 4-6.

Agarwal, Rajshree (1997): Survival of firms over the product life cycle. In: Southern Economic Journal, 63. Jg., Nr. 3, 1997, S. 571-584.

Agarwal, Sanjeev / Ramaswami, Sridhar N. (1992): Choice of foreign market entry mode: Impact of ownership, location and international factors. In: Journal of International Business Studies, 24. Jg., Nr. 2, 1992, S. 209-231.

Aggarwal, Raj /Agmon, Tamir (1990): The international success of developing country firms: Role of government directed advantage. In: Management International Review, 30. Jg., Nr. 2, 1990, S. 163-180.

Aggarwal, Vinod K. / Espach, Ralph (2004): Diverging trade strategies in Latin America: A framework for analysis. In: Aggarwal, Vinod K. / Espach, Ralph / Tulchin, Joseph S. (Hrsg.): The strategic dynamics of Latin American trade. Stanford: Stanford University Press, S. 3-36.

Aggarwal, Vinod K. / Chow, Jonathan T. (2008): The Perils of Consensus: How ASEAN's Meta-Regime Undermines Economic and Environmental Cooperation, Berkeley 2008.

Aharoni, Yair (1966): The Foreign Investment Decision Process, Boston 1966.

Ahmad, Syed Z. / Kitchen, Philip J. (2008): Transnational corporations from Asian developing countries: the internationalization characteristics and business strategies of Sime Darby Behad. In: International Journal of Business Science and Applied Management, 3. Jg., Nr. 2, 2008, S. 22-36.

Ahmad, Syed Z. / Kitchen, Philip J. (2008a): International expansion strategies of Malaysian construction firms: entry mode choice and motives for investments. In: Problems and Perspectives in Management, 6. Jg., Nr. 3, 2008, S. 15-23.

Ajakaiye, Olu (2006): China and Africa: opportunities and challenges: African Economic Research Consortium Scoping Studies Paper, Nr. 1, Nairobi 2006.

Akrasanee, Narongchai / Stifel, David (1992): The Political Economy of the ASEAN Free Trade Area. In: ASEAN Economic Bulletin, 8. Jg., Nr. 3, 1992, S. 27-47.

Akyüz, Yilmaz (2003): Developing Countries and World Trade: Performance and Prospects, London 2003.

Alahuhta, Matti (1990): Global Growth Strategies for High Technology Challengers, Helsinki 2000, zugl.: Helsinki, Univ., Diss., 2000.

Albaum, Gerald / Duerr, Edwin / Strandskov, Jesper (2008): International Marketing and Export Management, 6. Auflage, London 2008.

Albaum, Gerald / Smith, Scott M. (2005): Fundamentals of Marketing Research, Thousand Oaks 2005.

Albaum, Gerald / Strandskov, Jesper / Duerr, Edwin / Dowd, Laurence (1989): International Marketing and Export Management, Avon 1989.

Alburo, Florian (1994): A Philippine Perspective on AFTA and Beyond, Bangkok 1994.

Alden, Chris / Vieira, Marco (2005): The New Diplomacy of the South: South Africa, Brazil, India and Trilateralism. In: Third World Quarterly, 26. Jg., Nr. 7, 2005, S. 1077-1095.

Alexander, Nicholas / Rhodes, Mark / Myers, Hayley (2007): International market selection: measuring actions instead of intentions. In: Journal of Services Marketing, 21. Jg., Nr. 6, 2007, S. 424-434.

Alon, Ilan (2004): International market selection for a small enterprise: a case study in international entrepreneurship. In: S.A.M. Advanced Management Journal, 69. Jg., Nr. 1, 2004, S. 25-33.

Al-Laham, Andreas (2007): Internationales Management. In: Corsten, Hans / Reiß, Michael (Hrsg.): Betriebswirtschaftslehre, 4. Auflage. München/Wien: Oldenbourg, S. 529-600.

Andem, Maurice N. (1978): International Economic Co-operation in Developing Countries with special reference to the legal protection of foreign investments in Africa, Helsinki 1978.

Andersen, Otto (1993): On the Internationalization Process of Firms: A Critical Analysis. In: Journal of International Business Studies, 24. Jg., Nr. 2, 1993, S. 209-231.

Andersen, Otto (1997): Internationalization and Market Entry Mode: A Review of Theories and Conceptual Frameworks. In: Management International Review, 37. Jg., Nr. 2, 1997, S. 27-42.

Andersen, Otto / Buvik, Arnt (2002): Firms' internationalization and alternative approaches to the international customer/market selection. In: International Business Review, 11. Jg., Nr. 3, 2002, S. 347-363.

Anderson, Erin / Coughlan, Anne T. (1987): International Market entry and expansion via independent or integrated channels of distribution. In: Journal of Marketing, 51. Jg., Nr. 1, 1987, S. 71-82.

Anderson, James C. / Hakansson, Hakan / Johanson, Jan (1994): Dyadic Business Relationships within a Business Network Context. In: Journal of Marketing, 58. Jg., Nr. 4, 1994, S. 1-15.

Ansoff, Igor H. (1965): Corporate Strategy, New York 1965.

Aré, Lionel / Chabenne, Sami / Dupoux, Patrick / Ivers, Lisa / Michael, David C. / Morieux, Yves (2010): The African Challengers - Global Competitors Emerge from the Overlooked Continent [Online]. URL: http://www.bcg.com/documents/file44610.pdf (31.01.2011).

Areethamsirikul, Sarinna (2006): The Impact of ASEAN Enlargement on Economic Integration under ASEAN Political Institution, Philadelphia 2006.

Arenius, Pia (2005): The psychic distance postulate revised: from market selection to speed of market penetration. In: Journal of International Entrepreneurship, 3. Jg., Nr. 2, 2005, S. 115-131.

Arieti, Samuel A. (2006): The Role of MERCOSUR as a Vehicle for Latin American Integration. In: Chicago Journal of International Law, o. Jg., Nr. 6, 2006, S. 761-773.

Ariff, Mohamed (1994): Malaysia and AFTA: Progress, Issues and Prospects, Bangkok 1994.

Armijo, Leslie E. (2007): The BRICs Countries (Brazil, Russia, India and China) as Analytical Category: Mirage or Insight. In: Asian Perspective, 31. Jg., Nr. 4, 2007, S. 7-42.

Armstrong, Gary / Kotler, Philip (2007): Marketing: An Introduction, 8. Auflage, London/New York 2007.

Arnold, David J. (2004): The Mirage of Global Markets: How Globalizing Companies Can Succeed As Markets Localize, New Jersey 2004.

Arnold, David J. / Quelch, John A. (1998): New strategies in emerging markets. In: Sloan Management Review, 40. Jg., Nr. 1, 1998, S. 7-20.

Arnold, Ulli (1989): Global Sourcing - An Indispensable Element in Worldwide Competition. In: Management International Review, 29. Jg., Nr. 4, 1989, S. 14-28.

Arouri, Mohamed El Hedi / Jawadi, Fredj / Nguyen, Duc Khuong (2010): The Dynamics of Emerging Stock Markets, Berlin/Heidelberg 2010.

Arrighi, Giovanni (2002): The African Crisis, World Systemic and Regional Aspects. In: New Left Review, 2. Jg., Nr. 15, 2002, S. 5-36.

Arunsmith, Kwanjai / Mallikamas, Sothitorn / Treerat, Nualnoi / Pornchaiwiseskul, Pongsa (2002): AFTA as Real Free Trade Area, Singapur 2002.

Arza, Valeria (2011): El Mercosur como plataforma de exportación para la industria automotriz. In: Revista CEPAL, o. Jg., Nr. 103, 2011, S. 139-164.

Asher, Mukul G. / Srivastava, Sadhana (2003): India and the Asian Economic Community, Neu Delhi 2003.

Asiedu, Elizabeth (2002): On the Determinants of Foreign Direct Investment to Developing Countries: Is Africa Different? In: World Development, 30. Jg., Nr. 1, 2002, S. 107-119.

Athukorala, Prema-Chandra / Menon, Jayant (1996): Foreign Direct Investment in ASEAN: Can AFTA make a difference? Singapur 1996.

Atteslander, Peter (2010): Methoden der empirischen Sozialforschung, 13. Auflage, Berlin 2010.

Audretsch, David B. (2002): Entrepreneurship: A survey of the literature, London 2002.

Aufenanger, Stefan (1995): Qualitative Forschung in der Medienpädagogik. In: König, Eckard / Zedler, Peter (Hrsg.): Bilanz qualitativer Forschung. Band 1: Grundlagen qualitativer Forschung. Weinheim: Deutscher Studien Verlag, S. 221-240.

Austria, Myrna S. (2003): ASEAN Free Trade Area: Lessons and Challenges, Manila 2003.

Autio, Erkko (2005): The Significance of Ben Oviatt's and Patricia McDougall's Article 'Toward a Theory of International New Ventures'. In: Journal of International Business Studies, 36. Jg., Nr. 1, 2005, S. 9-19.

Autio, Erkko / Sapienza, Harry J. / Almeida, James G. (2001): Effects of Age at Entry, Knowledge Intensity, and Imitability of International Growth. In: Academy of Management Journal, 43. Jg., Nr. 5, 2001, S. 909-924.

Ayal, Igal / Zif, Jehiel (1979): Market Expansion Strategies in Multinational Marketing. In: Journal of Marketing, 43. Jg., Nr. 2, 1979, S. 84-94.

Ba, Alice D. (2010): Regional Security in East Asia: ASEAN's Value Added and Limitations. In: Journal of Current Southeast Asian Affairs, 29. Jg., Nr. 3, 2010, S. 115-130.

Backhaus, Klaus (2003): Industriegütermarketing, 7. Auflage, München 2003.

Backhaus, Klaus / Büschken, Joachim / Voeth, Markus (2003): Internationales Marketing, 5. Auflage, Stuttgart 2003.

Backhaus, Klaus / Piltz, Klaus (1990): Strategische Allianzen - eine neue Form kooperativen Wettbewerbs. In: ZfB - Zeitschrift für Betriebswirtschaft, o. Jg., Nr. 27, 1990, S. 1-10.

Backhaus, Klaus / Schneider, Helmut (2007): Strategisches Marketing, Stuttgart 2007.

Bagchi-Sen, Sharmistha (1999): The small and medium exporters' problems: An empirical analysis of Canadian manufacturers. In: Regional Studies, 33. Jg., Nr. 3, 1999, S. 231-245.

Bagoglu, Necip C. (2010): Wirtschaftstrends Indonesien [Online]. URL: http://www.gtai.de/DE/Content/Online-news/2010/23/medien/lm2-indonesien-wirtschaftstrends-jawe-10-11,templateId=raw,property=publicationFile.pdf/lm2-indonesien-wirtschaftstrends-jawe-10-11?show=true (11.03.2011).

Bagoglu, Necip C. (2010a): Zollbefreiungen sollen Indonesiens Wachstum stärken [Online]. URL: http://www.gtai.de/fdb-SE,MKT201003248011,Google.html (11.03.2011).

Baier, Scott L. / Bergstrand, Jeffrey H. (2004): Economic determinants of free trade agreements. In: Journal of International Economics, 64. Jg., Nr. 1, 2004, S. 29-63.

Bain, Joe S. (1949): A Note on pricing in monopoly and oligopoly. In: The American Economic Review, 39. Jg., Nr. 2, 1949, S. 448-464.

Bain, Joe S. (1956): Barriers to new competition, Cambridge 1956.

Baker, Michael J. / Becker, Sven H. (1997): Pioneering New Geographical Markets. In: Journal of Marketing Management, 13. Jg., Nr. 1, 1997, S. 89-104.

Baldwin, Peter (1997): Planning for ASEAN: How to take advantage of Southeast Asia's Free Trade Area, London 1997.

Bamberger, Ingolf / Wrona, Thomas (2003): Planung in internationalen Unternehmen. In: Breuer, Wolfgang / Gürtler, Marc (Hrsg.): Internationales Management. Wiesbaden: Gabler, S. 103-137.

Bamou, Ernest / Adenikinju, Adeola (2006): Impact of China and India on Sub Sahara Africa. Evaluating Asian Driver Impacts on Sub-Saharan Africa Oil and Gas Industries: A Methodological Framework. In: AERC Asian Driver Working Paper, o. Jg., Nr. 2, 2006, S. 1-38.

Bárcena, Alicia / Prado, Antonio / Cimoli, Mario / Pérez, Ricardo (2010): Foreign Direct Investment in Latin America and the Caribbean [Online]. URL: http://www.eclac.cl/publicaciones/xml/0/43290/Cover_summary_and_conclusions_IED_2011.pdf (23.09.2011).

Barkema, Harry G. / Bell, John H. / Pennings, Johannes M. (1996): Foreign Entry, Cultural Barriers, and Learning. In: Strategic Management Journal, 17. Jg., Nr. 2, 1996, S. 151-166.

Barnes, Justin / Morris, Mike (2006): An assessment of the South African clothing industry's operational competitiveness relative to a set of international competitors, Kapstadt 2006.

Bartelsman, Eric J. / Doms, Mark (2000): Understanding productivity lessons from longitudinal microdata. In: Journal of Economic Literature, 38. Jg., Nr. 3, 2000, S. 569-595.

Bartlett, Christopher A. / Goshal, Sumantra (1990): Internationale Unternehmensführung. Innovation, globale Effizienz, differenziertes Marketing, New York/Frankfurt am Main 1990.

Bartlett, Christopher A. / Goshal, Sumantra (1990a): Matrix Management: Not a Structure, a Frame of Mind. In: Harvard Business Review, 68. Jg., Nr. 4, 1990, S. 138-145.

Bastian, Iryna (2006): Methodological options in international market segmentation, Bremen 2006, zugl.: Bremen, Univ., Diss., 2006.

Basu, Sudip Ranjan (2009): The economic growth story in India: past, present and prospects for the future. In: Klein, Lawrence R. (Hrsg.): The making of national economic forecasts. Cheltenham: Edward Elgar, S. 69-92.

Bauer, Erich (1976): Markt-Segmentierung als Marketing-Strategie, Berlin 1976.

Bauer, Erich (2000): Market segmentation in international marketing. In: Dahiya, Bhagwan (Hrsg.): The current state of business disciplines, 6. Auflage. Rhotak: Spellbound Publications, S. 2795-2814.

Bauer, Hans H. / Fischer, Marc (2000): Die empirische Typologisierung von Produktlebenszyklen und ihre Erklärung durch die Markteintrittsreihenfolge. In: ZfB - Zeitschrift für Betriebswirtschaft, 70. Jg., Nr. 9, 2000, S. 937-958.

Bäurle, Iris (1996): Internationalisierung als Prozessphänomen: Konzepte, Besonderheiten, Handhabung, Wiesbaden 1996.

Bäurle, Iris / Krebs, Ines (1997): Organisationales Lernen bei Internationalen Markteintritten. Diskussionsbeitrag Nr. 88 der Wirtschaftswissenschaftlichen Fakultät Ingolstadt, Ingolstadt 1997.

Bayertz, Kurt (1981): Wissenschaftstheorie und Paradigmenbegriff, Stuttgart 1981.

Bayoumi, Tamim / Mauro, Paolo (1999): The Suitability of ASEAN for a Regional Currency Arrangement. In: IMF Working Paper, o. Jg., Nr. 99, 1999, S. 1-24.

Bea, Franz X. / Schnaitmann, Hermann (1995): Begriff und Struktur betriebswirtschaftlicher Prozesse. In: Wissenschaftliches Studium, 24. Jg., Nr. 6, 1995, S. 278-282.

Beamish, Paul W. / Craig, Ron / McLellan, Kerry (1993): The performance characteristics of Canadian versus UK exporters in small and medium sized firms. In: Management International Review, 33. Jg., Nr. 2, 1993, S. 121-137.

Bearce, David H. (2003): Grasping the Commercial Institutional Peace. In: International Studies Quarterly, 47. Jg., Nr. 3, 2003, S. 247-370.

Bearce, David H. / Omori, Sawa (2005): How Do Commercial Institutions Promote Peace? In: Journal of Peace Research, 42. Jg., Nr. 6, 2005, S. 659-678.

Bechle, Karsten (2011): Kein Auslaufmodell: 20 Jahre Mercosur. In: German Institute of Global and Area Studies, o. Jg., Nr. 3, 2011, S. 1-7.

Becker, Helmut (2007): Auf Crashkurs, 2. Auflage, Berlin/Heidelberg 2007.

Becker, Jochen (2000): Modell des Produktlebenszyklus - Grundlagen - Anwendungen - Perspektiven. In: Thexis, 17. Jg., Nr. 2, 2000, S. 2-5.

Becker, Jochen (2006): Marketing-Konzeption: Grundlagen des ziel-strategischen und operativen Markenmanagements, 8. Auflage, München 2006.

Becker, Jochen (2009): Marketing-Konzeption: Grundlagen des ziel-strategischen und operativen Markenmanagements, 9. Auflage, München 2009.

Beckmann, Christoph (1997): Internationalisierung von Forschung und Entwicklung in multinationalen Unternehmen. Explorative Analyse der Einflussfaktoren auf die Gestaltung internationaler F&E-Netzwerke am Beispiel der deutschen chemischen und pharmazeutischen Industrie, Aachen 1997, zugl.: Darmstadt, Univ., Diss., 1997.

Behar, Alberto / Edward, Lawrence (2011): How Integrated Is SADC? Trends in Intra-Regional and Extra-Regional Trade Flows and Policy, Kapstadt 2011.

Behrens, Maria / Janusch, Holger (2009): Power and Norms in Foreign Trade Policy - The Proliferation of bilateral Free Trade Agreements, Diskussionspapier ISA/ABRI Joint Conference in Rio de Janeiro, Brasilien, Wuppertal 2009.

Beim, Gina / Lévesque, Moren (2006): Country selection for new business venturing: a multiple criteria decision analysis. In: Long Range Planning, 39. Jg., o. Nr., 2006, S. 265-293.

Beise, Marian (2001): Lead Markets, Heidelberg/New York 2001.

Beise, Marian (2005): Lead Markets, innovation differentials and growth. In: International Economics and Economic Policy, 1. Jg., Nr. 4, 2005, S. 305-328.

Bekerman, Marta / Rikap, Cecilia (2010): Regional integration and export diversification in Mercosur: the case of Argentina and Brazil. In: Cepal Review, o. Jg., Nr. 100, 2010, S. 165-187.

Bekerman, Marta / Sirlin, Pablo / Streb, María Luisa (1995): Las nuevas orientaciones de política industrial y de promoción de exportaciones en Argentina y Brasil. Asimetrías y posibilidades de coordinación. In: Documento de trabajo, o. Jg., Nr. 5, 1995, S. 167-187.

Bélanger, Louis / Mace, Gordon (1997): Middle Powers and Regionalism in the Americas: The Cases of Argentina and Mexico. In: Cooper, Andrew F. (Hrsg.): Niche Diplomacy: Middle Powers after the Cold War. London: Palgrave MacMillan, 1997, S. 171-194.

Bell, Jim (1995): The Internationalization of Small Computer Software Firms. A Further Challenge to "Stage" Theories. In: European Journal of Marketing, 19. Jg., Nr. 8, 1995, S. 60-75.

Benito, Gabriel R. G. / Gripsrud, Geir (1992): The Expansion of Foreign Direct Investments: Discrete Rational Location Choices or a Cultural Learning Process? In: Journal of International Business Studies, 23. Jg., Nr. 3, 1992, S. 461-476.

Benito, Gabriel R. G. / Welch, Lawrence S. (1994): Foreign Market Servicing: Beyond choice of entry mode. In: Journal of International Marketing, 2. Jg., Nr. 2, 1994, S. 7-27.

Benny, Guido / Kamarulnizam, Abdullah (2011): Indonesian Perceptions and Attitudes toward the ASEAN Community. In: Journal of Current Southeast Asian Affairs, 3. Jg., Nr. 1, 2011, S. 39-67.

Bergold, Jarg / Breuer, Franz (1992): Zum Verhältnis von Gegenstand und Forschungsmethoden in der Psychologie. In: Journal für Psychologie, 1. Jg., Nr. 1, 1992, S. 24-35.

Berndt, Ralph / Altobelli, Claudia Fantapie / Sander, Matthias (2005): Internationales Marketing-Management, 3. Auflage, Berlin 2005.

Berndt, Ralph / Altobelli, Claudia Fantapie / Sander, Matthias (2010): Internationales Marketing-Management, 4. Auflage, Berlin 2010.

Berndt, Ralph / Sander, Matthias (2002): Betriebswirtschaftliche, rechtliche und politische Probleme der Internationalisierung durch Lizenzerteilung. In: Macharzina, Klaus / Oesterle, Michael-Jörg (Hrsg.): Handbuch Internationales Management, 2. Auflage, Wiesbaden: Gabler, S. 601-624.

Berekoven, Ludwig (1985): Internationales Marketing, 2. Auflage, Herne/Berlin 1985.

Bhagwati, Jagdish (1991): The World Trading System at Risk, Princeton 1991.

Bhagwati, Jagdish / Panagariya, Arvind (1996): The Economics of Preferential Trade Agreements, Washington DC 1996.

Biggadike, Ralph E. (1976): Corporate diversification: Entry strategy and performance, Cambridge 1976.

Bilkey, Warren J. (1982): Variables associated with export profitability. In: Journal of International Business Studies, 13. Jg., Nr. 2, 1982, S. 39-55.

Bilkey, Warren J. / Tesar, George (1977): The Export Behaviour of Smaller Wisconsin Manufacturing Firms. In: Journal of International Business Studies, 8. Jg., Nr. 1, 1977, S. 93-98.

Bischof, Peter (1976): Produktlebenszyklen im Investitionsgüterbereich, Göttingen 1976.

Blancke, Walter (1994): Evolution strategischer Allianzen - Der Einfluss von strategischen Allianzen auf den Wettbewerb, Bayreuth 1994.

Blankenburg Holm, Desiree / Eriksson, Kent / Johanson, Jan (1999): Creating Value through Mutual Commitment to Business Network Relationships. In: Strategic Management Journal, 20. Jg., Nr. 5, 1999, S. 467-486.

Bloch, Nicolas / Shankar, Satish / Schaus, Robert (2007): Adapting for emerging markets. In: European Business Forum, 8. Jg., Nr. 2, 2007, o. S.

Blomstermo, Anders / Eriksson, Kent / Sharma, Deo D. (2004): Domestic Activity and Knowledge Development in the Internationalization Process of Firms. In: Journal of International Entrepreneurship, 2. Jg., o. Nr., 2004, S. 239-258.

Blomstermo, Anders / Sharma, Deo D. (2003): Three Decades of Research on the Internationalisation Process of Firms. In: Blomstermo, Anders / Sharma, Deo D. (Hrsg.): Learning in the Internationalisation Process of Firms. Cheltenham: Edward Elgar, S. 16-35.

Boehmer, Alexander von (1995): Internationalisierung industrieller Forschung und Entwicklung. Typen, Bestimmungsgründe und Erfolgsbeurteilung, Wiesbaden 1995, zugl.: Kiel, Univ., Diss., 1995.

Boeing, Philipp (2010): Emerging Countries and International Regimes: Dynamics of the World Bank and BRIC in the Post-Crisis Environment. In: China Business and Research, o. Jg., Nr. 9, 2010, S. 1-4.

Börsig, Clemens / Baumgarten, Christoph (2002): Grundlagen des internationalen Kooperationsmanagements. In: Macharzina, Klaus / Oesterle, Michael-Jörg (Hrsg.): Handbuch Internationales Management, 2. Auflage. Wiesbaden: Gabler, S. 551-572.

Bogner, Thomas / Brunner, Nicole (2007): Internationalisierung im deutschen Lebensmittelhandel, Wiesbaden 2007.

Bohnsack, Ralf (1999): Rekonstruktive Sozialforschung. Einführung in Methodologie und Praxis qualitativer Sozialforschung, 3. Auflage, Opladen 1999.

Bolton, Ruth N. / Myers, Matthew B. (2003): Price-based global market segmentation for services. In: Journal of Marketing, 67. Jg., o. Nr., 2003, S. 108-128.

Bompadre, Viviana A. (2002): The Making of Mercosur: A Comparison between National and Local Practices and Discourses in the Creation of the Market, Paris 2002.

Bonaccorsi, Andrea (1992): On the relationship between Firm Size and Export Intensity. In: Journal of International Business Studies, 23. Jg., Nr. 4, 1992, S. 605-635.

Borer, Tristan A. / Mills, Kurt (2009): South Africa and International Responsibilities: Unsettled Identity and Unclear Interests, Glasgow 2009.

Borghoff, Thomas / Welge, Martin K. (2001): Globalization: The Evolution of Enterprises in the Global Network Competition, Dortmund 2001.

Borrmann, Werner (1970): Typen und Struktur internationaler Unternehmungen. In: Borrmann, Werner (Hrsg.): Managementprobleme internationaler Unternehmungen. Wiesbaden: Gabler, S. 19-49.

Borraz, Fernando / Rossi, Máximo / Ferrés, Daniel (2011): Distributive Effects of Regional Trade Arrangements on the "Small Trading Partners": Mercosur and the case of Uruguay and Paraguay. Proceedings of the german development economics conference, Berlin 2011.

Botezatu, Elena (2007): EU-ASEAN free trade area: regional cooperation for global competitiveness, München 2007.

Botto, Mercedes I. (2011): ¿Qué nos enseñan los 20 años del Mercosur? In: Nueva Sociedad, o. Jg., Nr. 232, 2011, S. 17-25.

Bouzas, Roberto / Soltz, Hernán (2010): Institutions and regional integration: The case of Mercosur, London 2010.

Bovensiepen, Gerd / Rumpff, Stephanie (2006): Handel in asiatischen Emerging Markets: Paradiesische Gegebenheiten? In: Zentes, Joachim (Hrsg.): Handbuch Handel: Strategien - Perspektiven - Internationaler Wettbewerb. Wiesbaden: Gabler, S. 233-256.

Bowles, Paul / MacLean, Brian (1996): Understanding Trade Bloc Formation: The Case of the ASEAN Free Trade Area. In: Review of International Political Economy, 3. Jg., Nr. 2, 1996, S. 319-348.

Bradley, Frank (2005): International Marketing Strategy, London 2005.

Bradley, Frank / Gannon, Michael (2000): Does the firm's technology and marketing profile affect foreign market entry? In: Journal of International Market, 8. Jg., Nr. 4, 2000, S. 12-36.

Braun, Gerhard (1988): Die Theorie der Direktinvestitionen, Köln 1988.

Breckenridge, Keith (2008): Special Rights in Property: Why Modern African Economies Are Dependent on Mineral Resources, Manchester 2008.

Brehm, Alexander (2008): The Boundaries of Innovation and Entrepreneurship, Wiesbaden 2008.

Breilmann, Ulrich (1990): Die Berücksichtigung der strategischen Wahl im Rahmen eines neokontingenztheoretischen Ansatzes. Europäische Hochschulschriften, 5. Jg., Band 1084, Frankfurt am Main 1990.

Breit, Gotthard (1991): Mit den Augen des anderen sehen - Eine neue Methode zur Fallanalyse, Bad Schwallbach 1991.

Breuer, Franz (1996): Qualitative Psychologie. Grundlagen, Methoden und Anwendungen eines Forschungsstils, Opladen 1996.

Brewer, Paul (2001): International market selection: Developing a model from Australian case studies. In: International Business Review, 10. Jg., Nr. 2, 2001, S. 155-174.

Briggs, Inye (2009): South-South Co-operation and Regional Integration: Perspectives from Africa, Genf 2009.

Broadman, Harry G. (2007): Africa's Silk Road: China and India's New Economic Frontier, Washington 2007.

Brouthers, Keith D. / Brouthers, Lance E. (2001): Explaining the national cultural distance paradox. In: Journal of International Business Studies, 32. Jg., Nr. 1, 2001, S. 177-189.

Brouthers, Keith D. / Brouthers, Lance E. (2003): Why service and manufacturing entry mode choices differ: The influence of transaction cost factors, risk and trust. In: Journal of Management Studies, 40. Jg., Nr. 5, 2003, S. 1179-1204.

Brouthers, Keith D. / Brouthers, Lance E. / Nakos, George (1998): Entering Central and Eastern Europe: Risks and Cultural Barriers. In: Thunderbird International Business Review, 49. Jg., Nr. 5, 1998, S. 485-504.

Brouthers, Lance E. / Nakos, George (2005): The role of systematic international market selection on small firms' export performance. In: Journal of Small Business Management, 43. Jg., Nr. 4, 2005, S. 363-381.

Brown, Christina L. / Lattin, James M. (1994): Investigating the relationship between time in market and pioneering advantage. In: Management Science, 40. Jg., Nr. 10, 1994, S. 1361-1369.

Bruns, Jürgen (2003): Internationales Marketing, 3. Auflage, Ludwigshafen 2003.

Buchholz, Wolfgang (1996): Time-to-market-Management: Zeitorientierte Gestaltung von Produktionsinnovationsprozessen, Stuttgart 1996.

Buckley, Peter J. / Casson, Mark (1991): The future of the multinational enterprise, London 1991.

Buehrer, Timothy S. / Emery, James J. / Spence, Melvin T. Jr. /Wells, Louis T. Jr. (2000): Administrative Barriers to Foreign Investment - Reducing Red Tape in Africa, Washington 2000.

Büter, Clemens (2007): Außenhandel. Grundlagen globaler und innergemeinschaftlicher Handelsbeziehungen, Heidelberg 2007.

Bulmer-Thomas, Victor (1999): The Brazilian devaluation: National responses and international consequences. In: International Affairs, 75. Jg., Nr. 4, 1999, S. 729-741.

Burton, Fred N. / Schlegelmilch, Bodo B. (1987): Profile analysis of non-exporters versus exporters grouped by export involvement. In: Management International Review, 27. Jg., Nr. 1, 1987, S. 38-49.

Caceres, Luis R. (2011): Economic Integration and Unemployment in Mercosur. In: Journal of Economic Integration, 26. Jg., Nr. 1, 2011, S. 45-65.

Calvo, Guillermo A. / Leiderman, Leonardo / Reinhart, Carmen M. (1996): Inflows of Capital to Developing Countries in the 1990s. In: The Journal of Economic Perspectives, 10. Jg., Nr. 2, 1996, S. 123-139.

Campo, Isabelle Schluep (2010): Was ist Globalisierung - und wie hat sie sich entwickelt? In: Die Volkswirtschaft, o. Jg., Nr. 10, 2010, S. 4-7.

Capar, Nejat / Kotabe, Masaaki (2003): The Relationship between International Diversification and Performance in Service Firms. In: Journal of International Business Studies, 34. Jg., Nr. 4, 2003, S. 345-355.

Carlson, Sune (1975): How foreign is foreign trade? A problem in international business research, Motala 1975.

Carlton, Dennis W. / Perloff, Jeffrey M. (2000): Modern Industrial Organization, 4. Auflage, Boston 2000.

Carpano, Claudio / Chrisman, James J. / Roth, Kendall (1994): International Strategy and Environment: An Assessment of the Performance Relationship. In: Journal of International Business Studies, 25. Jg., Nr. 3, 1994, S. 639-656.

Carrera, Jorge (2005): "Inserción y especialización del sistema productivo argentina en la economía internacional. Modelos productivos." Escenarios de salida de crisis y estrategias alternativas de desarollo para Argentina, Buenos Aires 2005.

Carroll, Glenn R. / Hannan, Michael T. (1989): Density delay in the evolution of organizational populations: A model and five empirical tests. In: Administrative Science Quarterly, 34. Jg., Nr. 3, 1989, S. 411-430.

Castells, Manuel (2003): Four Asian Tigers with a Dragon Head. A Comparative Analysis of the State, Economy and Society in the Asian Pacific Rim. In: Appelbaum, Richard P. / Henderson, Jeffrey (Hrsg.): States and Development in the Asian Pacific Rim. London: Sage, S. 176-198.

Castells, Manuel (2003a): Das Informationszeitalter III. Jahrtausendwende, Opladen 2003.

Catry, Bernard / Chevalier, Michel (1974): Market share strategy and the product life cycle. In: Journal of Marketing, 38. Jg., Nr. 3, 1974, S. 29-34.

Cavusgil, Tamer S. (1980): On the Internationalization Process of Firms. In: European Research, 8. Jg., Nr. 6, 1980, S. 273-281.

Cavusgil, Tamer S. (1984): Differences among exporting firms based on their degree of internationalization. In: Journal of Business Research, 12. Jg., o. Nr., 1984, S. 195-208.

Cavusgil, Tamer S. (1985): Guidelines for export market research. In: Business Horizons, 28. Jg., Nr. 6, 1985, S. 27-33.

Cavusgil, Tamer S. / Zou, Shaoming (1994): Marketing strategy performance relationship: An investigation of the empirical link in export market ventures. In: Journal of Marketing, 58. Jg., Nr. 1, 1994, S. 1-21.

Cernat, Lucian (2001): Assessing Regional Trade Arrangements: Are South - South RTAs More Trade Diverting? Princeton 2001.

Chacha, Mwita (2009): A Bird in Hand is worth two in the Bush? Overlapping Memberships in Regional Trade Agreements, Chicago 2009.

Chalmers, Alan F. (2001): Wege der Wissenschaft - Einführung in die Wissenschaftstheorie, 5. Auflage, Berlin/Heidelberg 2001.

Chandler, Alfred D. (1962): Strategy and Structure: Chapters in the History of the American Industrial Enterprise, Cambridge 1962.

Chandler, Alfred D. (1980): The Growth of the Transnational Industrial Firm in the United States and the United Kingdom: A Comparative Analysis. In: Economic History Review, 33. Jg., Nr. 3, 1980, S. 396-410.

Chandler, Alfred D. (1990): Scales and Scope. The Dynamics of Industrial Capitalism, Cambridge 1990.

Chang, Tung-Lung (1996): Cultivating global experience curve advantage on technology and market capabilities. In: International Marketing Review, 13. Jg., Nr. 6, 1996, S. 22-42.

Chatterjee, Srikanta (1990): ASEAN Economic Cooperation in the 1980s and 1990s. In: Broinowski, Alison (Hrsg.): ASEAN into the 1990s. London: Palgrave MacMillan, S. 85-82.

Chetty, Sylvie / Campbell-Hunt, Colin (2004): A Strategic Approach to Internationalization: a Traditional versus a 'Born Global' Approach. In: Journal of International Marketing, 12. Jg., Nr. 1, 2004, S. 57-81.

Chia, Siow Yue (1994): AFTA and Beyond Issues for Singapore, Bangkok 1994.

Child, John (1972): Organizational Structure, Environment and Performance: The Role of Strategic Choice. In: Sociology, 6. Jg., Nr. 1, 1972, S. 1-22.

Child, John (1997): Strategic Choice in the Analysis of Action, Structure, Organizations and Environment: Retrospect and Prospect. In: Organization Studies, 18. Jg., Nr. 1, 1997, S. 43-76.

Chirathivat, Suthipand (1996): ASEAN Economic Integration with the World through AFTA, Singapur 1996.

Christensen, Carl H. / da Rocha, Angela / Gertner, Rosane K. (1987): An empirical investigation of the factors influencing exporting success of Brazilian firms. In: Journal of International Business Studies, 18. Jg., Nr. 3, 1987, S. 61-77.

Chrubasik, Bodo / Zimmermann, Hans-Jürgen (1987): Evaluierung der Modelle zur Bestimmung strategischer Schlüsselfaktoren. In: Der Betriebswirt, 47. Jg., Nr. 4, 1987, S. 426-450.

Chung, Henry F.L. / Enderwick, Peter (2001): An Investigation of Market Entry Selection: Exporting vs Foreign Direct Investment Modes - A Home-host Country Scenario. In: Asia Pacific Journal of Management, o. Jg., Nr. 18, 2001, S. 443-460.

CIA (2011): The World Factbook - Argentina [Online]. URL: http://www.cia.gov/library/publications/the-world-factbook/geos/ar.html (02.03.2011).

CIA (2011a): The World Factbook - Colombia [Online]. URL: http://www.cia.gov/library/publications/the-world-factbook/geos/co.html (02.03.2011).

CIA (2011b): The World Factbook - Vietnam [Online]. URL: https://www.cia.gov/library/publications/the-world-factbook/geos/vm.html (11.03.2011).

Clement, Michel / Litfin, Torsten / Vanini, Sven (1998): Ist die Pionierrolle ein Erfolgsfaktor? Eine kritische Analyse der empirischen Forschungsergebnisse. In: ZfB - Zeitschrift für Betriebswirtschaft, 68. Jg., Nr. 2, 1998, S. 205-226.

Coase, Ronald (1937): The Nature of the Firm. In: Economica, 4. Jg., Nr. 16, 1937, S. 386-405.

Coeurderoy, Regis / Durand, Rodolphe (2004): Leveraging the first mover advantage: proprietary technologies versus cost leadership. In: Journal of Business Research, 57. Jg., Nr. 6, 2004, S. 583-590.

Coffey, Peter (1998): The historical background to integration in Latin America. In: Coffey, Peter (Hrsg.): Latin America - Mercosur. Boston: Kluwer, S. 1-20.

Collier, Paul (2008): The Bottom Billion, Why are the poorest countries are failing and what can be done about it, Oxford 2008.

Connolly, Michelle / Gunther, Jenessa (1999): Mercosur: Implications for Growth in Member Countries. In: Current Issues in Economics and Finance, 5. Jg., Nr. 7, 1999, S. 1-6.

Conrad, Cecilia (1983): The advantage of being first and competition between firms. In: International Journal of Industrial Organizations, 1. Jg., Nr. 2, 1983, S. 353-383.

Contractor, Farok J. / Lorange, Peter (1988): Cooperative Strategies in International Business, Toronto 1988.

Cooper, Andrew F. (1997): Niche Diplomacy: Middle Powers after the Cold War, London 1997.

Cooper, Andrew F. / Antkiewicz, Agata / Shaw, Timothy M. (2007): Lessons from/for BRIC about South-North Relations at the Start of the 21th Century: Economic Size Trumps All Else. In: International Studies Review, 9. Jg., Nr. 4., 2007, S. 637-689.

Corning, Gregory P. (2008): Japan and the Consolidation of East Asian Regionalism: The ASEAN-Japan Closer Economic Partnership Agreement, Oxford 2010.

Coulmas, Florian (2007): Drei Jahrzente ASEAN - Vom Geschöpf des Kalten Krieges zur identitätsstiftenden Klammer. In: NZZ Fokus, o. Jg., Nr. 31, 2007, S. 8-11.

Cox, William E. (1967): Product Life Cycles as Marketing Models. In: Journal of Business, 40. Jg., Nr. 4, 1967, S. 375-384.

Crawford, Merle C. / Di Bennedetto, Anthony C. (2006): New Products Management, 8. Auflage, Boston 2006.

Creswell, John W. (2007): Qualitative inquiry & research design, 2. Auflage, Thousand Oaks 2007.

Cuyvers, Ludo / de Lombaerde, Philippe / Verherstraeten, Stijn (2005): From AFTA towards an ASEAN economic community... and beyond. In: Centre for ASEAN Studies, o. Jg., Nr. 46, 2005, S. 1-24.

Cuyvers, Ludo / Pupphavesa, Wisarn (1996): From ASEAN to AFTA. In: Centre for ASEAN Studies, o. Jg., Nr. 6, 1996, S. 1-17.

Czinkota, Michael R. / Johnston, William J. (1981): Segmenting U.S. Firms for Export Development. In: Journal of Business Research, 18. Jg., Nr. 3, 1981, S. 207-218.

Czinkota, Michael R. / Ronkainen, Ilkka A. (2002): International Marketing, 8. Auflage, Oklahoma 2002.

Czinkota, Michael R. / Ronkainen, Ilkka A. / Moffett, Michael H. (2002): International Business, 6. Auflage, Oklahoma 2002.

da Rocha, Angela / Christensen, Carl H. / da Cunha, Carlos E. (1990): Aggressive and passive exporters: A study in the Brazilian furniture industry. In: International Marketing Review, 7. Jg., Nr. 5, 1990, S. 6-15.

Daimler AG (2008): Geschäftsbericht 2007 [Online]. URL: http://www.daimler.com/Projects/c2c/channel/documents/1488193_DAI_2007_Geschaeftsbericht.pdf (22.06.2009).

Daimler AG (2008a): Segmentation of Markets, Stuttgart 2008.

Daimler AG (2010): Werk São Bernardo do Campo [Online]. URL: http://www.daimler.com/dccom/0-5-8818-49-36886-1-0-0-0-0-0-12075-7145-0-0-0-0-0-0.html (28.01.2011).

Daimler AG (2010a): Daimler Trucks eröffnet Lkw-Teststrecke in Oragadam bei Chennai, Indien [Online]. URL: http://media.daimler.com/dcmedia/0-921-657319-49-1282112-1-0-0-0-0-0-11701-614232-0-1-0-0-0-0-0.html (28.01.2011).

Daimler AG (2010b): Daimler und Foton Motor unterschreiben Joint Venture Vertrag und erhalten Genehmigung zur Lkw-Produktion in China [Online]. URL: http://www.daimler.com/dccom/0-5-7153-49-1313527-1-0-0-0-0-0-16694-7164-0-0-0-0-0-0-0.html (28.012011).

Daimler AG (2010c): Das Engagement der Daimler AG für Gemeinwesen und Soziales [Online]. URL: http://www.daimler.com/dccom/0-5-1268163-49-1299459-1-0-0-1285675-0-0-135-7145-0-0-0-0-0-0-0.html (28.01.2011).

Daimler AG (2010d): Mercedes-Benz do Brasil Segment Strategy, São Bernardo do Campo 2010.

Daimler AG (2010e): Mercedes-Benz Lkw setzt Erfolgsgeschichte in Brasilien mit dem Actros fort [Online]. URL: http://www.daimler.com/dccom/0-5-7153-49-1329732-1-0-0-0-0-0-0-12077-7145-0-0-0-0-0-0-0.html (03.03.2011).

Daimler AG (2011): Daimler AG - Geschäftsbericht 2011 [Online]. URL: http://www.daimler.com/Projects/c2c/channel/documents/1985488_Daimler_Geschaeftsbericht_2010.pdf, (09.04.2011).

Daimler AG (2011a): Truck Regulation Compendium, Stuttgart 2011.

Daimler AG (2011b): Global Tariffs and Trade Compendium, Stuttgart 2011.

Dana, Leo P. (2001): Networks, Internationalization & Policy. In: Small Business Economics, 16. Jg., Sonderausgabe, 2001, S. 57-62.

Daniels, John D. (1987): Bridging national and global marketing strategies through regional operations. In: International Marketing Review, 2. Jg., Nr. 3, 1987, S. 29-44.

Daniels, John D. / Radebaugh, Lee H. (1998): International business: environments and operations, 11. Auflage, New Jersey 1998.

Das, Mallika (1994): Successful and unsuccessful exporters from developing countries. Some preliminary findings. In: European Journal of Marketing, 28. Jg., Nr. 12, 1994, S. 19-33.

Davis, Steven J. / Haltiwanger, John (1999): Gross job flows. In: Card, David / Ashenfelter, Orley (Hrsg.): The Handbook of Labor Economics, 3. Auflage. Amsterdam: Elsevier, S. 2567-2627.

Davison, Phil (2004): South America takes first step to a union of nations [Online]. URL: http://www.independent.co.uk/news/world/americas/south-america-takes-first-step-to-a-union-of-nations-676327.html (12.11.2010).

Dawar, Niraj / Parker, Philip M. (1994): Marketing Universals: Consumers' use of brand, name, price, physical appearance and retailer reputation as signals of product quality. In: Journal of Marketing, 58. Jg., Nr. 2, 1994, S. 81-95.

Day, Ellen / Fox, Richard J. / Huszagh, Sandra M. (1988): Segmenting the global market for industrial goods: Issues and implications. In: International Marketing Review, 5. Jg., Nr. 3, 1988, S. 14-27.

Day, George S. (1981): The Product Life Cycle. Analysis and Application Issues. In: Journal of Marketing, 45. Jg., Nr. 4, 1981, S. 60-67.

de Andrade, Joaquim P. / Falcao Silva, Maria L. / Trautwein, Hans-Michael (2005): Disintegrating effects of monetary policies in the Mercosur. In: Structural Change and Economic Dynamics, 16. Jg., Nr. 1, 2005, S. 65-89.

de Castro, Julio O. / Chrisman, James J. (1995): Order of market entry, competitive strategy and financial performance. In: Journal of Business Research, 33. Jg., Nr. 2, 1995, S. 165-177.

de Lange, Harry M. (2010): Foreign Investments in Southern Africa - The Beginning of a Dialogue. In: The Ecumenical Review, 29. Jg., Nr. 4, 2010, S. 383-393.

de Oliveira, Marcos A. G. (2005): Mercosur: Political Development and Comparative Issues with the European Union. In: Jean Monnet/Robert Schumann Paper Series, 5. Jg., Nr. 19, 2005, S. 1-9.

de Oliveira, Amâncio J. N. / Onuki, Janina / de Oliveira, Emmanuel (2008): Emerging Powers and Global Governance: The Case of IBSA, San Francisco 2008.

de Souza, Amaury (1999): Cardoso and the struggle for reform in Brazil. In: Journal of Democracy, 10. Jg., Nr. 3, 1999, S. 49-63.

Dichtl, Erwin / Leibold, Marius / Kögelmayer, Hans-Georg / Müller, Stefan (1984): The foreign orientation of management as a central construct in export-oriented decision making process. In: Hampton, Gerald M. / van Gent, Aart P. (Hrsg.): Marketing Aspects of International Business. Boston: Kluwer-Nijhoff, S. 119-141.

Dieckheuer, Gustav (2001): Internationale Wirtschaftsbeziehungen, 5. Auflage, München 2001.

Diekmann, Andreas (2008): Empirische Sozialforschung, 19. Auflage, Hamburg 2008.

Dieter, Heribert / Melber, Henning (2000): No Future for SADC? Perspectives for Regional Integration in Southern Africa and the Mauritius Summit. In: INEF Report, o. Jg., Nr. 43, 2000, S. 1-30.

Diez, Willi / Krauss, Hans-Dieter (2006): Die europäische Nutzfahrzeugindustrie im Zeichen der Globalisierung. KPMG Automotive, Stuttgart 2006.

Dillon, William R. / Calantone, Roger / Worthing, Parker (1979): The new product problem: an approach for investigating product failures. In: Management Science, 25. Jg., Nr. 12, 1979, S. 1184-1196.

Dobbs, Richard / Smit, Sven / Remes, Jaana / Manyika, James / Roxburgh, Charles / Restrepo, Alejandra (2011): Urban world: Mapping the economic power of cities [Online]. URL: http://www.mckinsey.com/mgi/publications/urban_world/index.asp (01.08.2011).

Donthu, Naveen / Kim, Sang (1993): Implications of firm controllable factors on export growth. In: Journal of Global Marketing, 7. Jg., Nr. 1, 1993, S. 47-63.

Doole, Isobel / Lowe, Robin (1999): International Marketing Strategy, London 1999.

Douglas, Susan P. / Craig, Samuel C. (1992): Advances in international marketing. In: International Journal of Research in Marketing, 9. Jg., Nr. 4, 1992, S. 291-318.

Dow, Douglas (2000): A note on psychological distance and export market selection. In: Journal of International Marketing, 8. Jg., Nr. 1, 2000, S. 51-64.

Dow, Douglas / Karunaratna, Amal (2006): Developing a multidimensional instrument to measure psychic distance stimuli. In: Journal of International Business Studies, 37. Jg., Nr. 5, 2006, S. 578-602.

Dreger, Christian (2000): Strategisches Pharma-Management. Konsequente Wertoptimierung des Total-Life-Cycle, Wiesbaden 2000.

Drogendijk, Rian / Slangen, Arjen (2006): Hofstede, Schwartz, or managerial perceptions: The effects of various cultural distance measures on establishment mode choices by multinational enterprises. In: International Business Review, 15. Jg., Nr. 4, 2006, S. 361-380.

Drysdale, Peter / Garnaut, Ross (1993): The Pacific: An Application of a General Theory of Economic Integration. In: Bergsten, Fred C. (Hrsg.): Pacific Dynamism and the International Economic System. Washington D.C.: Institute for International Economics, S. 183-223.

Due, John F. / Due, Jean M. (1982): The Challenges Faced by Four African Economies: Zimbabwe, Zambia, Tanzania and the Sudan. In: Journal of Economic Development, o. Jg., o. Nr., 1982, S. 67-86.

Dülfer, Eberhard (1996): Internationales Management in unterschiedlichen Kulturbereichen, 4. Auflage, München/Wien 1996.

Dülfer, Eberhard (2002): Zur Geschichte der internationalen Unternehmenstätigkeit - Eine unternehmensbezogene Perspektive. In: Macharzina, Klaus / Oesterle, Michael-Jörg (Hrsg.): Handbuch Internationales Management, 2. Auflage. Wiesbaden: Gabler, S. 69-95.

Duina, Francesco (2006): The social construction of free trade: The European Union, NAFTA, and Mercosur, Princeton 2006.

Duina, Francesco / Buxbaum, Jason (2008): Regional Trade Agreements and the Pursuit of State Interests: Institutional Perspectives from NAFTA and Mercosur. In: Economy and Society, 37. Jg., Nr. 2, 2008, S. 193-223.

Dunning, John H. (1974): The Distinctive Nature of the Multinational Enterprise. In: Dunning, John H. (Hrsg.): Economic Analysis and the Multinational Enterprise. London: Allen&Unwin, S. 13-30.

Dunning, John H. (1977): Trade, Location of Economic Activity and the MNE: A Search for an Eclectic Approach. In: Ohlin, Bertil (Hrsg.): The International Allocation of Economic Activity. London: Palgrave MacMillan, S. 395-418.

Dunning, John H. (1983): Changes in the Level and Structure of International Production: The Last One Hundred Years. In: Casson, Mark C. (Hrsg.): The Growth of International Business. London: Allen&Unwin, S. 84-139.

Dunning, John H. (1998): Multinational Enterprise and the Global Economy, Nachdruck der Ausgabe von 1992, Wokingham et al. 1998.

Dzhumashev, Ratbek (2009): Is there a direct effect of corruption in growth? [Online]. URL: http://mpra.ub.uni-muenchen.de/18489/1/MPRA_paper_18489.pdf (25.02.2011).

Earley, Christopher P. / Singh, Harbir (1995): International and Intercultural Management Research: What's Next? In: The Academy of Management Journal, 38. Jg., Nr. 2, 1995, S. 327-340.

Easingwood, Christopher J. (1988): Product life cycle patterns for new industrial goods. In: R&D Management, 18. Jg., Nr. 1, 1988, S. 23-32.

Egberink, Fenna / van der Putten, Frans-Paul (2010): Introduction: What is ASEAN's Relevance for Geopolitical Stability in Asia? In: Journal of Current Southeast Asian Affairs, 29. Jg., Nr. 3, 2010, S. 91-94.

Eisele, Jürgen (1995): Erfolgsfaktoren des Joint Venture Management, Wiesbaden, zugl.: Mannheim, Univ., Diss., 1995.

Eisenman, Joshua / Kurlantzick, Josh (2006): China's Africa Strategy. In: Current History, 105 Jg., Nr. 691, 2006, S. 219-224.

Ellinger, Theodor (1961): Die Marktperiode in ihrer Bedeutung für die Produktions- und Absatzplanung der Unternehmung. In: Zeitschrift für handelswissenschaftliche Forschung, 13. Jg., o. Nr., 1961, S. 580-597.

Ellis, John / Williams, David (1995): International Business Strategy, London 1995.

Ellis, Stephen (2003): Briefing: West Africa and Its Oil. In: African Affairs, 102. Jg., Nr. 406, 2003, S. 135-138.

Engel, James F. / Fiorillo, Henry P. / Cayley, Murray A. (1972): Market segmentation: Concepts and applications, New York 1972.

Engelhard, Johann / Macharzina, Klaus (1991): Paradigm Shift in International Business Research: From Partist and Eclectic Approaches to the GAINS-Paradigm. In: Management International Review, o. Jg., Nr. 31, 1991, S. 23-44.

Engelhardt, Werner H. (1989): Produkt-Lebenszyklus- und Substitutionsanalyse. In: Szyperski, Norbert / Winand, Udo (Hrsg.): Handwörterbuch der Planung. Stuttgart: Schäffer-Poeschel, Sp. 1591-1602.

Eriksson, Kent / Johanson, Jan / Majkgård, Anders / Sharma, Deo D. (1997): Experimental Knowledge and Cost in the Internationalization Process. In: Journal of International Business Studies, 28. Jg., Nr. 2, 1997, S. 227-360.

Ermann, Ulrich (2005): Regionalprodukte - Vernetzung und Grenzziehungen bei der Regionalisierung von Nahrungsmitteln, Stuttgart 2005.

Erramilli, Krishna M. (1991): The experience factor in foreign market entry behaviour of service firms. In: Journal of International Business Studies, 22. Jg., Nr. 3, 1991, S. 479-501.

Erramilli, Krishna M. / Rao, C. P. (1993): Choice of Foreign Market Entry Modes by Service Firms: role of market knowledge. In: Management International Review, 30. Jg., Nr. 2, 1993, S. 135-151.

Ethier, Wilfred J. (1998): Regionalism in a Multilateral World. In: Journal of Political Economy, 106. Jg., Nr. 6, 1998, S. 1214-1245.

Evans, Jody / Mavondo, Felix T. (2002): Psychic Distance and Organizational Performance: An Empirical Examination of International Retailing Operations. In: Journal of International Business Studies, 33. Jg., Nr. 3, 2002, S. 515-532.

Farhang, Manucher (1993): Internationalization of the firm: Conceptual overview and empirical evidence. In: Swanson, Carl L. / Alkhaiaji, Abbass / Ryan, Mike H. (Hrsg.): International Research in the business disciplines. Greenwich: JAI Press Inc., S. 177-184.

Fechner, Matthias (2000): Der Marktauftritt japanischer Automobilhersteller in Südostasien, Göttingen 2000, zugl.: Göttingen, Univ., Diss., 2000.

Feige, Stefan / Tomczak, Torsten (1995): Einkaufsentscheidungen des Handels - Kritischer Faktor für erfolgreiche Markenführung, St. Gallen 1995.

Ferdowsi, Mir A. (2004): Afrika - ein verlorener Kontinent? München 2004.

Ferdowsi, Mir A. / Matthies, Volker (2003): Den Frieden gewinnen. Zur Konsolidierung von Friedensprozessen in Nachkriegsgesellschaften, Bonn 2003.

Fernández, Raquel / Portes, Jonathan (1998): Returns to Regionalism. An Analysis of Nontraditional Gains from Regional Trade Agreements. In: World Bank Economic Review, o. Jg., Nr. 12, 1998, S. 12-97.

Fisch, Jan H. (2001): Structure follows Knowledge: Internationale Verteilung der Forschung und Entwicklung in multinationalen Unternehmen, Wiesbaden 2001, zugl.: Hohenheim, Univ., Diss., 2001.

Fisch, Jan H. (2006): Internationale Realoptionen - Aufbau von Auslandsgesellschaften bei Unsicherheit und Irreversibilität, Wiesbaden 2006.

Fischer, Marc (2001): Produktlebenszyklus und Wettbewerbsdynamik, Wiesbaden 2001.

Fischer, Marc / Himme, Alexander / Albers, Sönke (2007): Pionier, Früher Folger: Welche Strategie verspricht den größten Erfolg? In: ZfB - Zeitschrift für Betriebswirtschaft, 77. Jg., Nr. 5, 2007, S. 539-573.

Flemes, Daniel (2007): Emerging Middle Powers. Soft Balancing Strategy: State and Perspectives of the IBSA Dialogue Forum. In: German Institute of Global and Area Studies, o. Jg., Nr. 57, 2007, S. 53-112.

Fletcher, Richard (2001): A Holistic Approach to Internationalisation. In: International Business Review, 10. Jg., Nr. 1, 2001, S. 25-49.

Flick, Uwe (1995): Psychologie des technisierten Alltags, Reinbek bei Hamburg 1995.

Flick, Uwe (1996): Qualitative Forschung. Theorien, Methoden, Anwendung in Psychologie und Sozialwissenschaften, 2. Auflage, Reinbek bei Hamburg 1996.

Flick, Uwe / Kardorff, Ernst von / Keupp, Heiner / Rosenstiel, Lutz von / Wolff, Stephan (1995): Handbuch Qualitative Sozialforschung. Grundlagen, Konzepte, Methoden und Anwendungen, 2. Auflage, Weinheim 1995.

Flowers, Edward B. (1976): Oligopolistic Reactions in European and Canadian Direct Investment in the United States. In: Journal of International Business Studies, 7. Jg., Nr. 2, 1976, S. 43-55.

Forsgren, Mats (1989): Managing the Internationalization Process: The Swedish Case, London/New York 1989.

Fox, Harold W. (1973): A framework for functional coordination. In: Atlanta Economic Journal, 23. Jg., Nr. 6, 1973, S. 8-11.

Frank, Hermann / Moser, Reinhard (1987): Internationale Projektfinanzierung. In: Journal für Betriebswirtschaft, 37. Jg., Nr. 1, 1987, S. 31-49.

Frankel, Herbert S. (1969): Capital Investment in Africa, New York 1969.

Frankel, Jeffrey / Stein, Ernesto / Wei, Shang-jin (1995): Trading Blocs and the Americas: The Natural, the Unnatural, and the Super-natural. In: Journal of Development Economics, 47. Jg., Nr. 1, 1995, S. 61-95.

Franzoi, Clarissa (2009): Parliaments in Mercosur and European Union: regionalism versus globalization in a comparative perspective, Bordeaux 2009.

Frese, Erich (2000): Grundlagen der Organisation. Konzept - Prinzipien - Strukturen, 7. Auflage, Wiesbaden 2000.

Freter, Hermann (2008): Markt- und Kundensegmentierung, Stuttgart 2008.

Freudenmann, Helmut (1965): Planung neuer Produkte, Stuttgart 1965.

Friedrichs, Jürgen (1973): Methoden empirischer Sozialforschung, Reinbek bei Hamburg 1973.

Friesen, Peter H. / Miller, Danny (1986): A mathematical model of the adaptive behaviour of organizations. In: Journal of Management Studies, 23. Jg., Nr. 1, 1986, S. 1-25.

Fritz, Wolfgang / Oelsnitz, Dietrich von der (2000): Markteintrittsstrategien. In: Albers, Sönke / Herrmann, Andreas (Hrsg.): Handbuch Produktmanagement, 3. Auflage. Wiesbaden: Gabler, S. 72-95.

Früh, Werner (1998): Inhaltsanalyse. Theorie und Praxis, 4. Auflage, Konstanz 1998.

Fu, Guichen (2005): Internationale Markteintrittsstrategien mittelgroßer Industrieunternehmen, Stuttgart, 2005, zugl.: Stuttgart, Univ., Diss., 2005.

Fuchs, Manfred / Apfelthaler, Gerhard (2009): Management und internationale Geschäftätigkeit, Wien 2009.

Fuchs, Manfred / Schiel, Tilman (1997): Der Preis der Kohle: eine vergleichende Studie über den Kohlebergbau in Kolumbien, Südafrika und Polen, Stuttgart 1997.

Gabrielsson, Mika / Kirpalani, Manek V. H. (2004): Born globals: how to reach new business space rapidly. In: International Business Review, 13. Jg., Nr. 5, 2004, S. 555-571.

Gaitanides, Michael (1983): Prozeßorganisation: Entwicklung, Ansätze und Programme prozessorientierter Organisationsgestaltung, München 1983.

Gaitanides, Michael (1995): Je mehr desto besser? Zu Umfang und Intensität des Wandels bei Vorhaben des Business Reengineering. In: Technologie & Management, 44. Jg., Nr. 2, 1995, S. 69-76.

Gaitanides, Michael (1998): Business Reengineering/Prozessmanagement - von der Managementtechnik zur Theorie der Unternehmung. In: Die Betriebswirtschaft, 58. Jg., Nr. 3, 1998, S. 369-381.

Gaitanides, Michael / Scholz, Rainer / Vrohlings, Alvin / Raster, Max (1994): Prozeßmanagement. Konzepte, Umsetzungen und Erfahrungen des Reengineering, München/Wien 1994.

Gamble, Andrew / Payne, Anthony (1996): Regionalism and World Order, London 1996.

Garcia Sanz, Francisco J. (2007): Ganzheitliche Beschaffungsstrategie als Gestaltungs-rahmen der globalen Netzwerkintegration in der Automobilindustrie. In: Garcia Sanz, Francisco J. / Semmler, Klaus / Walther, Johannes (Hrsg.): Die Automobilindustrie auf dem Weg zur globalen Netzwerkkompetenz. Berlin/Heidelberg: Axel Springer, S. 3-23.

Gassmann, Oliver / Keupp, Marcus M. (2007): The Internationalisation of Research and Development in Swiss and German Born Globals: Survey and Case Study Evidence. In: International Journal of Entrepreneurship and Small Business, 4. Jg., Nr. 3, 2007, S. 214-233.

Gaye, Adama (2007): China-Africa: The Dragon and the Ostrich, Paris 2007.

Gereffi, Gary / Hempel, Lynn (1996): Latin America in the Global Economy: Running Faster to Stay in Place. In: NACLA Report on the Americas, o. Jg., o. Nr., 1996, S. 18-25.

Germann, Harald / Rürup, Bert / Setzer, Martin (1996): Globalisierung der Wirtschaft: Begriffe, Bereiche, Indikatoren. In: Steger, Ulrich (Hrsg.): Globalisierung der Wirtschaft. Berlin/Heidelberg: Axel Springer, S. 18-55.

Gerybadze, Alexander / Reger, Guido (1999): Globalization of R&D: Recent Challenges in the Management of Innovation in Transnational Corporations. In: Research Policy, 28. Jg., Nr. 2/3, 1999, S. 251-274.

Ghemawat, Pankaj (2007): Redefining Global Strategy, Boston 2007.

Gibb, Richard (1998): Southern Africa in transition: prospects and problems facing regional integration. In: Journal of Modern African Studies, 36. Jg., Nr. 2, 1998, S. 287-306.

Gilligan, Colin / Hird, Martin (1986): International Marketing: strategy and management, London/Sydney 1986.

Gläser, Jochen / Laudel, Grit (2009): Experteninterviews und qualitative Inhaltsanalyse, 3. Auflage, Wiesbaden 2009.

Glaum, Martin (1996): Internationalisierung und Unternehmenserfolg, Wiesbaden 1996.

Glaum, Martin / Oesterle, Michael-Jörg (2007): 40 Years of Research on Internationalization and Firm Performance: More Questions than Answers. In: Management International Review, 47. Jg., Nr. 3, 2007, S. 307-317.

Global Insight (2010): Asian Automotive Industry Forecast Report [Online]. URL: http://www.ihsglobalinsight.com/ProductsServices/ProductDetail736.htm (01.03.2011).

Global Insight (2011): World Truck Industry Forecast Service [Online]. URL: http://www.ihsglobalinsight.com/ProductsServices/ProductDetail730.htm (25.02.2011).

Global Insight (2011a): South American Auto Industry Forecast Report [Online]. URL: http://www.ihsglobalinsight.com/ProductsServices/ProductDetail734.htm (04.03.2011).

Glowik, Mario (2009): Market Entry Strategies. Internationalization Theories, Network Concepts and Cases of Asian Firms: LG Electronics, Panasonic, Samsung, Sharp, Sony and TCL China, München 2009.

Golder, Peter N. / Tellis, Gerard J. (1993): Pioneer Advantage: Marketing Logic or Marketing Legend? In: Journal of Marketing Research, 30. Jg., o. Nr., 1993, S. 158-170.

Golder, Peter N. / Tellis, Gerard J. (1997): Will It Ever Fly? Modeling The Growth of New Consumer Durables. In: Marketing Science, 16. Jg., Nr. 3, 1997, S. 256-270.

Goldstein, Andrea / Pinaud, Nicolas / Reisen, Helmut / Chen, Xiaobao (2006): The Rise of China and India: What's in it for Africa? In: Policy Insights, o. Jg., Nr. 19, 2006, S. 1-33.

Gollwitzer, Michael / Karl, Rudi (1998): Logistik-Controlling, München 1998.

Gomes-Casseres, Benjamin (1990): Firm ownership preferences and host government restrictions: An integrated approach. In: Journal of International Business Studies, 21. Jg., Nr. 1, 1990, S. 1-21.

Gorden, Raymond L. (1975): Interviewing Strategies, techniques and tactics, Homewood, Illinois 1975.

Goydke, Tim (2008): Indien als strategischer Brückenkopf für Asien, Stuttgart 2008.

Graham, Edward M. (1975): Oligopolistic Imitation and European Direct Investment in the United States, Harvard 1975.

Graham, Edward M. (1978): Transatlantic Investment by Multinational Firms: A Rivalistic Phenomenon. In: Journal of Post Keynesian Economics, 1. Jg., Nr. 1, 1978, S. 82-99.

Greiner, Walter (2004): Die interregionale Assoziierung zwischen der Europäischen Union und dem Mercosur - Ein Modell für die Kooperation zwischen mehreren Freihandelszonen im Rahmen der Welthandelsordnung, Frankfurt am Main 2004, zugl.: Augsburg, Univ., Diss., 2004.

Grube, Rüdiger (2005): Wertsteigerung durch Multibrand Management bei DaimlerChrysler. In: Schweigkart, Nikolaus / Töpfer, Armin (Hrsg.): Wertorientiertes Management. Berlin/Heidelberg: Axel Springer, S. 509-531.

Gudorf, Pascal (2010): Japanese Corporate Strategies in Emerging Markets: From China-centered Trade and Investment to Diversified Internationalization. In: Haghirian, Parissa (Hrsg.): Innovation and change in Japanese management. Basingstoke: Palgrave MacMillan, S. 223-238.

Guedes, Marcos / Dominguez, Francisco (2004): Mercosur: Between Integration and Democracy, London 2004.

Günzing, Nicole / Trumann, Markus (2006): Überblick und Strategien für den indischen Automobilmarkt. In: Koubek, Norbert / Krishnamurthy, Gogineni R. (Hrsg.): Strategien deutscher Unternehmen in Indien. Frankfurt am Main: Peter Lang, S. 267-288.

Hackenbroch, Inge (2011): Wirtschaftstrends Angola. Germany Trade & Invest, Nairobi 2011.

Hadley, Richard D. / Wilson, Heather I. M. (2003): The network model of internationalization and experiential knowledge. In: International Business Review, 12. Jg., Nr. 6, 2003, S. 697-717.

Hajipour, Bahaman / Gholamzadeh, Rasoul (2010): The Effects of Market Entry Strategy Dimensions on the Performance: An empirical study of Iranian food & chemical industries. In: European Journal of Economics, o. Jg., Nr. 22, 2010, S. 59-71.

Hakim, Dedi Budiman (2004): The Implications of the ASEAN Free Trade Area (AFTA) on Agricultural Trade, Göttingen 2004, zugl. Göttingen, Univ., Diss., 2004.

Halman, Johannes I. M. / Hofer, Adrian P. / van Vuuren, Wim (2003): Platform-driven development of product families: Linking theory with practice. In: Journal of Product Innovation Management, 20. Jg., Nr. 2, 2003, S. 149-162.

Hamanaka, Shintaro (2008): Comparing summitry, financial and trade regionalism in East Asia: from the Japanese perspective. In: Dent, Christopher M. (Hrsg.): China, Japan and Regional Leadership in East Asia. London: Edward Elgar, S. 77-79.

Hambrick, Donald C. / Lei, David (1985): Toward an Empirical Prioritization of Contingency Variables for Business Strategy. In: Academy of Management Journal, 28. Jg., Nr. 4, 1985, S. 763-788.

Hamermesh, Richard G. / Silk, Steven B. (1979): How to compete in stagnant industries. In: Harvard Business Review, 56. Jg., Nr. 5, 1979, S. 161-168.

Hammann, Eva-Maria (2008): Dezentrale Leadership - Voraussetzungen, Möglichkeiten und Grenzen von unternehmerischem Führungsverhalten in Tochtergesellschaften diversifizierter Unternehmen, Wiesbaden 2008.

Hammond, Allen L. (1998): Which world - Scenarios for the 21st century, Washington 1998.

Han, Jin K. / Kim, Namwoon / Kim, Hong-Bumm (2001): Entry barriers: A dull-, one- or two-edged sword for incumbents? Unraveling the paradox from a contingency perspective. In: Journal of Marketing, 65. Jg., Nr. 1, 2001, S. 1-14.

Hanley, Mike / Puntawong, Narong (2006): Automotive market in Thailand - Industry Overview, Shanghai 2006.

Hannan, Michael T. / Freeman, John (1977): The Population ecology of organizations. In: American Journal of Sociology, 82. Jg., Nr. 5, 1977, S. 929-965.

Hapsari, Indira M. / Mangunsong, Carlos (2006): Determinants of AFTA Members' Trade Flows and Potential for Trade Diversion, Ottawa 2006.

Harilal, Kania N. (2010): ASEAN-India Free Trade Area - Noises of Dissent from Deep South, Thiruvananthapuram 2010.

Hart, Stuart L. / Christensen, Clayton M. (2002): The great leap: driving innovation from the base of the pyramid. In: Sloan Management Review, 44. Jg., Nr. 1, 2002, S. 51-56.

Hart, Stuart L. / Milstein, Mark (1999): Global sustainability and the creative destruction of industries. In: Sloan Management Review, 41. Jg., Nr. 1, 1999, S. 23-33.

Harzing, Anne W. (2000): An Empirical Analysis and Extension of the Bartlett and Ghoshal Typology of Multinational Companies. In: Journal of International Business Studies, 31. Jg., Nr. 1, 2000, S. 101-120.

Hassan, Salah S. / Craft, Stephen H. (2005): Linking global market segmentation decisions with strategic positioning options. In: Journal of Consumer Marketing, 22. Jg., Nr. 2, 2005, S. 81-89.

Hassan, Salah S. / Craft, Stephen H. / Kortam, Wael (2003): Understanding the new bases for global market segmentation. In: Journal of Consumer Marketing, 20. Jg., Nr. 5, 2003, S. 446-460.

Hassan, Salah S. / Kaynak, Erdener (1994): Market globalization: An introduction. In: Hassan, Salah S. / Kaynak, Erdener (Hrsg.): Globalization of consumer markets: structures and strategies. New York: International Business Press, S. 3-17.

Hassel, Anke / Höpner, Martin / Kurdelbusch, Antje / Rehder, Britta / Zugehör, Rainer (2000): Zwei Dimensionen der Internationalisierung: Eine empirische Analyse deutscher Großunternehmen. In: Kölner Zeitschrift für Soziologie und Sozialpsychologie, 52. Jg., Nr. 3, 2000, S. 500-519.

Hastings, Thomas (2000): The Southern African Dimension. In: Melber, Henning (Hrsg.): Namibia - A Decade of Independence 1990 to 2000. Windhoek: Namibia Economic Policy Research Unit, S. 191-211.

Hauser, Christian (2007): Außenwirtschaftsförderung für kleine und mittlere Unternehmen in der Bundesrepublik Deutschland - Eine empirische Analyse auf Basis der ökonomischen Theorie des Föderalismus, Wiesbaden 2007.

Hay, Simon J. (1996): The 1995 ASEAN Summit: Scaling a higher peak. In: Contemporary Southeast Asia, 18. Jg., Nr. 3, 1996, S. 254-274.

Head, Keith (2007): Elements of Multinational Strategy, Berlin et al. 2007.

Hedlund, Gunnar (1993): Assumptions of Hierarchy and Heterarchy, with Applications of the Multinational Corporation. In: Ghoshal, Sumantra / Westney, Eleanor (1993): Organization and the Multinational Corporation, New York: St. Martin's Press, S. 211-236.

Hedlund, Gunnar (1993a): Organization of Transnational Corporations, London/New York 1993.

Hedlund, Gunnar / Kverneland, Adne (1985): Are Strategies for Foreign Markets Changing? The Case of Swedish Investment in Japan. In: International Studies of Management and Organization, 15. Jg., Nr. 2, 1985, S. 41-59.

Heese, Victor (2009): Anlagechancen in den Neuen Emerging Markets - Eine Erweiterung des Konzept „Next Eleven", Wiesbaden 2009.

Hein, Christoph (2010): Die dritte Welle. In: Frankfurter Allgemeine Zeitung, Nr. 163, 17.07.2010, S. 13.

Hein, Christoph (2011): Indiens Daimler heißt Bharat Benz. [Online]. URL: http://www.faz.net/s/RubD16E1F55D21144C4AE3F9DDF52B6E1D9/Doc~E267B0582547B43EBA0C268D51 50434B5~ATpl~Ecommon~Scontent.html (25.02.2011).

Heine, Jorge / Viswanathan, R. (2010): The Other BRIC in Latin America: India [Online]. URL: http://www.americasquarterly.org/node/2422 (24.09.2011).

Heinze, Thomas (2001): Qualitative Sozialforschung, München 2001.

Helfferich, Cornelia (2005): Die Qualität qualitativer Daten. Manual für die Durchführung qualitativer Interviews, 2. Auflage, Wiesbaden 2005.

Helleiner, Gerald K. (2002): Non-traditional Export Promotion in Africa: Experience and Issues, New York 2002.

Helsen, Kristiaan / Jedidi, Kamel / Desarbo, Wayne S. (1993): A new approach to country segmentation utilizing multinational diffusion patterns. In: Journal of Marketing, 57. Jg., o. Nr., 1993, S. 60-71.

Hennart, Jean-Francois (2007): The theoretical rationale for a multinationality - performance relationship. In: Management International Review, 47. Jg., Nr. 3, 2007, S. 423-452.

Hennart, Jean-Francois / Larimo, Jorma (1998): The impact of culture on the strategy of multinational enterprises: Does national origin affect ownership decisions? In: Journal of International Business Studies, 29. Jg., Nr. 3, 1998, S. 515-538.

Henzler, Herbert (1979): Neue Strategie ersetzt den Zufall. In: Manager Magazin, o. Jg., o. Nr., 1979, S. 122-129.

Herbig, Paul (1995): Regional Economic Integration, Laredo 1995.

Heuß, Ernst (1965): Allgemeine Markttheorie, Tübingen/Zürich 1965.

Hew, Denis (2005): ASEAN Economic Integration: From AFTA and CMI to AEC and Beyond, Singapur 2005.

Hill, Charles W. L. (1994): International Business. Competing in the global market place, Chicago 1994.

Hinings, Christopher R. (1997): Reflections on Processual Research. In: Scandinavian Journal of Management, 13. Jg., Nr. 4, 1997, S. 493-503.

Hinterhuber, Hans H. (2004): Strategische Unternehmensführung, Band 1, Strategisches Denken, Berlin 2004.

Hirsch, Seev / Meshulach, Avi (1991): Towards a Unified Theory of Internationalization. Business and Economic Studies on European Integration, Stockholm 1991.

Hirschle, Alexander (2010): Wirtschaftstrends Thailand [Online]. URL: http://www.gtai.de/ext/Einzelsicht-Export/DE/Content/__SharedDocs/Links-Einzeldokumente-Datenbanken/fachdokument,templateId=renderPrint/MKT201012038011.pdf (06.03.2011).

Hirschman, Albert O. (1945): National Power of the Structure of Foreign Trade, Berkeley 1945.

Hirschman, Albert O. (1980): National power and the structure of foreign trade, Berkeley 1980.

Hitzler, Ronald / Honer, Anne / Maeder, Christoph (1994): Expertenwissen. Die institutionalisierte Kompetenz zur Konstruktion von Wirklichkeit, Opladen 1994.

Hodicová, Radka (2007): Psychische Distanz und Internationalisierung von KMU: Empirische Untersuchung am Beispiel des sächsisch-tschechischen Grenzraumes, Wiesbaden 2007.

Höffken, Friederike / Heuwing-Eckerland, Johanna (2009): Der GAINS-Ansatz in der Internationalisierungsprozessforschung - Implikationen für die internationale Kontraktlogistik, Diskussionspapiere Mercator School of Management, Nr. 2, Duisburg/Essen 2009.

Höft, Uwe (1992): Lebenszykluskonzepte. Grundlage für das strategische Marketing- und Technologiemanagement, Berlin 1992.

Hofer, Charles W. (1975): Towards a contingency theory of business strategy. In: Academy of Management Journal, 18. Jg., Nr. 4, 1975, S. 784-810.

Hoffmann, Klaus (1972): Der Produktlebenszyklus. Eine kritische Analyse, Freiburg 1972.

Hoffmann-Riem, Christa (1980): Die Sozialforschung einer interpretativen Soziologie. In: Kölner Zeitschrift für Soziologie und Sozialpsychologie, 32. Jg., Nr. 2, 1980, S. 339-372.

Hollensen, Svend (2004): Global Marketing - A Decision Oriented Approach, Harlow 2004.

Holmlund, Maria / Kock, Sören / Vanyushyn, Vladimir (2007): Small and Medium-sized Enterprises' Internationalization and the Influence of Importing and Exporting. In: International Small Business Journal, 25. Jg., Nr. 5, 2007, S. 459-475.

Holtbrügge, Dirk (2003): Internationale Unternehmenskooperationen. In: Holtbrügge, Dirk (Hrsg.): Die Internationalisierung von kleinen und mittleren Unternehmungen. Stuttgart: Ibidem-Verlag, S. 3-30.

Holtbrügge, Dirk / Enßlinger, Birgit (2005): Initialkräfte und Erfolgsfaktoren von Born Global Firms, Nürnberg 2005.

Holtbrügge, Dirk / Puck, Jonas (2005): Geschäfterfolg in China: Strategien für den größten Markt der Welt, 2. Auflage, Berlin/Heidelberg 2005.

Holzmüller, Hartmut H. / Kasper, Helmut (1991): On a theory of export performance: personal and organizational determinants of export trade activities observed in small and medium sized firms. In: Management International Review, 31. Jg., o. Nr., 1991, S. 45-70.

Holzmüller, Hartmut H. / Stöttinger, Barbara (1996): Structural Modeling of Success Factors in Exporting: Cross-Validation and Further Development of an Export Performance Model. In: Journal of International Marketing, 4. Jg., Nr. 2, 1996, S. 29-55.

Homburg, Christian / Krohmer, Harley (2009): Marketingmanagement. Strategie - Instrumente - Umsetzung - Unternehmensführung, 3. Auflage, Wiesbaden 2009.

Hopf, Christel (1978): Die Pseudo-Exploration. Überlegungen zur Technik qualitativer Interviews in der Sozialforschung. In: Zeitschrift für Soziologie, 7. Jg., Nr. 2, 1978, S. 97-115.

Hopf, Christel (1995): Qualitative Interviews in der Sozialforschung. Ein Überblick. In: Flick, Uwe / Kardorff, Ernst von / Keupp, Heiner / Rosenstiel, Lutz von / Wolff, Stephan (Hrsg.): Handbuch Qualitative Sozialforschung. Grundlagen, Konzepte, Methoden und Anwendungen, 2. Auflage. Weinheim: Beltz, S. 177-181.

Hünerberg, Reinhard (1994): Internationales Marketing, Landsberg/Lech 1994.

Hufbauer, Gary C. (1966): Synthetic materials and the theory of international trade, Cambridge 1966.

Huszagh, Sandra M. / Fox, Richard J. / Day, Ellen (1986): Global Marketing: An empiricial investigation. In: Columbia Journal of World Business, 20. Jg., Nr. 4, 1986, S. 31-43.

Hutzschenreuter, Thomas / Voll, Johannes (2007): Internationalisierungspfad und Unternehmenserfolg - Implikationen kultureller Distanz in der Internationalisierung. In: Zeitschrift für betriebswirtschaftliche Forschung, 59. Jg., Nr. 11, 2007, S. 814-846.

Hymer, Stephen H. (1976): The International Operations of National Firms: A Study of Direct Foreign Investment, London 1976.

Imada, Pearl / Naya, Seiji (1992): AFTA, The Way Ahead. In: ASEAN Economic Bulletin, 8. Jg., Nr. 3, 1992, S. 376-380.
Imada, Pearl (1993): Production and Trade Effects of an ASEAN Free Trade Area. In: The Developing Economies, 31 Jg., Nr. 1, 1993, S. 3-23.

Jänicke, Martin / Jacob, Klaus (2005): Ecological Modernisation and the Creation of Lead Markets, Berlin 2005.

Jaguaribe, Helio / de Vasconcelos, Álvaro (2003): The European Union, MERCOSUL and the New World Order, London/Portland 2003.

Jain, Subhash C. (1989): Export Strategy, New York 1989.

Jakobeit, Cord / Hartzenberg, Trudi / Charalambides, Nick (2005): Overlapping Membership in COMESA, EAC, SACU and SADC Trade Policy Options for the Region and for EPA Negotiations, Eschborn 2005.

Jantunen, Ari / Puumalainen, Kaisu / Saarenketo, Sami / Kyläheiko, Kalevi (2005): Entrepreneurial Orientation, Dynamic Capabilities and International Performance. In: The Journal of Management Studies, 12. Jg., Nr. 3, 2005, S. 305-322.

Javorcik, Beata S. / Wei, Shang-Jin (2009): Corruption and cross-border investment in emerging markets: Firm-level evidence. In: Journal of International Money and Finance, 28. Jg., Nr. 4, 2009, S. 605-624.

Jawara, Fatoumata / Kwa, Aileen (2004): Behind the Scenes at the WTO: The Real World of International Trade Negotiations, London 2004.

Jeannet, Jean-Pierre / Hennessey, David H. (1992): Global Marketing Strategies, 2. Auflage, Boston 1992.

Jenkins, Rhys / Edwards, Chris (2005): The Effect of China and India's Growth and Trade Liberalization on Poverty in Africa, London 2005.

Jeyaseeli, Kiruba / Levi, Benjamin (2007): Market entry strategies of foreign telecom companies in India, Wiesbaden 2007, zugl.: Fribourg, Schweiz, Univ., Diss., 2006.

Jobelius, Matthias (2007): New powers for global change? Challenges for international development cooperation: the case of India, Briefing Paper, Nr. 5, Berlin 2007.

Johanson, Jan / Mattsson, Lars G. (1985): Marketing investments and market investments in industrial networks. In: International Journal of Research in Marketing, 2. Jg., o. Nr., 1985, S. 185-195.

Johanson, Jan / Mattsson, Lars G. (1986): International Marketing and Internationalization Processes - A Network Approach. In: Turnbull, Peter W. / Paliwoda, Stanley J. (Hrsg.): Research in International Marketing. New Hampshire: Croom Helm, S. 234-265.

Johanson, Jan / Vahlne, Jan-Erik (1977): The Internationalization Process of the firm. A Model of Knowledge Development and Increasing Foreign Market Commitments. In: Journal of International Business Studies, 8. Jg., Nr. 1, 1977, S. 23-32.

Johanson, Jan / Vahlne, Jan-Erik (1978): A model for the decision making process affecting pattern and pace of the internationalization of a firm. In: Ghertman, Michel / Leontiades, James (Hrsg.): European Research in International Business. New York: Croom Helm, S. 283-305.

Johanson, Jan / Vahlne, Jan-Erik (1990): The Mechanism of Internationalization. In: International Marketing Review, 7. Jg., Nr. 4, 1990, S. 11-24.

Johanson, Jan / Vahlne, Jan-Erik (2003): Business Relationship Learning and Commitment in the Internationalization Process. In: Journal of International Entrepreneurship, 1. Jg., o. Nr., 2003, S. 83-101.

Johanson, Jan / Vahlne, Jan-Erik (2006): Commitment and Opportunity Development in the Internationalization Process: A Note on the Internationalization Process Model. In: Management International Review, 46. Jg., Nr. 2, 2006, S. 165-178.

Johanson, Jan / Wiedersheim-Paul, Finn (1975): The Internationalization of the firm - Four Swedish Cases. In: Journal of Management Studies, 12. Jg., Nr. 3, 1975, S. 305-322.

Johanson, Martin / Johanson, Jan (2006): Turbulence, Discovery and Foreign Market Entry: A Longitudinal Study of an Entry into the Russian Market. In: Management International Review, 46. Jg., Nr. 2, 2006, S. 179-205.

Jones, Geoffrey (1993): Transnational Corporations: A Historical Perspective, London/New York 1993.

Jones, Geoffrey (1996): The Evolution of International Business. An Introduction, London/New York 1996.

Jones, Geoffrey / Schröter, Harm (1993): The Rise of Multinationals in Continental Europe, Brookfield 1993.

Jones, Lee (2010): Still in the „Drivers' Seat", but for how long? ASEAN's Capacity for Leadership in EAST-Asian International Relations. In: Journal of Current Southeast Asian Affairs, 29. Jg., Nr. 3, 2010, S. 95-113.

Jones, Marian V. (1999): The Internationalization of Small High-Technological Firms. In: Journal of International Marketing, 7. Jg., Nr. 4, 1999, S. 15-41.

Jüttner, Uta / Godsell, Janet / Christopher, Martin G. (2006): Demand chain alignment competence - delivering value through product life cycle management. In: Industrial Marketing Management, 35. Jg., Nr. 8, 2006, S. 989-1001.

Juma, Calestous (2006): Redesigning African Economies: The Role of Engineering in International Development, London 2006.

Jung, Rüdiger H. / Bruck, Jürgen / Quarg, Sabine (2008): Allgemeine Managementlehre - Lehrbuch für die angewandte Unternehmens- und Personalführung, 3. Auflage, Berlin 2008.

Kahler, Miles (2000): Legalization as Strategy: The Asia-Pacific Case. In: International Organization, 54. Jg., Nr. 3, 2000, S. 549-571.

Kale, Sudhir A. (1995): Grouping Euroconsumers: A culture-based clustering approach. In: Journal of International Marketing, 3. Jg., Nr. 3, 1995, S. 35-48.

Kalish, Shlomo / Lilien, Gary L. (1986): A Market Entry Timing Model for New Technologies. In: Management Science, 32. Jg., Nr. 2, 1986, S. 194-205.

Kalyanaram, Gurumurthy / Robinson, William T. / Urban, Glen L. (1992): Dynamic effects of the order of entry on market share, trial penetration, and repeat purchases for frequently purchased consumer goods. In: Marketing Science, 11. Jg., Nr. 3, 1992, S. 235-250.

Kamakura, Wagner A. / Novak, Thomas P. / Steenkamp, Jan-Benedict E. M. / Verhallen, Theo M. (1993): Identifying Pan-European value segments with a clusterwise rank-logit model. In: Recherche et applications en Marketing, 8. Jg., Nr. 4, 1993, S. 30-55.

Kaplinsky, Raphael (2005): Revisiting the Revisited Terms of Trade: Will China make a difference? Brighton 2005.

Kaplinsky, Raphael / Farooki, Masuma (2009): Africa's cooperation with new and emerging development partners: options for Africa's development, New York 2009.

Kaplinsky, Raphael / Messner, Dirk (2008): Impact of the Asian drivers on the developing world. In: World Development, 36. Jg., Nr. 2, 2008, S. 197-209.

Kapoor, Ilan (2004): Deliberative Democracy and the WTO. In: Review of International Political Economy, 11. Jg., Nr. 3, 2004, S. 522-541.

Karagiannis, Stelios / Panagopoulos, Yannis / Vlamis, Prodromos (2009): The Emerging BRIC Economies: Evidence from the Interest Rate Transmission Mechanism, Oxford 2009.

Karakaya, Fahri (1993): Barriers to Entry in International Markets. In: Journal of Global Marketing, 7. Jg., Nr. 1, 1993, S.7-24.

Karlsen, Tore / Silseth, Pal R. / Benito, Gabriel R. G. / Welch, Lawrence S. (2003): Knowledge, internationalization of the firm, and inward-outward connections. In: Industrial Marketing Management, 32. Jg., Nr. 5, 2003, S. 385-396.

Katsumata, Hiro (2009): ASEAN's Cooperative Security Enterprise: Norms and Interests in the ASEAN Regional Forum, London 2009.

Katsumata, Hiro (2010): Mimetic Adoption and Norm Diffusion: ASEAN Security Community, Free Trade and Human Rights, New Orleans 2010.

Katti, Vijaya / Chahoud, Tatjana / Kaushik, Atul (2009): India's Development Cooperation - Opportunities and Challenges for International Development Cooperation [Online]. URL: http://www.die-gdi.de/CMS-Homepage/openwebcms3.nsf/%28ynDK_contentByKey%29/ANES-7QAGRV/$FILE/BP%203.2009.pdf (25.02.2011)

Kaynak, Erdener (1985): Correlates of export performance in resource-based industries. In Kaynak, Erdener (Hrsg.): Global perspectives in marketing. New York: Praeger, S. 197-210.

Keegan, Warren J. (1989): Global Marketing Management, 4. Auflage, New Jersey 1989.

Keegan, Warren J. (1999): Global Marketing Management, 6. Auflage, London 1999.

Keegan, Warren J. / Schlegelmilch, Bodo B. (2001): Global Marketing Management. A European Perspective, Harlow et al. 2001.

Keegan, Warren J. / Schlegelmilch, Bodo B. / Stöttinger, Barbara (2002): Globales Marketing-Management, München/Wien 2002.

Kelle, Udo (2005): Computergestützte Analyse qualitativer Daten. In: Flick, Uwe / Kardorff, Ernst von / Steinke, Ines (Hrsg.): Qualitative Sozialforschung. Ein Handbuch, 2. Auflage. Reinbek bei Hamburg: Rowohlt, S. 485-501.

Keohane, Robert O. / Nye, Joseph S. (2001): Power and interdependence. 3. Auflage, New York 2001.

Kerin, Roger A. / Kalyanaram, Gurumurthy / Howard, Daniel J. (1996): Product hierarchy and brand strategy influences on the order of entry effect for consumer packaged goods. In: Journal of Product Innovation Management, 13. Jg., Nr. 1, 1996, S. 21-34.

Kerin, Roger A. / Varadarajan, Rajan P. / Peterson, Robert A. (1992): First-Mover Advantage: A synthesis, conceptual framework, and research propositions. In: Journal of Marketing, 56. Jg., o. Nr., 1992, S. 33-52.

Kerschbaumer, George (1992): Das Lead Country Konzept, Reutlingen 1992.

Kesting, Tobias / Rennhak, Carsten (2008): Marktsegmentierung in der deutschen Unternehmenspraxis, Wiesbaden 2008.

Keynes, John M. (1920): The Economic Consequences of the Peace, New York 1920.

Khumato, Nkululeko (2004): SADC and MDGs: The Trade Dimension. In: SADC Barometer, o. Jg., Nr. 7, 2004, S. 11-13.

Kirchberg, Dennis (2007): Der Aufstieg der Tigerstaaten im 20. Jahrhundert. Eine historische Analyse, Saarbrücken 2007.

Kirpalani, Manek / Luostarinen, Reijo (1999): Dynamics of Success of SMOPEC Firms in Global Markets, Manchester 1999.

Kitching, John (1974): Winning and losing with European acquisitions. In: Harvard Business Review, 52. Jg., Nr. 2, 1974, S. 124-136.

Kitson, Michael / Michie, Jonathan (1997): Trade and Growth: A Historical Perspective. In: Michie, Jonathan / Smith, John G. (Hrsg.): Managing the Global Economy. Oxford: Oxford University Press, S. 3-36.

Kivimäki, Timo (2007): The East Asian Peace and the ASEAN Way, Kopenhagen 2007.

Klare, Michael / Volman, Daniel (2006): America, China & the Scramble for Africa's Oil. In: Review of African Political Economy, 33. Jg., Nr. 108, 2006, S. 297-309.

Klein, Saul / Roth, Victor J. (1990): Determinants of export channel structure: The effects of experience and psychic distance reconsidered. In: International Marketing Review, 7. Jg., Nr. 5, 1990, S. 27-38.

Kleining, Gerhard (1982): Umriß zu einer Methodologie qualitativer Sozialforschung. In: Kölner Zeitschrift für Soziologie und Sozialpsychologie, 34. Jg., Nr. 2, 1982, S. 224-253.

Kleining, Gerhard (1988): Das rezeptive Interview. In: Kleining, Gerhard (Hrsg.): Qualitativ-heuristische Sozialforschung. Hamburg: Fechner, 1994, S. 123-147.

Kleining, Gerhard (1995): Methodologie und Geschichte qualitativer Sozialforschung. In: Flick, Uwe / Kardorff, Ernst von / Keupp, Heiner / Rosenstiel, Lutz von / Wolff, Stephan (Hrsg.): Handbuch Qualitative Sozialforschung. Grundlagen, Konzepte, Methoden und Anwendungen, 2. Auflage. Weinheim: Beltz, S. 11-22.

Klepper, Steven (1997): Industry life cycles. In: Industrial and Corporate Change, 6. Jg., Nr. 1, 1997, S. 145-181.

Klepper, Steven / Simons, Kenneth L. (1996): Technological extinctions of industrial firms: An enquiry into their nature and causes, Wien 1996.

Klonsky, Joanna (2009): Mercosur: South America's Fractious Trade Bloc [Online]. URL: http:www.cfr.org/publication/12762/mercosur.html (03.11.2010).

Klug, Michael (2006): Market entry strategies in Eastern Europe in the Context of the European Union, Wiesbaden 2006.

Knickerbocker, Frederick T. (1973): Oligopolistic Reaction and Multinational Enterprise, Boston 1973.

Knight, Gary A. / Cavusgil, Tamer S. (1996): The Born Global Firm: A Challenge to Traditional Internationalization Theory. In: Advances in International Marketing, 8. Jg., o. Nr., 1996, S. 11-26.

Knight, Gary A. / Cavusgil, Tamer S. (2005): A Taxonomy of Born-global Firms. In: Management International Review, 45. Jg., Nr. 3, 2005, S. 15-35.

Knight, John / Bell, Jim / McNaughton, Rod (2001): The 'Born-Global' Phenomenon: A Re-Birth of an Old Concept. In: Journal of General Management, 14. Jg., Nr. 2, 2001, S. 34-55.

Kogut, Bruce / Singh, Harbir (1988): The effect of national culture on the choice of entry mode. In: Journal of International Business Studies, 19. Jg., Nr. 3, 1988, S. 411-432.

Kohlert, Helmut (2006): Internationales Marketing für Ingenieure, München/Wien 2006.

Kohli, Martin (1978): „Offenes" und „geschlossenes" Interview. Neue Argumente zu einer alten Kontroverse. In: Soziale Welt, 9. Jg., Nr. 1, 1978, S. 1-25.

Korhonen, Heli (1999): Inward-Outward Internationalization of Small and Medium Enterprises, Helsinki 1999.

Korhonen, Heli / Luostarinen, Reijo / Welch, Lawrence S. (1996): Internationalization of SMEs: Inward-Outward Patterns and Government Policy. In: Management International Review, 36. Jg., Nr. 4, 1996, S. 315-329.

Kormann, Helmut (1970): Die Steuerpolitik der internationalen Unternehmung, 2. Auflage, Düsseldorf 1970.

Kotabe, Masaaki / Helsen, Kristiaan (1998): Global Marketing Management, New York 1998.

Kotabe, Masaaki / Helsen, Kristiaan (2007): Global Marketing Management, 4. Auflage, New York 2007.

Kotler, Philip (1986): Global standardization - courting danger. In: Journal of Consumer Marketing, 3. Jg., Nr. 2, 1986, S. 13-15.

Kotler, Philip / Armstrong, Gary (2009): Principles of Marketing, 13. Auflage, New Jersey 2009.

Kotler, Philip / Armstrong, Gary / Saunders, John / Wong, Veronica (2007): Grundlagen des Marketing, 4. Auflage, München 2007.

Kotler, Philip / Bliemel, Friedhelm (2001): Marketing-Management. Analyse, Planung und Verwirklichung, 10. Auflage, Stuttgart 2001.

Kotler, Philip / Kartajaya, Hermawan / Huan, Hooi D. (2007): Think ASEAN: Rethinking Marketing toward ASEAN Community 2015, Singapur 2007.

Kotler, Philip / Keller, Kevin L. (2006): Marketing Management, 12. Auflage, New Jersey 2006.

Koubek, Norbert (2010): Multinationale Unternehmen. In: Koubek, Norbert (Hrsg.): Jenseits und Diesseits der Betriebswirtschaftslehre - Institutionen - Unternehmenstheorien - Globale Strukturen. Wiesbaden: Gabler, S. 251-262.

Koubek, Norbert (2010a): BRIC-Staaten - Ein neues Zentrum der Weltwirtschaft. In: Koubek, Norbert (Hrsg.): Jenseits und Diesseits der Betriebswirtschaftslehre - Institutionen - Unternehmenstheorien - Globale Strukturen. Wiesbaden: Gabler, S. 324-348.

Koubek, Norbert (2010b): EU and ASEAN/ASEAN+3: World Region Developments, FDI and Multinational Corporation Strategies. In: Koubek, Norbert (Hrsg.): Jenseits und Diesseits der Betriebswirtschaftslehre - Institutionen - Unternehmenstheorien - Globale Strukturen. Wiesbaden: Gabler, S. 315-323.

Koubek, Norbert / Weinert, Stephan / Meyer, Kirsten (2009): Outsourcing and offshoring strategies of multinational companies in Asia. In: Welfens, Paul J. J. / Ryan, Cilian / Chirathivat, Suthiphand / Knipping, Franz (Hrsg.): EU - ASEAN: Facing economic globalization. Berlin: Axel Springer, S. 205-222.

Kowal, Sabine / O´Connell, Daniel (2007): Zur Transkription von Gesprächen. In: Flick, Uwe / Kardorff, Ernst von / Steinke, Ines (Hrsg.): Qualitative Forschung. Ein Handbuch, 5. Auflage. Reinbek bei Hamburg: Rowohlt, S. 437-446.

Kragelund, Peter (2009): Knocking on a wide-open door. Chinese Investments in Africa. In: Review of African Political Economy, 36. Jg., Nr. 122, 2009, S. 479-497.

Kragelund, Peter / van Dijk, Meine P. (2009): China's Investments in Africa. In: van Dijk, Meine Pieter (Hrsg.): The New Presence of China in Africa. Amsterdam: Amsterdam University Press, S. 83-100.

Kramer, Sabine (1991): Europäische Lifestyle-Analysen zur Verhaltensprognose von Konsumenten, Hamburg 1991.

Kretzberg, Alena (2008): Market Entry Strategies for Emerging Economies, Frankfurt am Main et al. 2008.

Kreutzer, Ralf T. (1987): Lead-Country-Konzept. In: Wirtschaftswissenschaftliches Studium, 16. Jg., Nr. 8, S. 416-419.

Kreutzer, Ralf T. (1990): Global-Marketing - Konzeption eines länderübergreifenden Marketing, Wiesbaden 1990.

Kriele, Vanessa (2010): Wirtschaftstrends Kolumbien [Online]. URL: http://www.gtai.de/DE/Content/Online-news/2011/03/medien/s6-kolumbien-witre-jawe-10-11,templateId=raw,property=publicationFile.pdf/s6-kolumbien-witre-jawe-10-11?show=true (28.02.2011).

Krome, Corinna (2010): Review: Donald K. Emmerson (Hrsg.): Hard Choices, Security, Democracy and Regionalism in Southeast Asia. In: Journal of Current Southeast Asian Affairs, 29. Jg., Nr. 3, 2010, S. 143-147.

Krubasik, Edward / Lautenschlager, Hartmut (1993): Forming successful strategic alliances in high-tech businesses. In: Bleeke, Joel / Ernst, David (Hrsg.): Collaborating to compete. New York: John Wiley & Sons Inc., S. 55-65.

Krueger, Anne O. (1997): Problems with Overlapping Free Trade Areas. In: Ito, Takatoshi / Krueger, Anne O. (Hrsg.): Regionalism Versus Multilateral Trade Arrangements. Chicago: University of Chicago Press, S. 9-24.

Krueger, Anne O. (1999): The developing countries and the next round of multilateral trade negotiations. In: World Economy, 22. Jg., Nr. 7, S. 909-932.

Krugman, Paul R. (1991): The Move towards Free Trade Zones. In: Proceedings of the Federal Reserve Bank of Kansas City, o. Jg., o. Nr., 1991, S. 7-58.

Krugman, Paul R. (1991a): Is Bilateral Bad? In: Helpman, Elhanan / Razim, Assaf (Hrsg.): International Trade and Policy. Cambridge: Cambridge University Press, S. 9-23.

Krugman, Paul R. / Obstfeld, Maurice (2009): Internationale Wirtschaft. Theorie und Politik der Außenwirtschaft, 8. Auflage, München 2009.

Krumnow, Jürgen (2002): Gabler Bank Lexikon: Bank, Börse, Finanzierung, 13. Auflage Wiesbaden 2002.

Kuder, Martin (2005): Kundengruppen und Produktlebenszyklus, Wiesbaden 2005.

Kufour, Kofi Oteng (2004): World Trade Governance and Developing Countries: The GATT/WTO Committee System, Oxford 2004.

Kuhn, Thomas S. (1970): The structure of scientific revolutions, 2. Auflage, Chicago 1970.

Kuhn, Thomas S. (1979): Die Struktur wissenschaftlicher Revolutionen, 2. Auflage, Frankfurt am Main 1979.

Kulhavy, Ernest (1993): Internationales Marketing, 5. Auflage, Linz 1993.

Kullmann, Gerhard / Kötter, Wolfgang / Schröder, Delia (2009): Managementsysteme und kultureller Wandel - Gestaltungsansätze für kleinere und mittlere Unternehmen in der Wachstumsphase. In: Zink, Klaus J. / Kötter, Wolfgang / Longmuß, Jörg / Thul, Martin J. (Hrsg.): Veränderungsprozesse erfolgreich gestalten, Berlin/Heidelberg: Axel Springer, S. 42-54.

Kumar, Brij N. / Epple, Phillip (1997): Exporte, Kooperationen und Auslandsgesellschaften als Stationen des Lernens im Internationalisierungsprozess. In: Macharzina, Klaus / Oesterle, Michael (Hrsg.): Handbuch Internationales Management. Wiesbaden: Gabler, S. 309-354.

Kumar, Brij N. / Ganesh, Jaishankar / Echambadi, Raj (1998): Cross-national diffusion research: What do we know and how certain are we? In: Journal of Product Innovation Management, 15. Jg., Nr. 3, 1998, S. 255-268.

Kumar, Brij N. / Stam, Antonie / Joachimsthaler, Erich A. (1994): An interactive multicriteria approach to identifying potential foreign markets. In: Journal of International Marketing, 2. Jg., Nr. 1, 1994, S. 29-52.

Kumar, Brij N. / Subramaniam, Velavan (1997): A contingency framework for the mode of entry decision. In: Journal of World Business, 32. Jg., Nr. 1, 1997, S. 53-72.

Kundu, Sumit K. / Katz, Jerome A. (2003): Born-international SMEs: BI-level impacts of resources and intentions. In: Small Business Economics, 20. Jg., Nr. 1, 2003, S. 25-47.

Kunimoto, Robert / Sawchuk, Gary (2005): NAFTA Rules of Origin, Policy Research Initiative Discussion Paper 2005.

Kutschker, Michael (1994): Strategische Kooperationen als Mittel der Internationalisierung. In: Schuster, Leo (Hrsg.): Die Unternehmung im internationalen Wettbewerb. Berlin: Erich Schmidt, S. 121-157.

Kutschker, Michael (1994a): Dynamische Internationalisierungsstrategie. In: Engelhard, Johann / Rehkugler, Heinz (Hrsg.): Strategien für nationale und internationale Märkte. Konzepte und praktische Gestaltung. Wiesbaden: Gabler, S. 221-248.

Kutschker, Michael (1995): Joint Ventures. In: Tietz, Bruno / Köhler, Richard / Zentes, Joachim (Hrsg.): Handwörterbuch des Marketing, 2. Auflage. Stuttgart: Schäffer-Poeschel, Sp. 1079-1090.

Kutschker, Michael (1996): Evolution, Episoden und Epochen: Die Führung von Internationalisierungsprozessen. In: Engelhard, Johann (Hrsg.): Strategische Führung internationaler Unternehmen. Wiesbaden: Gabler, S. 1-37.

Kutschker, Michael (1997): Internationalisierung der Unternehmensentwicklung. In: Macharzina, Klaus / Oesterle, Michael-Jörg (Hrsg.): Handbuch Internationales Management. Wiesbaden: Gabler, S. 45-67.

Kutschker, Michael (1999): Das internationale Unternehmen. In: Kutschker, Michael (Hrsg.): Perspektiven der internationalen Wirtschaft. Wiesbaden: Gabler, S. 101-125.

Kutschker, Michael / Bäurle, Iris / Schmid, Stefan (1997): International Evolution, International Episodes, and International Epochs - Implications for Managing Internationalization. In: Management International Review, 37. Jg., Nr. 2, 1997, S. 101-124.

Kutschker, Michael / Schmid, Stefan (2005): Internationales Management, 4. Auflage, München 2005.

Kutschker, Michael / Schmid, Stefan (2008): Internationales Management, 6. Auflage, München 2008.

Kvesic, Dennis Z. (2008): Product life cycle management: Marketing strategies for the pharmaceutical industry. In: Journal of Medical Marketing, 8. Jg., o. Nr., 2008, S. 293-301.

Kwon, Yung-Chul / Konopa, Leonard J. (1993): Impact of host-country characteristics on the choice of foreign market entry mode. In: International Marketing Review, 10. Jg., Nr. 2, 1993, S. 60-76.

Lambin, Jean-Jaques (1987): Grundlagen und Methoden des strategischen Marketing, Hamburg 1987.

Lamnek, Siegfried (2005): Qualitative Sozialforschung, 4. Auflage, Weinheim/Basel 2005.

Landivar, Ana Soliz / Scholvin, Sören (2011): China in Lateinamerika: Chancen und Grenzen eines zunehmenden Einflusses. In: German Institute of Global and Area Studies, o. Jg., Nr. 6, 2011, S. 1-7.

Larimo, Jorma (2007): Different types of exporting SMEs: similarities and differences in export performance. In: Rialp, Alex / Rialp, Josep (Hrsg.): International Marketing Research: Opportunities and challenges in the 21st century. Oxford: Elsevier, S. 17-62.

Lasserre, Philippe (2007): Global Strategic Management, 2. Auflage, New York 2003.

Lawrence, Robert (1991): Emerging Regional Arrangements: Building Blocks or Stumbling Blocks. In: O'Brian, Richard (Hrsg.): Finance and the International Economy. 5. Auflage, Oxford: Oxford University Press, S. 22-35.

Lecraw, Donald T. (1993): Outward direct investment by Indonesian firms: Motivations and effects. In: Journal of International Business Studies, 24. Jg., Nr. 3, 1993, S. 589-600.

Lee, Choi (1990): Determinants of national innovativeness and international market segmentation. In: International Marketing Review, 7. Jg., Nr. 5, 1990, S. 39-49.

Lee, Donna (2006): South Africa in the WTO. In: Lee, Donna / Taylor, Ian / Williamson, Paul (Hrsg.): The New Multilateralism in South African Diplomacy. London: Palgrave MacMillan, S. 51-71.

Literatur- und Quellenverzeichnis

259

Lee, Jong-Wha / Park, Innwon / Shin, Kwanho (2008): Proliferating Regional Trade Arrangements: Why and Whither? In: The World Economy, 31. Jg., Nr. 12, 2008, S. 1525-1557.

Lee, Woo-Young / Brasch, John J. (1978): The adoption of export as an innovation strategy. In: Journal of International Business Studies, 8. Jg., Nr. 1, 1978, S. 85-93.

Leonidou, Leonidas C. / Katsikeas, Constantine S. (1996): The export development process: An integrative review of empirical models. In: Journal of International Business Studies, 27. Jg., Nr. 3, 1996, S. 517-551.

Leonidou, Leonidas C. / Katsikeas, Constantine S. / Samiee, Saeed (2002): Marketing Strategy Determinants of Export Performance: A Meta-Analysis. In: Journal of Business Research, 55. Jg., Nr. 1, 2002, S. 51-67.

Leontief, Wassily (1953): Domestic Production and Foreign Trade. The American Capital Position Reexamined. In: Proceedings of the American Philosophical Society, 97. Jg., Nr. 4, 1953, S. 332-349.

Leontief, Wassily (1956): Factor Proportions and the Structure of American Trade: Further Theoretical and Empirical Analysis. In: The Review of Economics and Statistics, 38. Jg., Nr. 4, 1956, S. 386-407.

Lettau, Antje / Breuer, Franz (2009): Kurze Einführung in den qualitativ-sozialwissenschaftlichen Forschungsstil, Münster 2009.

Levin, Mark S. / Nisnevich, Mark L. (2001): Combinatorial scheme for management of life cycle: Example for concrete macrotechnology. In: Journal of Intelligent Manufacturing, 12. Jg., Nr. 4, 2001, S. 393-401.

Levitt, Theodore (1965): Exploit the product life cycle. In: Harvard Business Review, 43. Jg., Nr. 6, 1965, S. 81-94.

Levitt, Theodore (1983): The Globalization of Markets. In: Harvard Business Review, 61. Jg., Nr. 3, 1983, S. 92-102.

Li, Lei (2007): Multinationality and performance: A synthetic review and research agenda. In: International Journal of Management Review, 9. Jg., Nr. 2, 2007, S. 117-139.

Liander, Bertil / Terpstra, Vernon / Yoshino, Michael Y. / Sherbini, A. A. (1967): Comparative Analysis for International Marketing, Boston 1967.

Lieberman, Marvin B. / Montgomery, David B. (1988): First-mover advantages. In: Strategic Management Journal, 9. Jg., Sonderausgabe, 1988, S. 41-58.

Lilien, Gary L. / Yoon, Eunsang (1990): The Timing of competitive market entry: An exploratory study of new industrial products. In: Management Science, 36. Jg., Nr. 5, 1990, S. 568-585.

Lilienthal, David (1960): The Multinational Corporation. In: Anshen, Melvin / Bach George L. (Hrsg.): Management and Corporations 1985. Westport: Greenwood Press, S. 119-158.

Lim, Lewis K. / Acito, Frank / Rusetski, Alexander (2006): Development of archetypes of international marketing strategy. In: Journal of International Business Studies, 37. Jg., Nr. 4, 2006, S. 499-524.

Lingenfelder, Michael (2006): Internationalisierung als Wachstumsstrategie - Potenziale und Strategien. In: Zentes, Joachim (Hrsg.): Handbuch Handel: Strategien - Perspektiven - Internationaler Wettbewerb. Wiesbaden: Gabler, S.321-336.

Link, Wolfgang (1997): Erfolgspotentiale für die Internationalisierung: Gedankliche Vorbereitung - Empirische Relevanz - Methodik, Wiesbaden 1997.

Loewen, Howard (2006): Die ASEAN als Impulsgeber ostasiatischer Integration. In: German Institute of Global and Area Studies, o. Jg., Nr. 2, 2006, S. 1-7.

Loisch, Ursula C. (2007): Organisationskultur als Einflussgröße der Export Performance, Wiesbaden 2007.

London, Ted / Hart, Stuart L. (2004): Reinventing strategies for emerging markets: beyond the transnational model. In: Journal of International Business Studies, 35. Jg., Nr. 5, 2004, S. 350-370.

Lorange, Peter / Probst, Gilbert J. B. (1987): Joint Ventures as self-organizing systems. In: Columbia Journal of World Business, 22. Jg., Nr. 2, 1987, S. 71-77.

Louter, Pieter J. / Ouwerkerk, Cok / Bakker, Ben A. (1991): An inquiry into successful exporting. In: European Journal of Marketing, 25. Jg., Nr. 6, 1991, S. 7-23.

Lu, Jane / Beamish, Paul W. (2001): The internationalization and performance of SMEs. In: Strategic Management Journal, 22. Jg., Nr. 6-7, 2001, S. 565-585.

Luostarinen, Reijo (1979): Internationalization of the firm: An empirical study of the internationalization of the firms with small and open domestic markets with special emphasis on lateral rigidity as a behavioural characteristic in strategic decision making, Helsinki 1979, zugl.: Helsinki, Univ., Diss., 1979.

Luostarinen, Reijo (1989): Internationalization of the Firm, 3. Auflage, Helsinki 1989.

Luostarinen, Reijo (1994): Internationalization of Finish Firms and their Response to Global Challenges, Research for Action, Helsinki 1994.

Luostarinen, Reijo / Hellman, Harri (1994): The internationalization processes and strategies of Finnish family firms, Helsinki 1994.

Luostarinen, Reijo / Welch, Lawrence (1997): International Business Operations, 3. Auflage, Helsinki 1997.

Lutz, Clemens H. M. / Kemp, Ron G. M. / Dijkstra, Gerhard S. (2010): Perceptions regarding strategic and structural entry barriers. In: Small Business Economics, 35. Jg., Nr. 1, 2010, S. 19-33.

Maag, Isabelle (2005): Brazil's Foreign Economic Policy: South-South, North-South or both? In: FES Briefing Paper, o. Jg., o. Nr., 2005, S. 1-13.

Macedo, Roberto (2005): Towards a South Atlantic Free Trade Area? The Business, Trade and Investment Dimensions. In: Southern Africa and Mercosur/l: Reviewing the Relationship and Seeking Opportunities, o. Jg., o. Nr., 2005, S. 95-96.

Macharzina, Klaus (1982): Theorie der internationalen Unternehmenstätigkeit: Kritik und Ansätze einer integrativen Modellbildung, Arbeitspapier des Instituts für Betriebswirtschaft Nr. 14, Stuttgart 1982.

Macharzina, Klaus (1994): Joint Venture. In: Dülfer, Eberhard (Hrsg.): International Handbook of cooperative organizations. Göttingen: Vandenhoeck & Ruprecht, S. 522-527.

Macharzina, Klaus (1999): Unternehmensführung - Das internationale Managementwissen - Konzepte - Methoden - Praxis, 3. Auflage, Wiesbaden 1999.

Macharzina, Klaus (2003): Unternehmensführung - Das internationale Managementwissen - Konzepte - Methoden - Praxis, 4. Auflage, Wiesbaden 2003.

Macharzina, Klaus / Engelhard, Johann (1984): Internationalisierung der Unternehmenstätigkeit - Vorüberlegungen zur Konzeption eines Forschungsprogramms, Arbeitspapier des Instituts für Betriebswirtschaft Nr. 16, Stuttgart 1984.

Macharzina, Klaus / Engelhard, Johann (1991): Paradigm Shift in International Business Research: From Partist and Eclectic Approaches to the GAINS Paradigm. In: Management International Review, 31. Jg., Sonderausgabe, 1991, S. 23-43.

Macharzina, Klaus / Oesterle, Michael-Jörg (1995): Organisation des internationalen Marketing-Managements. In: Herrmanns, Arnold / Wißmeier, Urban K. (Hrsg.): Internationales Marketing-Management. München:Vahlen, S. 309-338.

Macharzina, Klaus / Oesterle, Michael-Jörg (1997): Handbuch Internationales Management. Grundlagen - Instrumente - Perspektiven, Wiesbaden 1997.

Macharzina, Klaus / Wolf, Joachim (2005): Unternehmensführung - das internationale Managementwissen, Konzepte, Methoden, Praxis, 5. Auflage, Wiesbaden 2005.

Macharzina, Klaus / Wolf, Joachim (2008): Unternehmensführung - das internationale Managementwissen, Konzepte, Methoden, Praxis, 6. Auflage, Wiesbaden 2008.

Madhok, Anoop (1997): Cost, value and foreign entry mode: transaction and the firm. In: Strategic Management Journal, 18. Jg., Nr. 1, 1997, S. 39-61.

Madsen, Tage K. (1989): Successful export management: Some empirical evidence. In: International Marketing Review, 6. Jg., Nr. 4, 1989, S. 41-57.

Madsen, Tage K. / Servais, Per (1997): The Internationalization of Born Globals: an Evolutionary Process. In: International Business Review, 6. Jg., Nr. 6, 1997, S. 561-583.

Mahmood, Sulaimah (2003): ASEAN Free Trade Area (AFTA), Singapur 2003.

Mahoney, Darrell / Trigg, Marie / Griffin, Ricky / Pustay, Michael (1998): International business: A managerial perspective, Sydney 1998.

Maidique, Modesto A. (1980): Entrepreneurs, Champions and Technological Innovation. In: Sloan Management Review, 21. Jg., Nr. 2, 1980, S. 59-76.

Maitland, Elizabeth / Rose, Elizabeth / Nicholas, Stephen (2005): How Firms Grow: Clustering as a Dynamic Model of Internationalization. In: Journal of International Business Studies, 36. Jg., Nr. 4, 2005, S. 435-451.

Mansfield, Edward D. (1998): The Proliferation of Preferential Trading Arrangements. In: Journal of Conflict Resolutions, 42. Jg., Nr. 5, 1998, S. 523-543.

Mansfield, Edward D. / Milner, Helen V. (1999): The New Wave of Regionalism. In: International Organization, 53. Jg., Nr. 3, 1990, S. 586-627.

Mansfield, Edward D. / Pevehouse, Jon C. (2000): Trade Blocs, Trade Flows, and International Conflict. In: International Organization, 54. Jg., Nr. 4, 2000, S. 775-808.

Mansfield, Edward D. / Reinhardt, Eric (2003): Multilateral Determinants of Regionalism: The Effects of GATT/WTO on the Formation of Preferential Trading Arrangements. In: International Organization, 57. Jg., Nr. 4, 2003, S. 829-862.

Marcum, James A. (2005): Thomas Kuhn's Revolution, London/New York 2005.

Markowitz, Harry (1952): Portfolio Selection. In: The Journal of Finance, 7. Jg., o. Nr., 1952, S. 77-91.

Martin, Will / Winters, Alan L. (1996): The Uruguay Round and the Developing Countries, Cambridge 1996.

Mattli, Walter (1999): The Logic of Regional Integration, Cambridge 1999.

Mayer, Gabriela (2001): Strategische Logistikplanung von Hub- & -Spoke-Systemen, Wiesbaden 2001, zugl.: Darmstadt, Univ., Diss., 2000.

Mayorga Alba, Eleodoro (2001): Mitigation of Social Impact of Oil Operations. Presentation to the World Energy Council Congress, Buenos Aires 2001.

Mayring, Philipp (1995): Qualitative Inhaltsanalyse. In: Flick, Uwe / Kardorff, Ernst von / Keupp, Heiner / Rosenstiel, Lutz von / Wolff, Stephan (Hrsg.): Handbuch Qualitative Forschung, 2. Auflage. Weinheim: Beltz, S. 209-213.

Mayring, Philipp (2002): Einführung in die qualitative Sozialforschung, 5. Auflage, Weinheim/Basel 2002.

Mayring, Philipp (2007): Qualitative Inhaltsanalyse. In: Flick, Uwe / Kardorff, Ernst von / Steinke, Ines (Hrsg.): Qualitative Forschung. Ein Handbuch, 5. Auflage. Reinbek bei Hamburg: Rowohlt, S. 468-474.

Mbeki, Moeletski (2005): Towards a South Atlantic Free Trade Area? The Business, Trade and Investment Dimensions. In: Southern Africa and Mercosur/I: Reviewing the Relationship and Seeking Opportunities, o. Jg., o. Nr., 2005, S. 97.

McAfee, Preston R. / Mialon, Hugo M. / Williams, Michael A. (2004): When are sunk costs barriers to entry? Entry barriers in economic and antitrust analysis. What is a barrier to entry? In: AEA Papers and Proceedings, 94. Jg., Nr. 2, 2004, S. 461-465.

McDonald, Malcom / Dunbar, Ian (2005): Market Segmentation, 10. Auflage, Avon 2005.

Meckl, Reinhard (1993): Unternehmenskooperationen im EG-Binnenmarkt, Wiesbaden 1993, zugl.: Regensburg, Univ., Diss., 1993.

Meffert, Heribert (1974): Interpretation und Aussagewert des Produktlebenszyklus-Konzeptes. In: Hammann, Peter / Kroeber-Riel, Werner / Meyer, Carl (Hrsg.): Neuere Ansätze der Marketingtheorie. Berlin: Axel Springer, S. 85-134.

Meffert, Heribert (1977): Marktsegmentierung und Marktwahl im internationalen Marketing. In: Die Betriebswirtschaft, 37. Jg., Nr. 3, 1977, S. 433-446.

Meffert, Heribert (1984): Marketingstrategien in stagnierenden und schrumpfenden Märkten. In: Pack, Ludwig / Börner, Dietrich (Hrsg.): Betriebswirtschaftliche Entscheidungen bei Stagnation. Wiesbaden: Gabler, S. 37-72.

Meffert, Heribert (1989): Globale Marketingstrategien. In: Macharzina, Klaus / Welge, Martin K. (Hrsg.): Handwörterbuch Export und Internationale Unternehmung. Stuttgart: Schäffer-Poeschel, Sp. 1412-1427.

Meffert, Heribert (1990): Implementierungsprobleme globaler Strategien. In: Welge, Martin K. (Hrsg.): Globales Management. Erfolgreiche Strategien für den Weltmarkt. Stuttgart: Schäffer-Poeschel, S. 93-115.

Meffert, Heribert (1994): Marketing-Management. Analyse - Strategie - Implementierung, Wiesbaden 1994.

Meffert, Heribert (2000): Marketing. Grundlagen marktorientierter Unternehmensführung, 9. Auflage, Wiesbaden 2000.

Meffert, Heribert / Althans, Jürgen (1982): Internationales Management, Stuttgart 1982.

Meffert, Heribert / Bolz, Joachim (1994): Internationales Marketing-Management, 2. Auflage, Stuttgart 1994.

Meffert, Heribert / Bolz, Joachim (1998): Internationales Marketing-Management, 3. Auflage, Stuttgart 1998.

Meffert, Heribert / Bruhn, Manfred (2009): Dienstleistungsmarketing. Grundlagen - Konzepte - Methoden, Wiesbaden 2009.

Meffert, Heribert / Burmann, Christoph / Kirchgeorg, Manfred (2008): Marketing: Grundlagen marktorientierter Unternehmensführung: Konzepte - Instrumente - Praxisbeispiele, 10. Auflage, Wiesbaden 2008.

Meffert, Heribert / Pues, Clemens (2002): Timingstrategien des internationalen Markteintritts. In: Macharzina, Klaus / Oesterle, Michael-Jörg (Hrsg.): Handbuch Internationales Management. 2. Auflage. Wiesbaden: Gabler, S. 403-415.

Meinig, Wolfgang (1995): Lebenszyklen. In: Tietz, Bruno / Köhler, Richard / Zentes, Joachim (Hrsg.): Handwörterbuch des Marketing, 2. Auflage. Stuttgart: Schäffer-Poeschel, Sp. 1392-1405.

Meissner, Hans G. (1995): Internationale Markenstrategien. In: Bruhn, Manfred (Hrsg.): Handbuch Markenartikel, Band 1. Stuttgart: Kohlhammer, 1995, S. 673-685.

Meissner, Hans G. / Gerber, Stephan (1980): Die Auslandsinvestition als Entscheidungsproblem. In: Betriebswirtschaftliche Forschung und Praxis, 32. Jg., Nr. 3, 1980, S. 217-228.

Meissner, Richard (2004): Going for the MDGs. In: SADC Barometer, o. Jg., Nr. 7, 2004, S. 1.

Meissner, Richard (2004a): Addressing Poverty on a Global Scale. In: SADC Barometer, o. Jg., Nr. 7, 2004, S. 2-4.

Melin, Leif (1992): Internationalization as a Strategy Process. In: Strategic Management Journal, 13. Jg., Sonderausgabe: Fundamental Themes in Strategy Process Research, 1992, S. 99-118.

Merten, Klaus (1995): Inhaltsanalyse. Einführung in Theorie, Methode und Praxis, 2. Auflage, Opladen 1995.

Merton, Robert K. / Fiske, Marjorie / Kendall, Patricia L. (1956): The focused interview. A Manual of Problems and Procedures, Glencoe 1956.

Mesa, Verena A. (2009): Der Zollkodex des Mercosur, Münster 2009, zugl.: Münster, Univ., Diss., 2009.

Mets, Tonis (2009): Creating global business model for knowledge-intensive SMEs: The small transition country cases. In: Economics & Management, o. Jg., Nr. 14, 2009, S. 466-475.

Meuser, Michael / Nagel, Ulrike (1991): ExpertInneninterviews - vielfach erprobt, wenig bedacht. Ein Beitrag zur qualitativen Methodendiskussion. In: Garz, Detlef / Kraimer, Klaus (Hrsg.): Qualitativ-empirische Sozialforschung. Konzepte, Methoden, Analysen. Opladen: Westdeutscher Verlag, S. 441-471.

Meuser, Michael / Nagel, Ulrike (2006): Experteninterview. In: Bohnsack, Ralf / Marotzki, Winfried / Meuser, Michael (Hrsg.): Hauptbegriffe Qualitativer Sozialforschung, 2. Auflage. Opladen/Farmington Hills: Verlag Barbara Budrich, S. 57-58.

Mey, Günter (2001): Bestimmungsversuch der "Qualitativen Entwicklungspsychologie. In: Mey, Günter (Hrsg.): Qualitative Forschung in der Entwicklungspsychologie. Potentiale, Probleme, Perspektiven, Dokumentation zur gleichnamigen Arbeitsgruppe auf der 15. Tagung Entwicklungspsychologie in Potsdam, S. 5-11.

Meyer, Alan D. / Tsui, Anne S. / Hinings, Robert C. (1993): Configurational Approaches to Organizational Analysis. In: Academy of Management Journal, 36. Jg., Nr. 6, 1993, S. 1175-1195.

Meyer, Klaus / Estrin, Saul (1998): Entry mode choice in emerging markets: Greenfield, Acquisition and Brownfield, Kopenhagen 1998.

Meyer, Klaus / Estrin, Saul (2004): Investment Strategies in Emerging Markets: An Introduction to the Research Project. In: Meyer, Klaus / Estrin, Saul (Hrsg.): Investment Strategies in Emerging Markets. Cheltenham: Edward Elgar, S. 1-26.

Meyer, Klaus / Tran, Yen Thi Thu (2006): Market Penetration and Acquisition for Emerging Economies. In: Long Range Planning, 39. Jg., Nr. 2, 2006, S. 177-197.

Mickwitz, Gosta (1959): Marketing and competition. The various forms of competition and successive stages of production and distribution, Helsingfors 1959.

Mikosch, Bernd (2010): Schleichkatzen auf dem Sprung [Online]. URL: http://www.ftd.de/finanzen/investmentfonds/:portfolio-schleichkatzen-auf-dem-sprung/50172071.html (04.03.2011).

Miller, Alex / Gartner, William B. / Wilson, Robert (1989): Entry order, market share, and competitive advantage: A study of their relationships in new corporate ventures. In: Journal of Business Venturing, 4. Jg., Nr. 3, S. 197-209.

Miller, Danny (1981): Toward a New Contingency Approach: The Search for Organizational Gestalts. In: Journal of Management Studies, 18. Jg., Nr. 1, 1981, S. 1-26.

Miller, Danny (1982): Evolution and Revolution: A Quantum-View of Structural Change in Organizations. In: Journal of Management Studies, 19. Jg., Nr. 2, 1982, S. 131-151.

Miller, Danny / Friesen, Peter H. (1978): Archetypes of Strategy Formulation. In: Management Science, 24. Jg., Nr. 9, 1978, S. 921-933.

Miller, Danny / Friesen, Peter H. (1980): Momentum and Revolution in Organizational Adaptation. In: Academy of Management Journal, 23. Jg., Nr. 4, 1980, S. 591-614.

Miller, Danny / Friesen, Peter H. (1980a): Archetype of Organizational Transition. In: Administrative Science Quarterly, 25. Jg., Nr. 2, 1980, S. 268-299.

Miller, Danny / Friesen, Peter H. (1984): Organizations - A Quantum-View, Englewood Cliffs 1984.

Minderlein, Martin (1989): Markteintrittsbarrieren und Unternehmensstrategie, Wiesbaden 1989.

Minderlein, Martin (1990): Markteintrittsbarrieren. In: ZfB - Zeitschrift für Betriebswirtschaft, 60. Jg., Nr. 2-3, 1990, S. 155-178.

Mintzberg, Henry (1971): Managerial Work: Analysis from Observation. In: Management Science, 18. Jg., Nr. 2, 1971, S. 97-110.

Mitchell, Willi (1991): Dual clocks: Entry order influences on incumbent and newcomer market share and survival when specialized assets retain their value. In: Strategic Management Journal, 12. Jg., Nr. 2, 1991, S. 85-100.

Mkandawire, Thandika (2005): Maladjusted African Economies and Globalisation. In: African Development, 30. Jg., Nr. 1&2, 2005, S. 1-33.

Moen, Oystein / Bakas, Ottar / Bolstad, Anette / Pedersen, Vidar (2010): International market expansion strategies for high-tech firms: partnership selection criteria for forming strategic alliances. In: International Journal of Business and Management, 5. Jg., Nr. 1, 2010, S. 20-30.

Mohr, Alexander T. (2002): Erfolg deutsch-chinesischer Joint Ventures. Eine qualitative und quantitative Analyse, Frankfurt am Main et al. 2002.

Moll, Johannes (2007): Die Internationalisierung von Toyota - analysiert anhand des Uppsala-Modells, Saarbrücken 2007.

Moncarz, Pedro E. / Vaillant, Marcel (2006): Measuring the role of Mercosur on the Regional Pattern of Import of its Country Members, Nottingham/Montevideo 2006.

Monkiewicz, Jan (1986): Multinational enterprises of developing countries. Some emerging trends. In: Management International Review, 26. Jg., Nr. 3, 1986, S. 67-79.

Montero, Dario (1999): Trade: Brazil irks Mercosur Partners. In: SUNS: South-North Development Monitor, o. Jg., o. Nr., 1990, S. 43-66.

Monye, Sylvester (1999): The Handbook of International Marketing Communications, London 1999.

Moore, Karl / Lewis, David (1998): The First Multinationals: Assyria circa 2000 B.C. In: Management International Review, 38. Jg., Nr. 2, 1998, S. 95-107.

Moore, Karl / Lewis, David (1999): Birth of the Multinational. 2000 Years of Ancient Business History - From Ashur to Augustus, Kopenhagen 1999.

Morschett, Dirk / Swoboda, Bernhard / Schramm-Klein, Hanna (2008): Einflussfaktoren auf die Wahl einer Markteintrittsstrategie: Eine meta-analytische Untersuchung der Entscheidung zwischen Tochtergesellschaft und Kooperation. In: ZfB - Zeitschrift für Betriebswirtschaft, 78. Jg., Nr. 5, 2008, S. 509-551.

Mosebach, Edith (2010): Drastischer Wachstumseinbruch für Angolas Wirtschaft [Online]. URL: http://www.gtai.de/DE/Content/__SharedDocs/Anlagen/PDF/chancen/angola,templateId=raw,property=publicationFile.pdf/angola?show=true (25.02.2011).

Moses, Carl (2010): Wirtschaftrends Argentinien [Online]. URL: http://www.gtai.de/DE/Content/__SharedDocs/Links-Einzeldokumente-Datenbanken/fachdokument.html?fIdent=MKT201012138008 (02.03.2011).

Mruck, Katja (1999): „Stets ist es die Wahrheit, die über alles gebietet, doch ihre Bedeutung wandelt sich." Zur Konzeptualisierung von Forschungsobjekt, Forschungssubjekt und Forschungsprozeß in der Geschichte der Wissenschaften, Münster 1999.

Mruck, Katja / Mey, Günter (2005): Qualitative Forschung: Zur Einführung in einen prosperierenden Wissenschaftszweig. In: Historical Social Research, 30. Jg., Nr. 1, 2005, S. 5-27.

Mühlbacher, Hans / Dahringer, Lee / Leihs, Helmuth (1999): International Marketing. A Global Perspective, 2. Auflage, London et al. 1999.

Müller, Stefan / Gelbrich, Katja (2004): Interkulturelles Marketing, München 2004.

Müller, Stefan / Kornmeier, Martin (2001): Strategisches Internationales Management - Internationalisierung der Unternehmenstätigkeit, München 2001.

Müller-Stewens, Günther / Lechner, Christoph (2002): Unternehmensindividuelle und gastlandbezogene Einflussfaktoren der Markteintrittsform. In: Macharzina, Klaus / Oesterle, Michael-Jörg (Hrsg.): Handbuch Internationales Management, 2. Auflage. Wiesbaden: Gabler, S. 381-401.

Mukhametdinov, Mikhail (2009): Mercosur and the European Union. In: Cooperation and Conflict, 42. Jg., Nr. 2, 2009, S. 207-228.

Mun-Heng, Toh (1996): AFTA and Uruguay Round of Multilateral Trade Negotiations, Singapur 1996.

Mwega, Francis M. (2002): Promotion of Non-Traditional Exports in Kenya. In: Helleiner, Gerald K. (Hrsg.): Non-Traditional Export Performance in Africa: Experience and Issues. New York: Palgrave MacMillan, S. 159-191.

Naidu, Sanusha / Roberts, Ben (2004): Achieving the Millenium Development Goals in SADC. In: SADC Barometer, o. Jg., Nr. 7, 2004, S. 5-10.

Nassif, André (2009): India: economia, ciência e tecnologia. Article prepared for the Conference on India, organized by the Fundacáo Alexandre de Gusmáo (FUNAG) and the Instituto de Pesquisa de Relacoes Internacionais (IPRI), Rio de Janeiro 2009.

Narine, Shaun (2002): Explaining ASEAN: Regionalism in Southeast Asia, London 2002.

Narlikar, Amrita (2003): International Trade and Developing Countries: Bargaining Coalitions in the GATT & WTO, London 2003.

Narlikar, Amrita (2004): Developing Countries in the WTO. In: Hocking, Brian / McGuire, Steven (Hrsg.): Trade Politics, 2. Auflage. London: Routledge, S. 135-145.

Narlikar, Amrita / Odell, John S. (2004): Explaining Negotiations Strategies and Bargaining Outcomes: The Like-Minded Group and the 2001 Doha Agreements, Montreal 2004.

Nayyar, Deepak (2008): China, India, Brazil and South Africa in the World Economy. In: United Nations Discussion Paper, o. Jg., Nr. 5, 2008, S. 1-28.

Nebel, Jürgen / Schulz, Albrecht / Flohr, Eckhard (2008): Das Franchise-System, 4. Auflage, München 2008.

Nel, Philip / Taylor, Phil / Westhuizen, Janis van der (2001): South Africas Multilateral Diplomacy and Global Change: The limits of reformism, Aldershot 2001.

Ng, Thiam Hee (2002): Should the Southeast Asian Countries form a currency union? In: The Developing Economies, 40. Jg., Nr. 2, 2002, S. 113-134.

Nordström, Kjell A. (1991): The Internationalization Process of the Firm - Searching for new Patterns and Explanations, Stockholm 1991.

Nordström, Kjell A. / Vahlne, Jan-Erik (1994): Is the Globe Shrinking? Psychic Distance and the Establishment of Swedish Sale Subsidiaries during the last 100 years. In: Landeck, Michael (Hrsg.): International trade - regional and global issues. New York: St. Martin's Press, S. 41-56.

Nyirenda, Margaret (2000): Recent Developments in SADC and Mercosul: An Outlook for Inter-regional cooperation. In: Southern Africa and Mercosur/l: Reviewing the Relationship and Seeking Opportunities, o Jg., o. Nr., 2000, S. 27-32.

OECD (2010): Latin American Economic Outlook 2011 - How Middle Class is Latin America? [Online]. URL: http://www.oecd-ilibra-ry.org/docserver/download/fulltext/4110041e.pdf?expires=1299252562&id=0000&accname=ocid43023317a&c hecksum=EA498CA25728DE79C0AD08DC5AB38A41 (26.02.2011).

OEEC (1951): Investments in Overseas Territories - in Africa, South of the Sahara, Paris 1951.

Oelsnitz, Dietrich von der (2000): Eintrittstiming und Eintrittserfolg: Eine kritische Analyse der empirischen Methodik. In: Die Unternehmung, 54. Jg., Nr. 3, 2000, S. 199-213.

Oelsnitz, Dietrich von der (2003): Strategische Allianzen als Lernarena. In: Das Wirtschaftsstudium, 32. Jg., Nr. 9, 2003, S. 516-520.

Oelsnitz, Dietrich von der / Heinecke, Albert (1997): Auch der Zweite kann gewinnen. In: io-Management-Zeitschrift, 66. Jg., Nr. 3, 1997, S. 35-39.

Oesterle, Michael-Jörg (1993): Joint Ventures in Russland - Bedingungen, Probleme, Erfolgsfaktoren, Wiesbaden 1993.

Ogawa, Eiji (2010): Regional Monetary Coordination in Asia after the Global Financial Crisis: Comparison in Regional Monetary Stability between ASEAN+3 and ASEAN+3+3, Tokio 2010.

O'Grady, Shawna / Lane, Henry W. (1996): The Psychic Distance Paradox. In: Journal of International Business Studies, 27. Jg., Nr. 2, 1996, S. 309-333.

Ohmae, Kenichi (1985): Macht der Triade. Die neue Form des weltweiten Wettbewerbs, Wiesbaden 1985.

Ohmae, Kenichi (1989): The global logic of strategic alliances. In: Harvard Business Review, 67. Jg., Nr. 2, 1989, S. 143-155.

O'Keefe, Thomas A. (2003): A resurgent Mercosur: confronting economic crisis and negotiating trade agreements, Miami 2003.

Olivier de Sardan, Jean-Pierre (1999): A Moral Economy of Corruption in Africa. In: Journal of Modern African Studies, 37. Jg., Nr. 1, 1999, S. 25-52.

Olsson, Carl (2002): Risk Management in Emerging Markets - how to survive and prosper, London 2002.

Onkvist, Sak / Shaw, John J. (2004): International Marketing: analysis and strategy, 4. Auflage, New York 2004.

Osiecka, Agnieszka (2006): Grenzüberschreitende Unternehmenskooperationen, Wiesbaden 2006.

Oviatt, Benjamin M. / McDougall, Patricia P. (1997): Challenges for Internationalization Process Theory: The Case of International New Ventures. In: Management International Review, 37. Jg., Nr. 2, 1997, S. 85-99.

o. V. (1960): Der Vertrag von Montevideo, Montevideo 1980.

o. V. (1980): Der Vertrag von Montevideo. Erneuerung des Vertrags von 1960, Montevideo 1980.

o. V. (1998): Globalization and Liberalization of Markets: Prospects for African Exports. In: UN Briefing Papers Series, o. Jg., Nr. 2, 1998, S. 1-19.

o. V. (2003): http://www.sadc.int/index/browse/page/104 (09.12.2010).

o. V. (2004): http://www.sadc.int/index/browse/page/116 (09.12.2010).

o. V. (2005): An ASEAN-Australia & New Zealand Free Trade Agreement, Canberra 2005.

o. V. (2007): Duden - das Fremdwörterbuch, Mannheim 2007.

o. V. (2007a): Mercosur - Regional Strategy Paper 2007-2013, Brüssel 2007.

o. V. (2007b): Asian Automotive Industry Forecast Report, Global Insight, Nr. 2, Waltham 2007.

o. V. (2008): FTA - Growth, Development and Wealth Creation, Gaborone 2008.

o. V. (2008a):
http://www.welt.de/wirtschaft/article2187955/Was_deutsche_Unternehmen_an_China_stoert.html (17.01.2011).

o. V. (2009): The Africa Competitiveness Report 2009, Genf 2009.

o. V. (2009a): South-South Cooperation in Industrialization. In: South Report 2009, o. Jg., o. Nr., 2009, S. 67-92.

o. V. (2009b): http://www.daimler.com/dccom/0-5-7171-49-1199920-1-0-0-0-0-0-9296-7164-0-0-0-0-0-0-0.html (17.01.2011).

o. V. (2009c): http://www.daimler.com/dccom/0-5-7153-49-1255856-1-0-0-0-0-0-8-7145-0-0-0-0-0-0.html (17.01.2011).

o. V. (2009d): http://www.scania.com/Images/10271-en_index72_183231.pdf (18.01.2011).

o. V. (2009e): http://www.gtai.de/fdb-SE,MKT200904218005,Google.html (28.02.2011).

o. V. (2009f): http://www.bfdw.info/weltweit-aktiv/index_3648_DEU_HTML.php (04.03.2011).

o. V. (2009g): http://www.bilaterals.org/article.php3?id_article=14251 (11.03.2011).

o. V. (2009h): http://www.fazfinance.net/Aktuell/Daimler-stutzt-japanische-Tochtergesellschaft-Fuso-1229.faz (11.03.2011).

o. V. (2009i): http://www.sueddeutsche.de/wirtschaft/49/466629/text/ (13.07.2009).

o. V. (2010): http://www.sadc.int/ (08.12.2010).

o. V. (2010a): Economic Development in Africa. Report 2010: South-South Cooperation: Africa and the new forms of development partnership, New York/Genf 2010.

o. V. (2010b): http://www.daimler.com/dccom/0-5-7153-49-1313527-1-0-0-0-0-0-16694-7164-140052-0-0-0-0-0-0.html (17.01.2011).

o. V. (2010c): http://www.transparency.org/policy_research/surveys_indices/cpi/2010/in_detail#1 (25.02.2011).

o. V. (2010d): http://www.africaneconomicoutlook.org/en/countries/southern-africa/angola/ (25.02.2011).

o. V. (2010e): http//www.indexmundi.com/argentina/economy_overview.html (03.03.2011).

o. V. (2010f): http://www.buenos-aires.diplo.de/contentblob/2333950/Daten/844829/Aktuelle_Wirtschaftslage_Download.pdf (02.03.2011).

o. V. (2010g): http://www.gtai.de/fdb-SE,MKT201009028000,Google.html (28.02.2011).

o. V. (2010h): http://www.oxan.com/analysis/c/default.aspx?q=Colombia (03.03.2011).

o. V. (2010i): http://www.oxan.com/analysis/c/default.aspx?q=Thailand (11.03.2011).

o. V. (2010j): http://www.oxan.com/analysis/c/default.aspx?q=Indonesia (11.03.2011).

o. V. (2010k): VISTA - New growth opportunities for the commercial vehicle industry, München et al. 2010.

o. V. (2010l): Perspektiven für die Automobilindustrie in den ASEAN-Staaten. Eine Gemeinschaftsstudie vom Verband der Automobilindustrie und MANAGEMENT ENGINEERS, Frankfurt am Main 2010.

o. V. (2011): http://www.eiu.com/Default.aspx (25.02.2011).

o. V. (2011a): http://www.unctad.org/Templates/StartPage.asp?intItemID=2068 (25.02.2011).

o. V. (2011b): https://www.cia.gov/ (25.02.2011).

o. V. (2011c):
web.worldbank.org/wbsite/external/countries/africaext/angolaextn/0,,menupk:322500~pagepk:141132~pipk1411 07~thesitepk:322490,00.html (24.02.2011).

o. V. (2011d): http://www.oxan.com/display.aspx?ItemID=DB132363 (02.03.2011).

o. V. (2011e):
http://www.doingbusiness.org/~/media/fpdkm/doing %20business/documents/profiles/country/db11/arg.pdf (02.03.2011).

o. V. (2011f): http://www.gtai.de/DE/Content/Online-news/2011/04/rz2,hauptbeitrag=216856,layoutVariant=Standard,sourcetype=SE,templateId=render.html (28.02.2011).

o. V. (2011g):
http://www.doingbusiness.org/~/media/fpdkm/doing %20business/documents/profiles/country/db11/vnm.pdf (11.03.2011).

o. V. (2011h): http://mkaccdb.eu.int/mkaccdb2/atDutyOverviewPubli.htm?datasettype=get (04.03.2011).

o. V. (2011i): Country: "Colombia", Product Code: "8704" [Online]. URL: http://mkaccdb.eu.int/mkaccdb2/atDutyOverviewPubli.htm (04.03.2011).

o. V. (2011j): Country: "Angola", Product Code: "8704" [Online]. URL: http://mkaccdb.eu.int/mkaccdb2/atDutyOverviewPubli.htm (24.02.2011).

o. V. (2011k): Country: "Thailand", Product Code: "8704" [Online]. URL: http://mkaccdb.eu.int/mkaccdb2/atDutyOverviewPubli.htm (11.03.2011).

o. V. (2011l): Country: "Indonesia", Product Code: "8704" [Online]. URL: http://mkaccdb.eu.int/mkaccdb2/atDutyOverviewPubli.htm?datasettype=get (11.03.2011).

o. V. (2011m): Country: "Vietnam", Product Code: "8704" [Online]. URL: http://mkaccdb.eu.int/mkaccdb2/atDutyOverviewPubli.htm (11.03.2011).

Palabyab, Nestor P. (2009): Opening market opportunities in ASEAN, Makati City 2009.

Pan, Yigang / Tse, David K. (2000): The Hierarchical Model of Market Entry Modes. In: Journal of International Business Studies, 31. Jg., Nr. 4, 2000, S. 535-554.

Pangestu, Mari (1994): AFTA and AFTA Plus: An Indonesian Perspective, Bangkok 1994.

Pangestu, Mari (2005): Southeast Asian Regional and International Economic Cooperation. In: Weatherbee, Donald E. (Hrsg.): International Relations in Southeast Asia: The Struggle for Autonomy. Oxford: Oxford University Press, S. 187-217.

Papadopoulos, Nicolas / Chen, Hongbin / Thomas, R. D. (2002): Toward a tradeoff model for international market selection. In: International Business Review, 11. Jg., Nr. 2, 2002, S. 165-192.

Parente, Stephen L. / Prescott, Edward C. (1999): Monopoly rights: a barrier to riches. In: American Economic Review, 89. Jg., Nr. 5, 1999, S. 1216-1233.

Pausenberger, Ehrenfried (1982): Die internationale Unternehmung: Begriff, Bedeutung und Entstehungsgründe. In: Das Wirtschaftsstudium, 11. Jg., Nr. 3, 1982, S. 118-123.

Pausenberger, Ehrenfried (1992): Internationalisierungsstrategien industrieller Unternehmungen. In: Dichtl, Erwin / Issing, Otmar (Hrsg.): Exportnation Deutschland, 2. Auflage. München: Beck, S. 199-220.

Pedersen, Torben (1999): The internationalization process of Danish firms - gradual learning or discrete rational choices? Kopenhagen 1999.

Pedersen, Torben / Shaver, Myles (2000): Internationalization Revisited: the Big Step Hypothesis, Uppsala 2000.

Pehrsson, Anders (2009): Barriers to entry and market strategy: a literature review and a proposed model. In: European Business Review, 21. Jg., Nr. 1, 2009, S. 64-77.

Penrose, Edith T. (1952): Biological Analogies in the Theory of the Firm. In: The American Economic Review, 42. Jg., Nr. 5, 1952, S. 804-819.

Penrose, Edith T. (1966): The Theory of the Growth of the Firm, 3. Auflage, Oxford 1966.

Pepels, Werner (2000): Marktsegmentierung: Marktnischen finden und besetzen, Heidelberg 2000.

Perich, Robert (1993): Unternehmensdynamik, 2. Auflage, Bern et al. 1993.

Perks, Keith J. / Hughes, Mathew (2008): Entrepreneurial decision-making in internationalization: Propositions from mid-size firms. In: International Business Review, 17. Jg., Nr. 3, 2008, S. 310-330.

Perlitz, Manfred (1997): Internationales Management, 3. Auflage, Stuttgart 1997.

Perlitz, Manfred (2002): Spektrum kooperativer Internationalisierungsformen. In: Macharzina, Klaus / Oesterle, Michael-Jörg (Hrsg.): Handbuch Internationales Management, 2. Auflage. Wiesbaden: Gabler, S. 533-549.

Perlitz, Manfred (2004): Internationales Management, 5. Auflage, Stuttgart 2004.

Perridon, Louis / Rössler, Martin (1980): Die internationale Unternehmung: Entwicklung und Wesen. In: Wirtschaftswissenschaftliches Studium, 9. Jg., Nr. 5, 1980, S. 211-217.

Perroni, Carlo / Whalley, John (2000): The new regionalism: trade liberalization or insurance? In: Canadian Journal of Economics, 33. Jg., Nr. 1, 2000, S. 1-24.

Petersen, Bent / Pedersen, Torben (1996): Twenty years after - support and critique of the Uppsala Internationalisation model. In: Forsgren, Matts (Hrsg.): The Nature of the International Firm. Kopenhagen: Handelshojskolens, S. 117-134.

Pfeiffer, Werner / Bischof, Peter (1981): Produktlebenszyklen - Instrument jeder strategischen Produktplanung. In. Steinmann, Horst (Hrsg.): Planung und Kontrolle. München: Beck, S. 133-166.

Phillips, Nicola (2004): The Southern Cone Model: The Political Economy of Regional Capitalist Development in Latin America, London/New York 2004.

Pholphirul, Piriya (2010): Does AFTA create More Trade for Thailand? An Investigation of Some Key Trade Indicators. In: Journal of Current Southeast Asian Affairs, 29. Jg., Nr. 1, 2010, S. 51-78.

Piercy, Nigel F. / Kaleka, Anna / Katsikeas, Constantine S. (1998): Sources of Competitive Advantage in High Performing Exporting Companies. In: Journal of World Business, 33. Jg., Nr. 4, 1998, S. 378-393.

Pike, Richard / Neale, Bill (2009): Corporate finance and investment: decisions and strategies, 6. Auflage, Harlow 2009.

Pinto, Rodriguez Javier / Escudero Gutierrez, Cilian R. / Jesús, Ana I. (2008): Order, positioning, scope and outcomes of market entry. In: Industrial Marketing Management, 37. Jg., Nr. 2, 2008, S. 154-166.

Pla-Barber, José (2001): The internationalisation of foreign distribution and production activities - new empirical evidence from Spain. In: International Business Review, 10. Jg., Nr. 4, 2001, S. 455-474.

Pleitner, Hans J. (1990): Die Internationalisierung schweizerischer Klein- und Mittelunternehmen im Hinblick auf die europäische Wirtschaftsintegration. In: Internationales Gewerbearchiv, 38. Jg., Nr. 4, 1990, S. 221-235.

Plötner, Olaf (2010): Innovation ohne Schnickschnack. Frankfurter Allgemeine Zeitung, o. Nr., 18.04.2010, [Online]. URL: http://www.fazfinance.net/Aktuell/Innovation-ohne-Schnickschnack-2008.html (22.04.2010).

Pölnitz, Götz (1981): Die Fugger, 4. Auflage, Tübingen 1981.

Polli, Rolando / Cook, Victor (1969): Validity of the product life cycle. In: Journal of Business, 42. Jg., Nr. 4, 1969, S. 385-400.

Popper, Karl (1994): Models, Instruments and Truths - The Status of the Rationality Principle in the Social Sciences. In: Notturno, Marc A. (Hrsg.): The Myth of the Framework. In Defence of Science and Rationality. London/New York: Routledge, S. 154-185.

Popper, Karl (1994a): Logik der Forschung, 10. Auflage, Tübingen 1994.

Porter, Michael E. (1980): Competitive Strategy, New York 1980.

Porter, Michael E. (1985): Competitive Advantage: Creating and sustaining superior performance, New York 1985.

Porter, Michael E. (1989): Wettbewerb auf globalen Märkten. Ein Rahmenkonzept. In: Porter, Michael E. (Hrsg.): Globaler Wettbewerb. Strategien der neuen Internationalisierung. Wiesbaden: Gabler, S. 17-72.

Porter, Michael E. (1995): Wettbewerbsstrategie, 8. Auflage, Frankfurt am Main/New York 1995.

Porter, Michael E. (1999): Wettbewerbsstrategie, 9. Auflage, Frankfurt am Main/New York 1999.

Porter, Michael E. (2000): Wettbewerbsvorteile: Spitzenleistungen erreichen und behaupten, 6. Auflage, Frankfurt am Main/New York 2000.

Poser, Hans (2004): Wissenschaftstheorie - Eine philosophische Einführung, Stuttgart 2004.

Posner, Michael V. (1961): International trade and technical change. In: Oxford Economic Papers, 13. Jg., Nr. 3, 1961, S. 323-341.

Posselt, Thorsten (1999): Das Design vertraglicher Vertriebsbeziehungen am Beispiel Franchising. In: ZfB - Zeitschrift für Betriebswirtschaft, 69. Jg., Nr. 3, 1999, S. 347-375.

Prahalad, Coimbatore K. / Doz, Yves L. (1987): The Multinational Mission. Balancing Local Demands and Global Vision, New York/London 1987.

Prahalad, Coimbatore K. / Hart, Stuart L. (2002): The fortune at the bottom of the pyramid. In: Strategy and Business, 26. Jg., o. Nr., 2002, S. 2-14.

Pradhan, Jaya P. (2008): Indian Direct Investment in Developing Countries: Emerging Trends and Development Impacts [Online]. URL: http://mpra.ub.uni-muenchen.de/12323 (24.09.2011).

Prashantham, Shameen (2005): Toward a Knowledge-Based Conceptualization of Internationalization. In: Journal of International Entrepreneurship, 3. Jg., Nr. 1, 2005, S. 37-52.

Prasirtsuk, Kitti (2006): Japan's Vision of an East-Asian Community: A Perspective from Thailand. In: Journal of Japanese Studies, 26. Jg., Nr. 1, 2006, S. 221-232.

Prime, Penelope B. (2009): China and India Enter Global Markets: A Review of Comparative Economic Development and Future Prospects. In: Eurasian Geography and Economics, 50. Jg., Nr. 6, 2009, S. 621-642.

Pues, Clemens (1994): Markterschließungsstrategien bundesdeutscher Unternehmen in Osteuropa, Wien 1994, zugl.: Münster, Univ., Diss., 1994.

Pull, Kerstin (2003): Der Einfluss personalpolitischer Flexibilität auf die Standortwahl multinationaler Unternehmen - eine empirische Analyse. In: ZfB - Zeitschrift für Betriebswirtschaft, 73. Jg., Nr. 8, 2003, S. 849-873.

Raasch, Antje-Christina (2006): Der Patentauslauf von Pharmazeutika als Herausforderung beim Management des Produktlebenszyklus, Wiesbaden 2006.

Raffée, Hans / Kreutzer, Ralf T. (1986): Organisatorische Verankerung als Erfolgsbedingung eines Global-Marketing. In: Thexis, 3. Jg., Nr. 2, 1986, S. 10-21.

Rahman, Syed H. (2003): Modeling of international market selection process: a qualitative study of successful Australian international businesses. In: Qualitative Market Research, 6. Jg., Nr. 2, 2003, S. 119-132.

Rajan, Ramkishen / Sen, Rahul / Siregar, Reza Yamora (2001): Singapore and Free Trade Agreements: Economic Relations with Japan and the United States, Singapur 2001.

Ramamurti, Ravi (2009): Why study emerging-market multinationals? In: Ramamurti, Ravi / Singh, Jitendra V. (Hrsg.): Emerging Multinationals in Emerging Markets. Cambridge: Cambridge University Press, S. 3-22.

Ramasamy, Bala (1994): The ASEAN Free Trade Area: Implications for Indonesia's Imports. In: Bulletin of Indonesian Economic Studies, 30. Jg., Nr. 2, 1994, S. 149-157.

Ramasamy, Bala (1995): Trade Diversion in an ASEAN Free Trade Area. In: ASEAN Economic Bulletin, 12. Jg., Nr. 1, 1995, S. 18-28.

Raulerson, Peter / Malraison, Jean-Claude / Leboyer, Antoine (2009): Building routes to customers. Proven strategies for profitable growth, New York 2009.

Raupp, Manfred G. (1997): Managementbezogene und organisatorische Anforderungen der Exportstrategie. In: Macharzina, Klaus / Oesterle, Michael-Jörg (Hrsg.): Handbuch Internationales Management. Wiesbaden: Gabler, S. 351-367.

Raupp, Manfred G. (2002): Managementbezogene und organisatorische Anforderungen der Exportstrategie, Wiesbaden 2002.

Ravenhill, John (1995): Economic Cooperation in Southeast Asia. In: Asian Survey, 35. Jg., Nr. 9, 1995, S. 850-866.

Reichenbach, Thomas (2002): Vertriebskanäle und Vertriebsorganisation in China - Hinweise für den Mittelstand. In: Brenner, Hatto / Granier, Britta (Hrsg.): Business-Guide China. Absatz, Einkauf, Kooperation, 2. Auflage. Köln: Deutscher Wirtschaftsdienst, S. 67-104.

Reichertz, Jo (2007): Qualitative Sozialforschung - Ansprüche, Prämissen, Probleme. In: Erwägen-Wissen-Ethik, 18. Jg., Nr. 2, 2007, S. 195-208.

Reid, Stan D. (1983): Firm internationalization, transaction costs, and strategic behavior. In: International Marketing Review, 1. Jg., Nr. 2, 1983, S. 45-56.

Reid, Stan D. (1986): Migration, Cultural Distance, and International Expansion. In: Turnbull, Peter W. / Paliwoda, Stanley J. (Hrsg.): Research in International Marketing. London: Croo Helm, S. 22-34.

Remmerbach, Klaus U. (1988): Markteintrittsentscheidungen. Eine Untersuchung im Rahmen der strategischen Marketingplanung unter besonderer Berücksichtigung des Zeitaspekts, Wiesbaden 1988, zugl.: Münster, Univ., Diss.,1988.

Remmerbach, Klaus U. (1989): Integrierte Markteintrittsplanung. In: Marketing ZFP, o. Jg., Nr. 11, 1989, S. 173-186.

Rennie, Michael W. (1993): Born Global. In: The McKinsey Quarterly, o. Jg., Nr. 4, 1993, S. 45-52.

Ricardo, David (1817): The Principles of Political Economy and Taxation, London 1817.

Rink, David R. / Swan, John E. (1979): Product life cycle research: A literature review. In: Journal of Business Research, 78. Jg., Nr. 7, 1979, S. 219-242.

Rink, David R. / Swan, John E. (1987): Fitting business strategic and tactical planning to the product life cycle. In: King, William R. / Cleland, David E. (Hrsg.): Strategic planning and management handbook. New York: van Nostrand Reinhold, S. 352-373.

Rios, Sandra P. (2003): Mercosur: en busca de una nueva agenda, Buenos Aires 2003.

Rios, Sandra P. (2003a): Mercosur: Dilemas y alternativas de la agenda comercial, Buenos Aires 2003.

Rist, Manfred (2007): Ostasiatische Gipfeltreffen auf Cebu - Politische und wirtschaftliche Ambitionen von ASEAN Plus. In: NZZ Fokus, o. Jg., Nr. 31, 2007, S. 12-13.

Robinson, James A. / Torvik, Ragnar / Verdier, Thierry (2002): Political Foundations of the Resource Curse, CEPR Discussion Paper Nr. 3422, London 2002.

Robinson, Kenneth / Philips McDougall, Patricia (2001): Entry barriers and new venture performance: A comparison of universal and contingency approaches. In: Strategic Management Journal, 22. Jg., Nr. 6-7, 2001, S. 659-685.

Robinson, William T. (1988): Sources of Market Pioneer Advantages: The Case of Industrial Goods Industries. In: Journal of Marketing Research, 25. Jg., Nr. 1, 1988, S. 87-94.

Robinson, William T. / Fornell, Claes (1985): Sources of market pioneer advantages in consumer goods industries. In: Journal of Marketing Research, 22. Jg., Nr. 8, 1985, S. 305-317.

Röbke, Julia / Rösner, Romy / Wenzel, Andreas / Voges, Mareike (2007): Länderanalysen. In: Afrika-Verein der deutschen Wirtschaft (Hrsg.): Marktchancen im subsaharischen Afrika - Methodik der Auswahl und Vorstellung einer Ländergruppe mit besonderen Potentialen für ein Engagement des deutschen Mittelstandes. Hamburg: Afrika-Verein, S. 27-90.

Romanelli, Elaine / Tushman, Michael L. (1994): Organizational Transformation as Punctuated Equilibrium: An Empirical Test. In: Academy of Management Journal, 37. Jg., Nr. 5, 1994, S. 1141-1166.

Root, Franklin R. (1982): Foreign market entry strategies, New York 1982.

Root, Franklin R. (1987): Entry strategies for international markets, New York 1987.

Root, Franklin R. (1994): Entry strategies for international markets, überarbeitete Auflage, New York et al. 1994.

Rose, Gregory M. / Shoham, Aviv (2002): Export performance and market orientation. Establishing an empirical link. In: Journal of Business Research, 55. Jg., Nr. 3, 2002, S. 217-225.

Ross, Michael L. (1999): The Political Economy of the Resource Curse. In: World Politics, 51. Jg., Nr. 2, 1999, S. 297-321.

Roxburgh, Charles / Dörr, Norbert / Leke, Acha / Tazi-Riffi, Amine / van Wamelen, Arend / Lund, Susan / Chironga, Mutsa / Alatovik, Tarik / Atkins, Charles / Terfous, Nadia / Zeino-Mahmalat, Till (2010): Lions on the move: The progress and potential of African Economies [Online]. URL: http://www.mckinsey.com/mgi/publications/progress_and_potential_of_african_economies/index.asp (26.02.2011).

Rüland, Jürgen (2003): ASEAN Regionalism Five Years after the 1997/1998 Financial Crisis: A Case of Co-operative Realism. In: Dent, Christopher M (Hrsg.): Asia Pacific Economic and Security Co-operation: New Regional Agendas. New York: Palgrave MacMillan, S. 53-71.

Rugman, Alan / Wright, Richard W. (1999): Research in global strategic management, Stamford 1999.

Ruzzier, Mitja / Konecnik, Maja (2006): The internationalization strategies of SMEs: The case of the Slovenian hotel industry. In: Management, 11. Jg., Nr. 1, 2006, S. 17-35.

Sachs, Jeffrey D. / McArthur, John W. / Schmidt-Traub, Guido / Kruk, Margaret / Bahadur, Chandrika / Faye, Michael / McCord, Gordon (2004): Ending Africa's Poverty Trap, New York 2004.

Sachs, Jeffrey D. / Warner, Andrew M. (1995): Sources of Slow Growth in African Economies. In: Journal of African Economies, 6. Jg., Nr. 3, 1995, S. 335-376.

Sachs, Jeffrey D. / Warner, Andrew M. (1997): Economic Reform and the Process of Global Integration. In: Booking Papers on Economic Activity, 1. Jg., o. Nr., 1995, S. 1-118.

Sachse, Uwe (2003): Wachsen durch internationale Expansion, Wiesbaden 2003.

Sadeh, Arik (2003): Optimal product lifecycle and partial information with active learning. In: Computational Economics, 21. Jg., o. Nr., 2003, S. 125-136.

Sakarya, Sema / Eckman, Molly / Hyllegard, Karen H. (2007): Market selection for international expansion: Assessing opportunities in emerging markets. In: International Marketing Review, o. Jg., Nr. 24, 2007, S. 208-238.

Sangmeister, Hartmut (1994): Auf dem Weg in den Weltmarkt: Regionale Wirtschaftsintegration im Cono Sur. In: Junker, Detlef / Nohlen, Dieter / Sangmeister, Hartmut (Hrsg.): Lateinamerika am Ende des 20. Jahrhunderts. München: Beck, S. 191- 211.

Sangmeister, Hartmut (2002): Wirtschaftliche Rahmenbedingungen und ökonomische Bewertung des Mercosur. In: Zippel, Wulfdiether (Hrsg.): Die Beziehungen zwischen der EU und den Mercosur-Staaten. Baden-Baden: Nomos, S. 57-82.

Sangmeister, Hartmut (2011): Der Wirtschaftsraum Lateinamerika: Positive Aussichten für 2011. In: German Institute of Global and Area Studies, o. Jg., Nr. 1, 2011, S. 1-7.

Sasi, Viveca / Gabrielsson, Mika / Myllyrinne, Matias (2000): Financing and Managing Growth of A Born Global: Case of Mad Onion, Maastricht 2000.

Sautman, Barry / Hairong, Yan (2007): Friends and interests: China's distinctive links with Africa. In: African Studies Review, 50. Jg., Nr. 3, 2007, S. 75-114.

Scharrer, Jochen (2001): Internationalisierung und Länderselektion. Eine empirische Analyse mittelständischer Unternehmen in Bayern, München 2001.

Schelhase, Marc (2008): Globalization, Regionalization and Business, Basingstoke/New York 2008.

Schelhowe, Christoph L. (2010): Erfahrung und unternehmerische Orientierung im Internationalisierungsprozess, Wiesbaden 2010.

Scherer, Andreas G. / Beyer, Rainer (1998): Der Konfigurationsansatz im Strategischen Management - Rekonstruktion und Kritik. In: Die Betriebswirtschaft, 58. Jg., Nr. 3, 1998, S. 332-347.

Scherm, Ewald / Süß, Stefan (2001): Internationales Management: Eine funktionale Perspektive, München 2001.

Scheuing, Eberhard E. (1972): Das Marketing neuer Produkte, Wiesbaden 1970.

Schilbe, Stefan / Esser, Bernhard (2009): Vorstellung des HSBC Emerging Markets Index, Düsseldorf 2009.

Schmalensee, Richard (1982): Product differentiation advantages of pioneering brands. In: The American Economic Review, 72. Jg., Nr. 6, 1982, S. 349-365.

Schmid, Michael (2002): Theorienvergleich und Erkenntnisfortschritt. In: Böhm, Jan M. / Holweg, Heiko / Hoock, Claudia (Hrsg.): Karl Poppers kritischer Rationalismus heute. Tübingen: Mohr Siebeck, S. 172-202.

Schmid, Stefan (2002): Die Internationalisierung von Unternehmungen aus der Perspektive der Uppsala-Schule. In: Wirtschaftswissenschaftliches Studium, 7. Jg., o. Nr., 2002, S. 387-392.

Schmid, Stefan / Schmidt-Buchholz, Alexandra (2002): Born Globals: What Drives Rapid and Early Internationalisation of Small and Medium-sized Firms from the Software and Internet Industry? In: Larimo, Jorma (Hrsg.): Current European Research in International Business. Vaasa: Vaasan Yliopiston Julkaisuja, S. 44-63.

Schmid, Stefan / Vadot, Jérôme (2003): Grenzüberschreitende Unternehmungstätigkeit - Eine Fallstudie der Gruppe BIC. In: Bieswanger, Markus / Boatcă, Manuela / Grzega, Joachim / Neudecker, Claudia (Hrsg.): Abgrenzen oder Entgrenzen. Zur Produktivität von Grenzen. Frankfurt am Main: IKO-Verlag für interkulturelle Kommunikation, S. 271-284.

Schmidt, Christiane (2007): Analyse von Leitfadeninterviews. In: Flick, Uwe / Kardorff, Ernst von / Steinke, Ines (Hrsg.): Qualitative Forschung. Ein Handbuch, 5. Auflage. Reinbek bei Hamburg: Rowohlt, S. 447-455.

Schmidt-Buchholz, Alexandra (2001): Born Globals - Die schnelle Internationalisierung von Hightech Startups, Lohmar 2001.

Schmidt-Buchholz, Alexandra / Schmid, Stefan / Kutschker, Michael (2001): Extending Traditional Explanations of International Business Activities: Network Externalities and Economies of Scale. A Study on German Software and Internet Start-ups. Diskussionsbeitrag Nr. 153 der wirtschaftswissenschaftlichen Fakultät Ingolstadt, Ingolstadt 2001.

Schmitt, Stefanie (2010): Wirtschaftstrends Vietnam [Online]. URL: http://www.gtai.de/ext/anlagen/PubAnlage_8550.pdf?show=true (11.03.2011).

Schmoll, Gottfried A. (2001): Vertriebsorganisation in Auslandsmärkten: Mit der richtigen Geschäftsstrategie Leistungen und Umsätze steigern, Köln 2001.

Schneider, Dieter J. G. (1986): Zur Auswahl strategisch interessanter Märkte. In: Strategische Planung, Band 2. Heidelberg: Physica, 1986, S. 193-215.

Schneider, Dieter J. G. (1998): Die Entwicklung von Internationalisierungskonzeptionen als integriertes Entscheidungsfeld. In: Handbauer, Gernot / Matzler, Kurt / Sauerwein, Elmar / Stumpf, Monika (Hrsg.): Perspektiven im Strategischen Management. Festschrift anlässlich des 60. Geburtstages von Prof. Hans H. Hinterhuber. Berlin/New York: De Gruyter, S. 333-350.

Schneider, Dieter J. G. / Müller, Ralph U. (1989): Datenbankgestützte Marktselektion. Eine methodische Basis für Internationalisierungsstrategien, Stuttgart 1989.

Schnell, Rainer / Hill, Paul B. / Esser, Elke (2005): Methoden der empirischen Sozialforschung, 7. Auflage, München/Wien 2005.

Schonert, Torsten (2008): Interorganisationale Wertschöpfungsnetzwerke in der deutschen Automobilindustrie, Wiesbaden 2008.

Schütz, Alfred (1972): Der gut informierte Bürger. In: Schütz, Alfred (Hrsg.): Gesammelte Aufsätze, Band 2. Den Haag: Martinus Nijhoff, S. 85-101.

Schütze, Fritz (1977): Die Technik des narrativen Interviews in Interaktionsfeldstudien dargestellt an einem Projekt zur Erforschung von kommunalen Machtstrukturen (MS), Bielefeld 1977.

Schütze, Fritz / Meinefeld, Werner / Springer, Werner / Weymann, Ansgar (1981): Grundlagentheoretische Voraussetzung methodologisch kontrollierten Fremdverstehens. In: Arbeitsgruppe Bielefelder Soziologen (Hrsg.): Alltagswissen, Interaktion und gesellschaftliche Wirklichkeit, 5. Auflage. Opladen: Westdeutscher Verlag, S. 433-529.

Schuh, Arnold / Trefzger, Detlef (1991): Internationale Marktwahl - ein Vergleich von Länderselektionsmodellen in Wissenschaft und Praxis. In: Journal für Betriebswirtschaft, 41. Jg., Nr. 2-3, 1991, S. 111-129.

Schuler, Randall S. (2001): Human Resource Issues and Activities in International Joint Ventures. In: International Journal of Human Resource Management, 21. Jg., Nr. 1, 2001, S. 1-52.

Schumpeter, Joseph A. (1962): Capitalism, Socialism and Democracy, New York 1962.

Schumpeter, Joseph A. (1975): Capitalism, Socialism, and Democracy, New York 1975.

Schwartau, Cord (1977): Phasenkonzepte, Unternehmungsverhalten, Wettbewerb, Berlin 1977.

Segler, Kay (1986): Basisstrategien im internationalen Marketing, Frankfurt am Main/New York 1986.

Seibert, Klaus (1981): Joint Ventures als strategisches Instrument im internationalen Marketing, Berlin 1981.

Seidel, Alfred (1972): Analyse der marktmäßigen Grundlagen für das Unternehmerverhalten in mengenmäßig gesättigten Märkten, Bern/Frankfurt am Main 1972.

Seidman, Irving E. (1991): Interviewing as Qualitative Research: A Guide for Researchers in Education and the Social Sciences, New York 1991.

Seifert, Bruce / Ford, John B. (1989): Are exporting firms modifying their products, pricing and promotion policies. In: International Marketing Review, 6. Jg., Nr. 6, 1989, S. 53-68.

Sell, Axel (2002): Internationale Unternehmenskooperationen, 2. Auflage, München/Wien 2002.

Sen, Rahul / Srivastava, Sadhana (2009): ASEAN´s bilateral preferential trade and economic cooperation agreements - Implications for Asian Economic Integration. In: ASEAN Economic Bulletin, 26. Jg., Nr. 2, 2009, S. 194-214.

Sethi, Prakash S. (1971): Comparative cluster analysis of world markets. In: Journal of Marketing Research, 8. Jg., o. Nr., 1971, S. 348-354.

Shahbandarzadeh, Hamid / Haghighar, Fatemeh (2010): Evaluation of the strategies of target market selection on the basis of IFE and EFE matrixes using linmap technique (a case study of Bushehr province). In: Iranian Journal of Management Studies, 3. Jg., Nr. 3, 2010, S. 41-58.

Sharkey, Thomas W. / Lim, Jeen-Su / Kim, Ken I. (1989): Export Development and Perceived Export Behaviours. An Empirical Analysis of Small Firms. In: Management International Review, 29. Jg., Nr. 3, 1989, S. 33-40.

Sharma, Subhash C. / Chua, Soo Y. (2000): ASEAN: economic integration and intra-regional trade. In: Applied Economic Letters, 7. Jg., Nr. 3, 2000, S. 165-169.

Shenkar, Oded / Luo, Yadong (2008): International Business, 2. Auflage, Thousand Oaks 2008.

Shiino, Kohei (2005): India's FTA: Its Strategy and Structural Reform, Tokio 2005.

Siah, Kim-Lan / Choong, Chee-Kong / Yuzop, Zulkornian (2009): AFTA and the Intra-Trade Patterns among ASEAN-5 Economies: Trade-Enhancing or Trade Inhibiting. In: International Journal of Economics and Finance, 1. Jg., Nr. 1, 2009, S. 117-126.

Sieber, Eugen H. (1970): Die multinationale Unternehmung, der Unternehmenstyp der Zukunft? In: Zeitschrift für betriebswirtschaftliche Forschung, 22. Jg., o. Nr., 1970, S. 414-438.

Siebert, Horst / Lorz, Oliver (2000): Außenwirtschaft, 7. Auflage, Stuttgart 2000.

Siebert, Horst / Lorz, Oliver (2006): Außenwirtschaft, 8. Auflage, Stuttgart 2006.

Siegwart, Hans / Senti, Richard (1995): Product life cycle management, Stuttgart 1995.

Sim, A. B. / Yunus, Ali M. (2000): Determinants of stability in international joint ventures: Evidence from a developing country context. In: Asia Pacific Journal of Management, 17. Jg., Nr. 4, 2000, S. 373-397.

Simmonds, Kenneth / Smith, Helen (1968): The first export order: A marketing innovation. In: British Journal of Marketing, 2. Jg., Nr. 2, 1968, S. 93-100.

Simon, Hermann (1985): Eintrittsbarrieren und Eintrittsstrategien im japanischen Markt. In: Zeitschrift für betriebswirtschaftliche Forschung, 37. Jg., Nr. 11, 1985, S. 943-955.

Simon, Hermann (1989): Markteintrittsbarrieren. In: Macharzina, Klaus / Welge, Martin K. (Hrsg.): Handwörterbuch Export und Internationale Unternehmung. Stuttgart: Schäffer-Poeschel, Sp. 1441-1453.

Simon, Hermann (1992): Preismanagement, 2. Auflage, Wiesbaden 1992.

Simon, Hermann (1996): Hidden Champions: Lessons from 500 of the world's best unknown companies, Boston 1996.

Simon, Markus C. (2007): Der Internationalisierungsprozess von Unternehmen, Wiesbaden 2007.

Simon, Markus C. / Welling, Michael / Freiling, Jörg (2006): Eine ressourcenorientierte Perspektive der Internationalisierungsprozesse von Unternehmen. In: Burmann, Christoph / Freiling, Jörg / Hülsmann, Michael (Hrsg.): Neue Perspektiven des Strategischen Kompetenz-Managements. Wiesbaden: Gabler, S. 149-183.

Sinha, Tuli (2009): India-ASEAN Free Trade Agreement, Neu-Delhi 2009.

Smiley, Robert H. / Ravid, Abraham S. (1983): The importance of being first: Learning price and strategy. In: Quarterly Journal of Economics, 98. Jg., Nr. 2, 1983, S. 353-362.

Smith, Adam (1776): An Inquiry into the Nature and Causes of the Wealth of Nations, Nachdruck von 1981, Indianapolis 1981.

Smith, Wendell R. (1956): Product differentiation and market segmentation as alternative marketing strategies. In: Journal of Marketing, 21. Jg., Nr 1, 1956, S. 3-8.

Soesastro, Hadi (2003): An ASEAN Economic Community and ASEAN+3: How Do They Fit Together? Pacific Economic Paper Nr. 338, Canberra 2003.

Soest, Christian von / Scheller, Julia (2006): Regionale Integration im südlichen Afrika: Wohin steuert die SADC? [Online]. URL: http://edoc.vifapol.de/opus/volltexte/2009/1740/pdf/gf_afrika_0610.pdf (10.12.2010).

Solberg, Carl A. / Olson, Carl (1998): Export performance and management orientations in Norwegian IT industry, Manchester 1998.

Sotero, Paulo (2009): Emerging Powers: India, Brazil and South Africa (IBSA) and the future of south-south cooperation, Washington 2009.

Sotero, Paulo / Armijo, Leslie E. (2007): Brazil: To Be or Not to Be a BRIC. In: Asian Perspective, 31. Jg., Nr. 4, 2007, S. 43-70.

Specht, Günter / Zörgiebel, Wilhelm W. (1985): Technologieorientierte Wettbewerbsstrategien. In: Marketing ZFP, 7. Jg., Nr. 3, 1985, S. 161-172.

Sprondel, Walter M. (1979): 'Experte' und 'Laie': Zur Entwicklung von Typenbegriffen in der Wissenssoziologie. In: Sprondel, Walter M. / Grathoff, Richard (Hrsg.): Alfred Schütz und die Idee des Alltags in den Sozialwissenschaften. Stuttgart: Enke, S. 140-154.

Srirojanant, Sirinuch / Thirkell, Peter (2001): Driving international business performance through use of internet technologies: a survey of Australian and New Zealand exporters. In: Gray, Sidney / McGaughey, Sara L. / Purcell, William (Hrsg.): Asia-Pacific Issues in International Business. Cheltenham: Edward Elgar, S. 53-88.

Staehle, Wolfgang H. (1999): Management - Eine verhaltenswissenschaftliche Perspektive, 8. Auflage, München 1999.

Stärk, Monika (2004): ASEAN - Perspektiven der regionalen Integration, Frankfurt am Main 2004.

Stahl, Heinz M. (2005): Towards a South-Atlantic Free Trade Area? The Business, Trade and Investment Dimensions. In: Southern Africa and Mercosur/I: Reviewing the Relationship and Seeking Opportunities, o. Jg., o. Nr., 2005, S. 83-92.

Stahr, Gunter (1991): Internationales Marketing, Ludwigshafen 1991.

Stahr, Gunter (1993): Internationales Marketing, 2. Auflage, Ludwigshafen 1993.

Staudt, Thomas A. / Taylor, Daniel A. (1970): A managerial introduction into marketing, New Jersey 1970.

Steen, John T. / Liesch, Peter W. (2007): A Note on Penrosean Growth, Resource Bundles and the Uppsala Model of Internationalisation. In: Management International Review, 47. Jg., Nr. 2, 2007, S. 193-206.

Steenkamp, Jan-Benedict E. M. (2001): The role of national culture in international marketing research. In: International Marketing Review, 18. Jg., Nr. 1, 2001, S. 30-44.

Steenkamp, Jan-Benedict E. M. / Hofstede, Frenkel T. (2002): International market segmentation issues and perspectives. In: International Journal of Research in Marketing, 19. Jg., Nr. 3, 2002, S. 185-213.

Stegmüller, Bruno (1995): Internationale Marktsegmentierung als Grundlage für internationale Marketing-Konzeptionen, Bergisch-Gladbach 1995.

Stegmüller, Bruno (1995a): Internationale Marktsegmentierung. In: Jahrbuch der Absatz- und Verbrauchsforschung, 41. Jg., Nr. 4, 1995, S. 366-386.

Steinke, Ines (1999): Kriterien qualitativer Forschung. Ansätze zur Bewertung qualitativ-empirischer Sozialforschung, Weinheim/München 1999.

Steinke, Ines (2007): Gütekriterien qualitativer Forschung. In: Flick, Uwe / Kardorff, Ernst von / Steinke, Ines (Hrsg.): Qualitative Forschung. Ein Handbuch, 5. Auflage. Reinbek bei Hamburg: Rowohlt, S. 319-331.

Steinmann, Horst / Schreyögg, Georg (2005): Management: Grundlagen der Unternehmensführung, 6. Auflage, Wiesbaden 2005.

Stigler, George J. (1968): The organization of industry, Chicago 1968.

Strietzel, Markus (2005): Unternehmenswachstum durch Internationalisierung in Emerging Markets, Wiesbaden 2005.

Strube-Edelmann, Birgit (2006): Aufstieg von Entwicklungsländern in die Gruppe der Schwellenländer. In: Wissenschaftliche Dienste des Deutschen Bundestages, o. Jg., o. Nr., 2006, S. 1-14.

Struhl, Steven M. (1992): Market segmentation: An introduction and review, Chicago 1992.

Stubbs, Richard (2002): ASEAN Plus Three: Emerging East Asian Regionalism. In: Asian Survey, 42. Jg., o. Nr., 2002, S. 440-455.

Stubbs, Richard (2004): ASEAN in 2003: Adversity and Response. In: Singh, Daljit / Wah, Chin Kin (Hrsg.): Southeast Asian Affairs 2004. Singapur: Institute of Southeast Asian Studies, S. 3-17.

Sudsawasd, Sasatra / Mongsawad, Prasopchoke (2007): Go with the Gang, ASEAN! In: ASEAN Economic Bulletin, 24. Jg., Nr. 3, 2007, S. 339-356.

Sullivan, Daniel (1996): Measuring the Degree of Internationalization of a Firm: A Reply. In: Journal of International Business Studies, 27. Jg., Nr. 1, 1996, S. 179-192.

Sullivan, Daniel / Bauerschmidt, Alan (1990): Incremental Internationalization: A Test of Johanson and Vahlne's thesis. In: Management International Review, 30. Jg., Nr. 1, 1990, S. 19-30.

Summers, Lawrence H. (1991): Regionalism and the World Trading System, Wyoming 1991.

Sun, Haishun (1999): Entry modes of multinational corporations into China's market: a socioeconomic analysis. In: International Journal of Social Economics, 26. Jg., Nr. 5, 1999, S. 642-659.

Swann, Peter G. M. (2009): The Economics of Innovation - An Introduction, Cheltenham 2009.

Swoboda, Bernhard (2002): Dynamische Prozesse der Internationalisierung: Managementtheoretische und empirische Perspektiven des unternehmerischen Wandels, Wiesbaden 2002.

Swoboda, Bernhard (2002a): The Relevance of Timing and Time in International Business - Analysis of Different Perspectives and Results. In: Zentes, Joachim / Scholz, Christian (Hrsg.): Strategic Management. Wiesbaden: Gabler, S. 85-113

Swoboda, Bernhard / Foscht, Thomas (2005): Internationalisierung von Dienstleistungsunternehmen - Erklärungsperspektiven traditioneller und neuerer Prozessansätze bzw. -modelle. In: Bruhn, Manfred / Stauss, Bernd (Hrsg.): Internationalisierung von Dienstleistungen. Wiesbaden: Gabler, S. 43-71.

Szymanski, David M. / Troy, Lisa C. / Bharadwaj, Sundar G. (1995): Order of entry and business performance: an empirical synthesis and reexamination. In: Journal of Marketing, 59. Jg., Nr. 4, 1995, S. 17-33.

Talentino, Andrea (2005): Military intervention after the cold war, Ohio 2005.

Tallmann, Stephen B. / Shenkar, Oded (1994): A managerial decision model of international cooperative venture formation. In: Journal of International Business Studies, 25. Jg., Nr. 1, 1994, S. 91-113.

Tan, Alvin / Brewer, Paul / Liesch, Peter W. (2007): Before the first export decision: International readiness in the pre-export phase. In: International Business Review, 16. Jg., Nr. 3, 2007, S. 294-309.

Tan, Hui Boon / Yong, Chen Chen (2007): The Impact of AFTA on Japan-ASEAN trade flows. In: Malaysian Journal of Economic Studies, 41. Jg., Nr. 2, 2007, S. 91-109.

Taylor, Charles R. / Zou, Shaoming / Osland, Gregory E. (1999): Foreign market entry strategies of Japanese MNCs. In: International Marketing Review, 17. Jg., Nr. 2, 1999, S. 146-163.

Taylor, Ian (2001): Stuck in the Middle Gear: South Africa's Post-Apartheid Foreign Relations, Westport 2001.

Terada, Takashi (2003): Constructing an East Asian concept and growing regional identity: from EAEC to ASEAN+3. In: Pacific Review, 16. Jg., Nr. 2, 2003, S. 251-277.

Tesar, George / Moini, Hamid A. (1998): Longitudinal study of exporters and nonexporters: A focus on smaller manufacturing enterprises. In: International Business Review, 7. Jg., Nr. 3, 1998, S. 291-313.

Tetzlaff, Rainer / Jakobeit, Cord (2005): Das nachkoloniale Afrika. Politik - Wirtschaft - Gesellschaft, Wiesbaden 2005.

Thakurta, Paranjoy G. (2006): Trade: Big 3 developing countries want pact to tie 3 continents. In: Inter Press Service, o. Nr. 16. August 2006.

Thiam, Thierno (2009): The Emergence of ECOWAS and the Limits of the Paradigm of International Politics, Chicago 2009.

Thiel, Christian (2007): Gestaltung von Vertriebsstrukturen im Auslandsmarkt. Konzeption eines transaktionskostenbasierten Prozessmodells und seine Anwendung in der Automobilindustrie, Wiesbaden 2007, zugl.: Rostock, Univ., Diss., 2007.

Thompson, Arthur A. / Strickland, A. J. (1999): Strategic Management: Concepts and Cases, 11. Auflage, Boston 1999.

Thompson, Carol B. (2000): Regional Challenges to Globalisation: Perspectives from Southern Africa. In: New Political Economy, 5. Jg., Nr. 1, 2000, S. 41-57.

Thompson, James D. (1967): Organizations in Action: Social Science Bases of Administrative Theory, New York et al. 1967.

Tong, Sarah Y. / Chong, Catherine (2010): China-ASEAN Free Trade Area in 2010: A Regional Perspective. In: EAI Background Brief, o. Jg., Nr. 519, 2010, S. 1-18.

Tongzon, Jose L. (2002): The Economies of Southeast Asia before and after the crisis, London 2002.

Toto, Serkan (2009): Markteintritt deutscher KMU in Japan - eine theoretische und empirische Analyse anhand der Medizintechnikindustrie, Bayreuth 2009, zugl.: Bayreuth, Univ., Diss., 2009.

Toyne, Brian / Walters, Peter G. (1989): Global Marketing Management: A Strategic Perspective, Boston et al. 1989.

Trinczek, Rainer (2009): Wie befrage ich Manager? Methodische und methodologische Aspekte des Experteninterviews als qualitativer Methode empirischer Sozialforschung. In: Bogner, Alexander / Littig, Beate / Menz, Wolfgang (Hrsg.): Experteninterviews. Theorien, Methoden, Anwendungsfelder, 3. Auflage. Wiesbaden: VS Verlag für Sozialwissenschaften, S. 225-238.

Trummer, Armin (1990): Strategien für strategische Geschäftseinheiten in stagnierenden und schrumpfenden Märkten, Frankfurt am Main 1990.

Turnbull, Peter W. (1987): A Challenge to the Stages Theory of the Internationalization Process. In: Rosson, Phillip J. / Reid, Stanley D. (Hrsg.): Managing export entry and expansion - Concepts and Practice. New York: Prager, S. 21-40.

Turner, Daniel W. (2010): Qualitative Interview Design: A Practical Guide for Novice Investigators. In: The Qualitative Report, 15. Jg., Nr. 3, 2010, S. 754-760.

Tushman, Michael L. / O'Reilly, Charles A. (1996): Ambidextrous Organizations: Managing Evolutionary and Revolutionary Change. In: California Management Review, 38. Jg., Nr. 4, 1996, S. 8-30.

UNCTAD (2007): United Nations Conference on Trade and Development - World Investment Report 2007, Genf/New York 2007.

Urata, Shujiro (2002): Globalization and the growth in free trade agreements. In: Asia Pacific Review, 9. Jg., Nr. 1, 2002, S. 20-32.

Urban, Glen / Hauser, John R. (1993): Design and marketing of new products, 2. Auflage, Englewood Cliffs 1993.

Ursic, Michael L. / Czinkota, Michael R. (1984): An experience curve explanation of export expansion. In: Journal of Business Research, 12. Jg., Nr. 2, 1984, S. 159-168.

Utterback, James M. (1994): Mastering the dynamics of innovation: How companies can seize opportunities in the face of technological change, Boston 1994.

Utterback, James M. / Suárez, Fernando F. (1993): Innovation, competition and industry structure. In: Research Policy, 22. Jg., Nr. 1, 1993, S. 1-21.

Vahlne, Jan-Erik / Nordström, Kjell A. (1992): Is the Globe Shrinking? Psychic Distance and the Establishment of Swedish Subsidiaries During the Last 100 Years. Paper presented at the Annual Conference of the International Trade and Finance Association, Laredo 1992.

Vahlne, Jan-Erik / Wiedersheim-Paul, Finn (1973): Psychic distance - an inhibiting factor in international trade, Uppsala 1973.

Ven, Andrew H. van de (1992): Suggestions for studying strategy process: A research note. In: Strategic Management Journal, 13. Jg., Sonderausgabe, 1992, S. 169-188.

Ven, Andrew H. van de / Poole, Marshall S. (1995): Explaining development and change in organizations. In: Academy of Management Review, 20. Jg., Nr. 3, 1995, S. 510-540.

Vernon, Raymond (1966): International Investment and International Trade in the Product Cycle. In: Quarterly Journal of Economics, 80. Jg., Nr. 2, 1966, S. 190-207.

Vernon, Raymond (1974): The location of economic activity. In: Dunning, John H. (Hrsg.): Economic Analysis and the Multinational Enterprise, London: Allen&Unwin, S. 115-146.

Vernon, Raymond (1979): The product cycle hypothesis in a new international environment. In: Oxford Bulletin of Economics and Statistics, 41. Jg., Nr. 4, 1979, S. 255-267.

Vernon, Raymond (1999): The Harvard multinational enterprise project in historical perspective. In: Transnational Corporations, 8. Jg , Nr. 2, 1999, S. 35-49.

Vernon, Raymond / Wells, Louis T. / Rangan, Subramanian (1996): The Manager in the International Economy, 7. Auflage, London et al. 1996.

Vigevani, Tullo / Ramanzini, Haroldo J. / Cepaluni, Gabriel (2009): The influence of international changes on the Brazilian perception of regional integration, New York 2009.

Vostroknutova, Ekaterina / Izvorski, Ivailo / Nehru, Vikram (2010): Robust Recovery, Rising Risks. World Bank East Asia and Pacific Economic Update 2010, Washington 2010.

Waldkirch, Karl (2006): Geschäftserfolge in Indien, Wiesbaden 2006.

Walker, Ronald A. (2004): Multilateral Conferences: Purposeful International Negotiation, London 2004.

Wallace, Donald H. (1936): Monopolistic competition and public policy. In: The American Economic Review, 26. Jg., Nr. 1, 1936, S. 77-87.

Walldorf, Erwin G. (1992): Die Wahl zwischen unterschiedlichen Formen der internationalen Unternehmeraktivität. In: Kumar, Brij N. / Haussmann, Helmut (Hrsg.): Handbuch der Internationalen Unternehmenstätigkeit. München: Beck, S. 447-470.

Wang, Jian-Ye / Bio-Tchane, Abdoulaye (2008): Africa's burgeoning ties with China. In: Finance and Development, 45. Jg., Nr. 1, 2008, S. 44-47.

Waning, Thomas (1994): Markteintritts- und Marktbearbeitungsstrategien im globalen Wettbewerb, Münster 1994.

Weber, Petra (1999): Internationalisierungsstrategien mittelständischer Unternehmen. In: Meiler, Rudolf C. (Hrsg.): Mittelstand und Betriebswirtschaft. Beiträge aus Wissenschaft und Praxis. Wiesbaden: DUV, S. 241-266.

Wedel, Michel / Kamakura, Wagner (1999): Market Segmentation: Conceptual and Methodological Foundations, 2. Auflage, Boston et al. 1999.

Weder, Rolf (1989): Joint Venture. Theoretische und empirische Analyse unter besonderer Berücksichtigung der Chemischen Industrie der Schweiz, Grüsch 1989, zugl.: Basel, Univ., Diss., 1989.

Wehner, Ulrich (1999): Der Mercosur: Rechtsfragen und Funktionsfähigkeit eines neuartigen Integrationsprojektes und die Erfolgsaussichten der interregionalen Kooperation mit der Europäischen Union, Baden-Baden 1999, zugl.: Köln, Univ., Diss., 1999.

Weinhold-Stünzi, Heinz (1972): Marketing. Ein Lehrgang in 12 Lektionen, 7. Auflage, St. Gallen 1972.

Weizsäcker, Carl C. von (1980): A welfare analysis of barriers to entry. In: Bell Journal of Economics, 11. Jg., Nr. 2, 1980, S. 399-420.

Welch, Denice E. / Welch, Lawrence S. (1996): The Internationalization Process and Networks: A Strategic Management Perspective. In: American Management Association, 4. Jg., Nr. 3, 1996, S. 11-28.

Welch, Denice E. / Welch, Lawrence S. / Young, Louise C. / Wilkinson, Ian F. (1998): The Importance of Networks in Export Promotion: Policy Issues. In: Journal of International Marketing, 6. Jg., Nr. 4, 1998, S. 66-82.

Welch, Lawrence S. / Luostarinen, Reijo (1988): Internationalization: Evolution of a Concept. In: Journal of General Management, 14. Jg., Nr. 2, 1988, S. 34-55.

Welch, Lawrence S. / Luostarinen, Reijo (1993): Internationalization: Evolution of a concept. In: Buckley, Peter J. / Ghauri, Pervez N. (Hrsg.): The internationalization of the firm: A reader. London: Academic Press, S. 155-171.

Welch, Lawrence S. / Luostarinen, Reijo (1993a): Inward-Outward Connections in Internationalization. In: Journal of International Marketing, 1. Jg., Nr. 1, 1993, S. 44-56.

Welge, Martin K. (1990): Globales Management - Erfolgreiche Strategien für den Welt markt, Stuttgart 1990.

Welge, Martin K. / Al-Laham, Andreas (2008): Strategisches Management. Grundlagen - Prozesse - Implementierung, 5. Auflage, Wiesbaden 2008.

Welge, Martin K. / Holtbrügge, Dirk (2003): Internationales Management: Theorien, Funktionen, Fallstudien, 3. Auflage, Stuttgart 2003.

Welge, Martin K. / Holtbrügge, Dirk (2006): Internationales Management: Theorien, Funktionen, Fallstudien, 4. Auflage, Stuttgart 2006.

Wesnitzer, Markus (1993): Markteintrittsstrategien in Osteuropa. Konzepte für die Konsumgüterindustrie, Wiesbaden 1993, zugl.: Bamberg, Univ., Diss., 1993.

Westhead, Paul / Wright, Mike / Ucbasaran, Deniz (2001): The internationalization of new and small firms: A resource-based view. In: Journal of Business Venturing, 16. Jg., Nr. 4, 2001, S. 333-358.

White, Roderick / Poynter, Thomas A. (1989): Organizing for worldwide advantage. In: Business Quarterly, 54. Jg., Nr. 1, 1989, S. 84-89.

White, Roderick / Poynter, Thomas A. (1989a): Achieving worldwide advantage with the horizontal organization. In: Business Quarterly, 54. Jg., Nr. 2, 1989, S. 55-60.

White, Roderick / Poynter, Thomas A. (1990): Organizing for world-wide advantage. In: Bartlett, Christopher / Doz, Yves L. / Hedlund, Gunnar (Hrsg.): Managing the global firm. London: Routledge, S. 95-113.

Widodo, Tri (2008): Dynamic Changes in Comparative Advantages of the ASEAN+3: Specialization or Despecialization? Complement or Substitution? San Francisco 2008.

Wiesner, Knut (2004): Internationales Management: Wirtschaft- und Sozialwissenschaftliches Repetitorium, München/Wien 2004.

Wild, Leni / Mepham, David (2006): The New Sinosphere: China in Africa, London 2006.

Wilkins, Mira (1970): The Emergence of Multinational Enterprise, Cambridge 1970.

Wilkins, Mira (1974): The Maturing of Multinational Enterprise. American Business Abroad from 1914 to 1970, Cambridge 1974.

Wilkins, Mira (1989): The History of Foreign Investment in the United States to 1914, Cambridge 1989.

Wilkins, Mira (1993): European and North American Multinationals, 1870-1914: Comparisons and Contrasts. In: Jones, Geoffrey (Hrsg.): Transnational Corporations: A Historical Perspective. London/New York 1993.

Wilson, Dominic / Purushothaman, Roopa (2003): Dreaming with the BRICs: The Path to 2050. In: The Global Economics Paper, o. Jg., Nr. 99, 2003, S. 1-24.

Wilson, Dominic / Stupnytska, Anna (2007): The N-11: More than an acronym. In: The Global Economics Paper, o. Jg., Nr. 153, 2007, S. 129-150.

Wilson, Jonathan / Brennan, Ross (2003): Market entry methods for western firms in China. In: Asia Pacific Journal of Marketing and Logistics, 15. Jg., Nr. 4, 2003, S. 3-18.

Wind, Yoram / Claycamp, Henry J. (1976): Planning product line strategy: A matrix approach. In: Journal of Marketing, 40. Jg., Nr. 1, 1976, S. 2-9.

Wind, Yoram / Douglas, Susan P. / Perlmutter, Howard V. (1973): Guidelines for developing international marketing strategies, 37. Jg., Nr. 4, 1973, S. 14-23.

Witzel, Andreas (1985): Das problemzentrierte Interview. In: Jüttemann, Gerd (Hrsg.): Qualitative Forschung in der Psychologie. Grundfragen, Verfahrensweisen, Anwendungsfelder. Weinheim/Basel: Beltz, S. 227-256.

Wolf, Joachim (2008): Organisation, Management, Unternehmensführung - Theorien, Praxisbeispiele und Kritik, 3. Auflage, Wiesbaden 2008.

Wolff, James A. / Pett, Timothy L. (2000): Internationalization of small firms: An examination of export competitive patterns, firm size, and export performance. In: Journal of Small Business Management, 38. Jg., Nr. 2, S. 34-47.

Wong, John (2006): China-ASEAN Trade relations: An Economic Perspective. In: Wong, John / Zou, Keyuan / Zeng, Huagun (Hrsg.): China-ASEAN relations: Economic and Legal Dimensions. Singapur: World Scientific Publishing, S. 17-32.

Wood, Van R. / Robertson, Kim R. (2000): Evaluating international markets. In: International Marketing Review, 17. Jg., Nr. 1, 2000, S. 34-55.

Woods, Margaret (1995): International Business, London 1995.

Yap, Josef / Edillon, Rosemarie G. (1993): Simulating the Effects of an ASEAN Free Trade Area using a Multi-Country Model, Manila 1993.

Yarbrough, Beth V. / Yarbrough, Robert M. (1987): Cooperation in the liberalization of international trade. After hegemony, what? In: International Organization, 41. Jg., Nr. 1, 1987, S. 1-26.

Yeung, Henry Wai-Chung (1994): Transnational corporations from Asian developing countries: Their characteristics and competitive edge. In: Journal of Asian Business, 10. Jg., Nr. 4, 1994, S. 17-58.

Yeung, May T. / Perdikis, Nicholas / Kerr, William A. (1999): Regional Trading Blocs in the Global Economy: The EU and ASEAN, Northampton 1999.

Yip, George S. (1982): Gateways to Entry. In: Harvard Business Review, 60. Jg., Nr. 5, 1982, S. 85-92.

Yip, George S. (2003): Total Global Strategy II, 2. Auflage, New Jersey 2003.

Yip, George S. / Biscarri, Javier G. / Monti, Joseph A. (2000): The Role of the Internationalization Process in the Performance of Newly Internationalizing Firms. In: Journal of International Marketing, 8. Jg., Nr. 3, 2000, S. 10-35.

Young, Guy (2005): Towards a South Atlantic Free Trade Area? The Business, Trade and Investment Dimensions. In: Southern Africa and Mercosur/I: Reviewing the Relationship and Seeking Opportunities, o. Jg., o. Nr., 2005, S. 105-106.

Young, Steven / Hamill, James / Wheeler, Colin / Davis, Richard J. (1989): International market entry and development, New Jersey 1989.

Yue, Chia Siow (2004): ASEAN-China Free Trade Area, Hongkong 2004.

Zahra, Shaker A. (2005): A theory of international new ventures: a decade of research. In: Journal of International Business Studies, 36. Jg., Nr. 1, 2005, S. 20-28.

Zaini, Mohd Abd Karim / Othman, Yusairi (2005): Does AFTA and China's entry into WTO affect FDI in ASEAN Countries. In: Asian Academy of Management Journal, 10. Jg., Nr. 1, 2005, S. 37-58.

Zanger, Cornelia / Hodicová, Radka / Gaus, Hansjoerg (2008): Psychic Distance and cross-border cooperations of SMEs: An empirical study on Saxon and Czech entrepreneurs' interest in cooperation. In: Journal for East European Studies, 1. Jg., o. Nr., 2008, S. 40-62.

Zentes, Joachim / Swoboda, Bernhard / Morschett, Dirk (2004): Internationales Wertschöpfungsmanagement, München 2004.

Zentes, Joachim / Swoboda, Bernhard / Schramm-Klein, Hanna (2006): Internationales Marketing, München 2006.

Zhang, Yan / Rajagopalan, Nandini (2002): Inter-Partner credible threat in international joint ventures: An infinitely repeated prisoners' dilemma model. In: Journal of International Business Studies, 33. Jg., Nr. 3, 2002, S. 457-478.

Zhao, Hong (2007): India and China: Rivals or Partner in Southeast Asia? In: Contemporary Southeast Asia, 29. Jg., Nr. 1, 2007, S. 121-142.

Zhou, Lianxi / Wu, Wei-ping / Luo, Xueming (2007): Internationalization and the performance of born-global SMEs: the mediating role of social networks. In: Journal of International Business Studies, 38. Jg., Nr. 4, 2007, S. 673-690.

Ziegler, Jean (1994): Eröffnungsvortrag: Afrika, die neue Einsamkeit. In: Brandstetter, Anna-Maria / Grohs, Gerhard / Neubert, Dieter (Hrsg.): Afrika hilft sich selbst. Prozesse und Institutionen der Selbstorganisation. Münster/Hamburg: LIT Verlag, S. 9-23.

Zörgiebel, Wilhelm W. (1983): Technologie in der Wettbewerbsstrategie, Berlin 1983.

Zucchella, Antonella / Palamara, Giada (2007): Niche strategy and export performance. In: Rialp, Alex / Rialp, Josep (Hrsg.): International Marketing Research: Opportunities and challenges in the 21st century. Oxford: Elsevier, S. 63-87.

Zweifel, Peter / Heller, Robert H. (1997): Internationaler Handel, 3. Ausgabe, Heidelberg 1997.

Printed in Germany
by Amazon Distribution
GmbH, Leipzig

25714897R00174